中国社会科学院创新工程学术出版资助项目

2016年 世界经济形势分析与预测

ANNUAL REPORT ON WORLD ECONOMY ANALYSIS AND FORECAST (2016)

中国社会科学院世界经济与政治研究所
主　编／王洛林　张宇燕
副主编／孙　杰

社会科学文献出版社
SOCIAL SCIENCES ACADEMIC PRESS (CHINA)

图书在版编目(CIP)数据

2016年世界经济形势分析与预测/王洛林，张宇燕主编.—北京：社会科学文献出版社，2015.12

（世界经济黄皮书）

ISBN 978-7-5097-8488-4

Ⅰ.①2… Ⅱ.①王… ②张… Ⅲ.①世界经济形势-经济分析-2015 ②世界经济形势-经济预测-2016 Ⅳ.①F113.4

中国版本图书馆CIP数据核字（2015）第282686号

世界经济黄皮书
2016年世界经济形势分析与预测

主　　编／王洛林　张宇燕
副 主 编／孙　杰

出 版 人／谢寿光
项目统筹／邓泳红
责任编辑／周映希　李　闯

出　　版／社会科学文献出版社·皮书出版分社（010）59367127
　　　　　地址：北京市北三环中路甲29号院华龙大厦　邮编：100029
　　　　　网址：www.ssap.com.cn
发　　行／市场营销中心（010）59367081　59367090
　　　　　读者服务中心（010）59367028
印　　装／北京季蜂印刷有限公司

规　　格／开 本：787mm×1092mm　1/16
　　　　　印 张：23.75　字 数：361千字
版　　次／2015年12月第1版　2015年12月第1次印刷
书　　号／ISBN 978-7-5097-8488-4
定　　价／79.00元

皮书序列号／B-1999-005

权威·前沿·原创

皮书系列为
“十二五”国家重点图书出版规划项目

世界经济黄皮书编委会

主要编撰者简介

王洛林 1960年毕业于北京大学经济系，曾任厦门大学副校长、中国社会科学院常务副院长；现任中国社会科学院特邀顾问，中国社会科学院研究生院教授、博士生导师。研究领域：国际贸易、国际投资、世界经济、宏观经济和金融等。代表性作品有：《世界经济形势分析与预测》（例年主编）、《关于国有外贸企业转换经营机制的几个问题》（1995）、《日元贬值及其对亚洲经济的影响》（1999）、《日本的通货紧缩性经济危机》（2000）、《日本金融考察报告》（2001）、《未来50年——中国西部大开发战略》（2002）、《后发地区的发展路径选择》（2002）、《中国西部大开发政策》（2003）等。

张宇燕 中国社会科学院世界经济与政治研究所研究员、所长。中国世界经济学会会长，中国国际关系学会副会长，中华美国学会副会长。曾先后就读于北京大学和中国社会科学院研究生院。主要研究领域包括国际政治经济学、制度经济学等。著有《经济发展与制度选择》（1992年）、《国际经济政治学》（2008年）、《美国经济论集》（2008年）等。

孙　杰 中国社会科学院世界经济与政治研究所研究员。中国世界经济学会常务理事。主要研究领域包括国际金融、公司融资和货币经济学。著有《货币和金融：金融制度的国际比较》（1998）、《汇率与国际收支》（1999）和《资本结构、治理结构和代理成本：理论、经验和启示》（2006）等。

摘　要

2015 年世界经济增速放缓，反映出全球复苏之路崎岖艰辛。大宗商品价格继续下降，全球物价水平增速下行，部分经济体面临通缩压力。整体就业状况有所改善，但各经济体间存在差异。国际贸易负增长，国际直接投资有所恢复，跨国并购活跃，区域合作取得进展。金融市场波动剧烈，关联性明显。全球总债务水平处于历史高位，其不可持续性提升了风险层级。

2016 年世界经济受到一系列不确定和趋势性因素的影响，包括发达经济体需求管理政策效果能否延续，美联储加息的时间、速率和力度如何，全球超高债务水平对金融稳定可能带来多大威胁，新兴市场和发展中经济体连续五年经济增速下滑的势头能否得到有效遏制，许多经济体内外经济政策和结构改革受到既得利益集团不断掣肘的危害程度，等等。此外，地缘政治变化和自然灾变亦会对世界经济运行与业绩带来负面干扰。

预计 2016 年按 PPP 计算的世界 GDP 增长率约为 3.0%。如果爆发金融危机且具有较强的传染性，按 PPP 计算的世界 GDP 增长率将约为 2.0%。

目录

Ⅰ 总论

Ⅱ 国别与地区

Ⅲ 专题篇

Ⅳ 热点篇

Ⅴ 世界经济统计与预测

皮书数据库阅读**使用指南**

总　论

Overview

Y.1

2015～2016年世界经济形势分析与展望

张宇燕　姚枝仲*

摘　要：　2015 年世界经济增速放缓，反映出全球复苏之路崎岖艰辛。大宗商品价格继续下降，全球物价水平增速下行，部分经济体面临通缩压力。整体就业状况有所改善，但各经济体间存在差异。国际贸易负增长，国际直接投资有所恢复，跨国并购活跃，区域合作取得进展。金融市场波动剧烈，关联性明显。全球总债务水平处于历史高位，其不可持续性提升了风险等级。2016 年世界经济将受到一系列不确定和趋势性因素的影响，包括发达经济体需求管理政策效果能否延续，美联

* 张宇燕，中国社会科学院世界经济与政治研究所研究员、所长；姚枝仲，中国社会科学院世界经济与政治研究所研究员、副所长。

储加息的时间、速率和力度如何，全球超高债务水平对金融稳定可能带来多大威胁，新兴市场和发展中经济体连续五年经济增速下滑的势头能否得到有效遏制，许多经济体内外经济政策和结构改革受到既得利益集团不断掣肘的危害程度，等等。此外，地缘政治变化和自然灾变亦会对世界经济运行与绩效带来负面干扰。预计 2016 年按 PPP 计算的世界 GDP 增长率约为 3.0%。如果爆发金融危机且具有较强的传染性，按 PPP 计算的世界 GDP 增长率将约为 2.0%。

关键词：　世界经济　货币政策　通缩风险　油价波动

一　概述

2014 年世界经济增长率按购买力平价（PPP）计算约为 3.4%，按市场汇率计算约为 2.7%。① 从截至 2015 年 10 月的世界经济形势来看，可以看出 2015 年世界经济增长率相比 2014 年有所下降。全球经济增速放缓，增长格局继续分化，发达经济体与新兴经济体之间的增长率差距进一步收窄。世界经济增长动力仍然不足，通货紧缩风险加大，国际贸易从低速增长变为负增长，大宗商品价格持续低迷，资本流动加剧，全球总债务水平持续增高，全球金融稳定风险加大。

在上年度报告中，我们预计 2015 年世界经济按 PPP 计算的增长率为 3.3%，按市场汇率计算的增长率为 2.8%。这一判断低于国际货币基金（IMF）、世界银行、联合国、经济合作组织（OECD）等国际经济机构在上年度的预测水平。2014 年 10 月 IMF 预计，2015 年世界经济按 PPP 计算的

① 如无特别说明，本文引用的 GDP 数据来自国际货币基金组织，其中 2015 年的数据为预测数。其他数据来自 CEIC。数据发布截止日为 2015 年 11 月 15 日。

增长率为3.8%，按市场汇率计算的增长率为3.2%。从目前的情况来看，世界经济增长形势远不如IMF等国际组织上年度的预测，本报告的谨慎预测更加接近实际情况。上年度报告中，我们提到对2015年世界经济形势产生不利影响的诸多因素均不同程度地发挥了作用，如美国与欧洲、日本等发达经济体货币政策方向背道而驰，新兴经济体结构转型，全球债务持续上升，地缘政治风险等。到2015年10月，IMF已将对世界经济按PPP计算的增长率预测调低至3.1%，按市场汇率计算的增长率调低至2.5%。

我们预计，2016年世界经济增长形势依然不容乐观，按PPP计算的增长率约为3.0%，按市场汇率计算的增长率为2.5%。如果爆发金融危机且具有较强的传染性，按PPP计算的世界GDP增长率将下降至2.0%。2015年10月IMF预测，2016年世界经济按PPP计算的增长率为3.6%，按市场汇率计算的增长率为3.0%。我们的预测仍然低于IMF的预测。

另外，在上年度报告中，我们预测"2015年原油价格将远低于2014年水平，并将保持在70～80美元/桶"。这里的原油价格是指英国布伦特轻质原油、迪拜中质原油和西德克萨斯重质原油价格的平均价。从截止到2015年10月的情况来看，上年度报告正确预测了原油价格趋势，没有预测准确具体原油价格。2015年1～9月平均原油价格约为54美元/桶。原油价格的下降幅度超出了我们的预期。我们预计，2016年原油价格将在低位继续震荡，且略有上行，全年平均价格为60美元/桶左右。

二　世界经济总体形势

（一）经济增长：增速放缓，业绩分化

2015年世界经济增长低于普遍预期，发达经济体增速继续回升，但回升势头减缓，新兴市场与发展中经济体增速加速下滑，全球经济增长率比2014年有所下降。IMF预测数据显示，2015年世界经济增长率比2014年下降0.3个百分点。其中，发达经济体经济增速为2.0%，比2014年上升0.2

个百分点；新兴市场与发展中经济体经济增速为4.0%，比2014年下降0.6个百分点。

美国、欧元区和日本三大主要发达经济体增速有所上升，其他发达经济体增速显著下降。2015年美国GDP增长2.6%，比2014年提高0.2个百分点；欧元区GDP增长1.5%，比2014年提高0.6个百分点，日本GDP增长由负转正至0.6%，比2014年提高0.7个百分点；美欧日以外的其他发达经济体GDP增长2.2%，比2014年下降0.6个百分点。按现价美元计算，美国、欧元区和日本三大经济体2014年GDP占全部发达经济体GDP的75.4%，是发达经济体经济总量的主要组成部分。在其他发达经济体GDP增速显著下滑的情况下，美欧日三大经济体GDP增速的回升带动了发达经济体2015年总体GDP增长率的上升。需要说明的是，美国金融危机以来，美国、欧元区和日本合计GDP在发达经济体GDP中的比重不断下降，从2008年以来已经下降了2.3个百分点。不过美国在发达经济体GDP中的比重仍然从2008年的33.9%上升到了2014年的36.9%。美欧日GDP合计比重在发达经济体中比重下降主要是欧元区和日本的经济疲软造成的。其中欧元区GDP比重从2008年的32.6%下降到2014年的28.6%，日本GDP比重从2008年的11.2%下降到2014年的9.8%。

新兴市场与发展中经济体整体增速下滑程度加大，俄罗斯、巴西等国陷入负增长。2015年新兴市场与发展中经济体GDP增速持续下滑，且下滑幅度继续扩大。2013年其增速下降0.2个百分点，2014年下降0.4个百分点，2015年下降幅度扩大到0.6个百分点。分地区和国别来看，独联体国家、拉美和加勒比地区增速下降幅度最大。其中独联体国家GDP增速2015年下降3.7个百分点，负增长2.7%。这主要是由俄罗斯、白俄罗斯以及乌克兰的负增长造成的。这三个国家在2015年负增长幅度分别达到3.8%、3.6%和9.0%。拉美和加勒比地区由于巴西和委内瑞拉等国家的负增长陷入了整体负增长状况。2015年拉美和加勒比地区GDP增长率约为-0.3%，比上年下降了1.6个百分点。其中巴西的经济形势严重恶化，GDP增长率从2014年0.1%下降到-3.0%。委内瑞拉GDP更是萎缩了10%。拉美和加勒比地区中绝大部分国家增速下滑，阿根廷处于停滞边缘。经济表现相对较好的洪都拉斯和智利，GDP 增速均有所回升。新兴市场和发展中亚洲经济体依然是世界经济中增长最快的地区，2015 年增长率约为 6.5%，但相比上年下降了 0.3 个百分点。这主要是由于中国、印度尼西亚和马来西亚等经济规模较大的新兴亚洲国家出现了 0.3 ~0.5 个百分点的经济增速下滑。在增速下滑的亚洲，仍然存在增长亮点。印度和越南保持强劲增长。2015 年印度 GDP 增长 7.3%，与上年基本持平，越南 GDP 增长 6.5%，比上年提高 0.5 个百分点。中东北非以及撒哈拉以南地区也分别出现了 0.3 个和 1.2 个百分点的 GDP 增速下滑。新兴市场和发展中欧洲地区增速倒是有一定程度的提高，其 GDP 增长率从 2014 年的 2.8% 提高到 2015 年的 3.0%。只是整体增长率不高，增速改善不明显。

（二）就业态势：总体改善，表现各异

2015 年 10 月美国失业率下降到 5.0%，相比 2014 年 10 月，下降了 0.7 个百分点。美国失业率保持了从 2009 年 10 月以来的持续下降趋势。2015 年 10 月美国失业人数下降到 791 万，相比 2014 年 10 月减少了 108 万。同期，美国就业人数增加了 186 万，2015 年 10 月，就业总数达 1.49 亿人。美国就业状况的持续好转和失业率的持续下降，表明其经济复苏有较好的基础。同时，也需要注意到，美国的劳动参与率并没有因劳动市场的好转而上升，2015 年 10 月，劳动参与率进一步下降到 62.4%，相比 2014 年 10 月，又下降了 0.4 个百分点。这一方面说明美国劳动力市场的信心并没有完全恢复，另一方面也说明劳动因素对美国经济增长潜力的贡献在进一步降低。

欧洲劳动力市场也在持续改善过程中。欧盟整体失业率已经从 2003 年 5 月 11.0% 的最高值下降到 2015 年 9 月的 9.3%，其中在 2014 年 9 月以来的最近 12 个月中，失业率下降了 0.8 个百分点。在欧盟 28 个成员国中，有 22 个国家在截至 2015 年 9 月的近 12 个月内出现了失业率下降。下降幅度最大的是西班牙，其失业率从 2014 年 9 月的 24.0% 下降到 2015 年 9 月

的 21.6%，在一年内下降了 2.4 个百分点。其他重债国家希腊、葡萄牙、意大利等的失业率也在同期出现了 1 个百分点以上的下降。其中希腊从 26.1% 下降到 24.6%，葡萄牙从 13.4% 下降到 12.2%，意大利从 12.8% 下降到 11.8%。就业状况较好的德国和英国等，失业率进一步下降。德国从 2014 年 10 月的 5.0% 下降到 2015 年 9 月的 4.5%，英国同期从 5.8% 下降到 5.2%。希腊、西班牙这两个失业率超过 20% 的国家和德国、英国等大国的就业状况的持续改善，表明欧盟经济活力在逐渐增强。同时，也应该看到，在欧盟 28 个成员国中，仍有 5 个国家在截至 2015 年 9 月的近 12 个月内出现了失业率上升的情况，另有 1 个国家的失业率维持不变。在失业率上升的国家中包括法国。法国的失业率从 2014 年 9 月的 10.4% 上升到 2015 年 9 月的 10.7%。失业率上升幅度最大的是挪威，同期从 3.7% 上升到 4.6%，共上升了 0.9 个百分点。挪威曾是欧盟失业率最低的国家，如今，冰岛因近 1 年内将失业率下降了 0.3 个百分点，在 2015 年 9 月以 4.3% 的失业率成为新的欧盟失业率最低的国家。①

日本、加拿大和澳大利亚等其他主要发达经济体的劳动力市场没有明显改善，但也没有恶化。2014 年 12 月日本的失业率已经降至 3.4%，这是 2002 年以来最低的失业率。到 2015 年 9 月，日本失业率仍然保持在 3.4% 的水平。加拿大的失业率曾于 2014 年 10 月降至 2009 年以来 6.0% 的最低值，2015 年 3 月反弹至 7.5%，此后略有波动，2015 年 10 月下降至 6.3%。澳大利亚的失业率从 2011 年 5% 左右的水平逐渐上升到了 2014 年 10 月的 6.3%，此后一直在 6% 左右波动，2015 年 10 月保持在 5.9% 的水平，目前还没有表现出明显的上升或下降趋势。

新兴经济体的劳动市场表现不一。巴西和俄罗斯这两个 GDP 负增长国家的失业率出现了显著上升。巴西的失业率从 2014 年 10 月的 4.7% 上升到了 2015 年 10 月的 7.9%，俄罗斯的失业率从 2014 年 10 月的 5.1% 上升到 2015 年 10 月的 5.5%。南非的失业率虽然没有进一步上升，但是仍然保持

① 欧盟和欧盟各国失业率数据来自 Eurostat。

在25%以上的高位，失业形势依然严峻。中国的就业状况相对较好，城镇登记失业率基本稳定在4.1%的水平，劳动市场的供求比例也基本稳定在1.1∶1。劳动供求比例是指岗位空缺数与求职人数的比例。大于1的供求比例表明劳动市场存在一定的“招工难”的问题。中国经济增速下滑并没有产生大规模的失业。

（三）物价水平：增速下降，通缩抬头

全球消费物价指数（CPI）增长率从2011年9月同比增长5.2%开始不断下降。2015年持续了这种下降趋势。2015年9月全球消费物价指数同比增长2.4%，比上年同期下降了0.8个百分点。全球物价增长率的下降主要是由发达经济体的通胀率下降引起的。发达经济体CPI增长率从2014年9月的1.4%下降到了2015年9月的0.02%，这已经几乎是零增长了。新兴市场总体保持了较高的通胀率，部分国家通胀率继续上升，部分国家开始下降，新兴市场与发展中经济体通货膨胀率总体保持稳定，仅从2014年9月的5.2%轻微地下降到2015年9月的5.1%。

美国CPI同比增长率从2014年5月2.1%的近期相对高点开始逐月下降，至2015年1月出现0.2%的负增长。此后连续4个月均为负增长，然后在零增长附近波动。至2015年10月，CPI同比增长率为0.1%。食品价格增长下降与能源价格下跌是造成美国CPI增长率下降的主要原因。美国CPI中的食品价格指数从2014年10月的同比增长3.1%下降到了2015年10月的1.6%，能源价格指数从2014年10月的同比负增长4.8%扩大到2015年10月的负增长17.3%。扣除食品和能源的居民消费物价指数实际上从2014年10月的同比增长1.7%上升到了2015年10月的1.9%。

欧盟的消费价格调和指数（HICP）月度同比增长率从2011年9月3%的近期高位一路下降，至2014年12月开始负增长，2015年1月跌至-0.6%的近期最低点，此后有回稳迹象，2015年基本上在零增长附近波动。2015年10月同比增长0.1%。欧盟的总体物价零增长也与食品能源价格下跌有关。扣除能源和季节性食品的欧盟HICP月度同比增长率也是从2011

年9月2.4%的近期高位一路下跌，至2015年4月跌至0.6%的最低点，此后开始回稳。2015年10月同比增长率回升至0.8%。欧元区的物价走势与整个欧盟基本同步，2015年10月欧元区HICP同比增长率回稳至0.9%。欧元区物价离2%的通胀目标还有较大距离，还有较大的量化宽松的空间。

日本的CPI月度同比增长率从2014年5月3.7%的近期高点快速下降，至2015年9月，已经陷入零增长，且没有回稳迹象，通缩风险显著。

新兴市场和发展中国家的通胀形势差异较大。中国和南非的CPI增长率下降明显，2015年10月，中国CPI月度同比增长1.3%，比上年同期下降0.3个百分点。南非增长4.7%，比上年同期下降1.1个百分点。印度的CPI增长率经历了从2013年11月的11.2%到2014年11月的3.3%的快速下跌过程。2014年12月开始止跌，此后几个月上下波动，2015年10月回稳至5%的水平。巴西、俄罗斯这两个GDP负增长的国家反而出现了高通胀且通胀率不断攀升的局面。2015年10月，巴西CPI同比增长10%，比上年同期上升3.4个百分点；俄罗斯CPI同比增长15.6%，比上年同期上升7.3个百分点。这两个国家表现出典型的滞胀特征。

（四）国际贸易：需求萎缩，量价齐跌

2015年国际贸易最大的特点是全球贸易额负增长。根据世界贸易组织（WTO）的数据，美国金融危机以后，世界货物出口总额曾于2010年和2011年恢复到20%左右的增长率。2012年，世界出口总额增长率急剧下跌，2012~2014年，该增长率基本在3%上下波动。从2014年10月开始，世界出口总额出现持续扩大的负增长。至2015年5月，世界货物出口总额月度同比增长率达到-13.3%的最大萎缩幅度。此后的负增长幅度虽然有所收窄，但到2015年9月，月度同比增长率仍为-11.3%。2015年1~9月世界货物出口总额累计萎缩11.0%。世界进口总额增长率与出口总额保持了相同的趋势，以到岸价统计的进口总额在2015年1~9月累计同比负增长13.0%。

分国别和地区来看，只有越南等极少数国家在2015年保持了出口正增

长，绝大部分国家和地区出现了出口绝对额下降。其中新兴市场与发展中经济体进出口额的下降幅度略高于发达经济体。按照 IMF 统计，2015 年 1～8 月，新兴市场与发展中经济体出口总额比上年同期下降 12.1%，进口总额下降 13.4%，下降幅度比发达经济体分别高 0.4 个和 0.9 个百分点。在发达经济体中，美国和日本的出口下降幅度相对较小，欧盟和加拿大的下降幅度相对更大。WTO 的数据表明，2015 年 1～9 月，美国和日本的累计出口总额比上年同期分别下降 6.0% 和 9.2%，欧盟和加拿大分别下降 13.5% 和 13.2%。在欧盟中，出口大国德国罕见地出现了 11.9% 的出口下降。新兴市场和发展中国家中，中国、韩国等出口竞争力强的国家下降幅度相对较小。俄罗斯、印度、南非以及巴西、阿根廷等国的出口下降幅度较大。2015 年 1～9 月，中国的出口下降 1.9%，韩国下降 6.6%。俄罗斯是出口下降幅度最大的国家之一，2015 年 1～9 月累计下降 31.8%。同期，印度、南非、巴西和阿根廷出口分别有 16.6%、7.9%、16.8% 和 15.8% 的下降。

全球贸易额的下降在很大程度上是由于贸易价格下降引起的。WTO 的季度贸易数量指数显示，2015 年前两个季度世界出口数量指数比上年同期分别下降 0.5% 和 1.4%，远低于 10% 以上的出口额下降幅度。因而价格下跌能解释 80% 以上的出口额下降。贸易品的价格下跌主要是由能源和资源产品的价格下跌引起的。

国际贸易负增长放缓了全球经济复苏的步伐，增大了贸易保护和货币竞争的风险。

（五）直接投资：逐步企稳，并购活跃

2014 年全球外商直接投资（FDI）流入额从 2013 年的 1.47 万亿美元下降到 1.23 万亿美元，下降幅度达 16.3%。[①] FDI 流入减少主要是世界经济不景气、宏观政策不确定性以及地缘政治风险上升所致。新投资被大量的撤资所代替。

---

① 本文直接投资数据均来自 UNCTAD。

各发达经济体的FDI流入额均有所下降。流入美国的FDI减少了30%，2014年仅为920亿美元。欧盟的FDI流入额减少了11%，日本减少了9.3%。转轨国家的FDI流入额下降幅度最大，达52%，其中俄罗斯减少70%，2014年仅吸引FDI流入210亿美元。流入拉美和加勒比海地区的FDI也减少了14%，流入非洲的FDI与2013年基本持平。在全球FDI流入额总体下降的形势下，发展中亚洲经济体吸引FDI的形势表现出了相反的趋势。2014年其FDI流入额上升了9%，达4650亿美元，占2014年全球FDI流入总额的38%。亚洲地区吸引FDI的强劲表现导致流入发展中经济体的FDI总额上升了2%，其占全球FDI流入额的比重也上升到了55%。2014年中国吸引FDI达1290亿美元，比上年增长4%，取代美国成为吸引FDI最多的国家。

发达经济体的对外直接投资连续第三年下降，2014年FDI流出总额为8228亿美元，比上年下降1.3%。但是美国对外直接投资继续增长，且继续保持最大FDI流出国的地位。2014年美国对外直接投资3369亿美元，比上年增长2.6%。与发达经济体对外直接投资总体下降的趋势相反，发展中经济体对外直接投资出现了迅猛增长的势头，2014年达4681亿美元，比上年增长23%。发展中亚洲经济体增长28.7%，以4316亿美元成为对外直接投资最多的地区。其中中国香港和中国大陆分别以1427亿美元和1160亿美元成为仅次于美国的第二和第三大对外直接投资经济体。

2015年全球对外直接投资活动有所增长。其中，2015年上半年，全球跨国并购异常活跃，比2014年上半年增长136%，以4410亿美元居全球金融危机以来跨国并购金额最多的半年。发达经济体的跨国公司是2015年跨国并购活动的主要主导者。美国和欧洲公司的跨国并购均有大幅度增长，发展中亚洲经济体的对外并购金额则下降了27%。欧洲和美国对外并购的大幅度增长很大一部分是撤资减少或者投资回流大幅度减少造成的。税收倒置交易（Tax Inversion Deals）的兴起也导致了美国对外并购活动的增加。税收倒置交易是指跨国公司通过并购活动将公司总部或者纳税地点从美国转移到税率更低的地方的一种行为。美国财政部已经于2015年11月出台新规开始限制这类交易。未来这类并购活动会有所下降。

跨国并购活跃是全球直接投资增长的一个信号。2015 年下半年全球跨国并购活动虽然会放缓，但 2015 年全年相比 2014 年仍会有较大幅度的增长。同时，2015 年全球外商直接投资也将有一定的增幅。

2015 年全球投资政策仍然朝着更加自由化的方向发展。2015 年 1 ~9 月，在各国出台的新投资政策中，85% 以投资更加自由或促进投资为方向，15% 为投资限制措施。投资自由化和促进措施在航空、电信和电子商务领域进展较大；限制措施主要是在涉及国家安全和战略的投资领域使用一些审批规则，对于跨国房地产投资的政策也以限制措施为主。

2014 年和 2015 年，国际投资协定（IIA）谈判方兴未艾。2014 年全球共签订 31 个国际投资协定，其中有 18 个是双边投资协定（BIT），13 个其他协定。导致全球 IIAs 总数达 3271 个，其中 2926 个是 BITs，另外 345 个是其他。到 2015 年 10 月，IIAs 进一步增加到 3300 个，包括 2930 个 BITs 和 350 个其他 IIAs。另外，2015 年新达成的跨太平洋伙伴关系（TPP）和中韩、中澳自由贸易协定中均有关于国际投资的内容。未来的国际经贸规则谈判中，国际投资规则将受到越来越多的重视，改革现有国际投资体系和建立全球性的多边国际投资规则的共识正在形成。

（六）公私债务：高位累积，风险加剧

2015 年全球政府债务状况仍然没有明显好转。发达经济体政府总债务与 GDP 之比从 2014 年的 104.6% 轻微下降至 2015 年的 104.5%，政府净债务与 GDP 之比从 2014 年 70.0% 轻微上升至 70.9%。新兴市场与发展中经济体总债务/GDP 从 2014 年的 41.4% 上升到 2015 年的 44.3%。

美国政府总债务/GDP 并没有回落，2014 年为 104.8%，2015 年约为 104.9%。日本政府债务状况稍微有所改善，政府总债务/GDP 从 2014 年的 246.2% 下降到 2015 年的 245.9%。欧元区政府总债务/GDP 于 2014 年达到最高点 94.2%，2015 年回落至 93.7%。对欧元区政府总债务水平回落贡献较大的是葡萄牙和德国。其中葡萄牙从 2014 年 130.2% 下降到 2015 年的

127.8%，德国从2014年的74.6%下降到2015年的70.7%。但是，欧元区的主要重债国政府债务状况继续恶化。希腊的政府总债务/GDP从2014年的177.1%猛增至2015年的196.9%，同期，西班牙从97.7%上升到98.6%，意大利从132.1%上升到133.1%，法国从95.6%上升到97.1%。欧元区总体政府债务水平的下降并不意味着其债务风险降低，相反，由于其部分重债国的债务负担持续加重，欧元区债务风险其实比以往更大。

发达经济体的财政赤字/GDP在持续降低过程中，2014~2015年，发达经济体总政府财政赤字/GDP从3.4%下降到3.1%。其中，美国从4.1%下降到3.8%，日本从7.3%下降到5.9%，欧元区从2.4%下降到2.0%。在欧元区内部，除了重债国希腊的财政赤字/GDP从3.9%扩大到了4.2%，其他国家的赤字比率均有所降低。政府赤字比率的缩小并没有带来政府债务水平的下降。这主要是因为赤字比率仍然高于GDP增长率。发达经济体还将继续忍受压缩财政赤字对经济增长产生的紧缩效果。

新兴市场与中等收入经济体政府总债务/GDP从2014年的41.9%上升到了2015年的44.6%。低收入发展中国家的政府总债务/GDP从2014年的31.3%上升到了2015年的34.8%。发展中经济体总体的政府债务水平虽然不高，但是其引发危机的债务阈值也相对低很多。新兴市场与中等收入经济体中政府总债务/GDP超过60%国际警戒线且比例继续上升的有巴西（69.9%）、克罗地亚（89.3%）、摩洛哥（63.9%）、斯里兰卡（76.7%）、乌克兰（94.4%）和乌拉圭（64.1%）等。[①] 低收入发展中国家超过60%且继续上升的国家包括加纳（72.8%）、老挝（63.4%）、莫桑比克（61%）、越南（61.2%）和津巴布韦（69.3%）等。这些国家的政府债务风险是比较大的。在新兴市场与中等收入经济体中，还有一些国家虽然政府债务比暂时不高，但其财政赤字规模比较大。其中利比亚的财政赤字/GDP高达79.1%，财政赤字/GDP超过20%的国家有沙特和委内瑞拉，超过10%的有阿尔及利亚、埃及和也门。这些国家在当前已经面临较大的财政困

① 括号中的数据为各国的政府总债务/GDP，下同。

难，财政危机迫在眉睫。

比政府债务水平更为严重的问题是居民和企业债务的不断累积。根据国际清算银行副总裁赫尔威·汉农的估计，[①] 从1999～2014年，发达经济体非金融部门的债务总额与GDP之比从67%上升到279%，其中居民和企业债务从21%上升到141%。新兴市场经济体非金融部门的债务总额与GDP之比从37%上升到157%，其中居民和企业债务从34%上升到113%。在全球货币继续扩张的情况下，2015年各主要国家居民和企业的债务水平仍保持上升的状态。全球金融稳定问题面临重大挑战。

（七）金融市场：震荡时现，联动明显

2015年金融市场最重要的特征是全球股市、汇市波动剧烈，且其联动性十分明显。

全球各主要股票市场均在2015年经历了一个暴涨与暴跌的过程。其中尤以中国股市的波动最为剧烈。中国上证综指从2015年2月6日的3076点涨至6月12日的5166点。四个月之内暴涨68%。然后不到一个月，至7月8日又暴跌32%到3507点。8月中下旬再一次短时间内暴跌27%，从8月17日的3994点跌至8月26日的2927点。中国香港、日本、美国和欧洲等其他各主要股市也在2015年经历了类似的先涨后跌的剧烈波动。各主要股指还曾于2015年8月17日集体跳水。其中，香港恒生指数从8月17日至9月7日的20天之内跌去14%。日经225指数更是从8月17日至8月25日的8天之内下跌14%。美国标普500和英国FT30也在几天内分别下跌11%和9%。

全球各主要货币的汇率在2015年发生了较大的波动。美元指数在2015年前三个月上涨9%，随后进入长达数月的震荡盘整期，但整体仍处于高位。欧元兑全球各主要国家汇率均出现不同幅度的下跌，其兑美元汇率在2015年第一季度就下跌了11%。日元在5月底和6月初经历了5%左右的贬值，又在8月的全球股市暴跌过程中，发生了出乎意料的4%左右的升值，

① 赫尔威·汉农：《中央银行和全球债务积压》，《比较》2015年第5辑。

10 月 15 日之后再一次贬值。新兴市场国家货币在 2015 年集体走低，拉美国家货币贬值程度最为严重，巴西雷亚尔累计跌幅约为 31%，位居新兴市场货币贬值之首。

2015 年全球外汇市场中美元升值与其他货币集体贬值相随的特点，是美联储加息预期和其他国家继续实行宽松货币政策的市场反应。各国股市同步暴跌和全球金融市场联动性加强则主要源于跨国资本流动及市场一体化程度的加深。程序化交易方式的广泛使用，催生了不同市场投资者交易行为的同质化，放大了市场波动，提高了金融市场之间的传染性，也是金融市场剧烈波动和明显联动的重要原因。

（八）大宗商品：持续低迷，间歇波动

大宗商品价格自 2014 年 6 月以来持续下跌，至 2015 年 1 月，以美元计价的全球大宗商品综合价格指数快速下跌了 38.0%，其中能源价格指数下跌了 50.9%，非燃料价格指数下跌了 11.4%。此后呈震荡之势，从 2014 年 9 月至 2015 年 9 月的 1 年时间里，大宗商品价格指数共下跌了 39.0%，能源价格指数下跌了 49.6%。

原油平均价格从 2014 年 6 月的 108.4 美元/桶，快速下跌至 2015 年 1 月的 47.5 美元/桶，下跌幅度高达 56.2%。此后上下震荡，2015 年 8 月下跌至 45.7 美元/桶，2015 年 9 月，原油价格略有回稳，上升至 46.3 美元/桶。

各类非燃料大宗商品价格在 2015 年也大致保持了一致的振荡走低趋势。2014 年 9 月至 2015 年 9 月，金属类大宗商品初级产品在所有非燃料大宗商品中价格跌幅最大，其价格指数下降 25%，其中中国进口铁矿石的平均价格从 2014 年 9 月的 82 美元/吨下降到了 2015 年 9 月的 56 美元/吨，下降幅度达 31%。在非燃料大宗商品中，农业原材料价格指数也有较大幅度的下跌，2014 年 9 月到 2015 年 9 月，其价格指数下跌了 18%。另外，同期食品价格指数和饮料价格指数分别下降了 15% 和 6%。

预计 2016 年大宗商品价格将在低位继续震荡，且略有上行。全年原油平均价格将约为 60 美元/桶。

三 世界经济运行的关键点和趋势

（一）发达经济体需求管理政策效果显现，但可持续性堪忧

美欧日等主要发达经济体从2007年以来开始采取扩张性的货币政策，至今已有8年之久。其间间或采取了扩张性的财政政策。由于扩张性财政政策不断增加本来已经处于高位的政府债务水平，引发对政府债务可持续的担忧，导致发达经济体转而普遍采取财政整固措施，逐步降低政府财政赤字与GDP的比率。发达经济体当前主要依靠扩张性的货币政策刺激需求增长和经济复苏。其扩张货币的手段除了将利率降低到零附近之外，还采取了非常规的量化宽松政策，甚至将名义利率降到零以下。

发达经济体扩张性的需求管理政策在危机初期对于促进经济快速反弹和防止衰退方面取得了很好的效果，同时，也对当前发达经济体在经济增长率二次探底之后的复苏功不可没。但是，当短期的宏观刺激政策被连用7年并且还将继续使用下去的时候，其累积的问题将对政策效果及政策本身的可持续性产生不利影响。

需求管理政策并非总是有效的，对于供给冲击引起的类似于20世纪70年代的滞胀情形，需求管理政策要么制造更高的通胀，要么制造更大幅度的经济萎缩。当前发达经济体并没有出现20世纪70年代的情况，但是，长时期扩张性的货币政策也已经产生了比较严重的新问题。其主要问题有：货币政策无法应对潜在增长率的下降。长期低利率，甚至负的名义利率和实际利率，严重损害了养老基金和保险公司等长期投资者的收益，迫使他们转向高风险的投资。这不仅在长期会影响这些资本公司的稳定性，而且还会在短期内加大风险投资市场的波动性。其更大的矛盾体现在：极低利率对于刺激实体经济的效果远低于刺激资本市场的效果，从而使得在实体经济并没有完全复苏的情况下，资本市场的泡沫率先形成。2015年4月全球股票市值达到创纪录的76万亿美元，明显超过2007年64万亿美元的规模。2015年10

月，美国建筑商协会的住房市场指数达到65，为10年来最高。如果不对泡沫进行管理，必将酿成一场新的金融危机，而如果迅速地抑制泡沫，又将担心其对尚未完全复苏的实体经济造成不利影响。另外，许多新兴经济体和发展中国家的公司受到低利率的诱惑而大举借入美元债，从而为因货币错配引发危机埋下了伏笔。

（二）美联储加息与否为全球经济带来不确定性

美联储货币政策有双重目标，实现充分就业和维持物价稳定。因此，失业率和通胀率是美联储是否在近期加息要考察的两个最关键的指标。

从劳动市场来看，美国失业率和劳动参与率显示出相反的信号。2015年10月失业率已经低至5.0%。这是2008年雷曼兄弟倒闭以来的最低点。危机之前一个经济周期内的平均失业率为5.2%。可见，从失业率来看，美国已经接近或者达到自然失业率水平，充分就业目标看似已经接近或者基本实现。加息的条件之一已经成熟。但是，在一定程度上反映劳动者对劳动市场热情的劳动参与率指标并没有表现出回升的积极信号。[①] 有一部分没有工作的人是由于长期找不着工作、对能够找到工作丧失信心而不愿意再找工作。这部分人有工作能力，如果有工作机会也愿意工作，但实际上没有工作。在统计上，他们不属于失业者。故这部分人的增加会导致实际失业增加但统计上的失业率下降。他们还因在过去四周内没有去找工作而被认为退出了劳动力市场，他们属于非劳动力，而不属于民用劳动力，故这部分人增加还会导致劳动参与率下降。这部分人在金融危机影响最严重的2010年时大约有120万，到2015年10月，还有66.5万。总体来说，对找到工作失去信心的人呈下降趋势，但是没有达到危机以前2000~2006年平均38万左右

① 美国的劳动参与率是民用劳动力（Civilian Labor Force）与自由居民（Civilian noninstitutional population）的人数之比。自由居民是指16岁以上的没有被关在监狱、精神病院或其他监禁设施内的非军事人员。自由居民可分为民用劳动力和非劳动力（not in Labor Force）两类。美国劳动参与率的下降是由非劳动力的较快增加造成的。非劳动力包括退休人员、学生、照顾小孩和其他家庭成员者，以及其他没有工作且不寻找工作的人。民用劳动力分为就业者和失业者两类。失业者是指没有工作且在过去四周内寻找过工作的人。

的水平。这一数据表明，美国劳动力市场确实有所改善，但是市场信心没有完全恢复，充分就业目标还没有完全实现。

美联储实现物价稳定的具体目标是通胀率控制在2%以内。虽然扣除能源和食品的CPI价格指数在2015年10月已经同比增长1.9%，但是美联储已经开始转而以个人消费支出价格（PCE）指数为监测对象。2015年美国的PCE同比增长率持续下降，到第三季度，美国PCE同比增长仅0.3%，相比上年同期下降了1.3个百分点。通胀率显著低于2%的PCE增长目标。这一状况表明，美国继续维持宽松货币政策的空间仍然较大，加息造成通货紧缩的风险非常显著。

美联储加息的条件并没有完全成熟，但是美联储仍然可能加息。美联储加息可能引发三大后果：其一，美元升值虽然会增加欧洲和日本的出口有利于其经济复苏，但是由于导致资本向美国汇聚，从而会抵消欧日央行宽松货币政策的效果。其二，美元汇率如果出现大幅度震荡将引起全球资产价格和资本大规模异动，从而引发国际金融市场和部分国家国内金融市场的动荡。其三，加息遏制了美国的复苏势头，并进而带动全球经济增长进一步下滑。

（三）债务积累过快对增长和金融稳定造成威胁

低利率和高负债是一个自我强化并最终会崩溃的组合。债务水平高企必然要求维持较低水平的利率，否则债务人将面临巨大的还债压力。利率水平总体低落，借款成本降低，从而又加速债务累积。低利率还和资产价格上升并存，使资产负债表看上去不那么捉襟见肘。这一方面提升了进一步负债的空间，另一方面又刺激了泡沫的形成和积累。然而，一旦利率、负债水平和资产价格组合中的某个环节出现问题，或者加息，或者杠杠控制和流动性不足，或者资产价格下跌，就会造成连锁反应式的金融市场大崩溃。如资产价格下跌会迫使信贷紧缩，而信贷紧缩造成的流动性危机又会使资产价格进一步下跌，并形成恶性循环。一些经济体目前已经出现低利率、低增长和高负债这一“有毒组合”不断积累的趋势。这种趋势不仅损害货币扩张对实体经济的促进效果，而且将对整个金融体系的稳定造成威胁。防止债务进一步积累的趋势已经迫在眉睫。出现当前这种状况，在很大程度上源于2008年后的大衰退与19世纪30年代大萧条之间的一个重要区别，即前者没有让坏账得到全面清理，没有让金融系统得到整顿，也缺乏使全面清理的政治应对成为可能的呼声。

（四）一些风险因素或推动新兴市场经济进一步放缓

新兴经济体的经济增速出现了结构性放缓与周期性放缓叠加的局面。结构性放缓是指潜在增长率偏离历史平均水平的变化（实际上是指潜在增长率下降），是导致经济增长率下降的一些长期因素在起作用；周期性放缓是指实际增长率偏离潜在增长率的变化，是导致经济增长率下降的一些短期因素在起作用。

新兴经济体已经进入了中速增长轨道。当前仍然存在一些导致新兴经济体经济增长进一步结构性放缓的风险因素。这些风险因素包括制度、基础设施、人口结构与产业结构等四个方面。制度对经济增长至关重要。新兴经济体最近在缩小政府规模和鼓励私营部门发展方面已取得进展，但过度监管与监管不足，以及产权保护不足等方面的问题仍然制约着经济长期增长。大多数增速较高的低收入国家都面临着由于基础设施不足而导致经济增速放缓的风险。这些基础设施包括交通、运输、通信和电力等。一些国家较高的劳动抚养比和较严重的性别失衡等不利的人口结构趋势也导致了很高的经济放缓风险。另外，劳动力从农业转移到制造业和服务业的规模和速度的降低，生产率的提高速度也会随之降低。能够促进技术和机制创新的改革不足，也将严重制约长期增长率。

新兴经济体中导致经济增长周期性放缓的因素主要是宏观经济因素：主要包括过度抑制通胀引发经济衰退的风险，过度实行金融开放和金融自由化引发金融不稳定造成经济低迷的风险等。特别是巴西和俄罗斯等国滞胀的存在，以及中国等国家正处于快速金融开放和金融自由化过程中，这些因素显得尤其重要的。

（五）区域贸易谈判取得进展但其全球影响仍存争议

2015 年 10 月 12 国达成跨太平洋伙伴关系（TPP）协议。该协议将建立一个出口占全球 23%、进口占全球 28% 的巨型自由贸易区。该协议的达成是区域贸易谈判的一个重大进展，是国际经贸规则设定中的一个重要事件。其重要性主要体现在 TPP 的目标是建立一个开放性的、高水平和高标准的区域一体化安排。当然，TPP 协议的达成是美国主导的。美国战略意图是想通过全球非中性贸易投资规则体系实现国家利益最大化。由于美国在国际贸易与分工演进过程中，逐渐从以货物贸易为主转向了以服务贸易为主，从以商品流动为主转向了以知识和资本等要素流动为主，因此，TPP 在深化货物贸易、原产地规则等传统贸易规则之外，还在服务贸易、知识产权、劳工和环境等方面制定了更高水平的一体化条款，同时，在国有企业、电子商务以及投资等面向 21 世纪的新条款上取得了较大进展。

当然，对 TPP 的影响到底有多大还存在一些争议。第一，TPP 不会在短时间内生效。TPP 协议需要经过 12 个成员国中至少 6 个国家的议会批准，且批准协议国家的 GDP 之和要大于 12 国 GDP 的 85% 才能生效。美国一家的 GDP 大约占 12 国的 60%，故关键在于美国国会是否批准该协议。美国彼得森国际经济研究所（PIIE）预计，按照美国国会的审议程序，美国国会最早审议 TPP 的时间是 2016 年 2 月，TPP 最早生效时间是 2017 年。第二，TPP 是各成员国利益交换与妥协的结果，比如某些产品规定了 25 ~ 30 年的降税过渡期。第三，TPP 在进行贸易创造的同时，也将转移贸易，尤其是将中国这样的贸易大国排除在外，很可能产生较大的贸易转移，从而在总体上降低 TPP 成员的福利。第四，现有的模型还难以计算出非边境措施带来的经济后果。

（六）大宗商品价格下跌已见谷底

2015 年大宗商品价格下跌的主要原因包括：世界经济增长率下滑，需求减缓；美元走强，以美元计价的油价自然变低；能源市场结构转型，包括需求结构和供给结构均在转型。在需求结构方面，各国对环保的重视导致各国采取更多地使用非化石能源和提高能源使用效率等方法推动增长，这些均会降低石油需求的收入弹性，即 1 个单位的全球收入增长带来的能源需求降低。OECD 国家实际上已经实现了负的能源需求收入弹性，即其收入增长不仅不带来原油需求增加，反而减少原油需求。在供给结构方面，伊朗重新进入国际石油市场，增大了石油供给。

上述导致大宗商品价格下跌的因素在 2016 年将继续发挥作用，大宗商品价格将继续在低位徘徊。同时，由于价格过低将导致投资开采量减少，供给的自动调整会实现大宗商品价格的总体稳定和上升。另外，俄罗斯、伊朗和委内瑞拉等主要产油国之间的博弈，也将使各国不会主动减产以提高价格。当然，也不排除金融市场不稳定和地缘政治变化引发的大宗商品剧烈波动。

总体来说，2016 年大宗商品价格会在低位徘徊后缓慢上升。

（七）竞争性的汇率政策成为隐忧

主要发达经济体和新兴经济体均面临潜在增长率下降和总需求不足并存的现象。潜在增长率下降主要是劳动参与率下降、教育水平增长放慢、创新体制不健全和创新能力不足等长期因素引起的，改善这些长期因素需要较长的时间，短时期内无法通过改善长期因素来提高经济增长率。扩张性的宏观经济政策成为应对经济下行的首选。其中财政政策在金融危机后的经济刺激中产生了较大影响，其作用也被重新认识。但是，由于财政政策的实施受到各国财政能力的制约，同时也受政府债务累积可能引发债务危机的制约，很大一部分国家或经济体转而采取比较严格的财政纪律，刺激经济主要依靠宽松货币政策。然而，宽松货币政策对刺激经济的效果不明显，反而更容易引发金融市场动荡。为此，寻求其他宏观经济管理工具来防止经济下滑和刺激经济将逐渐成为部分国家的政策选择。在出口负增长的背景下，出口部门受到损失将成为一个较大的问题，改善出口部门的呼声也将逐渐放大。为了促进出口和总需求，货币贬值将成为越来越重要的备选工具。一国的竞争性货币贬值很有可能引发以邻为壑的货币竞争，从而带来全球外汇市场甚至整个金融体系的动荡。

（八）内外经济政策高度政治化

经济政策的政治化在某些情况下有利于经济问题的解决。一旦经济问题被列入政治议程，而且解决方案被强大的政治意志和政治力量所推动，则有助于超越相关部门或者集团利益，打破过去的制度僵局，形成有利于解决问题的政治环境，使经济问题得到有效解决。但在当前的世界经济中，内外政策高度政治化更多的是在阻碍经济改革，无法形成有效解决问题的经济政策。

国际经济政策历来具有政治化的特点。一国的对外经济政策必然以维护本国利益为出发点，国家之间的利益冲突有时会导致一国对外经济政策与外部世界高度对立，更多的时候是导致没有国家为全球提供公共产品，或者全球公共产品提供不足。当前国际经济政策政治化的危害表现在三个方面：一是可能引起贸易保护主义以及竞争性的货币政策和汇率政策；二是无法推动国际贸易多边谈判，无法对国际金融体系进行有效改革，难以形成有效地解决重债国债务问题以及全球债务水平高企问题的方案；三是排他性的区域经济协定在新一轮国际经济规则重塑中形成新的壁垒。

国内经济政策也越来越具有政治化的倾向。任何政府均有追求高增长的驱动力，这是因为他们要兑现竞选中或者上任前的承诺；他们要促进更多的就业以维持社会和谐；他们要获得更多的税收资源以便解决额外的问题；他们还因恐惧通货紧缩而追求经济增长。但是，政府在推动经济增长的过程中将受到较大的制约。在短期的宏观经济政策中，货币政策的独立性相对较高，但财政政策则容易受到各种利益的制约；长期的有助于提高潜在增长率的政策，如促进竞争、推动创新和制度变革等结构改革措施将使一部分既得利益者利益受损而受到利益集团阻碍。面对各种制约，政治领导人或者无力推动政策出台，或者不愿推动政策出台。正如前卢森堡首相容克所说："我们都知道该做什么，但不知道做了以后能否获得连任。"正是这些经济政策的政治化倾向，在阻碍世界经济的强劲复苏和世界经济问题的有效解决。

国别与地区

Country/Region Study

Y.2

美国经济：增长与彷徨

孙 杰*

摘 要： 美国经济在2015年初出现了周期性波动，主要经济指标却没有明显恶化。尽管国内消费依然是支持经济增长的主要动力，但是投资和外部冲击波动造成的不确定性变得越来越重要。劳动市场的持续改善、消费信心指数接近高位、个人可支配收入稳步增加，加之政府开支对经济增长的影响逐渐从拖累变成中性，都使得美国经济增长的自主性在继续增强。然而，考虑到不太乐观的外部经济形势与美国经济自身出现波动的可能性，美国经济增长依然具有比较大的不确定性。预计2015年美国的经济增长与2014年大体持平。

关键词： 货币政策正常化 宏观经济 美国经济

---

* 孙杰，中国社会科学院世界经济与政治研究所研究员，主要研究领域：金融学。

2014 年美国经济的实际增长率为 2.4%，处于我们在 2014 年 9 月提出预测区间的上限，显示出比较强劲的增长势头，并逐步趋向其潜在增长率水平。尽管从经过季度调整的年化环比实际经济增长率来看，在过去的一年中美国经济增长出现了比较大的波动，但是从季度年化同比实际增长率看，经济增长还是比较平稳的。国内消费依然是支持增长的主要动力，投资和净出口则是波动来源，政府开支对经济增长的拖累在下降。从经济基本面的主要指标来看，失业率持续下降，企业和个人信心不断上升，个人可支配收入增加，储蓄率下降，公司部门经营业绩稳定，市场利率水平出现了微弱的上升趋势。总体来说，国内经济仍然在好转，但是改善步伐在放慢，特别是通货膨胀水平持续低位徘徊，使得美联储在货币政策正常化方面有些徘徊。目前，美联储在 2015 年底或 2016 年初将实现加息已经成为比较一致的市场预期。我们预计 2015 年全年美国的经济增长可能会维持在 2.4% ~2.6% 的区间内，2016 年进一步回升到 2.6% 左右。

一　常态化的宏观经济增长形势

从 2014 年第三季度到 2015 年第二季度，美国经济总体呈现比较稳健的增长态势，四个季度经过季节调整后的年化环比季度增长率分别为 4.3%、2.1%、0.6% 和 3.9%。在 2015 年初出现的比较明显的波动主要是受到季节因素的干扰，没有对此后的经济形势产生持久影响。事实上，如果从更常用的同比经济增长率来看，这四个季度的经济增长率就变得稳定得多，分别为 2.9%、2.5%、2.9% 和 2.7%。在这四个季度中，私人国内投资呈现比较明显的波动特征，而净出口以及政府消费和投资则在年末和年初的两个季度中表现为低谷，国内消费支出一直是支持经济增长的主要动力。特别是在 2014 年下半年，受到原油价格下降的刺激，个人消费支出的增长非常显著，而到了 2015 年上半年，尽管原油价格依然维持在低位，但是对消费增长的刺激力度则有所下降。

（一）季度环比增长呈现周期性波动，但外部影响加剧

在2014年第三季度，承接上一个季度经济增长反弹的势头，经过季节调整后的季度年化环比实际增长率从4.6%微降到4.3%。个人消费支出贡献了2.34个百分点，虽然比上一个季度2.6个百分点的贡献略有下降，但是支撑作用依然明显。其中个人货物消费支出有所下降，服务消费支出出现了比较明显的上升，对经济增长贡献的百分点高达1.42。在经历了前期的反弹以后，私人国内投资对经济增长的贡献有所下滑，从1.99个百分点降为1.22个百分点。这种比较明显的短周期波动是造成实际增长率微降的主要因素。政府消费和投资的影响大体保持稳定，且拉动作用略有上升，而净出口对经济增长的贡献则从上个季度拖累0.24个百分点变成拉动0.39个百分点，净拉动达到了0.63个百分点，成为抵消消费和投资对经济增长拉动作用下降的主要因素。

到2014年第四季度，美国经济增长出现了比较明显的下行趋势，经过季节调整后的季度年化环比实际增长率从4.3%降为2.1%。如果仅从数据看，主要是私人国内投资、净出口和政府消费与投资对经济增长的拉动作用都明显下降所致，其中私人国内投资对经济增长的拉动从前一个季度的1.22个百分点大幅度下降到0.36个百分点，而后两个因素则对经济增长造成了拖累，总计达到了1.15个百分点。应该看到，这三个因素对经济增长的影响一直存在比较大的波动，或者说周期性变化比较明显。但是它们同时下降常常是一种巧合，并不代表美国经济的内生增长真的出现了问题。而作为美国经济绝对支柱的个人消费支出在这个季度不降反升，对经济增长的贡献高达2.86个百分点。不过我们也必须看到美国个人消费支出的增长离不开国际市场大宗商品价格，特别是原油价格大幅度下降的背景。国际货币基金组织编制的国际燃料价格指数，2014年7月还高达190.80，而到了2014年12月就已经跌到了119.24。国际市场大宗商品价格的下跌刺激了美国的国内消费支出，特别是服务消费支出的增长对经济增长的贡献达到了1.95个百分点。

显然，这种情况不会成为常态。因此，在2015年第一季度，美国的经济增长就下降到了0.6%。尽管美国政府和经济学家给出的解释还是第一季度恶劣天气等惯常的理由，但是数据显示并没有这么简单。美国经济在2015年第一季度大幅度减速的一个主要原因就是随着国际市场上大宗商品价格的企稳，对美国国内个人消费支出的刺激逐渐消失，结果个人消费支出对经济增长的拉动陡降到1.19个百分点。另一个重要拖累就是净出口，达到了1.92个百分点，而且是进口和出口双双拖累。这反映出美国经济不能幸免于全球经济的减速，更不能一枝独秀。在海外需求大幅度下降的同时，美国国内旺盛的进口需求也必将拖累美国的经济增长。在个人消费支出和净出口对经济增长的拉动出现大幅度下降甚至出现严重拖累，且政府消费对经济增长呈现中性的情况下，尽管国内私人投资出现了一定程度的反弹，对经济增长的拉动达到了1.39个百分点①，最终也无力回天。

与此前美国经济在年初的周期性波动后的情况一样，2015年第二季度出现了预期的反弹。经过季节调整后的季度年化环比实际增长率达到3.9%。其中，个人消费支出对经济增长的拉动达到了2.42个百分点，发挥着重要的支撑作用。净出口也一举扭转了严重拖累经济增长的局面，从拖累1.92个百分点变成了拉动0.18个百分点。在州和地方政府投资的推动下，政府消费与投资也出现了反弹，拉动0.46个百分点，为近期罕见。不过投资却略有下降，对经济增长的拉动从1.39个百分点下降到0.85个百分点。

（二）美国未来经济增长将维持在目前的水平附近

从2014年第三季度到2015年第二季度，美国经济增长的内生基础依然是国内私人消费，政府支出的影响大体维持中性，但是投资和净出口造成的

① 如果没有投资的强力拉动，2015年第一季度美国的经济可能与2014年第一季度一样将出现负增长。

表 1　总需求各部分对 GDP 增长率的贡献

单位：%

季度	2014 年第一季度	2014 年第二季度	2014 年第三季度	2014 年第四季度	2015 年第一季度	2015 年第二季度
GDP 增长率	-0.90	4.60	4.30	2.10	0.60	3.90
个人消费支出	0.85	2.60	2.34	2.86	1.19	2.42
货物	0.25	1.49	0.91	0.91	0.25	1.20
耐用品	0.19	0.96	0.54	0.44	0.14	0.57
非耐用品	0.06	0.52	0.37	0.47	0.10	0.62
服务	0.61	1.11	1.42	1.95	0.94	1.23
私人国内投资	-0.38	1.99	1.22	0.36	1.39	0.85
固定投资	0.91	0.87	1.23	0.39	0.52	0.83
非住宅	1.00	0.56	1.12	0.09	0.20	0.53
住宅	-0.09	0.31	0.11	0.31	0.32	0.18
存货变化	-1.29	1.12	-0.01	-0.03	0.87	0.02
净出口	-1.39	-0.24	0.39	-0.89	-1.92	0.18
出口	-0.95	1.28	0.24	0.71	-0.81	0.64
进口	-0.44	-1.52	0.15	-1.60	-1.12	-0.46
政府消费和投资	0.00	0.21	0.33	-0.26	-0.01	0.46
联邦政府	0.02	-0.08	0.26	-0.41	0.08	0.00
国防	-0.21	-0.02	0.19	-0.47	0.04	0.01
非国防	0.23	-0.06	0.07	0.06	0.03	-0.01
州和地方政府	-0.03	0.29	0.07	0.15	-0.09	0.46

资料来源：美国经济研究局，经过季节调整的年化环比季度数据。

波动比较明显，且未来走势仍具有一定的不确定性。金融市场相对稳定，道琼斯股指维持在 17000 ~ 18000 点，标准普尔 500 波动率指数处于正常的波动范围，短期国债收益率继续维持在零附近，长期国债收益率和企业债券收益率也大体保持稳定。整体的经济环境有利于美国经济基本面的持续改善。

按照常规的分析框架，对美国经济影响最大的因素当属包括政府消费在内的国内消费支出，占 GDP 的比重在 90% 左右，而其中又以个人消费支出的影响最为显著，比重接近 70%。2008 年金融危机反弹后，从 2010 年第一季度到 2014 年第二季度，国内个人消费对美国经济增长的贡献平均为 1.42

个百分点，而在2014年第三季度到2015年第二季度期间，国内个人消费对美国经济增长的平均贡献为2.13个百分点，不仅明显超过了危机复苏后的平均值，而且也超过了自2000年第一季度到2007年第四季度即新经济后到金融危机前2.02个百分点的季度平均值。正是从这点来看，美国经济形势已经进入了以国内消费支持为主的常态，实现了自主性的经济增长。造成这种变化的原因是多方面的：①密歇根大学的消费者信心指数显示，在2015年6月该指标达到96.1，已经开始接近2000年美国新经济狂热时的最高值[①]；②虽然劳动参与率在持续下降，从金融危机前的65%下降到2015年7月的62.6%，但是在过去的18个月中已经呈现企稳的迹象，而同期失业率还在继续下降，从6.7%下降到5.3%，不仅早已低于两年前制定的埃文斯准则，更触及了联邦储备委员会成员和联邦储备委员会主席在2015年6月给出的中心趋势范围[②]；③在经历财政悬崖冲击时，美国的储蓄率在2012年12月一度高达11%，但是很快随着法案的确定，2013年1月就下降到4.6%，此后一直大体维持在这个水平上，从而为国内私人消费的增长提供了保障；④个人可支配收入进入2008年危机以后最明显的持续增长阶段，特别是在2014年2月以后，同比增长率一直保持在3%左右，在2014年底和2015年初甚至高达4%，有力地支持了个人消费的增长。在上述因素的综合作用下，个人支出持续增长。到2015年第二季度，按照不变价格计算的年化季调个人消费支出已经达到了11.16万亿美元，大大超过了危机前在2008年第二季度达到的10.07万亿美元的最高水平。从这些支持消费增长的因素看，消费作为拉动美国经济增长的主要动力在短期内不会出现根本性的逆转。

国内私人投资与政府消费和投资在美国GDP中所占的比重大体相当，

① Wind数据库中美国密歇根大学以1966年第一季度为100的消费者信心指数显示，2007年1月为96.9，2004年1月为103.8，2000年1月为112。

② 联邦储备委员会成员和联邦储备委员会主席在2015年6月给出的长期失业率中心趋势值和范围分别是5.0%～5.2%以及5.0%～5.8%。从这个数据上看，可以认为美国目前的失业率已经达到了自然失业率水平。

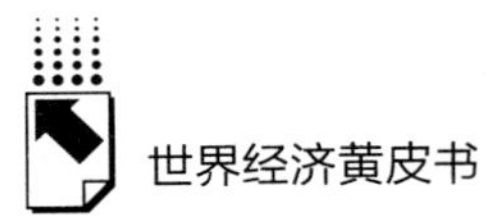

两者之和维持在35%左右。从金融危机以后的数据看，私人投资一直是造成美国经济增长的不稳定因素。在私人投资中，存货调整所造成的波动性比较容易理解，但是存货在整个投资中所占比重不大。而就固定投资来看，不论是以现价计算还是以不变价格计算的水平值虽然出现明显波动，但是都呈现稳定增长的势头，相比金融危机时期已经增长了30%左右。不过值得注意的是，从美国商业调查的结果看，采购经理人指数在2014年底达到59的顶点之后出现了下滑的走势，到2015年8月仅为51.1。不过类似的波动在2012年也出现过，因此还不能由此确定其对未来的影响。从美国的产能利用率来看，随着设备复杂程度的提高，自1978年以来最高产能利用率一直在缓慢下降，从88%下降到90年代的85%，到这次危机以前则是80%左右。2014年底产能利用率一度达到了79%。这意味着在此前随着经济的繁荣和需求的上升，通过启用闲置产能来提高其利用率的余地已经越来越小，有必要增加投资。而到2015年6月产能利用率又略微下降到77%，意味着闲置产能有所增加，对投资的需求应该有所下降。不过在建筑行业，住房空置率还在下降，新房销售和开工数量随之上升，新房销售的平均价格也已经超过了危机前的水平。因此，未来美国私人投资究竟是在波动中维持上升趋势还是转为下行趋势还具有比较大的不确定性。

净出口对美国经济增长的影响与投资类似，对经济增长率贡献的百分点也处于不断的波动之中。因此，美联储在2015年7月提交给美国国会的货币政策报告中，对欧洲、日本的货币政策以及新兴市场增长前景，甚至包括中国股市的波动都进行了分析。不过，影响美国净出口的因素主要来自出口而不是进口。这一方面可能是因为随着美国国内能源生产和需求的变化，国际能源价格变动对美国进口变化的影响在下降；另一方面，净出口对美国经济增长的影响主要是美国经济增长形势与世界其他国家经济增长形势不同步造成的。

在政府支出方面，2013年取消了税收优惠政策以后，无论是联邦政府还是州和地方政府的财政状况都出现了好转的势头，但是受制于巨额的政府债务和国会强大的减赤压力，联邦政府的财政支出仍将保持从紧的状态，因此政府支出变动对美国经济增长的影响很可能继续维持中性。

从影响美国长期经济增长的因素看，美国在技术进步的储备方面和人力资本的培养方面优势依然明显，两者仍将是推动美国经济增长的火车头；而在市场规模、制度变迁和资源环境约束等方面美国经济也很少受到制约，可以为创新提供相对有利的环境。从这个角度来看，在未来5~10年内，美国经济增长仍可能维持在其潜在增长率附近。即使受到金融危机或国际经济形势的拖累，也很可能会率先走出来。

美国联邦公开市场委员会成员在2015年6月给出的长期经济增长率中心趋势为2.0%~2.3%，长期经济增长率的区间为1.8%~2.5%。具体到对2015年的经济增长率，中期趋势值为1.8%~2.0%，低于3月给出的2.3%~2.7%的预测值；经济增长率区间为1.7%~2.3%，也低于3月给出的2.1%~3.1%的预测区间。相比之下，我们的预测则乐观一些，2015年美国的经济增长率可能处于2.4%~2.6%的区间内。

二 货币政策正常化

在金融危机以后，美国货币政策正常化的标志应该有两个：一是退出量化宽松，二是告别零利率。在美联储终止了资产购买计划以后，2015年美国货币政策的关注点就集中到了何时进入加息周期的问题上。

（一）审慎的货币政策决策

按照常规，中央银行的首要职责就是维持物价稳定，即在通货膨胀高涨时期提高利率水平而在通货紧缩时期实行宽松的货币政策，降低利率水平。在2008年金融危机以后的一段时间内，联邦公开市场委员会的会议公告的确也常常表达出由于长期通货膨胀水平预期较低，同时兼顾最大就业和经济增长目标或进一步完善金融市场功能的分析思路，以引出政策决策。但是，在2010年12月美联储推出第二轮量化宽松的货币政策以后，公开市场委员会的会议公告每每提及“为了支持经济的更强劲复苏并保证将通货膨胀控制在适当水平”。这种变化明显有违常理：既然经济已经复苏，为什么货币政策还要进行刺激以实现更强劲的复苏呢？难道货币政策不再是反衰退而变成了经济增长的助推器？难道宽松的货币政策一定要等到出现经济过热再戛然而止吗？这可能暗示着美联储货币政策目标的重大转变。

在美联储实行第三轮量化宽松政策一年以后，从 2013 年 9 月开始，公开市场委员会会议公告的表述又改成了每每承认经济活动和劳动力市场条件的改善，但同时表示还需要观察和等待，以确认这种改善是不是可持续的。在这种表述出现以后三个月，美联储就开始了降低量化宽松幅度的进程。因此，表述上的率先变化可以看成是美联储的一种货币政策沟通。在 2014 年 10 月 29 日联邦公开市场委员会的会议公告中，明确提出了美联储已经确认在经济活动的各方面存在足够的力量，正在价格稳定的前提下支持着走向最大就业的进程，并因此终止了美联储的资产购买计划。此后，公开市场委员会会议公告就一直维持着“为了支持持续走向最大就业和价格稳定的进程”的表述至今。

其实，从 2010 年 11 月开始，在联邦公开市场委员会的会议公告中就一直明确美联储追求培育最大就业和价格稳定的目标，并且在 2012 年之后美联储的货币政策报告前，总有一个《关于长期目标和货币政策战略的声明》，开宗明义地将促进最大就业列为首要目标，其次是价格稳定，最后是适度的长期利率水平。这份声明的另一个关键点在于强调，由于货币政策对经济活动和价格水平的影响具有时滞，因此货币政策决策依据的是公开市场委员会的中长期展望，而这些指标的具体范围就是在货币政策报告第三部分给出的联邦储备委员会成员和联邦储备委员会主席做出的经济预测。事实上，这些不断变动的预测值给了美联储在货币政策决策时很大的相机抉择空间。2015 年 6 月，美联储副主席费希尔在牛津大学的讲话中明确指出最大就业和 2% 的通货膨胀率是当前美国货币政策的目标，而且由于时滞的原因，美联储不会等到达到目标以后再调整政策。

耶伦 2015 年 7 月 10 日在克利夫兰的讲话中则指出，只依靠货币政策不足以保证长期的增长和生活水平的持续改善。改善生活水平的最重要因素是提高生产率。但是，2007 年以来，美国每小时的产出增长率每年仅为 1.25%，而在大危机以后的十年间，年均生产率的增长达到了 2.75%。所以在耶伦眼中，生产率增长的乏力也解释了劳动力市场的乏力（persisting labor market slack）。由于生产率的提高受到劳动力知识和技能、资本装备的质量和数量以及相关的基础设施的影响，因此，需要增强教育和培训、鼓励创业和创新，推动资本投资的政策措施①。由此，我们不仅可以看出耶伦在失业率大幅度下降后依然迟迟没有加息的原因可能是就业后面的生产率迟缓增长，而且还可以体会到她对货币政策长期作用的理解。这些显然都与教科书上所阐释的货币政策标准功能有了很大的偏差。

（二）美国的经济形势与货币政策走势

尽管在美联储的三个货币政策目标中没有经济增长，尽管按照经典的定义，中央银行的职责应该仅仅是给经济增长提供一个稳定的环境，但不可否认的是，货币政策背后的最终目标还是稳健的经济增长，或者说货币政策最终是为稳健的经济增长服务的。也正是由于这个原因，美联储的货币政策报告离不开对宏观经济形势，特别是经济增长的分析。从理论上说，物价稳定就意味着经济增长率接近其潜在水平，其实也就达到了合意的经济增长水平。而物价稳定本身也包含了最大就业和适当长期利率水平的含义②。因

---

① 耶伦在这里的原文是：As a general principle, the American people would be well served by the active pursuit of effective policies to support longer-run growth in productivity. Policies to strengthen education and training, to encourage entrepreneurship and innovation, and to promote capital investment, both public and private, could all potentially be of great benefit in improving future living standards in our nation。虽然耶伦用了一个含混的 policies，但是，耶伦作为美联储主席，我们有理由认为她主要指的就是货币政策。

② 有意思的是，尽管在美联储公布的《货币政策战略和长期目标的声明》中包括了适当的长期利率水平的目标，但是在美联储货币政策报告中确认的、具有操作指导性的经济指标预测中，却没有对这个长期利率的适当水平给出一个评估。相反，对 GDP 增长率中心趋势的预测却赫然在列。由此可以推断，在美联储的货币政策决策中，可能长期利率水平并不是考虑重点，而实际经济增长率倒占有一席之地。考虑到美国公开市场委员会会议在公告中的反复确认，我们在本文分析美国货币政策走势时就只以通货膨胀和失业率作为主要判断依据。

此，我们对美国货币政策走势的分析还是从对物价的分析开始。

自2014年下半年以来，由于国际原油价格的大幅度下降，美国的物价指标出现了一个不太常见的现象，即核心消费者价格指数高于标题消费者价格指数，核心个人消费支出价格指数高于标题个人消费支出价格指数的情况。例如，在2015年7月，经过季节调整的消费者价格指数仅为0.2，而经过季节调整的核心消费者价格指数却高达1.8。同期，经过季节调整的个人消费支出价格指数也仅为0.3，而经过季节调整的核心个人消费支出价格指数则达到了1.2。尽管如此，如果仅从物价指标来看，不仅低于埃文斯规则设定的2.5的退出门槛，也低于联邦储备委员会成员在2015年6月认定的当年核心个人消费支出价格指数1.3~1.4、个人消费支出价格指数0.6~0.8的中心趋势、个人消费支出价格指数2的长期水平。从TIPS与同期限国债收益率之差表示的通货膨胀预期看，2014年第三季度以来表现比较稳定，甚至出现了微弱的下降趋势。这意味着美国经济已经接近，但尚未达到其潜在产出水平。

美国的失业率在2014年7月至2015年6月期间下降了0.9个百分点，达到了5.3%，已经处于联邦储备委员会成员在2015年6月认定的失业率5.2%~5.3%中心趋势的上限，更处于他们认定的长期自然失业率5.0%~5.8%范围的低端。另外，从劳动参与率的变化看，下降速率已经明显放缓，在过去一年中出现了明显的企稳迹象，因此可以认定在这段时期内失业率的下降几乎完全是来自就业状况的改善。也就是说，目前已经远远超过了埃文斯规则确定的失业率6.5%的退出标准，即使是从自然失业率来看，美国经济也已经达到了充分就业的水平，尚未利用的潜在增长空间已经不多了。

因此，我们可以由此看出美联储在货币政策决策上的谨慎态度，其原因可能离不开对美国经济运行和增长形势的判断。事实上，在2014年初的记者招待会上，耶伦就曾经闪烁其词地表露出量化宽松停止以后，大约半年就可能进入加息轨道，但是时至今日，距离美联储停止资产购买计划已经过去了一年之久，市场也形成了美联储加息在即的预期，却还是只听雷声响，不见雨下来。2015年7月10日，耶伦在俄亥俄州克利夫兰的一个讲话中重申她对未来美国经济走势的展望与6月联邦公开市场委员会成员预测的中心趋势大体一致，因而，她预计在2015年下半年的某个时刻首次加息并开启货币政策正常化的进程。但是她同时强调，经济增长与通货膨胀还具有高度的不确定性，任何未预期到的情况都可能延迟或加速加息行动。她还特别指出要密切观察劳动市场的状况是否得到持续改善，并且有理由相信在未来几年通货膨胀将重回2%的水平①。她还特别强调，加息行动本身将是渐进的，不会给美联储的货币政策带来大的转变。事实上，尽管美联储已经终止了资产购买计划，但是直到目前为止，还依然维持再投资的策略，也就是说量宽扩张停止了，但是并没有收缩，而加息则意味着货币供给的下降，也就是在量化宽松的扩张以后，通过收缩货币供给来完成一个完整的货币政策周期，而这才意味着货币政策的正常化。

从美联储货币政策中介目标的变化、美国经济的走势以及耶伦的态度看，我们认为，美联储将在2015年底，最迟2016年上半年进入加息周期，尽管力度不会很大，但将由此实现货币政策的正常化。

三　持续好转的美国财政

2015财年的美国财政承接减税政策到期后税收增长的势头持续改善，并且超出了原有的预期，经济增长也成为财政状况好转的主要支持因素。

正是在这样的背景下，2015年10月底在美国国债即将达到2013年国会批准的上限而面临财政资金告罄之前，尽管国会的共和党议长出现了意外更迭，但是这一次白宫与国会很快达成了一项临时协议，同意在2017年以前增加国债上限，同时削减部分社会项目支出。之后，美国众参两院分别于10月28日和30日通过了新的债务上限以及两年期的预算法案。相比2011年和2013年一度出现的政府债务上限危机和政府关门的严重局面，

① 这也意味着美联储的加息行动也面临着紧迫的压力，即防止即将到来的通货膨胀率的上升。这可能也意味着目前美国货币政策对失业率的关注是以没有严重的通货膨胀压力为条件的。也就是说，美联储在耶伦上台以后可能并没有真正的转型，而只是有条件地调整了关注点。

这次国债上限的调整颇有些波澜不惊的感觉[①]。这种情况也使得美国政府在财政问题上有可能更多地关注如何应对未来的挑战，因为按照美国国会的预测，2020 年以后由于老龄化的原因美国的财政状况可能再度恶化。而 Lo 和 Rogoff 表明，只要债务负担没有缓解，未来经济就可能处于长期停滞的状态。因此，美国政府沉重的公共债务负担依然是一个非常严重的问题。[②]

（一）2015年的美国财政状况继续得到改善

2015 年 7 月 16 日，美国白宫预算管理办公室发布了中期评估报告，将 2015 年 2 月提出的 5830 亿美元的财政赤字下调 1280 亿美元至 4550 亿美元[③]，比 2014 财年 4846 亿美元的财政赤字减少了 296 亿美元。相应的，财政赤字占 GDP 的比重也从 2015 年 2 月预计的 3.2% 下降到 2.6%，也低于 2014 财年 2.8% 的水平，同时创下了 2008 年以来的最低纪录。这个水平也略低于 1965 ~2014 年美国财政赤字在 GDP 中占比 2.7% 的平均水平。在这个意义上说，2015 年美国的年度财政状况已经回到了近 50 年来的正常情形。

从财政收支的具体科目来看，2015 财年财政状况的超预期改善是多方面因素共同作用的结果，其中财政收入从 31760 亿美元上升到 32480 亿美元，增加了 720 亿美元，财政支出则从 37590 亿美元下降到 37030 亿美元，减少了 560 亿美元。在财政收入增收的 720 亿美元中，有 690 亿美元来自个

---

① 应该看到，这次债务上限问题能够得到比较平稳的解决也是多因素共同作用的结果。第一是伴随经济稳定增长和取消税收优惠以后财政转况的持续好转，让各方都看到了希望；第二是共和党在债务上限问题上故意刁难民主党政府的政治动机已经为人所厌倦；第三是这一次白宫在债务上限即将到期，而共和党的众议院议长又意外辞职的敏感时刻采取了克制的态度，主动暂停了一次例行的国债标售以示努力和尊重；第四是新任共和党议长及时消弭了与白宫的分歧。毫无疑问，在当前的情况下，提高政府债务上限是不可避免的趋势，尽管国会利用这个机会对白宫施加减赤的压力也是可以理解的，只是这种博弈不应该以美国国债评级和全球金融市场的稳定为代价。

② Stephanie Lo and Kenneth Rogoff, "Secular Stagnation, Debt Overhang and Other Rationales for Sluggish Growth, Six Years on", BIS Working Papers, 2015, No. 482.

③ 在 2014 年 7 月，白宫预算办公室对 2015 财年财政赤字的估计为 5636 亿美元，财政赤字占 GDP 的比例为 3.1%，略低于 2015 年 2 月的估计。

人所得税增收，公司所得税也增加了200亿美元，构成了财政收入增加的支柱①。显然，这两个科目的增长不仅包括了两年前停止税收优惠导致的增收效应，更体现了当年经济增长的直接效应。在财政支出方面，自主（discretionary）开支总共节省了230亿美元，其中非防务项目减少最多，达到了190亿美元，防务项目减少了50亿美元，但是其他海外活动增加了10亿美元。在法定（mandatory）开支方面，在医疗保险（medicare）和医疗补助（medicaid）支出分别增加70亿美元和140亿美元的情况下②，也实现了130亿美元的减支。由于法定开支的刚性程度比较大，所以削减科目涉及面比较广，但是在每个科目上压缩的开支普遍不高，体现了比较强烈的全面控制和锱铢必较的节支态度。另外，特别值得注意的是，相比2015年2月的预测，美国政府的净利息支出在7月的评估中减少了190亿美元。

与2014年的财政收支相比，2015年的财政收入预计在30214亿美元的基础上增加2266亿美元至32480亿美元，财政支出在35060亿美元的基础上增加1970亿美元至37030亿美元，从而实现296亿美元的减赤。从中我们可以看出，尽管美国政府在减少财政开支方面做了最大的努力，但是财政支出的绝对水平还是有所上升，所以减赤的主要因素就在于借助经济增长使财政收入的绝对水平实现更大程度的提高。

（二）美国财政的转型与不确定性

如果说自2008年金融危机以来，美国的年度财政状况出现了严重的挑战，在经济衰退，财政收入大幅下降和庞大财政开支的双重压力下出现了空

① 在白宫的财政预算中期评估中，由于修改经济假设（Changes in current law receipts due to revised economic assumptions）造成财政收入减少220亿美元，由于技术上的重新估计（Changes in current law receipts due to technical reestimates）增加了950亿美元，再考虑到其他调整（Changes in proposals due to enacted legislation and economic and technical revisions）造成财政收入减少10亿美元，所以综合平衡下来，预计2015年的财政收入会增加720亿美元。

② 按照这次白宫与国会达成的债务上限协议，可以预见在未来的几年中，这些社会支出很可能也会有所缩减。

前赤字，并且在白宫与国会之间屡屡因为减赤问题陷入僵局而不得不全力应对，2015 财年的状况终于出现了标志性的转折。这就使得白宫有余力再考虑一些更长远的财政战略以便从根本上应对巨额公共债务在未来可能带来的挑战。

在白宫预算管理办公室发布的中期评估报告中，他们首先肯定了经济增长、金融稳定、社会福利的改善、分享繁荣并提高收入与增强对未来的信心是美国可持续财政的基础，同时还提出了在未来 10 年中，美国将主要依靠健康、税收和移民改革实现减赤 17500 亿美元的目标，其中 6400 亿美元将源自减少对高收入家庭的税收优惠。与此同时，白宫认为，在公共财政方面一味进行节支是得不偿失的①，必须为一些关键的投资进行支出而不是削减开支。为此，就应该制定一揽子的措施并弥补明显的税收漏洞。这些投资包括改善教育和劳动力技能、推动科学研究和促进制造业的复兴，以及运输基础设施投资、为中产阶级和劳动家庭提供包括幼儿园在内的一系列照顾儿童的服务，并通过鼓励工作的税收制度来创造就业和加速经济增长。此外，还要在发展清洁能源技术方面给予财政和税收支持，以维持美国在全球的领先地位。在气候变化有关问题和进一步推动金融改革问题上也需要财政支持，在国际事务中还要加强投入。

与刚刚走出危机阴影就显得踌躇满志的白宫相比，美国国会在对待财政问题的态度上则要保守一些，并且不难理解，白宫与国会之间的争议主要不是在财政收入上，而是在财政支出上。在财政收入方面，认识差距主要来源于对未来经济走势的预测以及其他技术因素导致的国会对于经济增长带来财政收入上升的效应表现得更乐观。在法定支出方面，国会认为白宫在学生贷款、社会保障、失业保险和医疗补助等方面的支出还有压缩的余地，分别达

① 在白宫预算管理办公室发布的中期评估报告中，使用 mindless austerity 来隐喻国会提出的严厉减赤要求，并且在提要的最后一段明确指出国会共和党人所提出的减赤计划将使大量儿童失去早期教育机会，工人失去培训机会，同时也伤害中产阶级，并在美国经济正将加速发展的时候失去投资的支持。另外还特别指明国会要求削减海外行动（Overseas Contingency Operation，OCO）经费对国家安全可能造成的损害。考虑到民主党已经失去对国会的控制，这种情况也是可以理解的。

到了250亿美元、80亿美元、50亿美元和140亿美元之多。在自主支出方面，国会看上去比白宫要高280亿美元，但是这主要是因为国会在科目调整方面与白宫之间存在技术分歧，仅这一项就造成了国会比白宫高560亿美元，所以总体来看国会还是对白宫提出了实质性减赤的要求。事实上，在包括防务开支和国际事务开支等诸多科目上，国会都要求白宫降低开支。当然，在未来10～20年的减赤规划中，国会与白宫之间的差异更大。毫无疑问，白宫反对过度削减预算有它的道理，但是国会对赤字和债务的担心[①]同样也不是杞人忧天。白宫与国会在财政预算方面的纷争还会不断进行下去，但是随着美国财政状况的好转，它们之间的差距正在缩小，在近期再出现胆小鬼游戏式的赌博性博弈的可能性在下降。

四　稳定的微观经济走势

与宏观经济的走势相呼应，从2014年第三季度到2015年第二季度，美国的公司部门运营也维持了稳定的形势，个人消费支出则逐渐走高，成为支撑美国经济增长的主要因素。

（一）公司业绩稳定背后的转型

从美国经济的部门结构看，目前已经很难说哪个行业属于支柱产业了。按照2014年的统计，在GDP中占比重比较大的部门有：制造业（12%）、专业和商业服务（12%）、房地产（11.9%）以及包括批发贸易和零售贸易在内的贸易部门（11.8%），其余比重比较大的部门还包括金融和保险（7.2%）以及保健和社会救助业（7.1%）。由此我们可以看出，美国经济的部门结构大体是比较平衡的，但是总体看就不难发现，服务业比重很大[②]，而

① 参见孙杰《美国经济：趋向稳定增长》，《2015年世界经济形式分析与预测》，社会科学文献出版社，2015。

② 按照2014年的GDP统计，政府部门占比为12.9%，私人商品生产占比为19.6%，私人服务生产占比高达67.5%。

且还在不断上升中。由此我们可以得到对美国经济增长的五点判断：①由于服务业劳动生产率、资本产出率和全要素生产率的提高慢于制造业，加之投入的制约，所以美国经济在增长速度上的表现肯定不如工业化国家，并且会在量的对比中逐渐下降，但是这绝不意味着美国经济的衰落；②进入后工业社会以后，由于对服务业需求的收入弹性高于对商品需求的收入弹性，所以美国经济虽然增长相对缓慢，但是从目前的趋势看还有很大的空间；③当服务业在美国经济中所占比重越来越高的时候，消费者信心对经济增长的影响日益显著；④由于美国经济增长在很大程度上取决于服务业增长，因此经济转型的速度也成为决定美国增长的主要因素；⑤由于服务业的发展和经济转型不可能一蹴而就，制造业的增长对美国经济稳定增长依然具有不可忽视的作用。

如果仅从美国经过存货计价和资本消耗调整的企业利润指标来看，从2011 年第四季度以来就已经停止了增长。在此期间，美国企业的境外利润虽然有所波动，但是整体水平保持稳定，而在境内行业中，金融企业的利润略有下降而非金融企业的利润略有上升，体现了美国在金融危机以后的去杠杆化过程和再工业化的努力。在非金融行业中，各行业的企业利润都呈现比较稳定的增长，且 2015 年第一季度的增长尤其显著，反映出制造业部门与服务业部门增长的协同性。这种情况也从微观经济活动的角度证明了由于消费疲软造成的美国经济减速并没有传导到公司部门。就制造业部门来说，出货量和新增订单虽然略有下降，但这主要是由于 2014 年第二季度这两项指标意外上升造成的翘尾效应，实际上依然处于 2011 年底以来的正常水平，所以在从 2014 年第三季度到 2015 年第二季度的一年中，制造业出货量一直保持稳定。

（二）制造业的产能利用率、投融资活动与结构转型

金融危机以后，美国经济中出现了一个比较有意思的现象，就是在银行对工商企业贷款增长率大幅度下降、消费者信心也处于低迷之际，采购经理人指数却维持高位，暗示着美国企业投资在悄然增长，只是在去杠杆化的背

景下这种投资增长没有过多依靠银行贷款的支持。加之出于经济刺激的目的，美国政府对投资支出一度大幅度减税，更进一步使得私人投资呈现波浪式上升并最终成为美国经济增长波动的一个主要因素。这种投资的悄然增长可能会受到三个方面因素的推动：经济结构的升级、再工业化的需求以及经济复苏的推动。当然，由于制造业属于资本密集的行业，所以我们对私人投资的分析也主要集中在制造业部门的投资。

伴随着市场需求的不断回暖和市场销售额的增长，制造业部门的产量、增加值和利润也随之上升，但是在前期投资波动性增长的背景下，产能利用率的上升并不明显，大体稳定在77.5% ~79%之间接近全开工的状态[①]。当然，这种情况在不同行业的表现也有所不同。受到近年来能源革命的刺激，美国采掘业的产能利用率一直维持在高水平上。不过，有意思的是，尽管采掘业的行业增加值在金融危机以后增长明显，但是行业失业率相对较高，行业空职率较低。不可否认，能源革命本身依靠高技术支撑，但是在提高劳动生产率的同时，并没有对大量一线劳动力质量提出更高的要求，相反却降低了对它们的需求。这种情况与建筑业的高失业率不同，后者主要是受到行业不景气的影响。值得我们注意的是，在2011年经济增长逐渐稳定以后，伴随着制造业产量、增加值和利润的上升，不论是在耐用品还是非耐用品上制造部门的失业率持续下降，且都低于城市失业率的平均水平。与此相应，制造业部门的空职率也低于非农部门空职率的平均水平。这意味着，制造业部门在劳动和资本两方面都接近了充分就业的状态。

从美国企业的投资来源和环境看，美国商业银行工商贷款的利率水平一直稳定在3%以下。工商贷款同比增长率在2013年初达到危机后反弹的最高点以后随着美国经济的波动出现了逐渐下滑的趋势，但是受到经济增长乐观预期的刺激，在2014年出现了转机，同比增速从6.5%重回10%，并且一直持续到2015年8月，这对投资增长具有持续而有力的支持作用。与此

① 对美国全开工条件下的产能利用率水平的估计，参见《2015年世界经济形式分析与预测》（社会科学文献出版社，2015）美国经济部分。

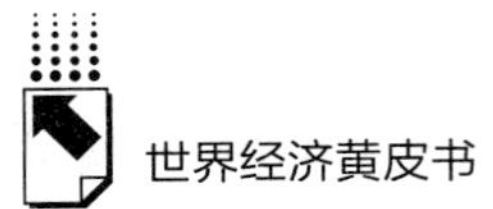

同时，尽管国际上的冲击不断，但是以道琼斯、标普 500 和纳斯达克为代表的股票市场指数大体保持平稳，为企业市场融资提供了良好的环境。在 2015 年上半年，美国企业完成股权融资 11388 亿美元，相比 2014 年下半年的 7318 亿美元有了明显提高。而在债券市场上，穆迪 Aaa 和 Baa 企业债收益率虽然有波动，但是最高点没有超过 2014 年中的水平。在 2015 年上半年，共完成债权融资 9971 亿美元，明显高于 2014 年下半年的 7197 亿美元的水平。

由于金融市场的形势有利于降低美国企业的投资和融资成本，我们认为，只要美国经济能够继续维持相对稳定的增长预期，消费者和投资者的信心保持稳定，国内消费需求进一步上升，就能够继续带动企业投资。在未来一段时期内，尽管企业投资还可能由于种种原因出现波动，但是总的趋势应该是逐渐向上的，并能够成为支持美国经济增长的因素之一。

五 国际因素对美国经济和政策走势的影响

在往年的黄皮书中，我们一般是直接从经常项目和资本项目两个方面来分析国际因素对美国的影响。尽管欧洲债务危机曾经给美国经济带来不确定因素，但一直没有带来真正的威胁。然而，过去一年中，在美国经济稳定增长并酝酿加息的同时，欧洲和日本经济持续低迷且始终维持量宽甚至愈演愈烈。这种明显的走势分化使得我们在 2015 年对美国经济和美联储政策的分析中不得不考虑到国际金融市场变动的影响。另外，中国经济走势和股市波动也进入了美联储的分析视野，这一方面说明了世界经济版图变化对美国经济的影响，另一方面也印证了美联储对当前增长稳健性的担心①。

① 我们在前面已经表明，美国经济的稳定增长主要建立在国内个人消费支出贡献稳定基础上的，但是我们在这里需要强调的是由于美国经济越来越难以独立于世界经济形势，所以国际经济形势的不确定也会影响到美国经济增长的稳定性。

（一）国际经济形势的拖累和不确定性

在2008年的国际金融危机爆发以后，虽然欧洲中央银行也开始进入降息行列，但是降息的力度远没有美联储果断，基准利率从2008年7月的4.25%一路下降，但直到2009年5月才达到1%的水平。此后又经历了一个反复，在2011年7月在1.5%的水平上重启宽松政策，直到2014年9月达到了0.05%的零利率水平。与此同时，欧元区货币供给量M1的同比增长速度从2008年的0.1%上升到2009年8月的13%，之后快速下降到2011年中的1.2%，然后又逐渐上升到2014年中的6%。此后出现加速，到2015年7月又上升到11.9%。显然，与美联储在危机后坚定且持续的量化宽松政策相比，欧央行的政策反应有些犹豫和反复。这固然涉及应对危机的政策理念，而且从实际效果看更直接影响到了欧洲经济的走势，造成了欧美经济的分化。日本的情况也类似。在早已进入零利率状态的情况下，2012年以来在安倍经济学的刺激下，基础货币供给的同比增长速度在2013年一度超过50%，到2015年7月依然维持在30%以上。在此期间，通货膨胀虽然有所抬头，但是依然处于低位。不论是在发达国家还是新兴市场，货币政策都依然维持宽松状态。

在国债市场收益率方面，也与货币政策的这种变动出现了相应的波动。日本1年期的国债收益率在2014年底和2015年5月两度出现负值，而欧元区的1年期国债收益率进入2015年以后就一直处于负值状态。但是值得注意的是，2015年3月以后，受到希腊形势恶化和欧元区通货膨胀上升的压力影响，包括德国在内，欧元区以及日本1年期以上的国债收益率一度出现了上升，虽然在希腊局势缓和以后又重现下降的趋势，却显示出市场处于敏感的不稳定状态。

毫无疑问，主要发达经济体市场利率的波动也给美联储的政策决策带来了新的变数。从2014年中美联储透露即将结束量化宽松并将在不久后加息的信息以后，名义美元指数就开始了明显的爬升。世界主要经济体维持低利率而美国即将升息的预期所造成的资本流入压力是推动美元上涨的主要动力。从美元指数的波动幅度看，这种情况与2008年金融危机爆发以后以及欧洲债务危机恶化以后美元指数的走势如出一辙，并且在幅度上还有过之。特别是当2015年3月由于希腊债务危机恶化导致德国、欧元区和日本的国债收益率都出现上升的趋势以后，美元指数的波动也一度出现逆转。

（二）美国的国际收支

2008年国际金融危机发生以来，在美国的国际收支中，经常项目余额大体保持稳定，因此资本项目余额的变动就成了主要的影响因素。在2014年第四季度，也就是在希腊债务危机形势恶化导致欧洲和日本的市场利率水平上升以前，就已经有先知先觉的投资者开始将美元资产转移出去了，因此在金融项目中其他投资，特别是现金和存款项目下出现了逆转，分别从2014年第三季度流入983亿美元和322美元变成了流出1494亿美元和1311亿美元，最终使得金融项目余额从流入3596亿美元骤减到流入416亿美元。显然这个规模的资本流动还不能使得每天以万亿计成交量的美元外汇市场出现行情变化①。有意思的是，在2015年第一季度，仅从美国资本项目的余额来看，资本流入再次恢复到了2014年第三季度的水平。这些投资者可能又先于市场而动。但是这次流入主要是在组合投资，特别是债券投资科目下的交易实现的。

与金融项目不同，尽管经常项目余额总体上比较稳定，但是在我们分析的2014年第三季度到2015年第二季度期间，净出口对美国经济的影响却变得明显了。而就净出口来说，汇率并不是最主要的因素，国际经济形势的影响要更显著。

从美国的出口形势来看，继续承接了此前增速放缓的趋势。进入2015

① 我们估计，与2015年第一季度美元出现贬值相对应的市场交易可能是在希腊形势明确后与避险和投机有关的衍生工具交易，这些衍生品的杠杆交易应该是造成美元汇率变动的主要因素。另外，由于美元作为国际货币，在各国出现抛售美元资产时，这些抛售的美元资产并没有反映在美国的国际收支平衡表中。也就是说，相比抛售的美元海外资产，抛售在美国的美元资产并转移出美国的这些交易虽然是最早发生的，但是在数量上可能不是最多的。

年以后，受到新兴市场和欧日经济放缓预期的影响，出口增速明显下降，其中美国商品出口额的绝对下降更加明显，到2015年7月同比萎缩了7.4%。相比之下，由于美国在服务贸易方面具有优势，因此服务贸易的增长虽然出现波动，但是依然维持着正增长。在商品出口中，又以中间品出口下降最为明显，进入2015年以后同比增速的下降达到了两位数，7月高达13.36%。资本品出口也出现加速下降的趋势，但截至2015年7月同比增速仅下降4%，远低于中间品出口的下降速度。消费品出口的下降有波动，但是总体上看没有形成趋势，也不严重。

从美国的进口方面来看，按说在美国经济增长相对稳定，特别是消费者信心指数恢复到高位以后，也应该比较稳定，但是2015年以来进口也出现了负增长。不过进一步的分析表明，这主要是因为商品进口下降造成的，而服务进口依然维持着正增长。而从商品进口来看，又主要是因为中间品进口大幅度下降造成的。2015年以来，不仅维持了两位数的负增长，而且每月基本达到了25%以上的萎缩。相比之下，资本品进口增长不明显，有波动，但大体维持着正增长。最能说明问题的是消费品进口一直是正增长，而且在2015年1~7月间有两个月甚至达到了两位数的正增长。这说明当前美国经济依然主要是依靠国内消费实现的内生增长，外部经济环境是影响美国净出口的主要因素。虽然目前美国的净出口依然为负，但是与2008年金融危机爆发时美国净出口成为阻止经济衰退主要因素的情况已经有了天壤之别①。

尽管如此，综合出口和进口两方面的情况看，不论是同比增长率还是环比增长率，美国的净出口增长在正负区间内波动很大，而且规律不明显，从而在2014年第三季度到2015年第二季度，成为造成美国经济波动的主要因素。值得注意的是，与过去几年相比，这种趋势变得有些明显了，反映出世界经济形势对美国经济的影响在增强。

---

① 在《2011年世界经济形式分析与预测》美国经济部分中我们曾经指出，那时美国净出口之所以能够成为阻止经济衰退的主要因素，不是因为美国出口竞争力的提高或外需的拉动，而是美国国内严重的经济衰退导致美国国内需求大幅度下降，进口下降的幅度远远超过出口下降的幅度而造成的。

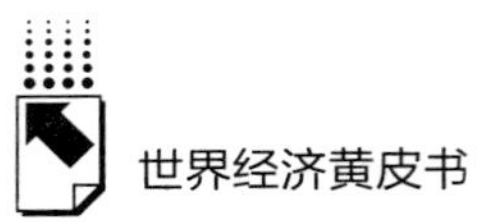

六　结论和展望

与2014年类似，2015年初的美国经济增长又出现了季节性的波动，但是各项基本面指标没有发生明显的恶化，只是外部经济冲击的影响变得逐渐明显了。尽管国内消费依然是支持增长的主要动力，投资和净出口波动造成的影响却变得逐渐重要。就业情况的持续改善和消费信心指数接近危机前的高位，个人可支配收入的稳步增加，加之政府开支对经济增长的影响逐渐从拖累变成中性，都使得美国经济增长的自主性在增强。不过，考虑到不太乐观的外部经济形势和美国经济自身出现波动的可能性，美联储认为美国经济增长依然具有比较大的不确定性，所以在加息问题上比一年前变得更加保守和谨慎①。

2015年的美国经济依然会延续季度数据有所波动，但年度数据很可能会大体保持稳定的局面。在就业持续改善和原油价格维持低位的情况下，消费还会成为推动美国经济增长的支柱因素。这种经济基本面的稳定使得投资和净出口的波动即使叠加在一起至多可能造成季度波动而不会改变经济增长的趋势。尽管投资还会出现波动，但是年度平均下来看应该是随着经济的稳定而逐渐向好。随着国内需求的上升，进口可能还会增加，而净出口影响经济增长的不确定性却在于出口，特别是商品出口。显然这将主要受到国际贸易以及全球经济增长的影响。在未来几年中，美国的财政状况将继续有所改善，因而政府消费和投资对经济增长的影响不会出现逆转。美国经济的结构转型虽然缓慢但会保持不断深化，这将有利于未来美国经济的增长。在2016年，美国经济面临的不确定性可能有包括全球经济增长放缓和原油价

① 耶伦在2015年7月10日在克利夫兰的讲话中明确指出：Based on my outlook, I expect that is will be appropriate at some point later this year to take the first step to raise the federal funds rate and thus begin normalizing monetary policy. But I want to emphasize that the course of the economy and inflation remains highly uncertain, and unanticipated development could delay or accelerate this first step。相比2014年初她在记者招待会上的发言老练了很多，但是一个“highly”还是透露了她的判断。

格出现上涨，并通过金融市场和贸易渠道带来负面影响。如果不出现意外冲击，我们预计2015年美国的经济增长可能比2014年略高或与2014年持平，维持在2.4%～2.6%的区间内。2016年可能会进一步上升到2.6%左右。

参考文献

Board of Governors of the Federal Reserve System, Monetary Policy Report to the Congress, July 15, 2015.

Congressional Budget Office, Updated Budget Projections: Fiscal Years 2015 to 2025. 2015.

Office of Management and Budget, Mid-Session Review: Budget of the U. S. Government, Fiscal Year 2016. 2015.

Congressional Budget Office, The 2015 Long-Term Budget Outlook. 2015.

Federal Reserve: FOMC Statements in 2015 and 2014.

Janet L. Yellen, Recent Development and the Outlook for the Economy, Remarks at the City Club of Cleveland, July 10, 2015.

U. S. Census Bureau, Full Report on Manufacturers' Shipments, Inventories and Orders, June 2015.

Stanley Fisher, *Monetary Policy in the United States and in Developing Countries, Remarks at University of Oxford, England.* 2015.

Stephanie Lo and Kenneth Rogoff, "Secular Stagnation, Debt Overhang and Other Rationales for Sluggish Growth, Six Years on", *BIS Working Papers*, 2015, No. 482.

Y.3

欧洲经济：缓慢复苏

东　艳*

摘　要： 2014年下半年以来，欧洲经济继续处于复苏进程，但经济增长速度低于预期水平。低油价促进了居民可支配收入的提高，宽松的货币政策及平衡型财政政策在促进经济增长方面发挥了积极作用。全球经济增长速度趋缓、全球贸易低迷、地缘政治风险上升、金融市场的不确定性、低通货膨胀率以及希腊经济陷入新一轮下滑带来的波及效应等因素使欧洲经济复苏面临诸多挑战。2016年欧洲经济将继续处于复苏进程。

关键词： 欧洲经济　货币政策调整　经济前景

2014年以来，欧洲经济复苏较为缓慢，低增长率、低通货膨胀率并存，失业率仍处于较高水平。宽松的货币政策及逐渐转向中性的财政政策以及结构改革等政策对经济增长的作用逐渐发挥，2015年欧盟及欧元区经济增长率分别为1.9%和1.5%。我们在2014～2015年度世界经济黄皮书报告中认为："2015年，欧洲经济将稳步复苏"。欧洲经济复苏的总体趋势与我们的预期基本相符，但复苏速度低于预期水平。全球经济增长速度下滑、全球贸易低迷、欧洲结构调整改革有待深入等因素拉低经济复苏速度。预计2016

---

* 东艳，经济学博士，中国社会科学院世界经济与政治研究所研究员，主要研究领域：国际贸易。

年，欧洲经济将稳定复苏，预计欧盟和欧元区经济增长率分别为2.0%～2.2%和1.6%～1.8%。

一　2014～2015年总体经济状况

（一）欧洲经济增长状况

2014年第二季度以来，欧洲经济继续稳步复苏，但增长速度低于预期水平。欧洲各国及欧元区的宏观经济政策取得成效，扩展性资产购买计划等量化宽松政策创造了较为宽松的金融环境，有利于商业投资。财政政策逐步由紧缩转向中性，有利于促进经济增长。欧元贬值支持了经济复苏。低油价、劳动力市场条件、信心增强等因素促进了欧洲经济形势的改善。但欧洲经济发展依旧面临一些挑战和不确定性：新兴经济体经济下滑、全球贸易增长停滞引发的外部需求下降、地缘政治风险、金融市场存在不确定性，低通货膨胀率以及希腊经济陷入新一轮下滑带来的波及效应等影响不容忽视。2014年欧盟GDP增长率为1.4%，欧元区为0.9%。从季度数据看，欧洲经济延续了从2013年第二季度开始的正增长。从2014年第三季度至2015年第二季度，欧盟按年率计算的实际GDP环比增长率分别为0.4%、0.5%、0.5%和0.4%。欧元区经济复苏较为稳定，与欧盟增长数据间的差距缩小，从2014年第三季度至2015年第二季度，欧元区按年率计算的实际GDP环比增长率分别为0.3%、0.4%、0.5%和0.4%。

不过，从2013年第三季度至2015年第二季度，欧洲各国经济增长速度继续呈现一定的差异（见表1）。

1. 英、德、法、意等主要经济体发展态势不一，但是在总体上保证了欧洲经济的稳定复苏

英国经济继续保持良好的增长趋势。尽管2015年第一季度英国的增长速度有所下降，但在第二季度又恢复到0.7%的环比增速。低利率和税收优惠等促进经济增长的宽松宏观经济政策取得了明显成效。英国经济实现了低

表 1　欧洲国家 GDP 环比增长速度

单位：%

国别＼时间	2013 年		2014 年				2015 年	
	第三季度	第四季度	第一季度	第二季度	第三季度	第四季度	第一季度	第二季度
比利时	0.4	0.2	0.4	0.1	0.3	0.2	0.4	0.4
德国	0.4	0.3	0.7	-0.1	0.2	0.6	0.3	0.4
爱沙尼亚	0.9	1	0.9	0.4	0.3	1.5	-0.6	0.7
爱尔兰	4.7	-1.4	1.7	1.2	2.1	1.0	2.1	1.9
希腊*	-0.4	-0.1	0.9	-0.1	0.9	-0.2	0.1	0.9
西班牙*	0.1	0.3	0.3	0.5	0.5	0.7	0.9	1
法国	-0.1	0.2	-0.2	-0.1	0.2	0.1	0.7	0
意大利	0.1	0	-0.2	-0.2	-0.1	0	0.4	0.3
塞浦路斯	-0.5	-0.7	-0.5	-0.2	-0.8	-0.2	1.2	0.5
拉脱维亚	1.4	0.8	0.5	0.5	0.5	0.5	0.4	1.2
立陶宛	1.1	0.8	0.5	0.8	0.5	0.7	-0.5	0.7
卢森堡	0.2	-0.9	4.1	-0.2	2.2	2.2	0.7	—
马耳他	0.3	0.2	1.1	0.9	1.4	1.3	0.8	1.1
荷兰*	0.4	0.5	-0.4	0.6	0.4	0.9	0.6	0.1
奥地利	0.1	0.3	0.3	-0.3	0	-0.2	0.7	0.1
葡萄牙	-0.1	1	-0.5	0.5	0.2	0.4	0.4	0.4
斯洛文尼亚	0.4	1.4	0.2	1.1	0.7	0.4	0.7	0.7
斯洛伐克	0.6	0.6	0.5	0.6	0.7	0.7	0.8	0.8
芬兰	0.4	-0.3	-0.5	0.2	-0.1	-0.1	0	0.2
欧元区(19 国)	0.2	0.2	0.2	0.1	0.3	0.4	0.5	0.4
保加利亚	0.7	0.6	0.1	0.3	0.4	0.4	0.9	0.5
捷克共和国	0.3	1.4	-0.2	0.6	0.5	0.5	2.4	1
丹麦	0.7	0.2	0.2	0.2	0.7	0.3	0.5	0.2
克罗地亚	-0.3	-0.5	0.2	-0.4	0.4	0	0.2	0.7
匈牙利	1	1	0.7	1.2	0.6	0.7	0.7	0.5
波兰	0.9	0.7	1	0.7	0.9	0.8	1	0.9
罗马尼亚*	0.8	1.2	0.2	0.2	1.3	0.9	1.4	0.1
瑞典	0.8	0.8	0.5	0.7	0.3	1.2	0.6	1.1
英国	0.7	0.4	0.9	0.9	0.7	0.8	0.4	0.7
欧盟(28 国)	0.4	0.3	0.3	0.3	0.4	0.5	0.5	0.4

注：按年率计算的环比季度数据，经过季节调整。

*希腊、西班牙、荷兰与罗马尼亚的数据为初定值。

资料来源：Eurostat，OECD.

失业率、低通货膨胀率和高经济增长率、各产业均衡增长的良好增长态势。德国经济稳步增长，工资水平提高、劳动力就业状况较好、财政政策较为稳健、财政盈余持续增长，疲软的欧元促进了德国的出口。这些因素也体现了德国经济增长的强劲潜力。但德国经济仍面临一些挑战：新兴经济体增速减缓带来的外部需求下降、难民安置、社会老龄化、制造业面临的竞争加剧等问题。意大利结束了连续三年的经济衰退，在2015年呈现逐步复苏态势。出口是促进意经济增长的主要驱动力。意大利私人消费较为稳定，而公共和私人部门投资的持续下滑影响了经济增长前景。在欧洲主要经济体中，法国的经济复苏前景不乐观。2015年第二季度法国出现经济增长停滞，国内需求依旧是法国经济增长的主要推动力，出口产品占全球市场份额逐渐下降，失业率继续攀升。

2. 除希腊外，大部分陷入欧债危机的国家保持经济复苏状态

爱尔兰的经济增长速度位于欧洲前列，国内需求逐步取代出口和投资，成为经济增长的主要驱动力。就业与工资状况的好转、税收减免安排、消费者信心的提升等支持了爱尔兰私人消费的强劲增长。预计2015年爱尔兰经济增长率将达到5.5%。西班牙经济逐步复苏，就业状况有所改善，债务危机以来西班牙政府采取的财政紧缩、经济结构调整、工资下调等政策较为有效地带动了经济复苏。但总体看，西班牙经济仍较为脆弱，失业率还处于较高水平，预计2015年经济增长率为3.3%。葡萄牙经济复苏动力增强。2014年，葡萄牙结束了连续三年的经济紧缩，经济增长率达到了0.9%。在2015年前两个季度，葡萄牙继续保持稳定复苏，国内需求是促进经济增长的主要动力。塞浦路斯2014年的经济增长率为-2.3%，预计2015年将实现正增长。欧洲稳定机制的救助贷款、国内的财政整顿、经济结构调整、国有企业改革、规范金融业发展等改革措施将逐步发挥成效。希腊经济前景不乐观。尽管2015年第二季度在消费旅游增长的带动下，出现了0.9%的增长，但希腊经济的高失业率、连续的通货紧缩等显示了经济的脆弱性，希腊经济在2015年仍将处于衰退状态。

3. 匈牙利、波兰、土耳其、罗马尼亚等新兴及发展中经济体继续显示出增长活力

低油价带来的私人消费增长、欧元区经济复苏的溢出效应促进了这些国家的经济增长。此外，芬兰和塞尔维亚的经济增长动力不足，2015 年将继续出现负增长。

（二）欧元区经济增长因素分解

欧元区 GDP 占欧盟 GDP 的 72.63%（2014 年数据），欧元区的经济发展状况及其经济走势对整个欧洲经济表现起主导作用。下面我们将重点对欧元区经济增长因素进行分解。

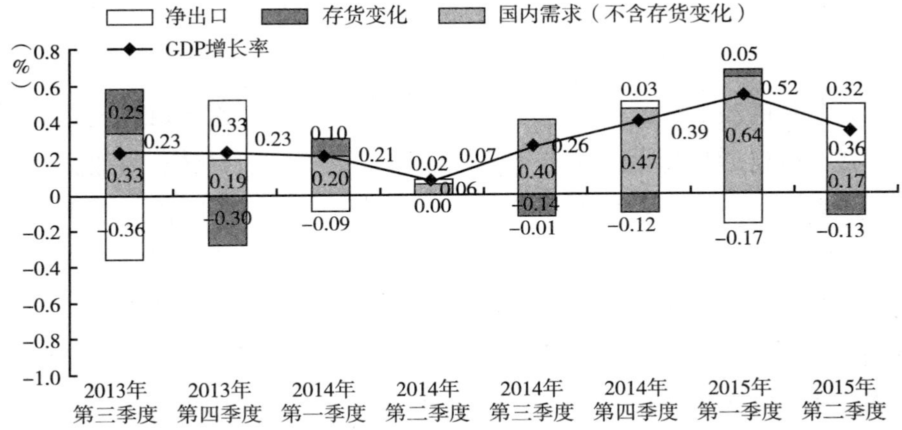

图 1　欧元区总需求各部分对 GDP 的贡献度

注：按年率计算的环比季度数据，经过季节调整。

资料来源：根据 Eurostat、ECB Statistical Data Warehouse 相关数据绘制。

在 2014 年，国内需求特别是居民消费需求对欧元区经济增长发挥了主导作用。居民消费占欧元区 GDP 的比重为 55.9%（2014 年数据），居民消费的变动是影响欧元区经济走势的重要因素。环比指标显示，从 2014 年第三季度至 2015 年第二季度，居民消费需求的环比增长率分别为 0.5%、0.6%、0.5% 和 0.4%。能源价格下降带来的实际可支配收入的增加、劳动力就业状况的稳定及雇员名义可支配收入的提升、融资条件的改善及较低的

融资成本、低通货膨胀率等因素，促使欧元区居民消费逐渐提升并成为引领经济复苏的主要动力。

政府消费占欧元区 GDP 的比重为 21.1%（2014 年数据）。随着财政政策逐步向中性转变，从 2014 年第三季度至 2015 年第二季度，政府消费需求的环比增长率分别为 0.2%、0.2%、0.6% 和 0.3%。其对季度经济增长率的贡献逐步显现。

资本形成占欧元区 GDP 的比重为 19.5%（2014 年数据）。欧元区的固定资本形成总额环比变动率增长较快，并继续呈现波动状态，从 2014 年第三季度至 2015 年第二季度，固定资本形成总额的环比变动率分别为 0.3%、0.6%、1.4% 和 -0.5%。商业投资的增长低于预期，但也有力地支持了经济复苏。随着融资环境的改善，居民可支配收入的提高，建筑业投资将逐步增长。

全球经济增长低于预期，全球贸易收缩明显的外部环境使欧元区对外贸易对经济增长的贡献在 2014 年继续明显减弱。但是在 2015 年第二季度，欧元区出口增长形势有所好转，欧元贬值、美国需求较为稳定等因素有助于提升欧元区出口。

从增加值角度分析，欧元区的服务业，特别是贸易服务、运输业、餐饮业以及信息和通信服务、专业服务等部门增长速度较快，但是其他部门的经济表现各异。工业部门的增长平缓（不包括建筑业），在出口需求下降等因素影响下，资本和中间品部门的商业信心有所下降，建筑业 2012 年至 2014 年的年增长率分别为 -5.9%、-2.9% 和 -0.7%，不过在 2014 年第四季度环比增长率由负转正。

（三）物价水平分析

2014 年欧洲的物价水平持续下降，继续偏离欧洲央行 2% 的目标。欧洲通货膨胀率在 2015 年 2 月达到 -0.5% 的最低值后，逐渐回调。能源价格下降是引发通货膨胀率下降的主要原因。从 2014 年 7 月，油价小幅下降，至 12 月下降幅度增加，当月能源价格下降了 5.8%，在 2015 年的前 8 个月，能源价格月平均降幅为 6.2%。非加工食品价格则呈现回调趋势，从 2015 年 4 月起，价格指数由负转正，成为推动物价水平上升的主要动力。欧洲和欧元区剔除能源和非加工食品的核心通货膨胀率（Core Inflation）持续处于较低水平，需求不振、工资水平较低，非能源工业品价格下降等是影响核心通货膨胀率的主要因素。随着欧洲经济形势好转、油价回升、欧元汇率下降，以及欧洲央行量化宽松政策作用的逐步显现，预计欧洲通货膨胀率将逐渐上升。

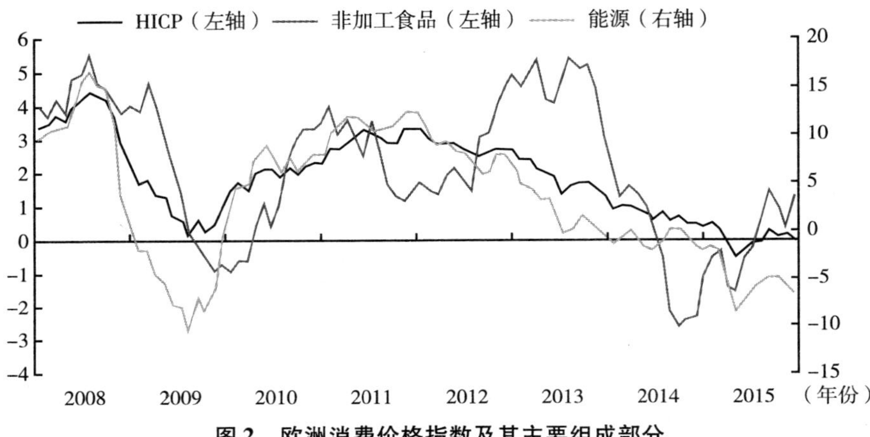

图 2　欧洲消费价格指数及其主要组成部分

注：数据为年变动率，月度数据，期限为 2008 年 1 月至 2015 年 8 月。
资料来源：根据 Eurostat 相关数据绘制。

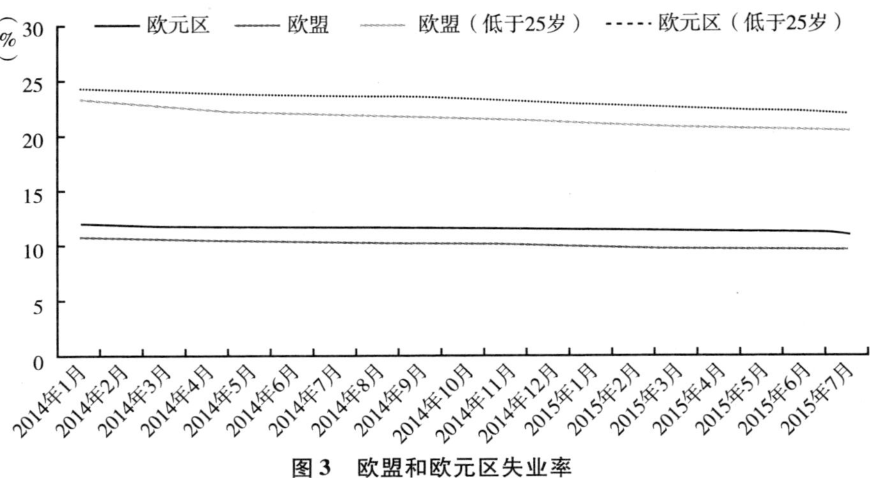

图 3　欧盟和欧元区失业率

资料来源：Eurostat。

（四）就业状况分析

欧洲国家的失业率逐渐改善。从月度数据来看，欧盟和欧元区的失业率分别从2014年8月的10.1%和11.5%下降到2015年7月的9.5%和10.9%。25岁以下青年失业率下降的幅度略快于整体失业率。失业率最高的两个国家依旧是希腊和西班牙，但两国失业率比2014年也有所下降，2015年上半年分别为25.8%和22.8%。各国的工资限制及劳动力市场改革提升了产出中的劳动力投入比重。随着经济复苏的持续，预计欧洲国家的失业率将继续改善。

二　货币与金融状况

（一）欧洲中央银行启动量化宽松货币政策

2014年9月，欧洲中央银行调整了利率，主导利率、隔夜贷款利率和隔夜存款利率水平分别为0.05%、0.30%和-0.20%。这一利率在此后的一年间保持不变。负利率的出现意味着市场存在流动性过剩，利率水平处于下限，继续向下调整从技术上存在一定的难度。但2015年，欧元区银行间同业拆借利率（Euribor）呈现下降趋势，市场利率下降使欧洲中央银行的官定利率面临向下调整的压力。在欧洲经济缓慢复苏、通货膨胀率处于较低的水平，特别是通货膨胀率在2015年初加速下降，失业率仍处于较高水平，全球经济增长率下滑带来的外部风险加大的情况下，2015年1月，欧洲中央银行宣布采用量化宽松的政策。公共部门采购计划（Public Sector Purchase Programme，PSPP）要求从2015年3月起每月购买600亿欧元国债和其他债券，计划持续到2016年9月为止，预计购买总规模1万亿欧元的债券。通过购买私人和公共资产，欧洲中央银行希望通过采用新措施来改善欧元区的融资条件，降低融资成本，提升资产价值、促进信贷增长，在货币政策空间有限的情况下进一步加大政策效力，增强市场信心，并通过向市场投放大量资金来提升通货膨胀预期，促进经济增长。欧洲中央银行的量化宽松政策在一定程度上减缓了通货膨胀率下降的趋势，但欧洲经济仍处于温和复苏中，经济增长还需要结构调整等深层次改革政策。

（二）货币供给量增加，银行贷款由萎缩转向低速增长

在欧洲中央银行的量化宽松政策影响下，欧元区货币供应量（M3）持续增加，并且自2015年3月以来增长速度进一步加快。2015年3月至2015年8月，M3的月平均增长率为5%。从具体项目看，M3增长速度的提高主要源于流动性较高的M1，特别是隔夜存款的增长率较快。从2015年3月至2015年8月，M1月平均增长率为11.2%。

增加的货币供给最终又表现为贷款的增加。欧元区公共部门采购计划的实施，也促进了欧元区政府部门信贷规模的快速增加。同时，对私人部门贷款下滑的趋势在2015年得以扭转。从2014年第三季度至2015年第二季度，欧元区对私人部门贷款同比增长率分别为-0.2%、0.1%、0.7%和1%。不过与货币供给量的增加幅度相比，欧元区对私人贷款的增长速度还较慢，量化宽松政策的作用有待逐步显现。受定向长期再融资操作（TLTROs）引发的转移效应影响，长期金融负债则呈现下滑趋势。

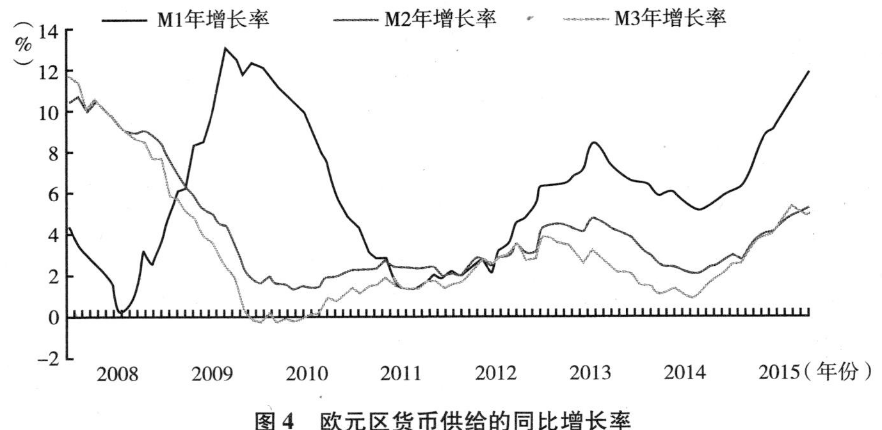

图4　欧元区货币供给的同比增长率

资料来源：根据Eurostat的月度数据绘制，经工作日和季节调整后的数据。

表 2 欧元区货币供给的同比增长率

单位：%

指标	占 M3 比重*	2014 年		2015 年			
		第三季度	第四季度	第一季度	第二季度	6 月	7 月
M1	59.9	6.2	7.9	10	11.7	11.7	12.1
流通中的货币	9.6	6	6.4	7.3	8.8	8.8	8.9
隔夜存款	50.3	6.2	8.2	10.5	12.3	12.3	12.7
M2－M1(其他短期存款)	34.0	－1.5	－2.3	－3.2	－4.3	－4.3	－4.6
两年期以下定期存款	13.8	－3.9	－5.4	－7.7	－10.9	－10.8	－11.5
3 个月期可赎回通知存款	20.2	0.3	0.2	0.3	0.7	0.7	0.8
M2	93.9	3	3.7	4.6	5.2	5.2	5.4
M3－M2(可交易有价证券)	6.1	－4.1	3.9	5.5	0.5	0.5	3.6
M3	100	2.5	3.7	4.7	4.9	4.9	5.3
对欧元区的信贷							
对政府部门信贷		－0.5	2.1	2.8	5.1	5.5	6.3
对私人部门信贷		－1.9	－0.8	－0.2	0.1	0.7	1
长期金融负债(不包括资本和储备)				－2.9	－3.1	－3.1	－3.1

注：①表中季度数据为平均值，经过季度调整。②＊为 2015 年 7 月底数据。
资料来源：ECB Statics。

（三）欧洲银行业监管继续加强

欧元区银行业于 2014 年 11 月 4 日正式启动了单一监管机制，欧洲中央银行在金融监管中处于中心地位。在欧洲中央银行综合评估的基础上，欧洲中央银行启动了监管检查和评估程序（Supervisory Review and Evaluation Process，SREP）。SREP 的主要目标是确保欧元区的银行管理、战略、过程及机制设计更加完善，并保证银行资本及其流动性，以实现稳健的管理，降低经营风险（包括在压力测试中显露出来的风险以及系统性风险）。根据欧洲银行管理局（European Banking Authority，EBA）确定的监管检查和评估程序的标准指引，SREP 包括四个主要部分：商业模式分析、内部治理评估、资本与资本充足率风险评估以及流动性与流动充足性风险评估。

单一监管机制的启动及不断完善有助于欧元区降低系统性金融风险，但是在由分散监管向统一监管转变的过程中仍有诸多需要解决的问题，如统一监管立法、处理好欧洲中央银行与欧洲银行管理局的关系、欧洲各国原有的监管机构在单一监管机制下权责的转换等。

（四）欧元区股市先升后降，债券收益率处于低位

全球主要经济体股票价格走势反映了各经济体的宏观经济形势。从2014年10月至2015年9月，道琼斯 EURO STOXX 价格指数、日经225指数和美国标准普尔500指数在呈现先升后降的走势以后，一年间跌幅分别为－14.21%、－8.06%和－0.37%。其中欧元区股市在2014年5月至2015年5月处于上行的通道，此后出现了较快下滑，从2015年5月至9月股价下跌了11.3%。全球经济增长前景的不确定性、欧元区复苏进程低于预期等因素影响了欧元区股票市场的表现。

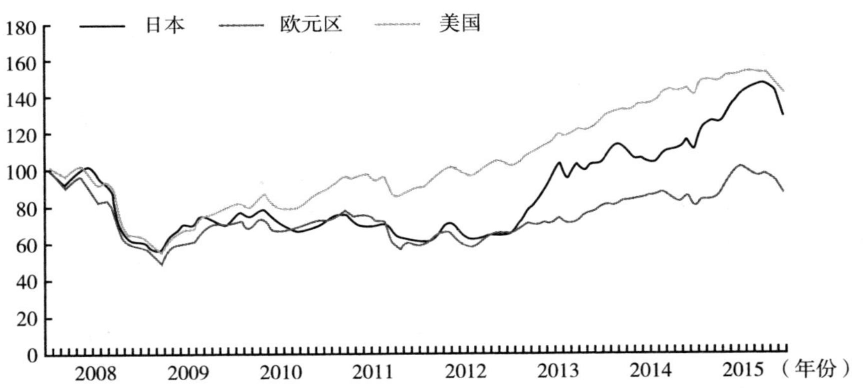

图5　欧元区、美国和日本的股票价格指数

注：①月度数据，数据期限为2008年1月至2015年9月，2008年1月＝100。②欧元区数据为道琼斯 EURO STOXX 价格指数，美国数据为标准普尔500指数，日本数据为日经225指数。

资料来源：根据 ECB 相关数据绘制。

欧元区 AAA 级政府债券收益率在2014年10月至2015年5月呈现下滑趋势，2015年5月在达到0.85%的相对低点后开始回调。欧洲中央银行的

债券购买计划引发了政府债券收益率的下降，而希腊经济危机则带动了10年期政府债券收益率上调。

图6　欧元区AAA级政府长期债券收益

资料来源：根据ECB相关数据绘制。

三　财政状况

（一）财政赤字率下降至标准区间而政府债务负担率仍处于高位

得益于经济复苏、低利率和财政巩固，欧盟和欧元区的财政状况继续改善，财政赤字率保持了自2010年中期以来的下降趋势，并于2014年实现了欧盟条约中规定的赤字率低于3%的参考标准。2013年欧盟的财政赤字率为2.9%，欧元区为2.4%，分别比上一年下降了0.3个和0.5个百分点。财政支出的下降成为财政赤字率下降的主要推动因素。在财政支出方面，欧盟和欧元区财政支出占GDP的比重均继续呈现下降态势，利率下降所引发的政府债务利息支出下降是财政支出下降的主要原因。在财政收入方面，2014年欧盟财政收入占GDP的比重也出现下降，而欧元区这一指标与上一年基本持平。财政收入的变动受到国家降低直接税等一系列政策的影响。随着经济进一步复苏，以及政府债务利息支出的下降，预计欧盟及欧元区财政赤字将继续下降。2015 年，欧盟和欧元区的财政状况将继续好转，财政赤字率将保持下降态势。不过，欧盟和欧元区政府债务余额占 GDP 的比重保持了增加趋势，国债余额占 GDP 的比重由 2013 年的 85.5% 和 90.9% 分别攀升至 2014 年的 86.8% 和 91.9%。尽管利率水平下降，但较高的负债水平使利息支出居高不下。

在欧盟国家中，2014 年有 16 个国家的负债率位于 60% 的警戒线之上，13 个国家的财政赤字率位于 3% 的警戒线之上。希腊、意大利、葡萄牙、爱尔兰、塞浦路斯、比利时的负债率和赤字率均处于较高的水平。希腊的负债率继续居于欧盟首位，2014 年已经上升至 177.1%。沉重债务使希腊经济举步维艰。希腊正谋求通过继续实行紧缩政策、申请延长贷款的期限，延长偿债宽限期等方式来减轻偿债压力。塞浦路斯的财政赤字率在 2014 年出现了较大幅度提高，达到 8.8%，处于欧盟首位，随着 2015 年塞浦路斯经济实现正增长，财政状况将有所好转。

表 3　欧洲国家财政状况

单位：%

地区和国家	债务余额/GDP				财政赤字/GDP			
	2011 年	2012 年	2013 年	2014 年	2011 年	2012 年	2013 年	2014 年
欧盟	80.9	83.7	85.5	86.8	-4.5	-4.2	-3.2	-2.9
欧元区	85.8	89.1	90.9	91.9	-4.1	-3.6	-2.9	-2.4
希腊	171.3	156.9	175.0	177.1	-10.2	-8.7	-12.3	-3.5
意大利	116.4	123.1	128.5	132.1	-3.5	-3.0	-2.9	-3.0
葡萄牙	111.1	125.8	129.7	130.2	-7.4	-5.6	-4.8	-4.5
爱尔兰	111.2	121.7	123.2	109.7	-12.7	-8.1	-5.8	-4.1
塞浦路斯	66.0	79.5	102.2	107.5	-5.8	-5.8	-4.9	-8.8
比利时	102.0	103.8	104.4	106.5	-4.1	-4.1	-2.9	-3.2
西班牙	69.2	84.4	92.1	97.7	-9.4	-10.3	-6.8	-5.8
法国	85.2	89.6	92.3	95.0	-5.1	-4.8	-4.1	-4.0
英国	81.8	85.8	87.3	89.4	-7.6	-8.3	-5.7	-5.7
克罗地亚	63.7	69.2	80.6	85.0	-7.5	-5.3	-5.4	-5.7
奥地利	82.1	81.5	80.9	84.5	-2.6	-2.2	-1.3	-2.4
斯洛文尼亚	46.5	53.7	70.3	80.9	-6.6	-4.0	-14.9	-4.9

续表

地区和国家	债务余额/GDP				财政赤字/GDP			
	2011 年	2012 年	2013 年	2014 年	2011 年	2012 年	2013 年	2014 年
匈牙利	81.0	78.5	77.3	76.9	-5.5	-2.3	-2.5	-2.6
德国	77.9	79.3	77.1	74.7	-0.9	0.1	0.1	0.7
荷兰	61.3	66.5	68.6	68.8	-4.3	-4.0	-2.3	-2.3
马耳他	69.7	67.4	69.2	68.0	-2.6	-3.6	-2.6	-2.1
芬兰	48.5	52.9	55.8	59.3	-1.0	-2.1	-2.5	-3.2
斯洛伐克	43.4	52.1	54.6	53.6	-4.1	-4.2	-2.6	-2.9
波兰	54.8	54.4	55.7	50.1	-4.9	-3.7	-4.0	-3.2
丹麦	46.4	45.6	45.0	45.2	-2.1	-3.7	-1.1	1.2
瑞典	36.2	36.6	38.7	43.9	-0.1	-0.9	-1.4	-1.9
捷克共和国	39.9	44.6	45.0	42.6	-2.7	-3.9	-1.2	-2.0
拉脱维亚	37.2	39.8	38.8	40.9	-8.9	-3.1	-2.6	-0.7
立陶宛	42.7	40.9	38.2	40.0	-3.3	-0.8	-0.7	-1.4
罗马尼亚	34.2	37.3	38.0	39.8	-5.3	-2.9	-2.2	-1.5
保加利亚	15.7	18.0	18.3	27.6	-2.0	-0.7	-0.9	-2.8
挪威	27.5	29.2	29.3	26.4	13.4	13.8	11.3	9.1
卢森堡	19.1	21.9	24.0	23.6	0.4	0.1	0.9	0.6
爱沙尼亚	6.0	9.7	10.1	10.6	1.2	-0.2	-0.2	0.6

资料来源：根据 Eurostat 相关数据整理。

（二）稳定增长计划具有更大的灵活性

随着经济逐步复苏，欧盟委员会更加强调稳定增长计划的灵活性，更加关注财政政策在促进就业和增长中的作用。2015 年 1 月，欧盟委员会在《在现有的增长稳定计划的规则下实现最大灵活性》的报告中，将财政责任（fiscal responsibility）、促进投资及推动结构改革作为欧盟 2015 年发展的三大支柱。这表明欧洲正在将经济危机后以严格财政纪律为主的紧缩政策逐步调整为促进增长与强化财政纪律并重的平衡型财政政策。通过财政政策与结构改革的结合，提升经济增长的潜力，而强调负责任的财政，保持增长稳定计划的现有规则，可以维护财政的长期可持续发展。中性的财政政策与宽松的货币政策配合，有助于欧洲经济复苏进程。

四　汇率、贸易与国际收支

（一）国际收支情况

从2014年10月起，欧洲统计局采用IMF的新标准BPM6来编制国际收支平衡表。2014年欧元区经常项目余额为2127亿欧元，占GDP的比重为2.1%。2014年欧元区的国际投资头寸为负债1.3万亿欧元。2015年第二季度以来，欧元区的经常项目顺差整体出现下滑趋势。受外部需求下降，以及欧盟与俄罗斯贸易制裁与反制裁的影响，欧元区出口增长速度放缓。从金融项目看，欧元区经常项目顺差对应着金融项目的逆差，欧元区继续呈现资金净流出的态势。

表4　欧盟及欧元区经常项目与资本项目余额

单位：十亿欧元

指标		经常账户			货物			服务		
		余额	贷方	借方	余额	贷方	借方	余额	贷方	借方
欧盟	2014年第三季度	34.8	783.9	749.1	10.6	428.0	417.4	38.3	186.7	148.4
	2014年第四季度	36.5	791.1	754.7	17.7	432.9	415.2	39.4	193.5	154.2
	2015年第一季度	43.9	809.2	765.3	19.3	442.2	422.9	40.5	199.6	159.1
	2015年第二季度	58.6	834.3	775.7	32.3	459.1	426.8	41.8	203.5	161.7
欧元区	2014年第三季度	57.7	835.8	778.1	62.5	491.2	428.7	17.6	175.5	157.9
	2014年第四季度	57.8	842.7	784.9	74.8	505.3	430.4	13.3	177.9	164.6
	2015年第一季度	81.7	865.3	783.6	76.4	509.0	432.6	16.5	182.1	165.6
	2015年第二季度	67.4	873.2	805.8	80.1	521.1	441.0	15.9	183.2	167.4
指标		初次收入			二次收入			资本账户		
		余额	贷方	借方	余额	贷方	借方	余额	贷方	借方
欧盟	2014年第三季度	4.1	149.2	145.1	-18.2	20.0	38.2	-2.0	1.6	3.6
	2014年第四季度	-1.7	145.4	147.2	-18.8	19.2	38.1	-3.5	2.2	5.7
	2015年第一季度	2.4	146.5	144.1	-18.3	20.9	39.2	-3.9	2.5	6.4
	2015年第二季度	1.8	149.4	147.6	-17.3	22.3	39.6	-34.4	2.5	36.9
欧元区	2014年第三季度	8.6	144.9	136.3	-31.0	24.2	55.2	4.2	6.8	2.6
	2014年第四季度	4.8	135.6	130.8	-35.1	24.0	59.1	7.5	12.8	5.3
	2015年第一季度	22.0	149.2	127.1	-33.3	25.0	58.3	3.9	8.4	4.5
	2015年第二季度	6.7	142.7	136.0	-35.2	26.2	61.4	4.0	9.7	5.7

注：经常项目数据为经季节和工作日调整后的数据，资本项目数据为未经季节和工作日调整的数据。
资料来源：Eurostat。

表 5　欧元区金融项目

单位：十亿欧元

指标	金融账户			直接投资		证券投资	
	资产	负债	净值	资产	负债	资产	负债
2013 年第三季度	1081.3	195.3	886.0	974.1	956.7	747.5	549.4
2013 年第四季度	3050.6	1281.5	1769.1	2683.2	2295.9	575.8	860.3
2014 年第一季度	3468.0	2911.1	556.9	161.9	56.3	846.5	1388.4
2014 年第二季度	1850.9	976.0	874.9	-36.0	-57.4	1444.2	1762.6
2014 年第三季度	2096.4	1191.6	904.9	691.0	446.9	1041.5	197.9
2014 年第四季度	577.5	-32.2	609.8	561.4	735.0	931.6	-27.2
2015 年第一季度	5048.5	5136.9	-88.4	1597.1	746.9	1290.4	2602.7
2015 年第二季度	631.1	-252.0	883.1	640.5	541.0	1343.7	108.1

指标	金融衍生工具	其他投资		储备资产
	净值	资产	负债	净值
2013 年第三季度	591.4	-719.4	-1310.7	29.5
2013 年第四季度	1546.8	-327.9	-1874.7	4.0
2014 年第一季度	916.8	2383.3	1466.4	25.0
2014 年第二季度	1070.0	340.8	-729.2	4.2
2014 年第三季度	-372.2	174.6	546.8	-13.4
2014 年第四季度	-306.5	-1046.7	-740.1	29.4
2015 年第一季度	40.2	1827.5	1787.3	60.1
2015 年第二季度	-480.4	-1381.5	-901.1	-24.1

注：未经季节和工作日调整的数据。
资料来源：Eurostat。

（二）汇率变动

欧元汇率从 2014 年 3 月达到高点后开始出现较大幅度贬值。从 2014 年 4 月至 2015 年 9 月，欧元实际有效汇率已经累计贬值了 10.9%。欧元区较慢的经济复苏和宽松的货币政策引发了欧元的贬值。在全球贸易低迷时期，欧元贬值对于促进欧洲的出口具有一定效果。

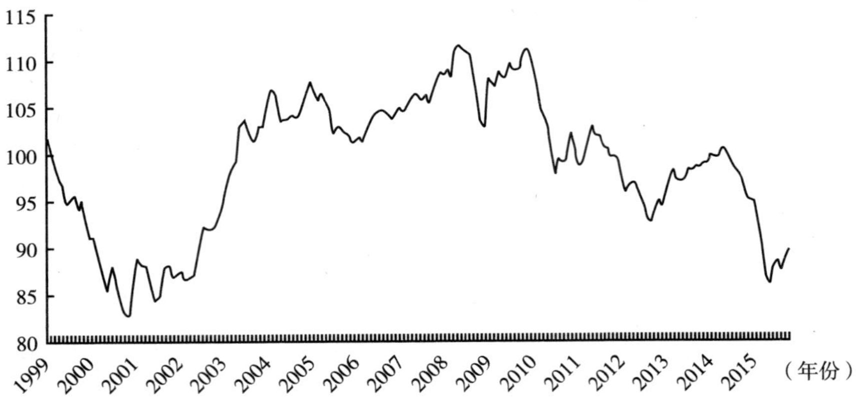

图 7　欧元名义有效汇率（EER－19）

注：月度平均数据，1999 年第一季度为 100。
资料来源：ECB。

五　对欧洲经济增长的展望

欧洲的各项指标显示，欧洲经济呈现复苏态势，但增长速度低于预期水平。扩展性资产购买计划等量化宽松政策创造了较为宽松的金融环境，财政政策更加强调与投资和结构改革结合，在巩固财政纪律与促进经济增长方面寻求平衡。欧元贬值、国际油价下跌、劳动力市场条件改善等也促进了欧洲经济复苏。展望 2016 年，欧洲经济将继续复苏。能够支持欧洲经济增长的有利因素包括：宽松的货币政策将逐渐发挥作用，与促进投资和结构改革相结合的财政政策将有利于经济增长和促进就业，实际可支配收入的增长通过促进私人消费成为经济复苏的主要动力。与此同时，2016 年欧洲经济仍存在诸多风险因素，包括全球经济，特别是新兴经济体经济增长下滑、全球贸易增长停滞引发的外部需求下降、地缘政治风险、金融市场的不确定性、低通货膨胀率以及希腊经济陷入新一轮下滑带来的波及效应等。因此，欧洲低增长、低通胀及高失业率的风险依旧存在。2016 年，欧洲需要继续通过宏观经济政策与促进结构调整的产业发展政策，推进欧洲经济稳定复苏，2016 年欧盟和欧元区经济增长率预计分别为2.0% ~2.2% 和1.6% ~1.8%。

参考文献

ECB, *Economic Bulletin*, July 2015.

IMF, *World Economic Outlook: Hopes, Realities, Risks*, April 2012.

OECD, *OECD Economic Outlook*, June 2015.

EC, *European Economic Forecast*, Spring 2015.

Y.4
日本经济：复苏之路不平坦

冯维江*

摘　要： 受消费税增税及私人部门投资需求疲软影响，2014年第三季度延续了上季度的负增长，但下滑的幅度有所缩减，第四季度经济增速反弹但力度较弱。2015年日本经济增长先降后升。上半年受消费及出口大幅下降影响，GDP增长率由一季度的回升转为二季度的环比负增长。下半年企业经营向好使投资趋稳，劳动者收入增加使消费回升，经济增长有所反弹。2015年日本政府加大力度执行数量和质量并举的宽松货币政策，但从政策传导的三个方向来看，对股市和汇市的传导相对成功，对实体经济的影响效果不彰，通胀目标的实现还遥遥无期。在财政盈余目标和巨额公共债务的压力之下，2015年日本政府出台了新的财政健全化措施，但其效果还有待观察。中日贸易和投资关系有回暖迹象，但能否就此趋稳尚不确定。预计2015年日本实际GDP增长约为0.53%，2016年预计增长约为1.0%。

关键词： 宽松货币政策　财政健全化　经济复苏

一　2014～2015年总体经济情况

在《2015年世界经济形势分析与预测》中，我们预计“2014年日本实际

* 冯维江，中国社会科学院世界经济与政治研究所副研究员。

GDP 增长约为 0.3%”。[①] 尽管与其他多数机构相比，这一预测数字已然偏低[②]，但日本的实际经济状况比当时我们的预计还要差得多。2014 年一至四季度日本实际 GDP 季调环比折年率分别为 4.5%、-7.6%、-1.1% 和 1.3%。全年来看则陷入负增长，实际 GDP 增长率为 -0.1%。对第二季度消费紧缩和经济下滑程度估计不足，以及对第四季度增长率的偏乐观估计，是预测出现偏误的主要原因。日本内阁府发布的对 2014 年第二季度实际 GDP 季调环比折年率的第一次速报值为 -6.8%，最终下调了 0.8 个百分点；其对第四季度的第一次速报值为 2.2%，后来也下调了 0.9 个百分点。可见实际情况比日本政府公布的经济数据初值更加严峻。

2014 年第三季度 GDP 季调环比折年率为 -1.1%，由于上季度为 -7.6%，连续两个季度萎缩意味着日本经济陷入衰退。受 4 月消费税税率提升影响，日本家庭对汽车和家用电器等耐用消费品的需求疲软，第三季度家庭最终消费支出环比折年率只有 1.2%（上季度为 -19%）。此外，受私人需求疲软影响，企业开始削减产量控制库存。第三季度私人部门存货投资下降是导致经济下滑的第一大因素。净出口虽温和增长但不足以弥补国内需求疲弱的影响。2014 年第四季度经济有小幅反弹，GDP 季调环比折年率为 1.3%。私人消费没有明显起色，私人部门投资增长依然疲软，环比增长折年率只有 0.5%，私人部门存货对 GDP 的贡献仍然为负。出口成为拉动第四季度增长的主要动力，净出口为 GDP 贡献了 1.3 个百分点。

2015 年第一季度延续了 2014 年第四季度的复苏势头并有所加快，实际 GDP 季调环比折年率为 4.5%。这主要得益于私人部门需求的拉动，特别是私人存货投资的增加、私人企业设备投资的增加以及私人消费的恢复，以上三项对当季实际 GDP 增速的贡献分别为 2.2 个、1.5 个和 0.9 个百分点。但

---

① 冯维江：《日本经济：增长放缓，风险犹存》，《2015 年世界经济形势分析与预测》，社会科学文献出版社，2015。

② 当时国际货币基金组织（IMF）的预测是 0.9%，经济学人信息部（EIU）和彭博社的预测都是 1.1%，经合组织（OECD）的预测是 0.4%，世界银行的预测是 1.3%，欧盟委员会的预测是 1.5%，比我们的预测值都要高一些。

是，第二季度受消费以及出口大幅下降的影响，实际 GDP 季调环比折年率在连续两个季度正增长之后重新转为 -1.2%，这显示出日本经济复苏的内部和外部基础并不牢固。

日本官方一直坚持经济维持缓慢复苏的基调，但其措辞的变化仍反映出经济的波动。日本内阁府每月公布的经济报告对 1 ~8 月经济形势的总看法分别是：1 月和 2 月均为“虽然个人消费有些疲软，但缓慢复苏的基调仍在继续”；3 月和 4 月变为“企业部门有所改善，缓慢复苏的基调仍在继续”；5 ~7 月均为“维持缓慢复苏的基调”；8 月变为“近期改善步调出现不稳，但缓慢复苏的基调仍在继续”。[①]

尽管复苏之路并不平坦，但 2015 年全年能够实现微弱正增长。首先，数量、质量并举的宽松货币政策将继续压低长期利率、降低投资成本从而为私人部门投资创造条件，而日元贬值也有利于日本出口的恢复，特别是对复苏势头相对稳健的美国等发达市场的出口。累计来看，2015 年 1 ~8 月出口合计 50.35 万亿日元，同比增长 7.26%；进口合计 52.92 万亿日元，同比增长为 -6.32%。贸易逆差由上年同期的 9.55 万亿日元缩小至 2.57 万亿日元。其次，2014 年的预算盈余为 2015 年的财政刺激留下了空间。再次，企业利润和投资意愿的增加也能促进私人部门投资，而劳动者收入的提升则有利于消费的增加。再考虑到 2014 年增长相对较低的基期效应，综合来看，我们预计 2015 年日本实际 GDP 增长 0.53%左右。

表 1　实际 GDP 增长率及其各组成部分贡献率

单位：%

项目＼时间	2014 年第一季度	2014 年第二季度	2014 年第三季度	2014 年第四季度	2015 年第一季度	2015 年第二季度
GDP 增长率	4.5	-7.6	-1.1	1.3	4.5	-1.2
私人消费	5.1	-12.2	0.8	0.7	0.9	-1.6
私人住宅投资	0.3	-1.5	-0.8	-0.1	0.2	0.2
私人企业设备投资	2.7	-2.4	-0.1	0.1	1.5	-0.5

① 参见 http://www5.cao.go.jp/keizai3/getsurei/getsurei-index.html。

续表

项目 \ 时间	2014 年第一季度	2014 年第二季度	2014 年第三季度	2014 年第四季度	2015 年第一季度	2015 年第二季度
私人存货变化	-2.2	4.8	-2.1	-1	2.2	1.1
政府消费	-0.2	0.1	0.2	0.3	0.2	0.4
公共投资	-0.1	0.1	0.3	0	-0.3	0.4
公共存货变化	0	0	0	-0.1	0.1	-0.1
净出口	-0.9	3.6	0.5	1.3	-0.3	-1.1
出口	3.7	0.4	1.2	2	1.2	-3.3
进口	-4.6	3.2	-0.7	-0.7	-1.5	2.2

注：表中为季调环比增长折年率。

资料来源：日本内阁府网站统计资料。

二　货币政策

2015 年，日本央行加大力度执行数量和质量并举的宽松货币政策，其货币政策操作方针为“通过货币市场操作使基础货币年增长保持在 80 万亿日元水平”。早在 2014 年 11 月日本央行就决定，2015 年将每年基础货币投放增量由原来的 60 万亿～70 万亿日元扩大到 80 万亿日元；将每年政府债券购买规模由 50 万亿日元扩大到 80 万亿日元规模，并将所购政府债券平均剩余期限由原来的维持在 7 年左右调整为 7～10 年；还将每年增加购买交易型开放式指数基金（ETFs）和日本房地产投资信托基金（J-REITs）的规模由 1 万亿日元和 300 亿日元扩大至 3 万亿日元和 900 亿日元。除此之外，日本央行的货币政策指引还包括“维持商业票据、公司债 2.2 万亿日元和 3.2 万亿日元的余额规模”。实施上述货币政策的目的，仍是要实现日本央行 2013 年 1 月提出的消费物价指数年增长率 2% 的“价格稳定目标”。[①]

日本银行资产负债表规模在其宣布实行宽松货币政策以来扩张速度明显加快。如图 1 所示，在宣布实施该政策的 2013 年 4 月，日本银行资产负债

① 参见 http：//www. boj. or. jp/mopo/mpmsche_ minu/index. htm/。

表规模仅为 162. 8 万亿日元，到 2014 年 12 月底上升至 300. 21 万亿日元，到 2015 年 9 月 10 日规模进一步扩大至 365. 77 万亿日元。仅进入 2015 年以来的 9 个多月里，日本银行资产负债表规模就扩大了 21. 84% 。

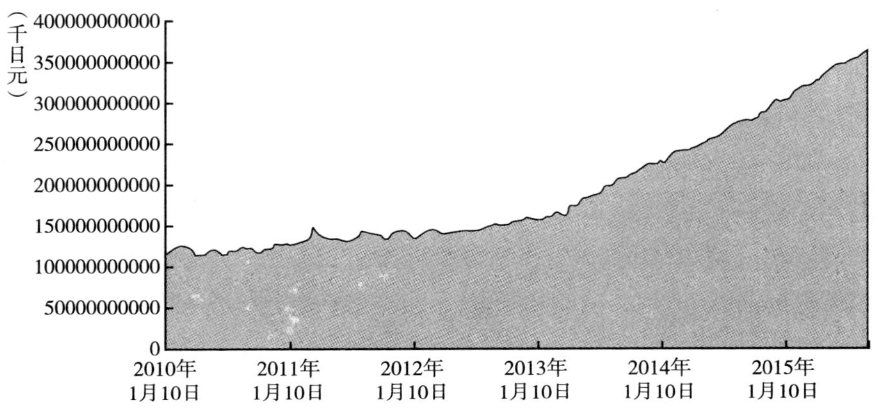

图 1　日本银行资产负债表规模迅速扩张

资料来源：Wind 数据库。

在央行资产负债表结构调整方面，日本银行也采取了行动。2015 年以来，日本银行资产负债表在资产结构方面的主要特点如下。第一，大大增加政府债券的买入。2014 年 12 月 31 日日本银行购买的政府债券只有 250. 44 万亿日元，到 2015 年 9 月 10 日上升至 309. 50 万亿日元，增加了 59. 06 万亿日元，增长了 23. 6% 。如果第四季度各月维持此前各月的平均购债规模，全年大致可以实现“购买 80 万亿日元的日本政府债券”的货币政策指引目标。购买政府债券也是日本银行从资产方扩大规模，释放流动性并借以压低利率的主要方式。第二，贷款是除购买政府债券之外日本银行扩大资产最重要的方式。日本银行贷款 2015 年 9 月 10 日较之 2014 年 12 月 31 日增加了近 3. 35 万亿日元。日本银行希望扩大和放松贷款以促进商业银行给企业的贷款，帮助推动经济增长。第三，通过财产信托购买 ETFs 和 J-REITs 的规模显著上升。2015 年 9 月 10 日与上年末相比，上述两个项目分别增长了 2. 28 万亿日元和 748. 5 亿日元。如果第四季度各月维持此前各月购买规模的平均水平，当可实现全年增持3万亿日元和900亿日元的目标。第四，商业票据和公司债余额规模基本能维持货币政策指引水平。截至2015年9月10日，两者分别为2.54万亿和3.23万亿日元。

负债结构的主要特点如下。第一，活期存款账户总额大幅增加，由2014年底的178.14万亿日元，增加到2015年9月的233.91万亿日元，增加了55.77万亿日元，增幅约31.31%。日本银行中的活期存款主要是民间金融机构在央行的超额准备金。[①] 活期存款的快速增长主要也源自超额准备金的增长。从2014年底到2015年8月，超额准备金增加了约48.5万亿日元，占到同期日本银行活期存款增加额的116%左右，远远高于上年同期93.25%的水平。这可能反映出2015年日本私人部门投资不够活跃。第二，政府存款大幅增加。2015年1月政府存款约有1.64万亿日元，到8月增加至约9.81万亿日元，9月进一步增加至19.50万亿日元。政府在央行存款的大幅增加可能意味着公共部门通过财政支出提振经济的渠道受阻。

我们可以从股市价格、CPI和日元汇率等三个价格指标来观察和评价日本货币政策的效果。首先，股市明显受益于日本央行的大规模资产购置计划特别是ETFs购买。日本央行从2010年12月开始购买日本股市的ETFs，到2015年9月底央行累计购买规模已经超过6.2万亿日元，占日本东京证券交易所总市值比重约1.2%。一般来说，只要午间收盘价较前一交易日收盘价下降1%，日本央行就会购买ETFs护盘。日本央行长时间、高频率且较大规模地购买ETFs，对股市产生了比较明显的提振作用。东京日经225指数在2015年6月24日达到近期最高值20868点，比2010年12月15日刚刚开始ETFs购买计划时的10309点翻了一番多。2015年8月中下旬之交，日本股市出现大幅下跌。从8月17~25日，下跌约14%。如果从6月24日的高点算到9月29日的低点，日经225指数下跌了大约19%。8月以来的下跌主要不是日本国内经济或货币政策不力的结果，而是全球股市普遍大跌的

① 武石桥：《日本信贷宽松货币政策及其有效性》，《外国问题研究》2014年第2期，第57~63页。

表 2　日本银行资产负债表变化情况

单位：十亿日元

项目 \ 时间	2014/12/31	2015/01/10	2015/02/10	2015/03/10	2015/04/10	2015/05/10	2015/06/10	2015/07/10	2015/08/10	2015/09/10
黄金	441. 25	441. 25	441. 25	441. 25	441. 25	441. 25	441. 25	441. 25	441. 25	441. 25
现金	211. 14	208. 78	224. 68	234. 22	239. 77	238. 92	241. 78	246. 27	237. 72	222. 21
日本政府债券	250439. 45	255314. 50	263235. 18	271927. 98	274404. 04	280634. 06	291367. 73	293450. 32	298199. 02	309503. 18
商业票据	2215. 36	2057. 49	2310. 67	1963. 23	2159. 50	2126. 03	2354. 69	2140. 81	2025. 91	2540. 46
公司债券	3222. 95	3222. 95	3255. 04	3247. 84	3238. 37	3175. 14	3178. 66	3108. 72	3154. 91	3234. 34
财产信托 a	1351. 11	1351. 11	1351. 11	1351. 08	1351. 08	1351. 08	1351. 08	1351. 08	1351. 08	1351. 08
财产信托 b	3845. 83	3867. 28	4172. 44	4345. 71	4589. 37	4798. 60	5123. 80	5531. 45	5710. 50	6123. 79
财产信托 c	177. 75	178. 93	188. 41	199. 35	208. 75	214. 69	222. 07	230. 04	238. 50	252. 60
贷款 d	31708. 35	31618. 35	31501. 15	30525. 89	34082. 69	34168. 99	34183. 07	34738. 97	34787. 07	35057. 89
外币资产	6032. 81	5860. 13	5874. 31	5964. 82	6024. 13	6047. 00	6180. 35	6233. 62	6271. 34	6342. 05
代理商存款	1. 29	11. 32	12. 00	62. 13	37. 70	8. 73	209. 06	212. 46	24. 41	82. 20
其他	564. 39	565. 93	578. 50	599. 14	586. 95	589. 13	618. 43	589. 23	594. 79	615. 03
资产总额	300211. 71	304698. 04	313144. 77	320862. 63	327363. 60	333793. 61	345471. 97	348274. 25	353036. 50	365766. 06
货币	93081. 79	90416. 79	88494. 57	89043. 97	89081. 68	90400. 65	89163. 23	90553. 65	90804. 87	90907. 57
活期存款	178135. 95	181109. 80	177866. 62	181973. 87	204002. 55	208388. 23	211775. 97	228517. 48	219985. 79	233906. 23
其他存款	1153. 95	1188. 38	1056. 27	1384. 66	980. 71	1310. 16	1248. 95	1177. 50	5027. 33	4220. 40
政府存款	10127. 03	1644. 94	3096. 64	1363. 51	1163. 62	1590. 42	1278. 58	1273. 86	9808. 69	19497. 92
回购协议应收款项	10278. 78	22894. 64	35202. 06	39585. 86	24714. 53	24674. 25	35502. 70	19777. 91	20433. 63	10116. 37
其他	699. 42	708. 71	693. 83	775. 96	685. 72	695. 11	-864. 04	-392. 72	-390. 38	-249. 00
备抵金	3848. 40	3848. 40	3848. 40	3848. 40	3848. 40	3848. 40	4227. 93	4227. 93	4227. 93	4227. 93
资本	0. 10	0. 10	0. 10	0. 10	0. 10	0. 10	0. 10	0. 10	0. 10	0. 10
法定准备金及特别准备金	2886. 29	2886. 29	2886. 29	2886. 29	2886. 29	2886. 29	3138. 54	3138. 54	3138. 54	3138. 54
负债与净资产总额	300211. 71	304698. 04	313144. 77	320862. 63	327363. 60	333793. 61	345471. 97	348274. 25	353036. 50	365766. 06

注：a 是作为信托财产持有的股票；b 是作为信托财产持有的交易型开放式指数基金；c 是作为信托财产持有的日本房地产投资信托基金；d 对存款保险公司的贷款除外。

资料来源：日本银行。

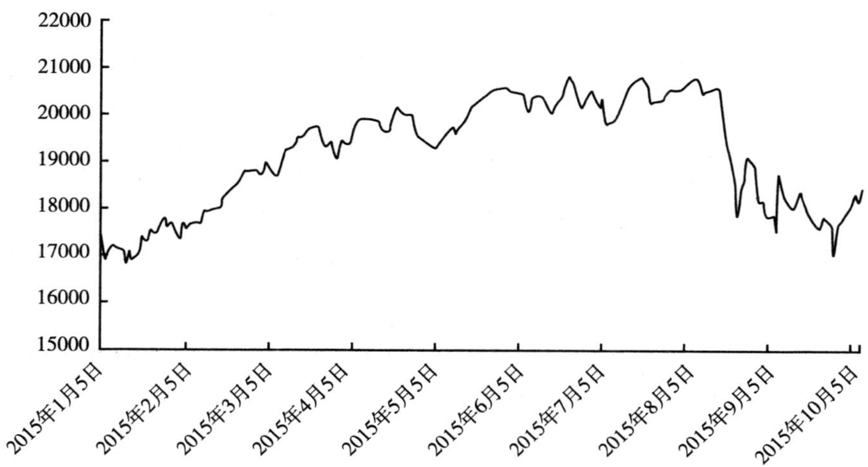

图 2　东京日经 225 指数

资料来源：Wind 数据库。

反映。进入 8 月，美欧等发达国家股市高位回调，新兴市场股市也因预期恶化遭遇资本流出冲击。日本股市未能超然于全球大跌之外，但日本央行加大了 ETFs 购买力度，这对日本股市的稳定起到了积极作用。8 月上旬未发生股市大跌时，日本央行购买 ETFs 规模为 454 亿日元，发生大跌及其后的 8 月中旬、下旬及 9 月上旬，日本央行购买 ETFs 规模分别达到 1715 亿、1324 亿和 1093 亿日元。进入 10 月已经出现回升迹象。日经 225 指数 10 月 9 日相对于 9 月 29 日的低点上升了大约 9%。

其次，日本央行未能实现 2% 的通胀目标。2015 年，日本央行继续推行大规模宽松货币政策。尽管议息会议持续维持每年扩大 80 万亿日元基础货币的刺激政策不变，但要实现安倍经济学设定的 2% 通胀目标的难度很大（如果按原先设想的两年内就实现计划，这个目标已经失败）。进入 2015 年以来，日本通胀率呈下行趋势。第一季度，CPI 同比增长率、剔除生鲜食品的核心消费物价增长以及剔除生鲜食品与能源核心消费物价增长分别为 2.3%、2.1% 和 2.1%。第二季度上述指标分别为 0.5%、0.1% 和 0.4%。进入第三季度，日本通胀率继续维持下行趋势。进入第三季度后，7 月及 8

月 CPI 同比增长率、剔除生鲜食品的核心消费物价同比增长率以及剔除生鲜食品与能源核心消费物价同比增长率均值分别为 0.2%、-0.1% 和 0.7%。除了剔除生鲜食品及能源的核心物价外，其他两项 CPI 增长率均有所下降。日本央行 2015 年 10 月 13 日公布的新一期政策会议纪要显示，多数委员仍认为通胀的潜在趋势继续改善，部分委员表示如果国际油价“崩盘”，核心 CPI 可能会下滑至负区间，但即便短期为负，也不会考虑增加宽松。从目前的情况看，日本走出通缩，实现 2% 通胀目标的道路还很漫长。

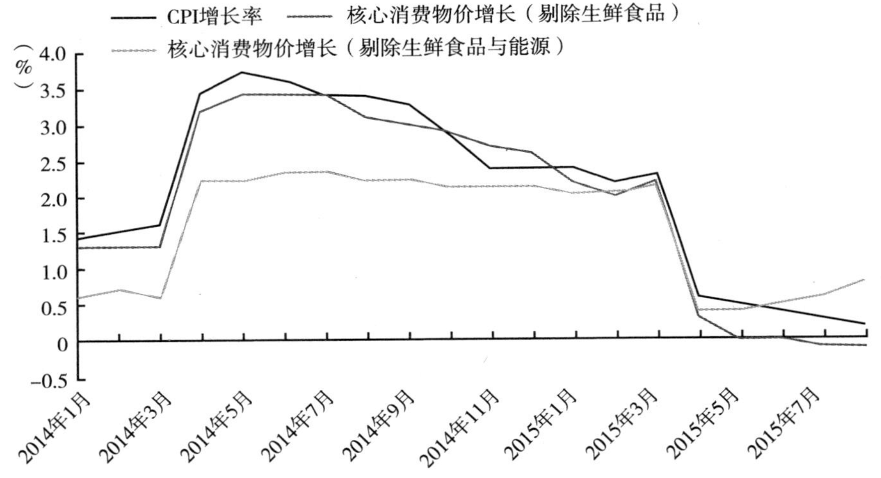

图 3　日本核心 CPI 升势受阻

资料来源：根据 CEIC 数据库数据计算。

第三，日元对美元维持相对较低汇率水平。受大规模宽松货币政策影响，日元对美元在 2015 年仍维持相对较低汇率水平。2015 年第一季度日元对美元中间汇率约为 1 美元兑换 119.07 日元，第二季度下降至 1 美元兑换 121.35 日元，第三季度进一步下降至 1 美元兑换 122.23 日元。2015 年 8 月 20～26 日，日元对美元有明显升值，由 1 美元兑 124 日元左右升值至 1 美元兑 120 日元左右，此后维持在这个水平上。从长期水平看，日元对美元汇率仍然维持在相对低位。

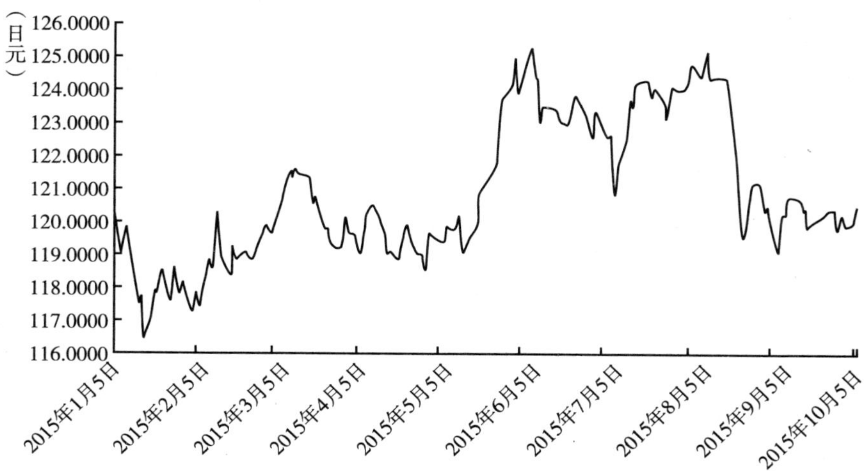

图4　宽松货币政策促日元维持较低汇率水平

资料来源：Wind 数据库。

从日本央行货币政策的三个传导方向来看，其对股市和汇市的传导相对更加成功，但对实体经济的价格水平的影响效果不彰。

三　财政政策

2015 年，日本政府制订了新的财政健全化计划。6 月 30 日晚召开的日本政府临时内阁会议将财政健全化计划增添到经济财政运营与结构改革的基本方针之中。根据财政健全化计划，安倍政府的财政政策目标被设定为：2015 财年中央和地方基础财政收支赤字占 GDP 比重降低至 2010 财年的一半（由 6.6% 降至 3.3% 左右）；到 2020 财年实现基础财政收支盈余；稳步削减公共债务占 GDP 比重。

根据日本财务省 2015 年 9 月发布的《日本的财政关系资料》报告，新的财政健全化计划的出台基于三项背景。

首先，日本实现基础财政盈余目标的压力仍然巨大。尽管 2015 财年基础财政赤字占 GDP 比重降低至 2010 年水平一半的目标有望实现，但 2020

财年实现盈余的目标依旧非常艰巨。根据日本财务省提供的预测，在名义GDP 增长率 1% 左右和实际 GDP 增长率略低于 1% 的基准情况下，到 2020 财年基础财政赤字占 GDP 比重预计大约为 2.2%；即便是在经济复兴的情景下（也即名义增长率 3%、实际增长率 2%），基础财政收支仍为赤字，其占 GDP 比重预计约为 1.0%。

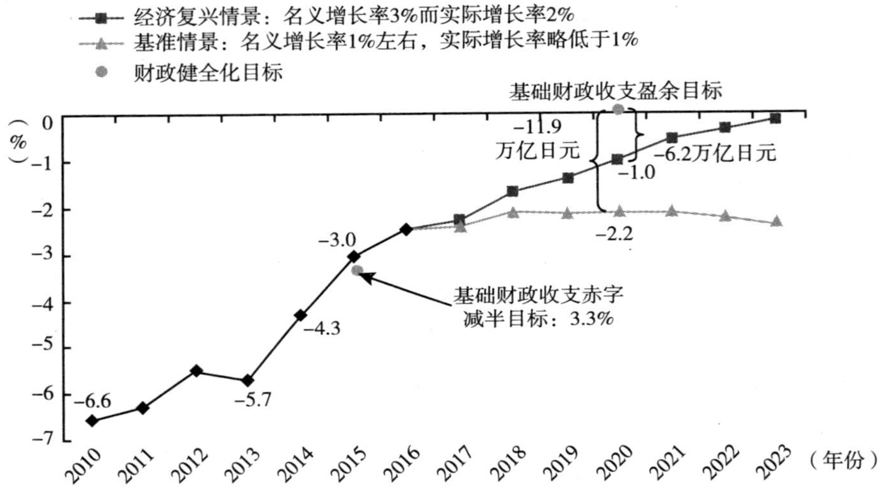

图 5　日本基础财政收支平衡状况及预测

资料来源：日本财务省。

其次，日本公共债务不断扩大的势头并未得到有效遏制。2015 年 2 月，日本政府债务达到历史最高水平 1054.55 万亿日元，继 2014 年 11 月之后再次刷新了历史纪录。这个纪录在 4 月和 5 月又连续两次被刷新，分别为 1067.38 万亿日元和 1069.27 万亿日元。6 月下降至 1057.22 万亿日元，但 7 月和 8 月再次连续两月上涨，分别为 1060.01 万亿日元和 1064.51 万亿日元。巨额政府债务的可持续性在相当程度上依赖于低利率。一旦利率上升，债务负担将明显扩大，日本将面临债务危机的风险。

再次，欧洲债务危机的严重后果带来的警示效应。日本政府认为，在欧洲债务危机中，巨额的政府财政赤字及债务余额，降低了市场对政府财政信

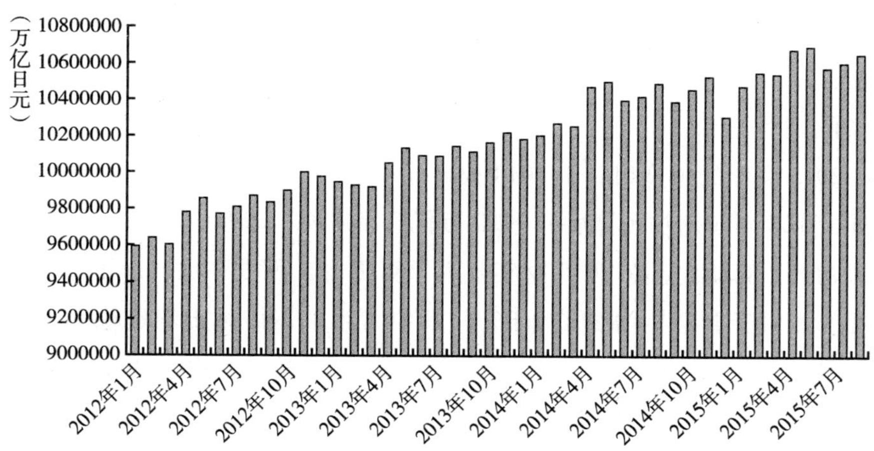

图6　日本政府债务规模维持高位

资料来源：中国社会科学院世界经济与政治研究所世界经济预测与模拟实验室，Wind 数据库。

用的信心，导致国债利率的攀升。这一方面诱发和扩大了金融危机，造成金融机构财务状况恶化甚至经营破产，另一方面也限制了政府救助危机的能力。[①] 对照自身的情况，如果财政健全化措施不能产生实效，在实现财政盈余目标任务艰巨、公共债务居高不下的背景之下，日本演化出财政与金融危机的可能性会不断增加。

尽管主观上日本政府希望通过倾向于节制预算的财政健全化措施来控制赤字和债务扩张，但相对乏力的经济增长又迫使日本政府不得不通过增加财政支出的方式来提振经济。2014 财年日本财政预算为 95.9 万亿日元，但 2015 年 1 月 10 日，日本政府批准了一项 3.118 万亿日元的经济刺激方案作为 2014 财年内 95.9 万亿日元预算的附加，从而使 2014 财年的总预算开支达到 99.0 万亿日元。刺激方案的附加预算主要用于为本土小型企业增加薪资和扶持地方经济增长等事项。具体来看，新增的 1.2 万亿日元政府开支主要用于补贴以及推动日本国民的消费和支持经营环境恶劣的日本小企业；

① 日本财务省：日本の財政関係資料（平成 27 年 9 月），2015 年 9 月，第 29 页。

0.6万亿日元将用于支持受消费税上调及日元贬值冲击的日本国内区域经济发展；1.7万亿日元用以加速遭受自然灾害地区的经济重建，并改善备灾物资条件。

2015财年的预算相对于2014财年最初的规模略有增加，为96.3万亿日元，但相对于附加预算后的99.0万亿日元来说，却有所不及。与2014财年最初的预算相比，在2015财年收入预算之中，税收一项增加了4.5万亿日元，相对于上财年增长了9.0%，其中大约1/3得益于消费税率上调至8%所带来的消费税增长部分。这有助于政府实现在本财年将基础财政赤字由2010~2011财年占GDP的6.6%缩减一半的目标，同时也使日本政府在近六年来首次可以缩减国债发行规模至40万亿日元以内。但也应看到，从支出方面看，偿还国债利息支出和基础财政支出（特别是社会保障支出）都有所扩大，而且这些支出都具备较大的“刚性”。给地方政府的转移支付预算规模有所缩小，从2014财年的旧例来看，不能排除为促进地方经济增长追加预算的可能性。鉴于第二季度环比再现负值，日本经济大臣甘利明（Akira Amari）已经呼吁在2015年秋季推出2万亿日元的新财政刺激政策。

表3　日本2014~2015财年的财政收支预算

单位：亿日元，%

项目	2014财年预算(初值)	2015财年预算	变化值	同比增长率
税收	500010	545250	45240	9.0
其他收入	46313	49540	3227	7.0
国债发行收入	412500	368630	-43870	-10.6
收入合计	958823	963420	4596	0.5
偿还国债支出	232702	234507	1805	0.8
基础财政支出	726121	728912	2791	0.4
其中:社会保障支出	305266	315297	10030	3.3
地方转移支付	161424	155357	-6067	-3.8
支出合计	958823	963420	4596	0.5

资料来源：日本财务省。

四　企业与就业

从企业短期经济观测调查（日银短观）数据来看，2015 年日本企业经营状况在前三个季度有所改善，但后继乏力。日本央行 10 月 1 日发布的第三季度日银短观数据显示，无论大型企业、中型企业还是小型企业的信心指数均为正值，分别是 19、12 和 3（好于预测的 18、9 和 1）。这意味着三类企业中，认为该季度经营形势好的企业数比认为经营形势差的企业数分别多 19 个、12 个和 3 个百分点。也就是无论规模如何，多数企业都认为第三季度经营形势较好，其中大型企业和中型企业尤其如此。从一至三季度的演变来看，企业经营也呈现向好趋势。大型企业一至三季度日银短观指数分别为 16、19 和 19，中型企业分别为 10、10 和 12，小型企业分别为 2、2 和 3。但是，各类企业对第四季度经营状况的预期相对较差，大型、中型和小型三类企业预计第四季度的信心指数分别为 14、9 和 0，较第三季度分别回落 5 个、3 个和 3 个百分点。

在 2015 年上半年，提升消费税冲击之后景气指数的一致性指数和先行指数的下行趋势得到了遏制。其中，一致性指数在 2015 年第二季度为 113.0，较上季度的 112.9 有所上升。进入第三季度升势放缓，7 月为 113.1。先行指数第二季度为 106.1，较上季度提升了 2 个点，但 7 月回落至 105.0。尽管如此，景气整体仍然保持回升的趋势。与之可为印证的是，制造业及服务业 PMI 在第三季度双双回升。2015 年第三季度，日本制造业及服务业采购经理指数（PMI）分别为 51.3 和 52.1，较上季度的 50.3 和 51.5 均有所回升。但从月度数据看，9 月制造业及服务业 PMI 数据较上月都有所回落，分别为 51.0 和 51.4，尽管较上月分别回落了 0.7 个和 2.3 个百分点，但仍在荣枯线上方。

企业利润数据显示，2015 年上半年日本企业利润有所改善，但主要是大型企业利润改善幅度较大所致。第一季度，全部企业经常利润为 17.5 万亿日元，第二季度上升至 20.3 万亿日元。其中，资本规模大于等于 10 亿日

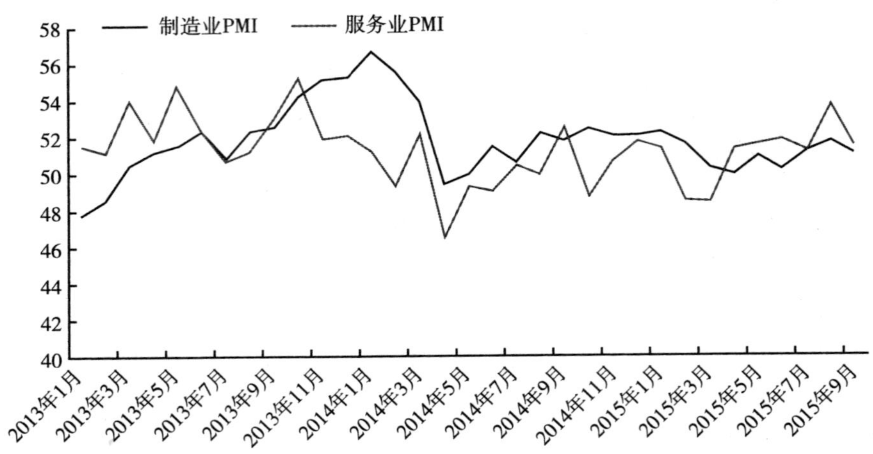

图 7　日本制造业及服务业 PMI 回落但仍在荣枯线上方

资料来源：Wind 数据库。

元的大型企业第一季度经常利润为 8.1 万亿日元，第二季度增加至 13.8 万亿日元；同期资本规模介于 1 亿日元和 10 亿日元之间的中型企业经常利润则由 2.9 万亿日元下降至 2.1 万亿日元；而资本规模介于 1000 万日元和 1 亿日元之间的小型企业经常利润下降更加明显，由第一季度的 6.5 万亿日元下降至第二季度的 4.5 万亿日元。

从就业方面看，2015 年经季节调整后日本失业率维持在较低水平，第一季度为 3.50%，第二季度进一步下降至 3.33%，进入第三季度略有上升，7 月、8 月平均为 3.35%。季调就业人数环比有所下降，第二季度较上季度下降了 0.16%。进入第三季度，仍呈下降势头，7 月较上月下降了 0.20%。

有效求人倍率进一步提升，2015 年第二季度为 118，较上季度增加 3 个点。进入第三季度维持增加趋势，7 月有效求人倍率为 121，这意味着日本就业岗位充足，每对应 100 个求职者就有 121 个就业岗位，为该指标 1992 年 3 月以来最佳。

尽管日本失业率维持低位，就业者并未因此牺牲薪酬而处于隐蔽性失业状态，这说明日本劳动力市场是比较有效的。日本劳动调查显示，2015 年第二季度月均劳动现金收入 32.3 万日元，较上季度提升了 5.5 万日元。进

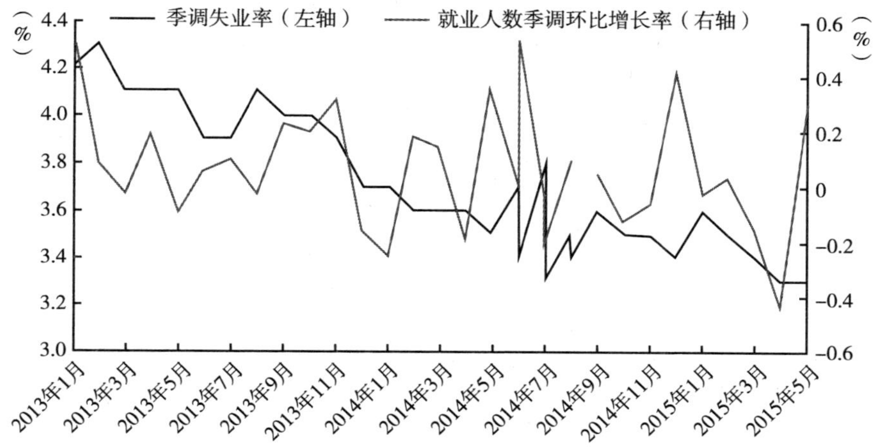

图 8　日本失业率维持在较低水平

资料来源：Wind 数据库，世界经济预测与政策模拟实验室。

入第三季度后继续有所提升，7 月劳动现金收入提升至 36.9 万日元。日本劳动收入增长比较稳定。

五　国际收支

2015 年日本经常项目状况进一步改善。2014 年全年有两个月经常项目出现逆差，这比 2013 年 4 个月逆差已经有所改善，2015 年 1～8 月则全部为顺差。与 2014 年各月服务和货物贸易项下全部为逆差有所不同，2015 年 1～8月，服务项下 3 月、5 月和 8 月都为顺差，货物项下 3 月和 6 月为顺差。合并来看服务及贸易项下 3 月和 5 月为顺差，其中 3 月顺差 8312 亿日元，这是该项下自 2012 年 4 月以来首次实现顺差。服务和贸易项下顺差的实现，一方面得益于日元贬值对出口的促进，另一方面也与石油等大宗商品国际市场价格维持低位降低了日本国内生产成本，从而增加了出口部门及产品的竞争力有关。

整体来看，2015 年 1～8 月经常项目累计顺差 11.6 万亿日元，上年同

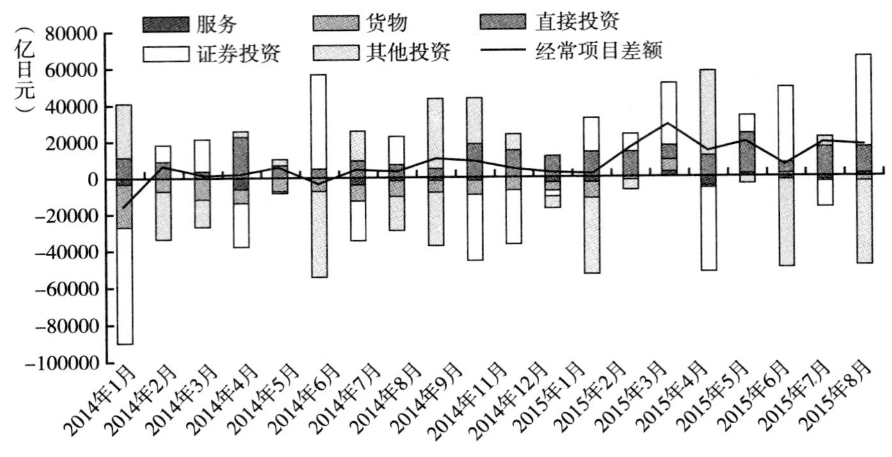

图9　经常项目差额

资料来源：Wind 数据库。

期只有0.16万亿日元，比上年同期增长了11.5万亿日元。同期，服务贸易余额比上年增加了1.2万亿日元，货物贸易余额比上年增加了7.1万亿日元。

投资收益仍是日本经常项目能够维持盈余的重要原因。2015年1～8月，直接投资收益累计10.4万亿日元，同比增长45.9%；证券投资收益由上年1～8月的－1.8万亿日元变为10.3万亿日元；其他投资收益赤字则有所扩大，由上年同期的5.6万亿日元增加至9.6万亿日元。

六　中日经贸投资关系

日本与中国的贸易有回暖迹象，但尚未稳定恢复。从日本对中国出口增速的变化来看，下行的趋势已经放缓，自中国进口增速甚至有明显反弹。2015年第二季度日本对华出口同比增速3.14%，较上季度的1.26%有所上升，但进入第三季度出现同比负增长，7月与8月对中国出口合计同比增长率为－0.21%。进口方面，2015年第二季度日本从中国进口同比增长3.71%，较上季度的0.20%明显回升，第三季度进一步提升，7～8月合计同比增长率达到 14.06%。整体来看，对华贸易增速大幅下滑的趋势已经放缓，但全面恢复尚有待时日。

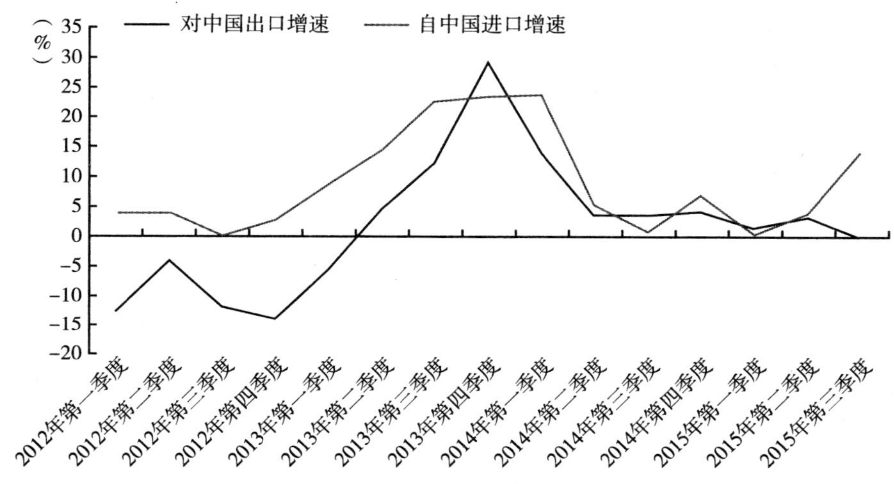

图 10　日本对华贸易出现回暖迹象

注：2015 年第三季度值为 7～8 月合计值。

资料来源：Wind 数据库，世界经济预测与模拟实验室。

日本在中国的直接投资状况也有所改善。自中日两国关系恶化以来，日本对华直接投资随之下降。自 2011 年第一季度同比增长 159.28% 后，对华直接投资同比增长率直线下落。甚至从 2012 年第三季度起，连续 8 个季度出现同比负增长。2014 年第三季度首次出现 11.4% 的同比正增长，但第四季度旋即转为 -16.24%。尽管如此，改善的迹象已经出现。

2015 年第一季度，日本对华直接投资同比大幅增长了 77.30%，尽管有基期效应的影响存在，但仍可算作改善的迹象。第二季度维持改善势头，同比增长了 47.51%。与日本对全世界直接投资增长情况相比，2011 年第二季度以来，对华投资增速总体低于对世界直接投资增速的状况也开始有所变化。但是，在 2015 年第一、二季度，对华直接投资增速都超过了对全世界直接投资增速。特别是日本第二季度对全世界直接投资出现负增长，对中国直接投资却仍然维持了较高的增长率。2015 年第二季度，日本对华直接投

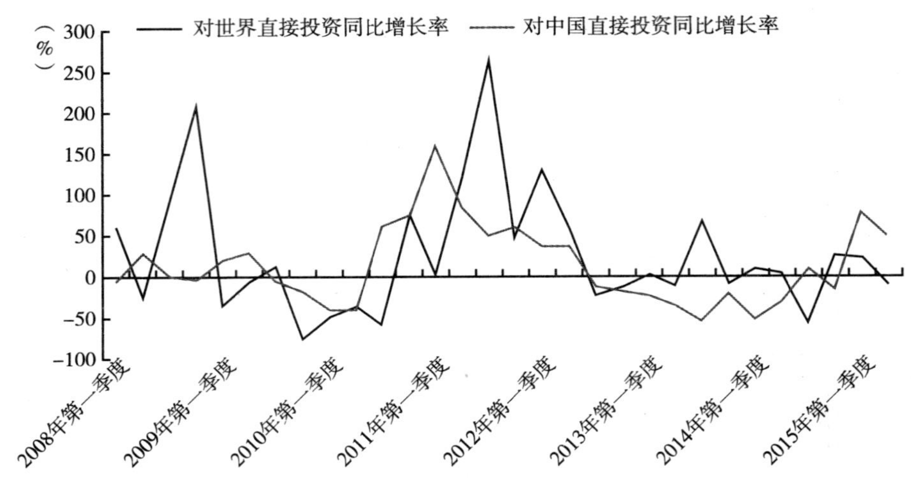

图 11　日本对华直接投资出现恢复迹象

资料来源：JETRO 数据库，世界经济预测与模拟实验室。

资 25.1 亿美元，占全部对外直接投资总额（304.9 亿美元）的 8.22%。这比上季度的 7.18% 有所提升。尽管如此，对华投资关系是否就此趋向稳定，还不能作确定的结论。

七　2016年经济形势展望

从其他机构的估计及预测数据看，除了联合国《世界经济形势与展望 2015》（*World Economic Situation and Prospects 2015*）预测 2016 年日本经济增长率会慢于 2015 年之外，其他机构均认为 2016 年实际 GDP 增长率会快于 2015 年增长率。在这一点上，我们赞同多数机构的判断。

2016 年大宗商品价格预计仍将在相对较低的水平上，这对日本经济增长将产生支持作用。日本国内数量和质量宽松的货币政策和偏中性的财政政策也有利于经济复苏。2017 年再度提升消费税的预期所产生的提前消费效应可能在 2016 年第四季度开始产生效果。但是，日本经济复苏仍然面临复杂和不确定因素。公共债务高企带来的风险还在积累，人口结构变化对生产

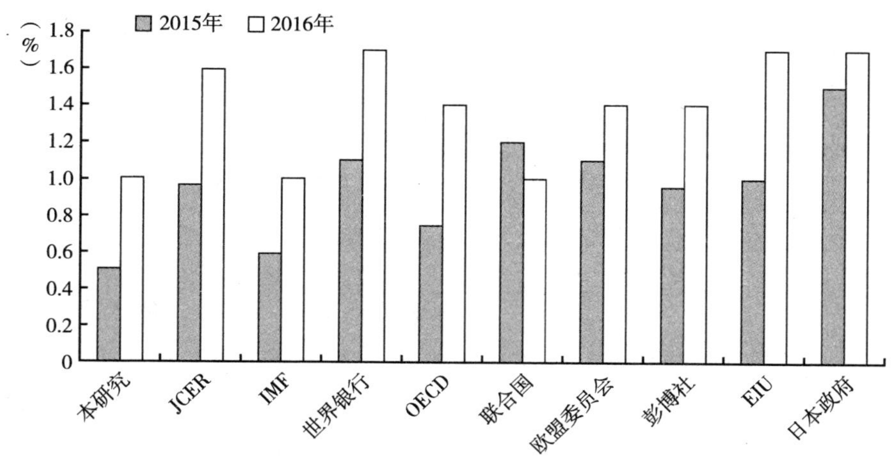

图12　各机构对日本2015～2016年GDP增长率的预测

注：EIU（经济学人信息部）；IMF（国际货币基金组织）；OECD（经济合作与发展组织）；JCER（日本经济研究中心）。图中JCER和日本政府的预测为财年，其他为历年。

资料来源：以上各机构官方网站。

率的不利影响日趋严重，这些制约日本潜在产出的结构性因素尚没有可行的解决方案。除此之外，TPP谈判基本达成协议，但距离各方批准生效并对日本出口及国内经济结构调整产生实际有效的积极作用还遥遥无期。不仅如此，因为协议基本达成，美国寻求日本支持的需求明显降低，为此支付的“容忍日元贬值的代价”的意愿也有所下降，日本希望继续大幅贬值以促进本国出口和经济增长的可能性在下降。加之美国和英国即将提高政策利率①，对日本的投资也将产生一定冲击。总之，结构性的和周期性的不利因素共同决定了日本中期经济前景仍将相对低迷，复苏的道路并不平坦。综合上述分析，我们预计2016年日本经济增长率约为1.0%。

① IMF：《世界经济展望》，2015年10月。

Y.5
亚太经济：增长整体放缓

杨盼盼*

摘　要：　亚太经济体 2015 年经济增速预计为 5.3%，低于 2014 年 5.5%的增速，经济增速连续三年出现下降，区内发达经济体及新兴和发展中经济体的经济增长均出现放缓。各国通货膨胀水平较上年出现下降；币值波动较大，所有货币均出现贬值；经常账户的失衡水平有所上升。区域内主要经济体中，印度尼西亚、澳大利亚和加拿大受大宗商品价格下降的影响经济增长放缓，韩国受疫情和外需放缓影响复苏中断，印度经济增长短期向好，未来的挑战在于结构改革的进一步完善。展望 2016 年，亚太经济的增长仍受到大宗商品价格、内外需增长乏力以及资本外流压力等因素的影响。

关键词：　亚太地区　经济增长　大宗商品价格　资本外流

在《2015 年世界经济形势分析与预测》中，我们预计亚太地区主要经济体 2014 年的经济增速为 5.4%，这一增速与今年 2014 年亚太地区的更新预测（5.5%）基本一致。上年书中，我们提出亚太地区已处于经济增长放缓的"新常态"，今年（2015 年）我们预计本年亚太经济体的经济增速为 5.3%，这意味着亚太地区的经济增速已经出现了连续三年的放缓，

* 杨盼盼，中国社科院世界经济与政治研究所助理研究员，研究领域：国际金融。感谢张斌研究员、孙杰研究员对全文的修改建议，作者文责自负。

且短期内仍难以恢复到危机之前的水平，这一趋势与此前的判断保持一致。

一　亚太经济形势回顾：2014 ~2015年

亚太经济体[①]在2014 ~ 2015 年的经济增长呈现放缓态势。2015 年，亚太地区 17 个国家的加权平均预期经济增速为5. 3%[②]（见表1），低于2014 年的5. 5% 。亚太地区经济体可以进一步划分为发达经济体与新兴和发展中经济体，两类国家在2015 年的经济增速均出现放缓。其中，亚太地区发达经济体在2015 年的经济增速为1. 3% ，比2014 年低0. 1 个百分点；亚太地区新兴和发展中经济体在2015 年的经济增速为6. 5% ，比2014 年低0. 3 个百分点。

尽管经济增速有所放缓，但是亚太经济体仍然引领全球经济复苏。2015 年全球经济增速预计为3. 1% ，比上年放缓了0. 3 个百分点。在这一背景下，亚太地区经济总体的放缓程度不及全球经济，且总体增速仍比全球增速高出2. 2 个百分点（见表1）。从复苏的程度来看，亚太经济体在国际金融危机前后的增长差距[③]为0. 5 个百分点，而全球的这一差距为1. 2 个百分点。亚太地区发达经济体的复苏好于全球发达经济体，危机前后的增长差距缩窄至1. 3 个百分点，而发达经济体整体的缺口为1. 6 个百分点；但是亚太地区新兴和发展中经济体的复苏水平程度则不及全球新兴和发展中经济体，缺口为0. 8 个百分点，而全球新兴和发展中经济体整体的经济增速已比危机之前高0. 3 个百分点。

---

① 本文的亚太经济体包含17 个国家，分别是：中国、日本、韩国、东盟十国（文莱、柬埔寨、印度尼西亚、老挝、马来西亚、缅甸、菲律宾、新加坡、泰国、越南）、印度、澳大利亚、新西兰、加拿大。

② 本文的数据来源如无说明则均来自于国际货币基金组织（IMF）《世界经济展望》数据库（2015 年10 月）。加权经济增长率是以各国经济规模作为权重得出的经济增速。

③ 危机前后的增长差距以2000 ~ 2007 年的平均经济增速和2008 ~ 2015 年的平均经济增速之差来衡量。

表 1　亚太主要国家国别和加总经济增长率

时间		2012 年	2013 年	2014 年	2015 年	2016 年	2000～2007 年	2008～2015 年
亚太 17 国	中国	7.7	7.7	7.3	6.8	6.3	10.5	8.6
	日本	1.7	1.6	-0.1	0.6	1.0	1.5	0.2
	韩国	2.3	2.9	3.3	2.7	3.2	5.4	3.1
	文莱	0.9	-2.1	-2.3	-1.2	3.2	2.2	-0.3
	柬埔寨	7.3	7.4	7.0	7.0	7.2	9.6	6.1
	印度尼西亚	6.0	5.6	5.0	4.7	5.1	5.1	5.7
	老挝	7.9	8.0	7.4	7.5	8.0	6.8	7.8
	马来西亚	5.5	4.7	6.0	4.7	4.5	5.5	4.6
	缅甸	7.3	8.4	8.5	8.5	8.4	12.9	6.6
	菲律宾	6.7	7.1	6.1	6.0	6.3	4.9	5.3
	新加坡	3.4	4.4	2.9	2.2	2.9	6.5	4.5
	泰国	7.3	2.8	0.9	2.5	3.2	5.3	2.9
	越南	5.2	5.4	6.0	6.5	6.4	7.2	5.9
	印度	5.1	6.9	7.3	7.3	7.5	7.1	7.0
	澳大利亚	3.6	2.1	2.7	2.4	2.9	3.4	2.5
	新西兰	2.9	2.5	3.3	2.2	2.4	3.7	1.7
	加拿大	1.9	2.0	2.4	1.0	1.7	2.8	1.5
区域及全球加总	世界	3.4	3.3	3.4	3.1	3.6	4.5	3.3
	亚太经济体	5.6	5.8	5.5	5.3	5.4	6.3	5.8
	发达经济体	1.2	1.1	1.8	2.0	2.2	2.5	0.8
	亚太发达经济体	2.2	2.1	1.4	1.3	1.8	2.7	1.4
	新兴和发展中经济体	5.2	5.0	4.6	4.0	4.5	6.6	6.9
	亚太新兴和发展中经济体	6.7	7.0	6.8	6.5	6.3	8.2	7.4

注：亚太发达经济体包括日本、韩国、新加坡、澳大利亚、新西兰、加拿大。亚太新兴和发展中经济体包括中国、文莱、柬埔寨、印尼、老挝、马来西亚、缅甸、菲律宾、泰国、越南、印度。

资料来源：国际货币基金组织（IMF）《世界经济展望》数据库（2015 年 10 月）。

1. 经济增长放缓

图 1 中横坐标显示了 2014 年亚太地区 17 个国家的实际 GDP 增速，纵坐标显示了 2015 年这些国家的实际 GDP 增速预测值。从该图中可以发现：

①缅甸、老挝、印度、柬埔寨、中国、越南、菲律宾在2015年的经济增长率位于平均值之上（横轴上方是高于本地区2015年经济增速的国家），是亚太经济增长动力的主要来源。但是，在这些增长较快的国家中，绝大部分在2015年的经济增长放缓或基本与上年持平，仅有越南的经济增长出现了显著加速（上升0.5个百分点），而区内重要经济体中国及东盟国家中的增长引擎菲律宾的经济增速均比上年有所放缓（分别下降0.5个和0.1个百分点）。②印度尼西亚、马来西亚、泰国、新加坡、韩国、澳大利亚、新西兰、日本、加拿大、文莱的经济增长率在均值以下，而且大部分国家的经济增速与2014年相比也出现了放缓，日本、泰国和文莱的经济增速上升也主要是由于上年度的基期效应，其中日本和文莱上年度经济出现负增长，泰国则出现了技术性衰退。除日本之外，亚太地区其他发达经济体经济增速均出现放缓，东盟国家中印度尼西亚、马来西亚、新加坡的经济增长也出现放缓。

亚太地区大部分国家2015年的经济增长放缓有多重原因。具体而言：①主要东盟国家经济在2015年面临内外交困的局面。一方面，大宗商品价格处于低位及外需低迷使得东盟国家的出口和制造业受到严重打击。主要大宗商品出口国如印尼、马来西亚、菲律宾等受到严重影响，新加坡的主要贸易伙伴复苏面临的不确定性，也使其制造业出口堪忧。越南是个例外，东亚价值链的变迁使得越南出口获益，也使得越南成为区内为数不多的增长加速国家。另一方面，内需的低迷同样影响了东盟国家的增长。EIU① 预计2015年印尼私人部门消费增速仅有4.6%，而私人消费在GDP中占比约为70%，这使得印尼2015年的经济增长为2009年以来的最差水平。此前高增长的菲律宾主要受到政府财政支出大规模下降的影响，2015年第一季度GDP增速仅有5.3%，是2011年第四季度以来的低值。②区内的发达经济体多是大宗商品出口国，受到油价及大宗商品价格低迷的影响较为显著，澳大利亚、新西兰和加拿大均受到严重影响。澳大利亚固定资产投资出现显著放缓，根

① Economist Intelligence Unit（EIU），Country Report Indonesia，September 2015.

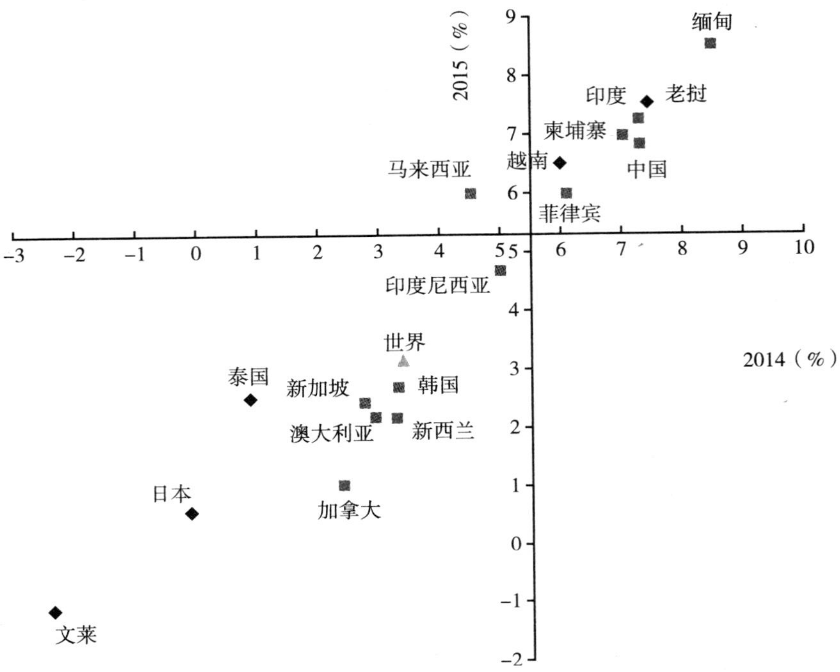

图 1　2014 年和 2015 年的亚太主要国家经济增长

注：横轴和纵轴分别代表了对应国家在 2014 年和 2015 年的情况，横轴的交叉点为 2014 年 17 国实际 GDP 增速的加权平均值（5.5%），纵轴的交叉点为 2015 年 17 国实际 GDP 增速的加权平均预测值（5.3%）。因此，第一象限（右上）的国家是 2014 年和 2015 年 GDP 增速均快于均值的国家；第二象限（左上）的国家是 2014 年 GDP 增速慢于均值但 2015 年 GDP 增速快于均值的国家；第三象限（左下）的国家是 2014 年和 2015 年 GDP 增速均慢于均值的国家；第四象限（右下）的国家是 2014 年 GDP 增速快于均值但 2015 年 GDP 增速慢于均值的国家。图中菱形表示该国 2015 年的经济增速高于 2014 年，方形表示该国 2015 年的经济增速低于 2014 年，或与 2014 年持平。

资料来源：国际货币基金组织（IMF）《世界经济展望》数据库（2015 年 10 月）。

据 EIU① 的预测，该项增速 2015 年和 2016 年分别为 -1.8% 和 -0.8%。而加拿大则是全球第四大石油出口国，油价低迷使其在 2015 年上半年经济陷入技术性衰退。除此之外，房地产泡沫也影响着澳大利亚和加拿大的经济增

① Economist Intelligence Unit（EIU），Country Report Australia September 2015.

长前景，房价下跌仍是最重要的金融风险。③区内规模最大的发展中经济体中国正在经历结构改革的过程，去杠杆仍然在继续，信贷和房地产市场的快速扩张均难以重现，投资增速下降，带来经济增长的放缓。④韩国经济受到意外冲击影响，中东呼吸综合征（MERS）在韩国的爆发导致其内需和旅游业受到严重打击，影响了韩国 2015 年上半年的经济增长。此外，韩国也受到出口和制造业放缓的影响。

2. 通货膨胀压力下降

2015 年，受到油价持续走低的影响，世界各国的通货膨胀压力有所减轻。亚太国家也是如此，整体通货膨胀水平由上年的 3.1% 下降至 2.7%。与之相比，2015 年世界的通货膨胀水平为 3.3%，亚太地区面临的通货膨胀压力小于世界水平。

结合经济增长率和通胀率，图 2 给出了亚太地区 17 个经济体在 2015 年所承受的通货膨胀压力水平，趋势线上方和下方分别是承受通胀压力较大和通胀压力较轻的国家。2015 年，亚太国家中承受通货膨胀压力的国家主要包括缅甸、印度、印度尼西亚、马来西亚、澳大利亚、加拿大。通货膨胀压力较低的国家包括老挝、柬埔寨、中国、越南、菲律宾、韩国、泰国、新加坡、日本。

油价和大宗商品价格走低成为 2015 年亚太地区通胀压力减轻的主要原因，不过从各国承受通货膨胀压力的情况来看，大宗商品生产国和进口国所受影响并不一致。进口国从油价走低中获益较多，生产和生活成本的降低推动了通货膨胀走低以及经济增长的提升，因而总体通胀压力缓和。对于生产国而言，通胀压力缓和的渠道尽管存在，但是本币贬值带来的输入型通货膨胀一定程度上抵消了通胀压力的缓和。与此同时，油价及大宗商品价格的低迷还直接影响了本国经济增长，这就使得印尼、澳大利亚、加拿大等国尽管在 2015 年的通货膨胀水平相对于 2014 年有所降低，但仍然承受着高于本地区平均水平的通货膨胀压力。除了上述因素，导致通货膨胀压力较高的原因还包括国内需求旺盛（缅甸、澳大利亚）、债务货币化（缅甸）、国内税制改革（马来西亚）等。

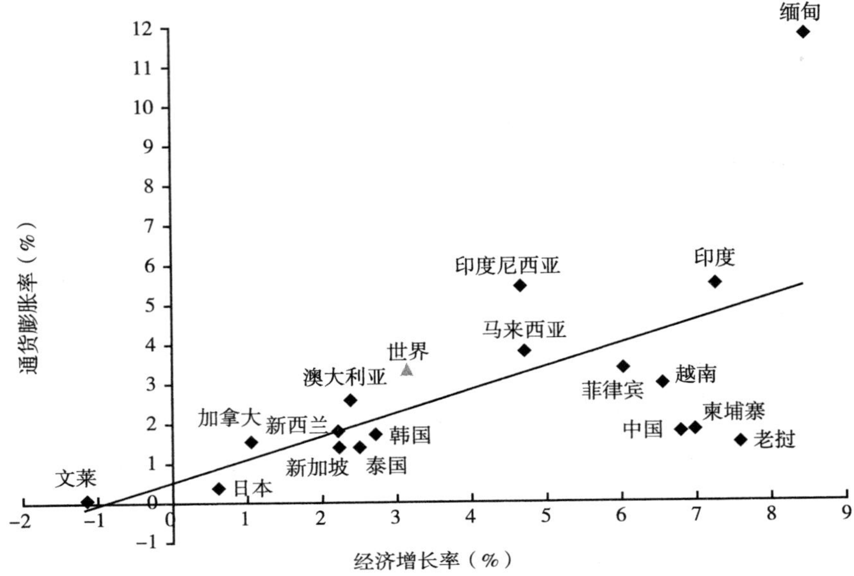

图 2　2015 年亚太主要国家的经济增长率、通胀率

注：横轴代表经济增速，纵轴代表通胀率，图中的直线为趋势线，代表着亚太国家的平均趋势水平，可以用来作为各个国家在给定增长速度下可承受的通货膨胀压力的一个参照线：在趋势线以下的国家，说明其在经济增长率较高的同时，承受了较低的通胀压力；而在趋势线以上的国家则相反。

资料来源：国际货币基金组织（IMF）《世界经济展望》数据库（2015 年 10 月）。

3. 货币集体贬值

2015 年亚太地区主要国家货币贬值态势明显。同 2015 年初相比，截至 2015 年 9 月，所有 17 个亚太国家货币对美元出现贬值（图 3），最高贬值了 17%，平均贬值了 7%。贬值的原因主要包括：①油价和大宗商品价格走低。在所有亚太国家中，贬值幅度最大的货币多为“大宗商品货币”，如马来西亚林吉特（贬 17%）、印尼卢比（贬 13%）、澳大利亚元（贬 12%）、加拿大元（贬 9%）。这些国家受大宗商品价格走低的负面影响最大，故而币值走软。②美元加息预期。美国经济处于稳步复苏通道，美联储于 2014 年底结束量化宽松，且市场普遍预期美联储将于 2015 年的某一时点加息，这一预期推动了对美元资产的需求，使得美元强势上升。与此同时，亚太地区国家为应对经济放缓多采取了宽松的货币政策，政策的不同步和风险偏好的变化导致亚太地区新兴市场资本外流，货币出现贬值。在截至 2015 年 8 月的过去 13 个月中，已经有近 1 万亿美元的资金流出新兴市场。这一流出规模几乎是金融危机期间资本流出的两倍[①]。尽管美联储暂缓加息使得之后的情况有所改观，但是新兴市场的脆弱性并未发生显著改变。③经济基本面恶化。2014 年亚太地区升值幅度较快的澳大利亚、新西兰和韩国，今年（2015 年）的货币走势均不容乐观（分别贬值了 17%、12% 和 8%）。澳大利亚和新西兰在 2014 年的经济增长均超出预期，而 2015 年的经济增长则出现放缓，导致了货币的走软。韩国 2015 年内需和外需增长均出现放缓，这是造成韩元贬值的重要原因。

4. 经常账户失衡加剧

2015 年，亚太地区大部分顺差国的顺差有所扩大，大部分逆差国的逆差也有所扩大，反映出本地区经常账户失衡的加剧。具体来看，2015 年的顺差国为 8 个，逆差国为 9 个。2015 年，经常账户顺差占 GDP 比重超过 4% 的国家有 4 个，分别是新加坡、韩国、泰国、菲律宾，且顺差规模同上年相比均有所上升。中国和日本的顺差也有所上升，中国经常账户顺差占 GDP 比重从 2014 年的 2.1% 上升至 3%，日本从 0.5% 上升至 3%。不过，顺差的上升并不反映外需的好转，而主要来源于大宗商品价格下跌带来的进口下降。对应的，逆差国国际收支的进一步恶化，同样也反映出这一因素的影响。逆差国中，印度、加拿大、澳大利亚、新西兰、缅甸相比上年度的逆差有所恶化，文莱经常账户余额占 GDP 的比重更是从上年 28.3% 的顺差跌至 -3.1% 的逆差。

---

① 乔纳森·惠特利、金奇：《新兴市场引发新一轮全球衰退?》，FT 中文网，2015 年 6 月 15 日，http：//www.ftchinese.com/story/001062517。类似的对这一情形的描述还包括：摩根大通研究表明 2015 年第 2 季度新兴市场外流资本规模约 1200 亿美元，是 2009 年以来的最大（张韬：《中国资本外流加剧新兴市场二季度资本外流创六年新高》，华尔街见闻，2015 年 7 月 18 日，http：//wallstreetcn.com/node/220919）；野村证券指出在 2015 年 8 月 20 ~ 26 日这一周，韩国、中国台湾、印度、印尼、泰国和菲律宾这 6 个市场的海外投资者净流出 59 亿美元，是 2013 年 6 月美联储退出 QE 以来最大的单周跨境资金外流，其中韩国、印度市场均为数年以来最大规模资金流出（石悟：《新兴市场资本外流加剧》，《理财周刊》2015 年 9 月 16 日，转引自新浪财经：http：//finance.sina.com.cn/money/roll/20150916/134823263805.shtml）。

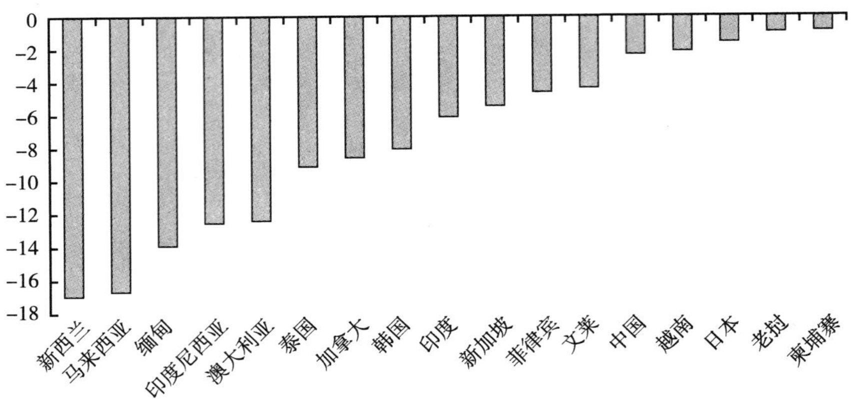

图3　2015年亚太主要国家汇率走势

注：①大部分国家为2015年9月相对于2015年1月的变动幅度，文莱和老挝为2015年8月相对于2015年1月的变动幅度，柬埔寨和缅甸为2015年7月相对于2015年1月的变动幅度。所有数值均为月度平均值。②负数表示本币相对于美元贬值。

资料来源：CEIC。

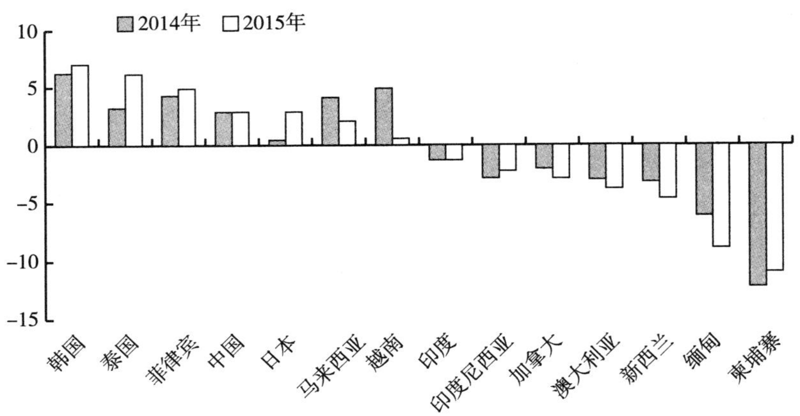

图4　2014年和2015年亚太主要国家经常账户余额占GDP走势

注：文莱两年经常账户余额占比为28.3%和-3.1%，老挝分别为-27.8%和-28.2%，新加坡分别为19.1%和20.8%。由于规模较大，在图上表示较为困难，故剔除。

资料来源：国际货币基金组织（IMF）《世界经济展望》数据库（2015年10月）。

二 亚太主要国家经济形势回顾：2014 ~2015年

本部分回顾韩国、印度尼西亚、印度、澳大利亚和加拿大在2014 ~ 2015年的经济形势[①]。韩国经济2013 ~2014年的复苏在2015年中断，经济波动主要受到中东呼吸综合征（MERS）疫情和出口放缓的影响。由于MERS对国内消费冲击的影响不会持续，因此韩国经济在内需恢复的带动下走上复苏轨道，但出口的复苏尚难以预期。印度尼西亚经济在2015年延续了前两年的下滑态势，经济放缓的原因包括大宗商品价格低迷及国内私人部门和公共部门需求不振，预计2016年经济增速将略有好转，但不会迎来快速增长。印度经济短期增长亮眼，外部环境及政策条件宽松，预计2016年经济增长仍然良好，不过增长潜力提升仍有待于结构改革的完善。澳大利亚经济趋冷。由于澳大利亚是大宗商品出口国，大宗商品价格的走低对其产生不利影响。加拿大经济面临较大问题，固定资产投资已呈现负增长态势，私人部门消费及外需市场不见起色，经济前景难有亮点。

1. 韩国

2015年，韩国经济自2013年起的复苏出现中断。经济增长从2014年第一季度的3.9%下跌至2015年第一季度的2.4%，并在第二季度进一步下跌至2.2%，第三季度增长3.2%。预计2015年的增速为2.7%，仍然不及前两年的水平。

韩国经济复苏中断的直接原因来自于中东呼吸综合征（MERS）疫情的冲击。这一疫情严重冲击了韩国的国内消费和服务业。2015年6月韩国的消费者信心指数下降至99，是2013年经济复苏以来的最低水平。疫情的冲击使得韩国2015年第二季度的GDP增速成为两年新低。除了疫情冲击的影响，支撑韩国经济增长的出口在2015年也出现了放缓，1 ~9月各月的出口

① 各国年度经济增长数据来源和前文相同，均为国际货币基金组织（IMF）《世界经济展望》数据库（2015年10月），季度GDP增速数据来源为CEIC数据库，其他数据来源为Economist Intelligence Unit（EIU）。

同比增速均为负值，平均增速为－6.5%，而2013年和2014年则均实现了超过2%的出口正增长。出口疲软导致韩国经季调的制造业采购经理人指数（PMI）出现下滑，自2月跌下50荣枯线之后至9月尚未回调至荣枯线之上，6月PMI仅为46.1，是2012年9月以来的最差水平。为应对经济放缓，韩国经济政策全面宽松，央行两次降息共50个基点，韩国财政部也宣布推出15万亿韩元的支出计划，多重手段刺激经济。到2015年第三季度，MERS对内需的冲击基本消退，制造业在9月开始回暖，但出口尚未见明显好转。韩国经济在内需带动下已走向复苏轨道，如无意外，预计2016年韩国经济将再度回升。

2. 印度尼西亚

印度尼西亚经济连续三年出现下滑，预计2015年的经济增速为4.7%，这一水平甚至略低于国际金融危机（2009年）时的经济增速，创下12年新低。2015年第一季度和第二季度，印尼经济增速均为4.7%，再创本轮经济下行的增长新低。预计2015年下半年的经济也难以有显著回升。

作为重要的大宗商品出口国，受到低迷大宗商品价格的影响，印尼的出口和制造业深受打击。2015年前8个月，印尼出口的同比增速均呈现负增长，平均增速为－12.8%；制造业PMI自2014年9月跌落到50的荣枯线之后，就一直处于荣枯线下方。印尼的私人部门消费增速也出现放缓，预计2015年仅为4.6%，大幅低于上年5.3%的增速。另外，印尼经济此前的快速增长同政府刺激政策有关，随后的经济放缓也同政府政策由松趋紧密切相关。2015年，政府虽然在年初计划扩张开支，但受到新兴市场债市动荡以及美联储加息预期的影响，政府在采取实际行动方面趋于保守，并将财政赤字目标维持在GDP的1.7%～2.1%不变。截至8月，政府支出仅占年度预算的1/2，其中资本开支支出仅占1/5，政府刺激政策仍然有限。预计印尼政府在2016年有望重拾财政扩张，同时如果外部环境有所好转，印尼经济增长有望提升，预计为5.1%。

3. 印度

在印度调整了GDP的统计方式之后，印度经济增长数据有了显著好转。

2014/2015 财年（2014 年 4 月 1 日至 2015 年 3 月 31 日）的 GDP 增速达到 7.3%，为四年新高，制造业和服务业增长亮眼。根据调整后的经济增长数据，印度目前为亚太区域经济增长表现最好的经济体之一。

印度的结构改革初见成效，经济处于上行通道。不过，由于经济结构深入调整面临阻力以及投资环境并未改善，印度 2015 年第二季度的经济增长出现了超出预期的放缓，增速为 7.0%，主要原因来自于服务业。从支出端来看，政府消费和固定资本形成支持经济增长，私人部门消费则现疲软态势。短期来看，低油价带来宽松外部环境，本国货币政策和财政政策可控，印度经济仍然向好。印度经济的不确定性在于，结构改革的可持续性仍有待进一步观察，同时调整后的增长数据与微观数据之间仍存在冲突，释放出的经济体增长态势不明确。在政府积极干预的前提下，2015/2016 财年经济增速数据可能延续上一财年的增长势态，为 7.3%。

4. 澳大利亚

澳大利亚经济在 2015 年总体不及 2014 年。2014 年第一季度的经济增速为 2.9%，2015 年第一季度经济增速下降至 2.5%，2015 年全年经济增速预计下降至 2.4%，不及 2014 年的 2.7%。

澳大利亚经济在 2015 年的持续下行主要是由内需不振导致的。虽然澳大利亚私人部门的消费保持稳定，但澳大利亚政府支出增速预计将由 2014 年的 2.0% 下降至 2015 年的 1.7%。固定资产投资的负增长持续，预计由 2014 年的 -2.1% 延续至 2015 年的 -1.8%，预计在未来的一年里仍将持续负增长的态势。同时，澳大利亚面临的外部问题并没有改善，作为全球重要的大宗商品出口商，大宗商品价格的持续低迷势必影响澳大利亚的外贸部门。预计澳大利亚出口在 2016 年仍不太可能出现显著好转，但国内私人消费有望提升，固定资产投资也将逐步回升，2016 年澳大利亚经济增速可能回升至 2.9%。

5. 加拿大

加拿大在 2015 年的经济增长显著低于 2014 年，总体经济状况不容乐观，经济增长波动较大的同时整体呈现下行态势。预计 2015 全年经济增速约为1.0%，而上年的增速为2.4%。预计2016年加拿大经济可能略有回升，至1.7%。

2015年加拿大私人部门的消费及固定资产投资增速同2014年相比大幅下降。2015年加拿大私人部门的消费及固定资产投资增速分别为1.8%及-2.7%，而在2014年这两个数字分别为2.7%及0.2%。出口部门亦面临相同的状况，其增速从2014年的5.4%下降至2015年的3.9%。加拿大此前投资的放缓主要受到房地产过热的压力，目前这一房地产过热的情形尚未得到缓解，而由于出口的压力增加，工业品部门的投资亦将承压，从而导致其固定资产投资增速由正转负。

三　2016亚太经济展望

亚太经济在2016年预计将略有回升。据IMF预测，2016年的经济增速约为5.4%，比2015年略高0.1个百分点，但仍然低于全球金融危机之后本地区各年经济增长的平均水平（5.8%），更远低于危机之前6.3%的平均水平。这与上年本书判断亚太经济将处于增长的“新常态”一致。

展望未来，亚太经济的增长仍受到大宗商品价格、内外需增长乏力以及资本外流压力等因素的影响。

第一，油价和大宗商品价格冲击的影响深远。对于亚太地区大宗商品出口国而言，油价和大宗商品价格下跌可能不是暂时性冲击，因为除了出口及可支配收入出现下降，多数国家的投资也出现下降，这一影响在价格回升之后仍然存在，导致潜在产出水平下降[①]。对于进口国而言，大宗商品价格的回升会带来本国通货膨胀的提升，继而压缩本国经济政策空间，冲抵此前价格下跌带来的经济增长。

第二，亚太各国内需和外需均无明显增长动力。各国内需没有明显好转迹象，且难以再现此前大规模的宽松举措。出于对经济去杠杆、避免资本过

① International Monetary Fund (IMF), World Economic Outlook, October 2015.

度流动及美联储加息推迟等因素的考虑，主要亚太国家推出大规模宽松举措以刺激内需的可能性不大，推动经济增长短期内快速上升的因素基本不存在。此外，外部旺盛需求难以重现。本区域内中国、日本等大型经济体的增速放缓，会直接通过外需渠道传导至其他亚太经济体。同时，美欧复苏的不确定性，仍使得亚太地区面临的外部需求环境疲弱。

第三，资本外流压力仍然较大。美联储9月推迟加息虽然暂缓了新兴市场国家的资本外流，但是这也意味着2016年亚太地区新兴市场仍然将面临较大的资本外流压力，汇率贬值和金融市场脆弱性还将困扰新兴市场国家。此外，新兴市场应对资本外流可能产生“量化紧缩”（Quantitative Tightening）效应[①]，即新兴市场国家央行抛售本国外汇储备（多以发达国家政府债券形式存在）将在一定程度上抵消发达国家（主要来自欧洲央行和日本央行）量化宽松政策的效果[②]，使得国际市场的流动性趋紧，从而对亚太经济复苏产生影响。

① Davies, Gavyn, Will Emerging Economics Cause Global Quantitative Tightening?, FT Blog, 13 Sep., 2015, http://blogs.ft.com/gavyndavies/2015/09/13/will-emerging-economies-cause-global-quantitative-tightening/.

② 例如，2015年8月这一因素抵消了欧洲央行和日本央行采取的全部量化宽松举措。

Y.6
俄罗斯经济：“危”“机”并存

高凌云　张 琳*

摘　要：　制裁与反制裁，以及与之相伴随的卢布贬值和国际油价大幅下跌，导致俄罗斯经济持续下滑并出现负增长。同时，开始出现财政赤字，外汇储备水平也已经无法抵补巨额的外债，通胀高企和卢比贬值并存的情况进一步恶化，对外贸易加速下滑，贸易结构几无改善。但是，俄罗斯民众对普京的支持率并没有出现如欧美预计的那种变动。俄罗斯经济问题的解决，应侧重东西平衡，并对其经济、政治和法律制度进行改革，以改善投资环境和商业信心，减少经济上对石油的依赖。

关键词：　制裁与反制裁　经济衰退　结构调整

俄罗斯经济增速在最近三年中呈现出明显的下降态势，特别是2014年的增速只有0.6%，比我们在上一年度世界经济黄皮书中的预测低了0.4个百分点，为最近15年（除2009年国际金融危机时）的最低指标。俄罗斯经济结构过于集中、油价下跌和西方制裁等因素是当前经济滑坡、卢布汇率大幅贬值、通胀高企等经济不稳定问题的根源。但是，因为乌克兰危机诱发的包括经济制裁在内的负面因素，也为促进俄罗斯经济增长方式的转变以及

* 高凌云，中国社会科学院世界经济与政治研究所国际贸易室副研究员，经济学博士，研究领域：国际贸易、世界经济；张琳，中国社会科学院世界经济与政治研究所助理研究员，经济学博士，研究领域：国际贸易、世界经济。

相应的制度变革提供了新的可能性。综合考虑，预计俄罗斯在 2015 年的经济增速为 -3.6% 左右，但 2016 年有可能实现 0.7% 左右的经济增长。

一 2014~2015年俄罗斯的总体经济形势

2014 年俄罗斯经济持续下滑，2015 年将出现负增长。按当前价格计算，2014 年俄罗斯名义 GDP 为 714064 亿卢布，同比增长 7.9%；按不变价格计算，俄罗斯实际 GDP 为 437227 亿卢布，同比增长率仅为 0.6%，较 2013 年下滑 0.7 个百分点。2015 年，随着经济制裁和反制裁效应的不断发酵，俄罗斯经济出现大幅缩减，第一季度实际 GDP 95275.2 亿卢布，同比下降 2.24%，第二季度实际 GDP 99784.4 亿卢布，同比下降 4.65%（见表 1），是继 2009 年金融危机之后首次出现的 GDP 负增长。

表 1 俄罗斯 GDP 及其各部分的变动情况

单位：十亿俄罗斯卢布，%

指标名称	2014 年第一季度	2014 年第二季度	2014 年第三季度	2014 年第四季度	2015 年第一季度	2015 年第二季度
实际 GDP(2008 年不变价)	9745.80	10464.64	11504.74	12007.50	9527.52	9978.44
同比增长率	0.57	0.71	0.86	0.43	-2.24	-4.65
最终消费	7589.70	7821.80	8244.20	8505.80	7102.30	—
同比增长率	2.79	0.10	0.13	0.65	-6.42	—
家庭消费	5708.90	5867.80	6320.80	6582.00	5198.00	—
同比增长率	3.96	0.16	0.22	0.96	-8.95	—
政府消费	1864.20	1922.40	1896.50	1892.60	1862.10	—
同比增长率	0.04	-0.04	-0.08	-0.22	-0.11	—
非营利机构消费	45.00	45.20	44.70	46.00	45.60	—
同比增长率	-1.53	-1.31	-1.54	-1.50	1.33	—
总积累	1131.70	1699.40	2961.20	2777.00	808.60	—
同比增长率	-19.08	-8.86	-3.70	-4.57	-28.55	—
资本形成总额	1416.30	2156.10	2438.90	3584.80	1291.20	—
同比增长率	-4.54	-1.86	-1.74	-1.21	-8.83	—
出口	3433.90	3394.10	3420.90	3717.80	3587.60	—
同比增长率	1.97	1.69	-1.29	-2.34	4.48	—
进口	2137.30	2211.80	2881.60	2743.80	1602.20	—
同比增长率	-6.60	-9.56	-7.58	-7.76	-25.04	—
统计误差	-160.30	-231.00	-214.70	-219.90	-194.00	—

资料来源：Wind 数据库。

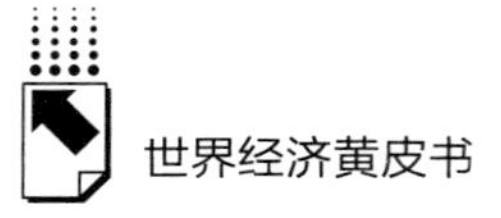

俄罗斯经济陷入衰退的主要原因。

第一，俄乌局势紧张、西方对俄经济制裁，汇率风险上升以及国际油价大幅下跌，导致了俄罗斯出口增速下降，2015 年上半年贸易余额同比下降。2014 年，俄罗斯进出口总额为 8057.9 亿美元，与 2013 年相比下降 6.8%，其中出口 4977.6 亿美元，下降 4.9%。但由于出口降速低于进口降速，加之 2013 年贸易顺差基数较小，2014 年贸易顺差规模仍有所扩大，缓解了俄罗斯经济增速下滑局势。2015 年第一季度、第二季度出口分别为 895.16 亿美元、911.37 亿美元，同比分别下降 27.2% 和 31.1%；同期贸易顺差分别为 442.6 亿美元、429.9 亿美元，顺差规模缩小 12.4% 和 16.8%，这直接导致了 2015 年上半年俄罗斯经济衰退。俄罗斯经济长期严重依赖能源出口，2014 年俄罗斯石油出口量价齐跌。截至 2014 年 12 月 31 日，纽约油价跌至每桶 53.27 美元，较 2014 年内最高点下跌了 49.7%；布伦特油价跌至每桶 57.33 美元，较年内最高点下跌了 50.2%。

第二，俄国内生产持续恶化，实体经济低迷。按照不变价格计算，2014 年固定资本形成总额拉动 GDP 增长 -0.45 个百分点，四个季度资本形成总额同比增长分别为 -4.5%、-1.9%、-1.7% 和 -1.2%；俄罗斯联邦统计局数据显示，2015 年 1~7 月，俄固定资产投资同比下降 5.9%，其中 7 月下降 8.5%。俄罗斯实体经济数据低迷，居民实际收入减少导致国内需求下降，企业金融借贷受限、国内银行贷款利率较高、贷款条件苛刻等原因造成了投资减少。2014 年俄罗斯工业产值同比仅增长 1.7%；2015 年俄罗斯国内生产进一步萎缩，1~7 月工业产值同比下降 3%，其中 7 月下降 4.7%。2015 年，俄罗斯制造业采购经理指数（PMI）持续下降，低于 50% 的荣枯线。

第三，俄罗斯居民可支配收入减少，国内消费低迷，政府公共支出削减。按照不变价格计算，2014 年俄罗斯最终消费支出仅拉动 GDP 增长 0.64 个百分点，较 2013 年减少 2.15 个百分点，其中家庭消费支出拉动 GDP 增长 0.7 个百分点，政府公共支出拉动 GDP 增长 -0.01 百分点。2015 年第一季度，俄国内最终消费同比下降 6.4%，其中家庭消费支出同比下降 9.8%，

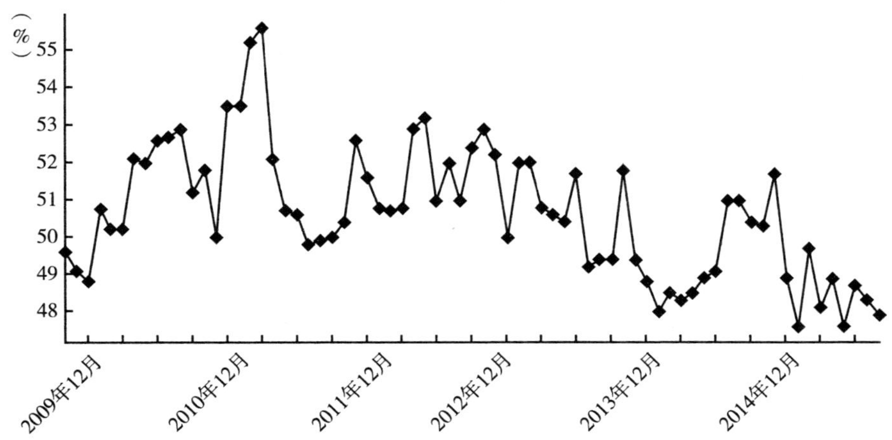

图1　俄罗斯制造业PMI指数变化

资料来源：Wind数据库。

政府消费支出同比下降0.1%。俄罗斯经济部预计2015年全年俄罗斯家庭可支配收入将下降2.8%；2015年1~7月，居民实际可支配收入同比下降2.9%，国内消费在住房和汽车等大额商品以及非必需商品和服务等方面的支出均有所减少。

二　债务风险上升

2014年俄罗斯经济增速下滑，但财政收入和支出基本保持同速增长，财政略有赤字，与上年基本持平。2014年，俄罗斯财政收入26.8万亿卢布，与上年同期相比增长9.5%；财政支出27.6万亿卢布，同比增长9.2%，收入略小于支出，产生财政赤字8456亿卢布，占GDP的1.9%，与上年同期相比增长0.3%，略有扩张。俄罗斯财政部解释，由于2014年底俄罗斯为帮助国内银行融资，发行了总额为1万亿卢布的国家借贷债券，因此出现了小幅财政赤字。

联邦财政收入中与石油和天然气产业相关的项目包括矿产开采税和关税；而非石油和天然气部门的相关财政收入包括：企业机构所得税、增值

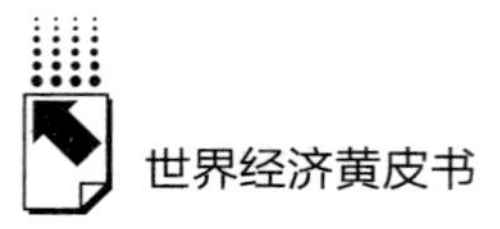

税、消费税、（不包括油气的）矿产开采税、（不包括油气的）关税，以及其他与油气无关的收入。俄罗斯经济高度依赖能源出口，大约一半的财政收入来自石油和能源产业的出口收入税收。由于俄罗斯经济增速远低于预期，并且国际石油价格大幅下跌，因此 2015 年第一季度俄罗斯联邦财政赤字达到 1.2 万亿卢布。根据俄罗斯财政部预测，2015 年全年俄罗斯财政收入将会减少 2.6 万亿卢布，俄财政压力巨大。

俄罗斯外债指俄罗斯政府欠自然人和法人的主要以欧元和美元标价的债务，其中包括巴黎债权人俱乐部贷款（外国政府贷款）、外国商业银行和公司贷款、国际金融组织贷款（国际货币基金组织、世界银行、欧洲复兴与开发银行）、以外币标价的俄罗斯国家有价债券（欧洲债券和国内外币债券）、俄罗斯中央银行贷款和政府外币担保等。俄罗斯央行数据显示，2014 年俄罗斯外债总额为 5990.4 万亿美元，与上年同期相比下降 18%。截至 2015 年第二季度，外债总额为 5561.9 亿美元。俄罗斯财政部数据显示，截至 2014 年底，俄罗斯国内债务总额达 5.5 万亿卢布，占全年 GDP 的 12.5%，与 2013 年同期相比增长 23.5%。

国际储备包括外汇储备、黄金储备、特别提款权（SDRs）和在 IMF 的储备头寸。2014 年，俄罗斯国际储备为 3854.6 亿美元，同比减少 24.4%。其中，外汇储备 3393.7 亿美元，同比减少 27.7%，黄金储备为 461.0 亿美元，同比增加 15.3%。外汇储备大幅减少是为了稳定卢布汇率而进行外汇市场干预所致；与 5990.4 万亿美元外债规模相比，当前俄罗斯外储水平已经无法覆盖如此巨额的外债，债务风险剧增。

俄罗斯自 2004 年起将石油出口超额收入积累起来建立主权财富基金——政府稳定基金，并于 2008 年将其拆分为储备基金（Reserve Fund）和国家福利基金（National Wealth Fund），储备基金用于补贴财政开支不足和偿还国家外债，国家福利基金主要用于补贴养老金，确保养老金的预算平衡。截至 2015 年 1 月 1 日，俄罗斯储备基金共计 4.9 万亿卢布（约合 761 亿美元），国际福利基金共计 4.4 万亿卢布（约合 675 美元）。由于油价下

表 2　2014～2015 俄罗斯财政收支结构

单位：十亿卢布

指标＼时间	2014 年第一季度	2014 年第二季度	2014 年第三季度	2014 年第四季度	2015 年第一季度	2015 年第二季度
政府收入	5960.4	12671.2	19221.4	26766.1	6044.6	12748.6
利润税	579.6	1157.7	1803.9	2375.3	633.1	1501.9
收入税	548.2	1201.0	1864.7	2702.7	570.2	1245.4
社会需求税	1035.5	2282.6	3449.9	5035.7	1105.0	2485.2
国内产品增值税	565.6	1165.1	1668.1	2188.8	680.0	1303.7
进口产品增值税	377.0	800.0	1232.0	1751.4	402.0	784.8
国内产品特许权税	239.1	457.6	734.2	1000.6	263.2	478.4
进口产品特许权税	14.8	32.8	50.4	71.6	10.6	21.7
累计收入税	69.4	170.7	241.0	315.1	77.2	186.6
财产税	159.2	428.0	672.9	957.5	192.6	472.8
自然资源使用税	730.0	1500.5	2228.2	2934.7	793.0	1671.6
债务注销税	0.6	1.0	1.5	3.5	0.5	1.3
对外贸易	1309.0	2649.2	3891.9	5463.7	846.8	1553.1
政府资源使用税	93.9	342.2	633.6	797.2	203.9	546.0
自然资源使用税	69.8	134.3	193.0	261.5	45.6	106.4
捐赠	1.0	35.1	91.6	134.2	19.3	48.8
支出	5432.0	11583.6	17679.1	27611.7	6491.8	13631.5
政府一般性支出	333.6	700.5	1072.7	1640.4	332.9	761.0
政府债务支出	157.3	253.9	420.3	525.4	194.2	333.8
国防支出	974.0	1414.8	1822.6	2480.7	1452.8	1912.7
国家安全与民兵支出	443.5	938.9	1439.3	2192.9	429.3	927.0
国民经济支出	546.6	1299.6	2116.3	4543.1	593.6	1294.3
燃料和能源部门支出	3.0	7.6	24.3	44.3	6.2	13.6
农林牧副渔部门支出	50.0	127.3	200.7	314.3	58.6	164.8
交通	72.6	243.2	382.4	664.9	87.7	212.5
道路维护	153.8	385.0	739.6	1184.7	153.0	381.7
通信和信息支出	14.6	30.0	46.0	89.9	7.2	28.1
研发支出	71.2	119.4	158.0	269.4	70.1	116.3
其他	146.4	307.1	440.0	1771.2	181.3	303.6
住房和其他公共服务	158.1	352.0	608.8	1004.8	174.8	353.9
社会文化活动	2810.7	6597.6	10153.6	15154.3	3296.2	8008.9
余额	528.4	1087.6	1542.3	-845.6	-447.3	-882.8

资料来源：CEIC 数据库。

跌，俄罗斯面临巨大财政压力，政府动用储备基金以填平赤字，尽量减少不良因素对俄罗斯经济运行的影响，完成财政预算计划，截至 2015 年 9 月，储备基金已减至 4.5 万亿卢布（约合 707 亿美元）。

三　通货膨胀与卢布贬值恶化

2014 ~2015 年，俄罗斯通胀高企和卢比贬值并存的情况进一步恶化，实际通胀率远高于央行设定的目标区间；俄央行仍坚持卢布汇率自由浮动制，2014 年卢布兑美元贬值了近 45%，俄央行坚持了加息的紧缩性货币政策。

（一）通货膨胀压力巨大

2014 年俄罗斯通货膨胀压力剧增，12 月 CPI 指数突破两位数，达到年度最高值，通胀率 11.35%，远远超过预定的通胀目标 5%。进入 2015 年，CPI 指数继续攀升，6 月通胀率高达 15.3%。食品价格上涨更甚，食品 CPI 指数更是在 2015 年 2 月、3 月高于 23%，这主要因为 2014 年 8 月俄罗斯启动对西方反制裁措施，禁止从美国、加拿大、欧盟、澳大利亚和挪威进口食品一年，被禁止的食品包括牛肉、猪肉、禽类、香肠、鱼类、蔬菜、水果和奶制品，导致了国内食品相对短缺，价格上涨。此外，卢布贬值，进口商品价格升高，也是通货膨胀加剧的重要原因。

为防止通货膨胀风险进一步加剧，2014 年俄罗斯央行连续 6 次上调基准利率：3 月将基准利率从 5.5% 上调至 7%；4 月再次宣布加息 50 个基点，基准利率上调至 7.5%；7 月基准利率上调至 8%。11 月，将利率提高到 9.5%，12 月再次上调利率至 10.5%；一周后，央行将基准利率上调到 17%，这是自 1998 年俄罗斯债务违约以来单次最高的利率上调。但频繁大幅的加息并未显著改善俄罗斯资本外逃的现状，卢布贬值也远超预测，2014 年底，俄罗斯央行宣布将 2015 年通货膨胀率从 4.5% ~5% 上调至 6% ~6.4%，但是通货膨胀不断加剧的势头仍在持续。2015 年 7 月、8 月和 9 月

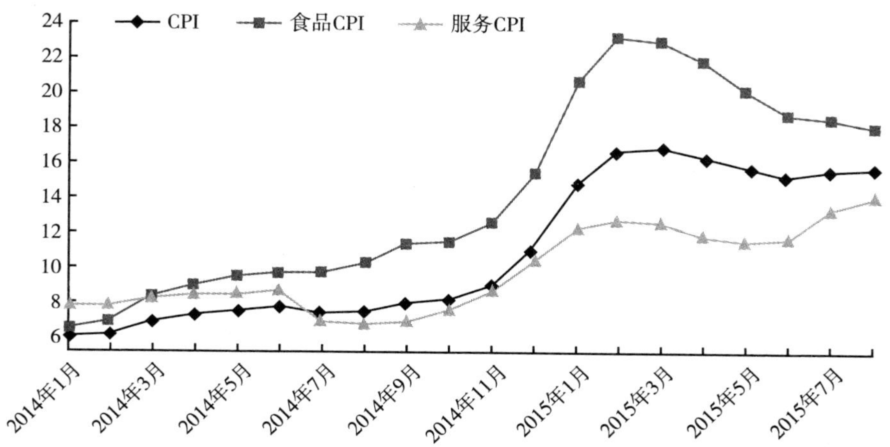

图 2　俄罗斯食品 CPI、服务 CPI 和 CPI 的联系

资料来源：俄罗斯联邦统计局。

的俄罗斯通货膨胀率分别为 15.6%、15.8% 和 15.7%，居高不下。同时，提高利率的紧缩性货币政策会进一步加剧经济增速下滑，俄罗斯总体经济走势不容乐观。

（二）卢布暴跌，汇率风险剧增

2014 年卢布对国际主要储备货币——美元和欧元的汇率经历了自 1998 年债务违约以来最大幅度的贬值，超过 2008 年全球性金融危机时的卢布贬值，12 月底更是经历了崩盘式大幅的汇率波动。2014 年卢布兑美元汇率暴跌 59%，甚至曾一度低至创纪录的 80 卢布兑 1 美元。俄罗斯央行数据显示，2015 年 1 月末汇率为 1 美元兑 68.92 卢布，2 月末汇率为 1 美元兑 61.27 卢布，3 月末汇率为 1 美元兑 51.70 卢布。国际油价的稳定和小幅回升，加之俄罗斯政府要求出口商将外币盈利转换成卢布的政策，促使卢布汇率在 2015 年第一季度有所反弹，但第二季度后又开始贬值。欧美对俄制裁是否会逐步放缓，国际油价能否保持回升势头，以及俄宏观经济政策的效应，这些不确定因素都会对卢布未来一年的走势产生影响。

俄罗斯央行采取了一系列保持汇率稳定的措施，包括取消卢布对双货币篮子的浮动区间，坚持汇率自由浮动；频繁多次地提高基准利率，2014 年底，基准利率提高至 17%，以减缓资本外流，稳定汇率。但卢布贬值的趋势并未得到遏制，根本原因在于俄罗斯内外交困的现状。内部因素有：俄罗斯经济长期严重依赖油气出口，结构性调整转型面临瓶颈，增长乏力，输入性通货膨胀压力增大，资本外流不断恶化；从外部因素看，数轮西方制裁使得俄罗斯银行和企业外币融资能力受限，2014 年下半年国际石油价格的下跌影响了俄罗斯财政收入，降低了国际投资者对俄经济的信心，加剧了这一轮的汇率金融危机。

从中期发展规划上看，俄罗斯政府已经制定和出台了一些措施，包括修改联邦预算，实行进口替代战略，扶持非原料和能源的其他商品出口，实行资本大赦法案，鼓励海外资本回流。从长期发展战略看，俄罗斯需推动经济发展的结构性调整，转变单一依赖能源出口的发展模式，实现以创新推动为动力，以现代化为基础的发展模式的转变。这才是摆脱当前经济发展困境的根本途径。

四　进口和出口增速“跳水”

相比 2013 年，2014 年俄罗斯对外贸易加速下滑，贸易结构几无改善。首先，对外贸易额同比增速大幅下滑，降幅已经接近 2008 年全球金融危机时的水平（见图 3）。具体而言，2013 年全年俄罗斯进出口总额为 8646.11 亿美元，而 2014 年全年的进出口总额仅为 8057.91 亿美元，同比下降了 6.8%。但是，由于出口下降速度慢于进口下降速度，导致贸易顺差增加至 1897.37 亿美元，同比增长 4.28%。

而从出口贸易伙伴国角度看，2014 年俄罗斯前十大出口目的国依次为荷兰、中国、意大利、德国、土耳其、乌克兰、白俄罗斯、日本、韩国和波兰。其中俄对东亚三国中、日、韩的出口分别同比增长 9.7%、5.9% 和 24.4%，对德国出口增长 4.2%；而对其他主要欧洲和独联体贸易伙伴国出口则出现负增长，特别是对乌克兰的出口，下降7.3%。2015年上半年，俄对十大贸易伙伴的出口额进一步大幅下降。2015年第一季度，对荷兰出口204.9亿美元，同比下降34.7%；对中国出口133.0亿美元，同比下降25.6%；对意大利出口140.8亿美元，同比下降20.6%；对乌克兰出口更是下降56.3%，最为显著。第二季度，出口下跌趋势持续，对荷兰、中国、意大利的出口同比分别下降36.5%、26.0%和27.5%，对乌克兰出口呈现负增长，为-62.4%。

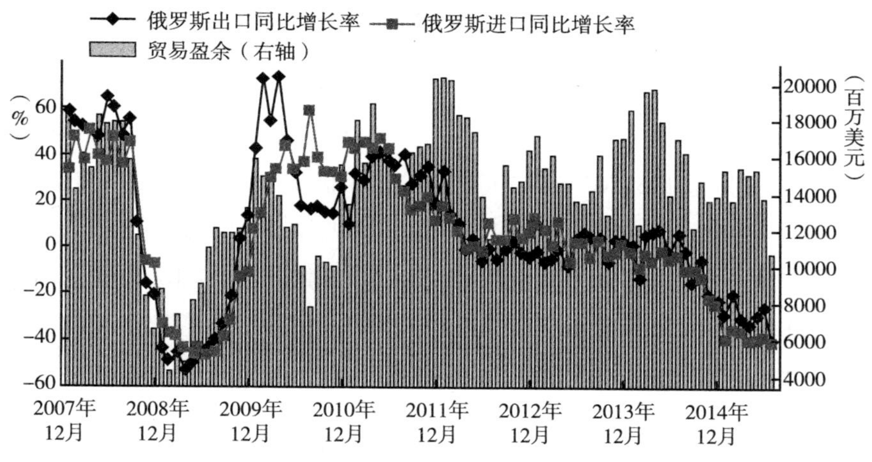

图3　俄罗斯进出口同比增长率

资料来源：俄罗斯央行。

从进口贸易伙伴国角度看，2014年俄罗斯前十大进口来源国依次为：中国、德国、美国、意大利、白俄罗斯、乌克兰、日本、法国、韩国、英国。除从美国的进口同比增长19.8%，其他主要进口伙伴国的进口额都同比下降，其中自乌克兰的进口下降26.6%，进口额仅为744.1亿美元。从进口来源地区来看，2014年自欧盟的进口占俄罗斯总进口的41.4%，自APEC国家的进口占俄总进口的36.3%，自独联体国家的进口占俄总进口的11.6%。2015年上半年，俄罗斯从各主要伙伴国的进口大幅度萎缩。第一季度自中国、德国和美国的进口额同比下降33.2%、

42.9%和23.5%，自乌克兰和韩国的进口额下降超过50%；第二季度，自中国的进口额为404.8亿美元，同比下降32.3%；自德国的进口额为231.4亿美元，同比下降43.7%；自美国的进口额为159.3亿美元，同比下降31.1%。

能源产品仍是俄主要出口商品。能源出口（此处只包括原油与天然气）2086.08亿美元，占俄出口总额的41.9%。其中，天然气向非独联体国家出口占比超过70.4%，原油向非独联体国家出口占比则超过96.7%。

俄罗斯对外贸易加速下滑的根本原因在于美、欧等国家和地区与俄罗斯之间自2014年第二季度开始的经济制裁与反制裁的负面影响日益凸显。2014年第三、四季度，俄罗斯分别实现外贸总额2062.26亿美元、1910.94亿美元，同比增速分别为－5.57%、－17.9%；而2015年前两个季度的外贸总额仅分别为1353.07亿美元、1411.93亿美元，对应的同比增速为－30.8%、－33.7%；其中，2014年第三、四季度的出口分别为1257.46亿美元、1166.81亿美元，同比增速分别为－4.04%、－16.53%；两个季度的进口分别为804.8亿美元、744.13亿美元，同比增速分别为－7.85%、－19.96%。进入2015年，情况更加糟糕。2015年第一、二季度，俄罗斯的出口分别为898.71亿美元、926.57亿美元，同比增速分别为－26.94%、－29.98%。与之对应，这两个季度的进口分别为454.36亿美元、485.36亿美元，同比增速分别为－37.33%、－39.8%。

俄中贸易增速同样骤降。2014年，俄中双边贸易额从2000年的80亿美元，增加至创纪录的953亿美元，在充满挑战的外部环境下仍然取得了6.8%的增长，距实现2015年1000亿美元的目标仅一步之遥。但是，进入2015年，根据中国海关总署发布的2015年1～8月进出口商品主要国别（地区）总值表，中国对俄罗斯进出口总值同比增幅、出口同比增幅双双垫底。其中，中俄进出口总值仅为438.14亿美元，同比下降29.5%，出口下降36.3%，进口下降21.2%（参见图4）。

中俄贸易下滑是正反两方面因素共同作用的结果。从反的方面看，首先，俄罗斯出口商品结构单一。俄罗斯对中国的出口，主要集中在资源密集

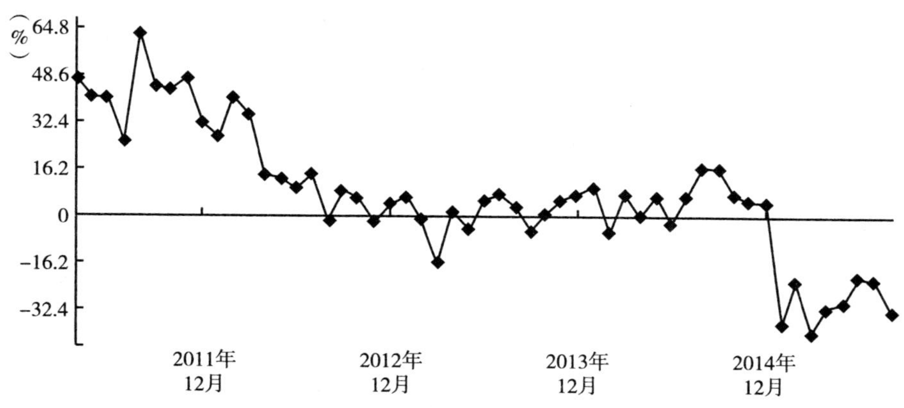

图 4　中俄进出口贸易同比增速变动

资料来源：中国海关总署。

型商品，如原油、天然气、金属（制品）、机械制造、运输、化工、贵金属（制品）、纸浆等，这导致 2015 年世界商品和原材料市场行情疲软的价格效应尤为明显。其次，中国经济出现增速放缓且转入新常态的新现象。中国经济增速放缓以及将发展重点转移到发展内需和服务业上，使中国的石油和天然气等消费量有所减少，从俄进口的石油、天然气自然也会减少。最后，能源价格下跌使得俄罗斯出口收入减少，通过收入效应抑制了俄罗斯从中国的进口，而卢布贬值导致进口商品价格相对上涨，又通过价格效应抑制了俄罗斯从中国的进口。从正的方面看，美欧经济制裁也会通过贸易转移效应，促使俄罗斯增加从中国进口，而卢布贬值也会在一定程度上通过价格效应，促进中国增加从俄罗斯的进口。但总体而言，反向因素的作用更大一些。

我们认为，中俄两国贸易额下降只是暂时的。一方面，两国经济体量巨大，中国迟早会走出"新常态"，俄罗斯也迟早会走出经济危机。另一方面，俄中两国政治关系良好，而且经济互补性强。地缘政治压力会使中俄两国继续扩大在上合组织和金砖国家框架范围内的合作。更关键的是中国提出的"一带一路"倡议与俄方主导的欧亚经济联盟对接前景非常广阔。这表明，两国贸易实现长期稳定增长依然具备坚实基础。

五　俄罗斯民众的生活与意愿

在2014～2015年的世界经济黄皮书中，我们着重分析了美欧制裁对俄罗斯外部融资渠道、资源开发技术、卢布汇率、资金外流等方面的影响，忽略了制裁与反制裁对俄罗斯普通民众生活影响方面的分析。事实上，美国等西方国家希望通过制裁来损害俄罗斯经济，特别是通过制造经济危机，来引起俄罗斯人民对普京的不满，进而打击和削弱普京的执政地位。

制裁至今，美欧的企图确实取得了一定的成功。尽管目前，俄罗斯仍然近乎实现充分就业，2015年8月的失业率仅为5.3%，而同年3月的失业率为5.9%；但是，俄罗斯民众对当前和未来的生活的确十分担忧。2014年第四季度，俄罗斯消费者信心指数下降了18%，而2015年第一季度，这一指数的下降幅度高达32%，几乎接近2008～2009年全球金融危机期间最低的水平。信心不足主要是因为实际收入的下降。2014年下半年以来，俄罗斯的实际工资和收入已经大幅下降。从2014年7月到2015年7月，俄罗斯名义工资指数从109下降为105，实际工资指数从101.4下降为90.8。俄罗斯经济发展部预测，实际工资将在2015年下降9%左右。而自2000年普京当政以来，由于石油产业的繁荣，这一现象还从未发生过。

实际收入下降导致俄罗斯的贫困和抗议等问题更加突出。根据俄罗斯联邦统计署的报告，生活在贫困线以下的人口数量在2015年第一季度已经增至2290万，上年同期为1980万。目前，俄罗斯人口总数在1.44亿左右，如果有2290万人生活在贫困线以下，那意味着俄罗斯总人口中约有15.9%生活在贫困线以下。

面对这一困境，普京于2015年初批准了一项“工资优化”的法令，要求从2015年3月1日开始，包括他自己在内的俄罗斯政府高官每月工资削减10%，并持续到2015年底；而如果年底制裁仍在持续，这个法令的有效期还会继续延长。有意思的是，俄罗斯民众对普京的支持率并没有出现如欧美预计的那种变动。尽管经济制裁让生活越发艰难，俄罗斯民众却没把愤怒

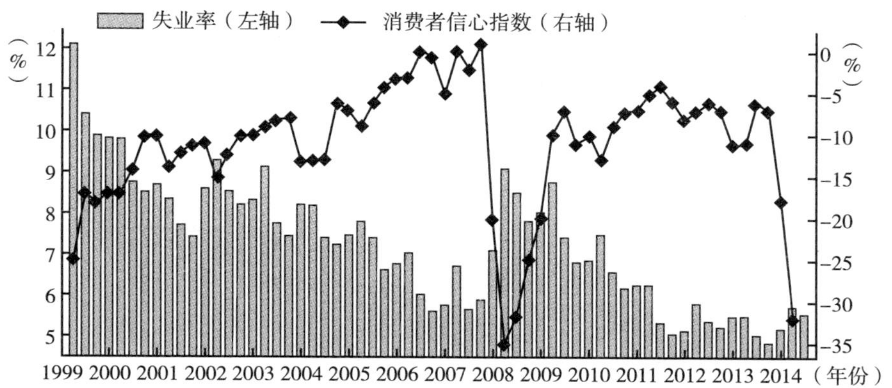

图 5　俄罗斯的失业率与消费者信心指数

注：数据为季末数。

资料来源：俄罗斯联邦统计局。

归结到普京领导的政府头上，而是把矛头对准了西方制裁国。不仅如此，普京对乌克兰危机的处置和应对让他获得了对立阵营和先前一些反对者的支持，而俄罗斯中产阶层感受到西方对俄罗斯的恶意之后，也坚定了他们对普京的支持。以美国为代表的西方国家本以为严苛的制裁能让俄罗斯民众"埋怨"政府、动摇普京的执政，却发现这反而激发了俄罗斯人的爱国热情和对普京的强力支持。

六　对俄罗斯经济增长的判断

目前，美欧与俄罗斯之间的制裁与反制裁仍在持续。2014 年 3 月 18 日，俄罗斯与克里米亚签署克里米亚加入俄罗斯的条约，西方国家纷纷宣布制裁措施，对俄罗斯加大施压力度。尽管欧盟一些成员国现在已经开始公开质疑制裁俄罗斯的措施，但针对即将到期的对与乌克兰危机相关的个人及机构制裁，欧盟还是于 2015 年 9 月 14 日宣布将把制裁期限延长半年至 2016 年 3 月。此次宣布延长期限的制裁原定于 15 日到期，制裁对象涉及来自俄罗斯、克里米亚和乌克兰东部地区等地的 149 名个人和 37 家机构。欧盟此前以“损害乌克兰主权、领土完整和独立”为由对上述个人、机构实施制裁，禁止其出入欧盟并冻结其在欧盟的财产。这也是今年（2015）3月以来欧盟再次对有关个人、机构延长制裁期限。此外，欧盟还针对乌克兰危机对俄罗斯采取了经济制裁，措施包括禁止欧盟公民和公司参与5家俄国有银行发行的部分金融产品的交易，禁止对3家俄防务公司和3家俄能源公司提供债务融资等。与之对应，俄罗斯又进一步扩容了制裁名单，表示将禁止从阿尔巴尼亚、黑山、列支敦士登和冰岛进口农产品，以报复这4个国家追随欧盟延长对俄罗斯的制裁。由于美国将在2016年举行总统选举，德国会在2017年迎来议会选举，因此，尽管存在取消制裁的经济理由，但我们预计，制裁至少会保持到2016年底至2017年中。

不仅如此，俄罗斯在全球油价几乎会长期维持低位的背景下，从创纪录的经济颓势中复苏的难度将会很大。2015年8月针对伊朗核项目的国际协议，增加了伊朗石油进入国际市场的可能性；而同时，世界经济形势不明朗又将导致石油消费量减少，所以，油价仍将维持低位运行。因此，俄经济发展部下调了2016～2018年的油价预估，预计乌拉尔油价将从2015年的52美元/桶到2016年逐步小幅攀升至55美元/桶，2017～2018年达60美元/桶，此前的基本预估为2018年迅速回升至70美元/桶。在修改对石油价格预估的基础上，俄罗斯经济发展部也修改了经济预估，将2015年和2016年两年增长预估从收缩2.8%和扩张2.3%分别下调至收缩3.3%和扩张1.8%，并预计2017年和2018年经济将分别扩张2.3%和2.4%，仍维持相对乐观的态度。但是，根据俄统计局的初步统计数据，2015年第二季度俄国内生产总值同比萎缩4.6%，创下六年来最大跌幅，萎缩幅度大幅高于前一季度的2.2%，也高于此前俄罗斯经济发展部预期的萎缩4.4%。

世界银行和国际货币基金组织也预计，俄罗斯经济复苏前景并不乐观。2015年6月，世界银行预测，2015年俄罗斯经济将萎缩2.7%，但2016年将实现0.7%的微弱增长。2015年8月，国际货币基金组织修改预测为，俄罗斯2015年经济将萎缩3.4%，2016年俄罗斯经济将增长0.2%，中期经济增速将为1.5%。预计2015年底俄罗斯消费者价格指数增幅为12.5%，

2016 年底为 7.8%。国际货币基金组织还指出，西方制裁措施已经使俄罗斯损失了 1%～1.5%的 GDP，从中期角度来看，累计损失的产出可能相当于俄罗斯国内生产总值的 9%。

部分国际机构也纷纷下调了对俄罗斯经济增长的预期。彭博社根据 42 位经济学家调查的均值，认为俄罗斯 2015 年的 GDP 将萎缩 3.5%。Renaissance Capital 预计 2015 年俄罗斯 GDP 将收缩 4%，2016 年将增长 0.8%，该机构此前的预期为，2015 年经济收缩 3.6%，2016 年增长 1.8%。另外，国际三大信用评级机构目前仅剩惠誉还维持俄罗斯投资级债信不变，但展望负向。

西方制裁和国际油价下跌等因素，确实在很大的程度上影响了俄罗斯的经济复苏，但更关键的问题是，俄罗斯经济在应对油价下跌和西方制裁方面，一直拿不出得力的措施。因为俄罗斯经济高度依赖石油等能源出口，每年财政收入的近一半来源于石油和天然气出口。而且，俄罗斯经济对外部资本的依赖度大，西方金融制裁直接导致俄罗斯无法从西方金融市场获得贷款，加之俄罗斯还需偿还此前的贷款和利息，很多企业没有足够资金扩大生产，甚至出现破产危机，大量工业和能源开发项目因此搁浅。

我们认为，因为乌克兰危机诱发的包括经济制裁在内的诸多负面因素，既是"危"，也是"机"。如果俄罗斯政府应对得当，加大对经济制度、政治制度和法律制度进行改革的力度，改善投资环境和商业信心，减少经济上对石油的依赖，也将为促进俄罗斯经济增长方式的转变以及相应的制度变革提供新的可能性。当然，这些都不是短期内可以解决的。因此，综合考虑，预计俄罗斯在 2015 年的经济增速为 -3.6%左右，2016 年可能会实现 0.7%左右的经济增长。

参考文献

黄登学：《新版〈俄罗斯联邦对外政策构想〉述评》，《俄罗斯研究》2014 年第 1 期。

公丕萍、宋周莺、刘卫东：《中国与俄罗斯及中亚地区的贸易格局分析》，《地理研究》2015 年第 5 期。

刁秀华、郭连成：《俄罗斯创新发展战略及其实施效应》，《财经问题研究》2015 年第 7 期。

程春华：《乌克兰危机下屡遭西方制裁 俄罗斯加快能源战略调整》，《国际石油经济》2015 年第 1 期。

徐坡岭、刘来会：《俄罗斯经济发展形势的分析与预测》，《财经问题研究》2015 年第 2 期。

高际香：《俄罗斯外债问题》，《俄罗斯中亚东欧研究》1998 年第 1 期。

Y.7
拉美经济：风险有所增加

熊爱宗*

摘 要： 2015年拉美地区的经济增长率预计为0.5%，较2014年进一步放缓。当前，拉美面临的内外经济形势较为严峻。从内部来看，拉美各国经济增长疲弱、通货膨胀和货币贬值加剧、经济不确定性增加；从外部来看，国际大宗商品价格下跌、美联储加息为该地区增加了新的风险。这造成拉美主要国家或陷入负增长，或维持在低位水平。除经济增长疲弱外，当前拉美金融动荡局势加剧，但爆发20世纪80年代那样的债务危机的可能性不大。2016年，受美国经济复苏、中国经济企稳等因素影响，拉美地区外需有望好转，国际大宗商品价格可能企稳，预计经济增长在2.0%左右。

关键词： 拉美地区 经济形势 前景展望

2014年拉美地区经济增长率为1.1%，较我们上年（2014年）的预测低1.1个百分点，拉美经济增长的疲弱态势超出我们预期。国际大宗商品价格的深度下探是造成拉美经济大幅走弱的重要原因，其不但造成各国出口下降，同时也造成拉美国家投资和消费出现大幅下滑。2015年预计拉美地区经济增长率为0.5%，相比我们上年预测出现大幅下调，部分主要国家经济

* 熊爱宗，中国社会科学院世界经济与政治研究所全球治理研究室助理研究员，研究领域：国际金融、新兴市场。

或陷入负增长（例如巴西、阿根廷、委内瑞拉等），或维持在低位水平（如墨西哥、智利、秘鲁等）。从目前来看，国际大宗商品价格继续维持在较低水平、美联储启动加息进程仍是影响这一地区经济运行的两大外部风险因素，这两个因素不但拖累拉美地区经济增长，还可能诱发这一地区出现金融动荡，但我们认为爆发20世纪80年代债务危机的可能性不大。受美国经济复苏、中国经济企稳等因素影响，2016年拉美地区外需有望好转，国际大宗商品价格可能企稳回升，预计经济增长在2.0%左右。

一　2014年与2015年上半年经济情况

1. 经济增长大幅减速

据联合国拉美和加勒比经济委员会（Economic Commission for Latin America and Caribbean，ECLAC）的统计，2014年拉美和加勒比地区经济增长为1.1%，比2013年经济增速下降1.8个百分点，为2009年以来的最低经济增速。分季度来看，2014年第一季度该地区经济增速仍接近3%，但第二季度即大幅下挫至0.5%，此后虽有回升，但反弹力度十分微弱，第三季度和第四季度经济增长均维持在1%左右。2015年拉美和加勒比地区经济开局延续了上年疲弱态势，第一季度经济增长估计为0.5%，预示着2015年经济增长情况不容乐观。消费和投资的大幅下滑是造成经济增速不断走低的重要影响因素。消费一直是拉美和加勒比地区经济增长的主力，但2014年消费增速从2013年的3.0%下降至1.4%，同期私人消费增速则从2.9%下降至1.2%。投资继续延续2013年的放缓趋势并最终陷入负增长。2014年，拉美和加勒比地区总固定资本形成萎缩2.0%。尽管受大宗商品价格下挫等不利影响，该地区出口形势较为严峻，但由于内需不旺造成进口大幅下降，致使净出口仍对经济增长形成正面促进。2015年，投资和消费的情况不会出现根本改观，但是净出口的作用在大宗商品价格持续下跌和全球经济复苏乏力的情况下，正向贡献可能会逐步下降。2015年预计拉美和加勒比地区经济将继续放缓，全年经济增长为0.5%。

2. 通货膨胀压力依然不减

2014 年拉美和加勒比地区通货膨胀在 2013 年高位基础上再次向上攀升，全年通货膨胀率达到9.5%，相比2013 年上升1.9 个百分点。如果排除委内瑞拉，该地区通货膨胀仍有 6.3%，为 2008 年金融危机以来的最高水平。2015 年，该地区通货膨胀压力并没有减轻，2015 年 5 月的通货膨胀率仍在 6%。分地区来看，南美地区通货膨胀持续位于高位，成为带动拉美地区通货膨胀上升的主要动力，加勒比地区通货膨胀在 2014 年出现剧烈波动，但进入 2015 年即出现大幅下降，中美洲地区通货膨胀一直在较低位徘徊，这两个地区的通货膨胀压力总体不大。分国家来看，委内瑞拉和阿根廷仍是拉美和加勒比地区通货膨胀最为严重的两个国家。据国际货币基金组织估计，2014 年这两个国家的通货膨胀率分别为 68.5% 和 23.9%。此外，乌拉圭、特立尼达和多巴哥、尼加拉瓜、巴西等国通货膨胀率也处在较高水平。

3. 就业状况不容乐观

2014 年拉美和加勒比地区的城市失业率从 2013 年的 6.2% 进一步降至 6.0%，为最近几十年的历史低点。然而，失业率的降低并不是来自就业的增加，而主要来自劳动参与率的降低。据统计，2014 年拉美和加勒比地区城市就业率从 2013 年的 56.8% 降至 56.5%，而同期劳动参与率则从 60.6% 降至 60.1%。目前的经济情况从两方面恶化了拉美和加勒比地区的就业环境：一方面是经济体系创造的就业机会正在减少，另一方面是长期失业人口逐步增多。分国家来看，仍有不少国家 2014 年失业率出现上升，例如智利（相比 2013 年上升 0.5 个百分点）、阿根廷、乌拉圭（两国相比 2013 年均上升 0.2 个百分点）、墨西哥（相比 2013 年上升 0.1 个百分点）。与此同时，也有不少国家（如牙买加、巴巴多斯、伯利兹等）的失业率高于或接近两位数。尽管经济走弱就业率也没有提高，但是拉美和加勒比地区的实际工资却仍在缓慢增长，2014 年该地区部分国家实际工资平均增长 1.8%。工资收入的增长虽有利于刺激拉美地区的私人消费增长，但是由于增长主要来自正式部门，非正式部门可能无法享受工资增长的好处，从而削弱对私人消费的促进作用。与此同时，工资上涨还可能增加企业成本，为经济带来负面

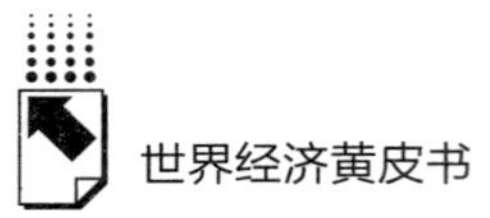

影响。

4. 货币出现不同程度贬值

受美联储加息预期、拉美经济增长减速及经济前景不确定等因素影响，拉美国家普遍面临国际资本外流压力，货币兑美元汇率出现不同程度的贬值。2014 年底，阿根廷、哥伦比亚、智利、乌拉圭、巴西等国货币兑美元汇率分别贬值 35.1%、21.2%、15.8%、12.9%、12.6%。进入 2015 年，随着美联储加息预期逐步强化，美元走强基础进一步巩固，拉美国家货币贬值愈演愈烈。2015 年 7 月相比上年同期，哥伦比亚、巴西货币兑美元汇率贬值分别为 47.0% 和 45.2%，墨西哥、乌拉圭货币兑美元汇率分别贬值 22.8% 和 20.6%，其他主要拉美经济体兑美元汇率贬值幅度也在 10% 以上。伴随着名义汇率的贬值，大部分拉美国家的实际有效汇率也出现贬值，如哥伦比亚、巴西、墨西哥等国货币的实际有效汇率 2015 年 7 月相比上年同期分别贬值 24.9%、18.0% 和 11.9%，对其出口可能起到一定的促进作用。不过，由于通货膨胀较为严重，委内瑞拉和阿根廷同期的实际有效汇率却分别升值 84.7% 和 19.8%，与其他国家相比出现了截然不同的走势。

5. 经常项目逆差继续扩大

受全球经济增长乏力引致拉美地区出口下降以及大宗商品价格走弱恶化贸易条件等因素影响，拉美和加勒比地区出口继续萎缩，致使经常项目逆差不断扩大。2014 年拉美和加勒比地区的经常项目逆差估计为 1647.6 亿美元，占 GDP 之比为 2.8%①。不同国家由于所依赖的出口市场不同，经常项目也表现出不同的情形②。具体来看，对美国市场较为依赖的部分中美洲国家，如墨西哥、危地马拉、洪都拉斯、尼加拉瓜等，受益于美国经济的逐步复苏，其出口和经常项目状况在 2014 年有所好转。而对欧洲和中国市场较为依赖的部分南美洲国家，如巴西和古巴等，则由于这两大经济体的经济放缓而致使其出口受到冲击较大，经常项目状况有所恶化。在国际资本外流和

① IMF, *World Economic Outlook Database*, April 2015.

② 拉美地区国家对出口市场的依赖程度可参见《2014 年世界经济形势分析与预测》拉美经济部分。

经常项目逆差不断扩大背景下，拉美和加勒比地区的国际储备总量出现剧烈波动。2014 年 6 月，该地区国际储备总量上升至 8617.34 亿美元，相比 2013 年底增加 317.21 亿美元，但当年 12 月即下降至 8574 亿美元，至 2015 年 5 月再次降至 8449.03 亿美元。

6. 货币政策总体收紧

拉美和加勒比地区面临的内外经济环境造成了货币政策实施的复杂性。从外部环境来看，美联储加息预期以及伴随国际资本外流，要求这一地区国家加息进行应对，但是资本外流也造成这一地区的资本不足，加息将会进一步抑制信贷供给。从内部环境来看，经济减速要求各国放松货币政策，但是这也可能进一步刺激高企的通货膨胀。目前拉美和加勒比地区国家的货币政策以紧缩为主，尤以巴西为代表。尽管面临着经济衰退的巨大压力，巴西央行依然从 2014 年 1 月开始一直到 2015 年 9 月连续 10 次加息 425 个基点，基准利率水平达到了 14.25%。此外，哥伦比亚、智利也分别在 2015 年 9 月和 10 月进行加息。秘鲁尽管在 2015 年 1 月下调基准利率，但此后受制于货币贬值和通胀压力加大，也于 2015 年 9 月被迫加息。部分国家利率下行至低位，但尽量避免进一步宽松。如墨西哥自 2014 年 6 月降息以来，至 2015 年 9 月一直将利率保持在 3.0%。

7. 部分国家财政状况有所恶化

受经济减速和大宗商品价格走低等因素影响，拉美和加勒比地区部分国家的财政状况较 2013 年有所恶化。不过，从整体来看，财政状况仍属健康水平，甚至略有好转。2014 年该地区财政赤字占 GDP 之比为 2.7%，较 2013 年下降 0.2 个百分点。中央政府债务占 GDP 的比例为 33%，较 2013 年上升 1 个百分点，总体仍处于可控水平。财政状况恶化的国家主要分布在南美洲和中美洲，特别如阿根廷和巴西等地区大国，2014 年其财政赤字占 GDP 之比分别从 2013 年的 2.6% 和 2.7% 上升至 4.4% 和 5.3%，政府债务规模占 GDP 之比也分别从 38.8% 和 56.7% 上升至 43.0% 和 58.9%。智利、哥伦比亚、墨西哥等国财政状况也均有不同程度的恶化。

二　主要经济体的经济形势

拉丁美洲和加勒比地区主要国家包括巴西、墨西哥、阿根廷、委内瑞拉、智利和秘鲁等国。本部分主要对巴西、墨西哥、阿根廷和委内瑞拉的经济形势进行简要分析。

1. 巴西

2014 年巴西经济增长 0.1%，较 2013 年大幅放缓 2.6 个百分点，为 2009 年以来经济增长最差的一年。分季度来看，2014 年第二季度巴西经济环比增速曾陷入负增长，但是自此之后返正。不过进入 2015 年，除出口外，投资和消费均出现较大程度的萎缩，致使 2015 年第一季度和第二季度经济增长环比连续萎缩 0.7% 和 1.9%。从同比来看，2014 年第二季度巴西经济增速即陷入负增长，这一状况一直持续到 2015 年第二季度，从而使巴西陷入技术上的经济衰退。

投资不断萎缩是造成巴西经济停滞的主要原因。2014 年，巴西固定资本形成增速萎缩 4.4%，投资率降至 19.7%，比 2013 年下降 0.8 个百分点。2015 年第一季度，固定资本形成环比增速萎缩 1.3%，同比萎缩则高达 7.8%。第二季度情况进一步恶化，固定资本形成环比和同比增长分别萎缩 8.1% 和 11.9%。在这种情况下，巴西的投资率进一步降至 17.8%。与此同时，作为经济增长主要动力的消费也出现萎缩态势。2015 年第一季度私人消费和政府消费环比分别萎缩 1.5% 和 1.3%，第二季度政府消费虽有所恢复，但是私人消费环比萎缩幅度进一步扩大至 2.1%。投资和消费的大幅萎缩意味着经济存在全面衰退的危险。这至少受到两个因素的影响：第一，巴西不断收紧的货币政策以及国际资本外流造成国内信贷增速下降，难以为投资和消费提供足够的支撑；第二，中国经济走弱所带来的外部需求不旺以及大宗商品价格走低。另外，高通胀和货币大幅贬值所引发的不确定性也对消费和生产活动带来负面影响。预计 2015 年巴西投资和消费萎缩的基本态势不会改变，全年经济增长 -3.0%。2016 年，巴西货币政策有望从紧转松，以及受大宗商品价格触底反弹或保持稳定、汇率贬值带动出口好转等因素支撑，巴西经济增长率可能转正，预计经济小幅增长 0.5%。

巴西面临经济“滞胀”的风险越发突出。在经济衰退的背景下，巴西通货膨胀却日益严重。在 2014 年第四季度，巴西通货膨胀率曾一度走低至 6.4%，但进入 2015 年后重新出现反弹，2015 年 3 月突破 8%，7 月突破 9%，预计 2015 年全年通货膨胀率在 9% 左右。通货膨胀率在经济弱势情况走高很大程度上与雷亚尔贬值和政府加大价格调整力度有关。2015 年巴西政府大幅上调电力和燃料价格，同时还通过上调税率和增加收费来填补大宗商品价格下跌所带来的政府收入下降，致使通货膨胀不断承压。不过，2016 年受国内需求萎缩影响，通货膨胀率有望回落，从而也为货币政策放松奠定基础。

2. 墨西哥

2014 年墨西哥经济增长 2.1%，较 2012 年的 1.4% 上升 0.7 个百分点。经济增长虽有恢复，但相比往年仍处于较低水平。2014 年第三季度和第四季度墨西哥经济环比增速分别维持在 0.6% 和 0.7%，与上半年基本持平，同比增长分别为 2.2% 和 2.6%。2015 年前两个季度经济环比增长 0.4% 和 0.5%，同比增长 2.5% 和 2.2%，上半年 GDP 增长为 2.4%，经济情况与上年相当，甚至略好。墨西哥经济状况的好转主要来自内需的推动。2015 年 1~5 月，受通货膨胀稳定和就业增长的影响，墨西哥私人消费同比增长 3.1%，其中本国生产的商品消费同比增长 4.2%，固定投资总额同比增长 4.7%，远好于其他拉美国家[①]。在外需方面，受美国经济复苏的带动，墨西哥出口状况出现好转。2014 年墨西哥出口增长 4.6%，相比 2013 年增长 2.1 个百分点，非石油和制造品的出口增速上升更快。不过，2015 年前 7 个月，受石油价格走低影响，墨西哥出口同比下降 2.2%，其中石油出口下降更是高达 43.2%，对美出口也出现一定下降。随着美国经济复苏基础不断

① 《墨西哥总统培尼亚发表国情咨文》，人民网，http://world.people.com.cn/n/2015/0907/c157278-27551501.html，2015 年 9 月 7 日。

巩固以及石油价格有望保持稳定，墨西哥对外出口或将出现一定好转。在内外需驱动下，2015 年预计经济增长 2.5%，2016 年有望进一步回升至 3.0%。

墨西哥通货膨胀形势日益好转。2014 年下半年墨西哥通货膨胀率持续位于4%以上，超出墨西哥央行设定的通胀目标（3% ±1%）上限。但从 2015 年开始，该国通货膨胀率即出现大幅下降，2015 年 5 月已经下降至 3%之下，且仍保持缓慢下降趋势。当前的通货膨胀形势为墨西哥央行的货币政策提供了灵活的操作空间。如果未来经济增长压力加大，央行可继续维持当前宽松性货币政策并在必要时下调基准利率；但如果美联储的加息行动造成墨西哥比索大幅贬值和国际资本外流，墨西哥央行也可选择加息进行应对。

3. 阿根廷

据阿根廷国家统计局统计，2014 年阿根廷经济增速为 0.5%，相比 2013 年大幅下降 2.4 个百分点。2014 年一至四季度阿根廷经济逐渐减速，同比增长分别为 0.8%、0.7%、 -0.2%、0.5%。内外需均显示疲弱迹象。2014 年虽然政府消费支出有所增加，但私人居民消费同比下降 0.5%，国内投资同比下降 5.6%，其中耐用生产性设备投资同比减少 12.5%。进出口双双萎缩，2014 年阿根廷出口同比萎缩 11.7%，进口萎缩 11 %，外贸顺差同比减少 17%。2015 年第一季度阿根廷经济同比增长 1.1%，环比增长 0.2%，其中私人消费同比增长 0.8%，资本总形成同比增长 0.5%，实际出口和进口则分别萎缩 1.4%和 6.1%，经济仍有下行趋势，预计 2015 年经济增长 -0.3%，2016 年经济增长有望转正。

阿根廷的通货膨胀依然维持在较高水平，但有缓慢下降趋势。从 2014 年底开始，阿根廷通货膨胀开始出现下降趋势。根据阿根廷的官方统计，通货膨胀率（IPCNu①）在 2015 年 2 月已经下降至 20%以下，7 月下降至 15%

① IPCNu（índice de Precios al Consumidor Nacional urbano）为阿根廷政府在 2014 年引入的新的消费者物价指数，全称为全国城市居民消费者价格指数（National Urban Consumer Price Index），其主要测算阿根廷代表性城市居民消费者的一系列商品和服务价格变化。

以下。不过当前通货膨胀水平的下降主要来自政府对物价强有力的干预。自2014年1～12月，阿根廷实施了包括一揽子协议在内的冻结物价计划。2014年9月，阿根廷众议院还通过《供应法》修正案，赋予政府冻结物价或指定参考价格的权力。这对于控制物价起到了一定的作用，但是效果能持续多久仍然存疑。未来随着阿根廷本币贬值效应逐步向国内物价传递，以及阿根廷大选结束后政府对物价管控的放松，通货膨胀可能会卷土重来。因此，当前阿根廷的货币政策仍将以紧缩为主。

阿根廷债务危机暂告一段落。2014年阿根廷经历了严重的债务危机风波，2015年1月阿根廷政府与债权人达成新一轮的债务重组方案，2015年3月，阿根廷总统克里斯蒂娜宣布阿根廷已经摆脱债务危机。克里斯蒂娜表示，阿根廷将在2015年进行最后一笔107亿美元的债务支付，2016年将彻底摆脱债务困扰。[①] 然而考虑到目前阿根廷的经济形势，要想从根本上解决债务问题并不容易。

4. 委内瑞拉

2014年委内瑞拉经济增长估计为-4.0%，相比2013年增速大幅下滑5.3个百分点，为10年以来的最低点。其中石油价格下跌并带动委内瑞拉出口大幅下降是造成其经济濒临崩溃的重要原因。据统计，石油收入约占委内瑞拉出口收入的95%，石油和天然气部门占国内生产总值的25%。2014年委内瑞拉总出口和石油出口同比分别下降9.5%和9.4%。[②] 因此，石油价格暴跌不但造成委内瑞拉外汇和政府收入急剧下降，同时也引致国内经济急剧收缩。2015年3月，美国对委内瑞拉实施新一轮制裁，两国关系进一步紧张，也令委内瑞拉经济雪上加霜。预计2015年其经济将进一步萎缩7.0%。

委内瑞拉通货膨胀形势持续恶化。据委内瑞拉国家统计局统计，2014年委内瑞拉通货膨胀率达到68.5%，相比2013年升高了12.3个百分点。物

① 《阿根廷总统：阿根廷经济已摆脱债务危机》，国际在线，http://gb.cri.cn/42071/2015/03/02/7651s4886485.htm，2015年3月2日。

② OPEC, *Annual Statistical Bulletin*, 2015.

资短缺、对进口产品的过度依赖等因素是造成委内瑞拉物价剧烈上涨的主要因素。与此同时，委内瑞拉货币玻利瓦尔非官方汇率的急剧贬值也进一步加剧了通胀形势。官方牌价规定，1 美元兑 6.284 玻利瓦尔，但是玻利瓦尔的非官方汇率却已出现急剧贬值，这导致委内瑞拉民众手中持有的货币购买力大幅下降，在外汇管制的情况下，唯一的方法是将货币转换为实物资产，但是政府对物资的管制和物资短缺，使得各种商品的价格越来越高。据国际货币基金组织预计，2015 年委内瑞拉的通货膨胀率将会达到 95%。

三　拉美是否会爆发新一轮债务危机

当前拉美的情况与 20 世纪 80 年代初的情形有些类似。当时拉美爆发债务危机的国内外情形是，拉美国家普遍积累了较大规模的外债，且短期外债规模快速上升；国际大宗商品价格下跌导致拉美国家出口收入急剧下降，国际收支出现巨大贸易逆差；美联储收紧货币政策，国际利率快速升高导致国际资本流向发生逆转并加剧拉美国家债务负担。这最终导致了拉美国家，如墨西哥、巴西、阿根廷、智利等国不得不进行债务违约与重组。

今天拉美国家的情形恍如昨日。首先，各国的债务负担依然较重，大部分国家外债余额占 GDP 的比例超过 20% 的国际通常标准。其次，各国对大宗商品的依赖程度虽相比此前有所降低，但其出口仍占拉美国家对外贸易的 3/4①，因此大宗商品上涨行情的结束对其出口收入造成巨大打击。最后，美联储货币政策收紧在即，可能在 2015 年晚期或 2016 年早期启动加息进程，国际资本外流（这实际上已经发生）、借款与还贷成本上升等将进一步恶化拉美国家的债务形势。相比 20 世纪 80 年代更为严峻的情况是，拉美主要经济体的经济形势正日益恶化。在爆发债务危机之前的 1980 年和 1981 年，墨西哥经济增长分别为 9.5% 和 8.5%，智利同期的经济增长也分别为

① 《拉美国家须走出原材料出口怪圈》，新华网，http://news.xinhuanet.com/fortune/2013-07/10/c_116479043.htm，2013 年 7 月 10 日。

7.9%和6.2%，巴西在1981年经济增长仍高达9.2%。而今天的拉美各国经济增长要么濒于或正处于负增长（阿根廷、巴西、委内瑞拉等），要么正处于历史低位（墨西哥、智利、秘鲁等），经济情况相比此前更为复杂。

尽管如此，我们认为拉美爆发债务危机的可能性仍然较小。首先，相比20世纪80年代，拉美各国的外债比例相对较低，除尼加拉瓜（88%）、萨尔瓦多（61%）、智利（54%）等国之外，大部分国家的外债占GDP的比例维持在30%左右，这与上次爆发债务危机时的比例相比已经有了较大幅度下降。其次，债务偿付困难很大程度上来自大宗商品价格下跌所引致的出口收入下降。不过，随着2016年国际大宗商品价格的稳定甚至反弹，这一情况可能会有所变化，从而减轻各国的债务偿付压力。最后，更为重要的是，与20世纪80年代相比，当前关于全球经济的国际合作日益加强，不但就美联储加息的国际沟通与协调日益紧密，同时关于危机预防与危机救助的国际协调也日益增多，这都可能降低危机发生的概率，减轻危机的破坏程度。

表1　拉美部分国家的外债规模和比例

单位：十亿美元，%

年份	1982			2014		
指标	外债	GDP	占比	外债	GDP	占比
阿根廷	43.79	84.31	52	115.70	540.20	21
玻利维亚	3.42	5.59	61	8.07	34.43	23
巴西	94.43	281.68	34	535.40	2353.00	23
智利	—	—	—	140.00	258.00	54
哥伦比亚	10.52	38.97	27	84.00	384.90	22
哥斯达黎加	3.77	2.61	145	18.37	48.14	38
古巴	—	—	—	25.23	77.15	33
多米尼加	2.60	7.96	33	19.72	64.08	31
厄瓜多尔	7.81	19.93	39	21.74	100.80	22
萨尔瓦多	—	—	—	15.46	25.33	61
危地马拉	—	—	—	15.94	60.42	26
洪都拉斯	1.95	2.90	67	7.11	19.51	36
墨西哥	86.27	173.72	50	438.40	1283.00	34
尼加拉瓜	3.04	2.45	124	10.25	11.71	88

续表

年份	1982			2014		
指标	外债	GDP	占比	外债	GDP	占比
巴拿马	3.92	4.76	82	15.47	43.78	35
巴拉圭	—	—	—	8.76	29.70	29
秘鲁	10.87	21.22	51	56.47	202.90	28
乌拉圭	—	—	—	17.54	55.14	32
委内瑞拉	32.18	76.69	42	69.66	205.80	34

资料来源：世界发展指标，*The World Factbook*。

然而，我们仍不能对现在的情况掉以轻心。虽然阿根廷债务危机告一段落，但在2015年8月，波多黎各由于未能偿付到期的5800万美元债务欠款而宣布正式违约。伴随着油价暴跌，委内瑞拉的主权债务违约风险也正在上升。当前拉美国家面对的情况也是新兴经济体共同面临的情况。据国际清算银行统计，当前新兴市场借款人总共发行了2.6万亿美元的国际债务证券，其中3/4以美元计价，[①] 当前新兴经济体货币错配的问题并没有得到根本解决。因此，一旦美联储启动加息进程，全球金融市场流动性的收紧形势将会更加恶化，拉美国家货币贬值，新兴经济体的债务风险将会急剧暴露。

四　2015年拉美经济形势展望

经过2014年的经济疲弱之后，2015年拉美和加勒比地区经济增长或将进一步下探。从内部来看，经济增长疲弱、通货膨胀和货币贬值加剧、经济不确定性增加等诸多因素对拉美各国的投资和消费造成巨大负面影响，拉美传统经济增长动力消费的作用也在逐步降低。从外部来看，国际大宗商品价格下跌、美联储加息仍是拉美国家面临的最大不确定性因素。

① 《国际清算银行认为：美元走高可能重创新兴市场》，中华人民共和国驻大不列颠及北爱尔兰联合王国大使馆经济商务参赞处网站，http://gb.mofcom.gov.cn/article/jmxw/201412/20141200824962.shtml，2014年12月9日。

在这一背景下，预计 2015 年拉美和加勒比地区经济增长 0.5%。2016 年，拉美和加勒比地区经济有望恢复。一方面，国际大宗商品价格有望触底反弹，另一方面，美联储将正式进入加息周期，各国经济在经过前段时期的备受煎熬之后将会逐步适应。与此同时，伴随着世界经济的逐步复苏和汇率贬值效应的传递，各国出口形势有望得到改善。经济的缓慢复苏也将慢慢消除拉美内部经济面临的不确定性。预计 2016 年拉美和加勒比地区经济增长在 2.0% 左右。

参考文献

ECLAC, "Economic Survey of Latin America and the Caribbean: Challenges in Boosting the Investment Cycleto Reinvigorate Growth". 2015.

ECLAC/ILO, "The Employment Situation in Latin America and the Caribbean: Universal Social Protection in Labour Markets with High Levels of Informality". Number 12, May 2015.

IMF, *Regional Economic Outlook: Western Hemisphere Adjusting Under Pressure*. October 2015.

IMF, *World Economic Outlook*. October, 2015.

OECD-ECLAC, *Latin American Economic Outlook* 2015: *Education, Skills and Innovation for Development*. OECD, Paris, 2014.

中国社会科学院世界经济与政治研究所世界经济预测与政策模拟实验室：《全球宏观经济季度报告》，2015 年第三季度。

Y.8
西亚非洲经济：应对经济增长放缓

田　丰*

摘　要： 2015年西亚非洲地区经济增长放缓，主要原因包括：大宗商品价格（尤其是石油价格）下跌、政治安全形势不稳以及全球经济金融形势相对不利。上述因素通过不同渠道在不同程度上影响着西亚非洲地区国家的经济，从而使该地区国家的经济增长形势呈现出明显的分化局面，其中石油出口国和石油进口国间经济增长形势的分化最为明显。展望未来，西亚非洲地区主要面临油价持续低迷、财政整顿制约该地区的经济增长、世界经济增长以及金融稳定前景堪忧等三大挑战。

关键词： 大宗商品　财政整顿　宏观经济

正如我们在《2015年世界经济形势分析与预测》中所预测的那样，2014年西亚北非地区经济有所恢复，但复苏势头较为脆弱，容易出现反复；撒哈拉以南非洲地区经济继续保持强劲。2015年西亚非洲地区经济增长整体显著放缓，主要原因包括大宗商品价格（尤其是石油价格）下跌、政治安全形势不稳以及全球经济金融形势相对不利。预计2015年西亚北非地区全年的经济增长率将在2.1%～2.3%区间浮动，撒哈拉以南非洲地区全年的经济增长率将在3.7%～4.0%区间浮动；预计2016年

---

* 田丰，中国社会科学院世界经济与政治研究所研究员，主要研究领域：国际贸易、国际投资与经济发展。

西亚北非地区的经济增长率恢复到4%左右的水平，撒哈拉以南非洲地区经济增长率将在4.4%以上。

一 西亚非洲经济形势回顾：2014～2015年[①]

在过去的一年里，西亚非洲地区经济增长放缓（参见图1），主要原因包括：大宗商品价格（尤其是石油价格）下跌、政治安全形势不稳以及全球经济金融形势相对不利。

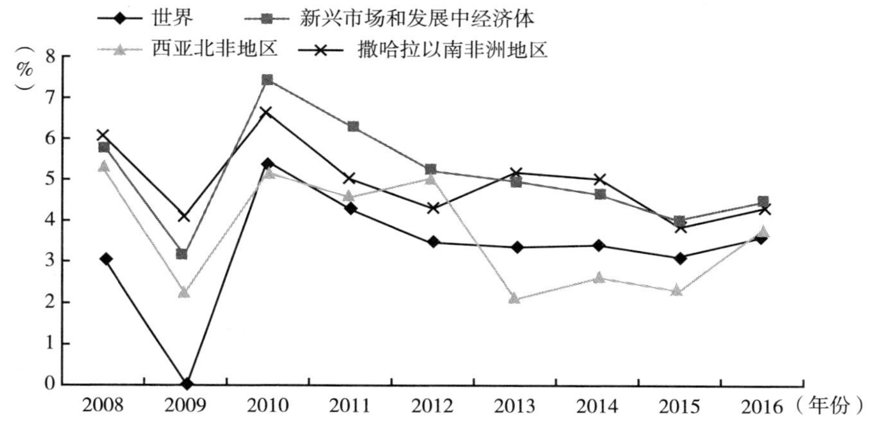

图1 2008～2016年西亚非洲地区的经济增长率

注：2015、2016年为预测值。

资料来源：IMF. *World Economic outlook*：*Growth Resuming*, Dangers Remain, October 2015。

西亚非洲地区经济增长放缓的主要原因之一是大宗商品价格（尤其是石油价格）下跌。据IMF测算，大宗商品价格指数将由2014年的171下降至2015年的112[②]，原油价格[③]将由2014年的96美元/桶下降至2015年的

① 在没有特别说明的情况下本节数据来自：IMF, *World Economic Outlook*：*Growth Resuming*, Dangers Remain, October 2015。

② 该指数设定2005年的值为100。

③ 原油价格指布伦特现货油、西得克萨斯中质油和迪拜法特油等油品现货价格的简单平均。

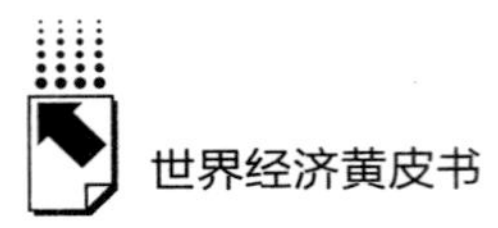

52美元/桶，原油价格指数将由2014年的180下降至2015年的97[①]。这意味着大宗商品价格一年内跌去了1/3，原油价格同期跌去了一半。

西亚非洲地区经济增长放缓的主要原因之二是政治安全形势不稳。据联合国伊拉克援助团发布的公报，仅2015年8月伊拉克境内发生的暴力冲突和恐怖袭击就造成1325人死亡和1811人受伤。也门局势自2015年初以来陷入彻底动荡。其他一些极端组织发动的暴力袭击还影响了尼日利亚与索马里的安全。

西亚非洲地区经济增长放缓的主要原因之三是全球经济金融形势相对不利。IMF在2015年10月发布的全球经济展望中，几乎调低了所有国家的近期经济增长率，世界经济增长率2015年预计比2014年低10%，仅为3.1%。全球金融市场2015年8月以来波动性加剧，全球股票价格急剧调整，许多新兴市场的货币贬值。美国货币政策正趋于正常化，2015年9月中旬两年期的美国公债收益率触及四年高点。西亚非洲地区国家面临收紧的全球金融和货币条件，融资成本和经济下行压力加大。

上述因素通过不同渠道在不同程度上影响着西亚非洲地区国家的经济，从而使该地区国家的经济增长形势呈现显著的分化局面，其中石油出口国和石油进口国间经济增长形势的分化最为明显（参见表1A和表1B）。

表1A　西亚北非地区主要国家宏观经济指标

单位：%

指标	实际GDP增长率			消费者价格指数			经常账户平衡			失业率		
年份	2014	2015	2016	2014	2015	2016	2014	2015	2016	2014	2015	2016
西亚北非	2.6	2.3	3.8	6.5	6.5	5.5	6.1	-4.0	-4.7	—	—	—
石油出口国	2.6	1.8	3.8	5.6	5.8	5.1	8.9	-3.4	-4.3	—	—	—
沙特阿拉伯	3.5	3.4	2.2	2.7	2.1	2.3	10.3	-3.5	-4.7	5.5	—	—
伊朗	4.3	0.8	4.4	15.5	15.1	11.5	3.8	0.4	1.3	10.6	11.7	12.3
阿拉伯联合酋长国	4.6	3.0	3.1	2.3	3.7	3.0	13.7	2.9	3.1	—	—	—

① 该指数设定2005年的值为100。

续表

指标	实际 GDP 增长率			消费者价格指数			经常账户平衡			失业率		
年份	2014	2015	2016	2014	2015	2016	2014	2015	2016	2014	2015	2016
阿尔及利亚	3.8	3.0	3.9	2.9	4.2	4.1	-4.5	-17.7	-16.2	10.6	11.6	11.7
伊拉克	-2.1	0.0	7.1	2.2	1.9	3.0	-2.8	-12.7	-11.0	—	—	—
卡塔尔	4.0	4.7	4.9	3.0	1.6	2.3	26.1	5.0	-4.5	—	—	—
科威特	0.1	1.2	2.5	2.9	3.3	3.3	31.0	9.3	7.0	2.1	2.1	2.1
石油进口国	2.9	3.9	4.1	9.1	7.0	6.1	-4.2	-4.2	-4.2	—	—	—
埃及	2.2	4.2	4.3	10.1	11.0	8.8	-0.8	-3.7	-4.5	13.4	12.9	12.4
摩洛哥	2.4	4.9	3.7	0.4	1.5	2.0	-5.5	-2.3	-1.6	9.9	9.8	9.7
苏丹	3.6	3.5	4.0	36.9	19.8	12.7	-7.7	-5.8	-5.6	13.6	13.3	13.0
突尼斯	2.3	1.0	3.0	4.9	5.0	4.0	-8.8	-8.5	-7.0	15.3	15.0	14.0
黎巴嫩	2.0	2.0	2.5	1.9	0.1	1.5	-24.9	-21.0	-19.3	—	—	—
约旦	3.1	2.9	3.7	2.9	0.2	3.1	-6.8	-7.4	-6.5		—	—

注：①“经常账户平衡”指标反映的是经常账户平衡与 GDP 之比；②2015、2016 年为预测值；③石油出口国数据包括巴林、利比亚、阿曼和也门；④石油进口国数据包括阿富汗、吉布提和毛里塔尼亚。

资料来源：IMF, *World Economic Outlook*: *Growth Resuming*, *Dangers Remain* , October 2015.

表 1B　撒哈拉以南非洲地区主要国家宏观经济指标

单位：%

指标	实际 GDP 增长率			消费者价格指数			经常账户平衡			失业率		
年份	2014	2015	2016	2014	2015	2016	2014	2015	2016	2014	2015	2016
撒哈拉以南非洲	5.0	3.8	4.3	6.4	6.9	7.3	-4.1	-5.7	-5.5	—	—	—
石油出口国	5.9	3.5	4.1	7.4	9.1	9.7	-0.4	-3.3	-2.4	—	—	—
尼日利亚	6.3	4.0	4.3	8.1	9.1	9.7	0.2	-1.8	-1.2	7.8	8.2	—
安哥拉	4.8	3.5	3.5	7.3	10.3	14.2	-1.5	-7.6	-5.6	—	—	—
加蓬	4.3	3.5	4.9	4.5	0.6	2.5	8.3	-7.0	-4.2	—	—	—
乍得	6.9	6.9	4.2	1.7	4.3	3.1	-8.9	-10.4	-9.3	—	—	—
刚果共和国	6.8	1.0	6.5	0.9	0.9	1.7	-9.4	-15.2	-14.6	—	—	—
中等收入国家	2.9	2.7	2.9	6.0	5.3	5.6	-4.8	-4.4	-4.8	—	—	—
南非	1.5	1.4	1.3	6.1	4.8	5.9	-5.4	-4.3	-4.5	25.1	25.8	25.7
加纳	4.0	3.5	5.7	15.5	15.3	10.1	-9.6	-8.3	-7.2	—	—	—
象牙海岸	7.9	8.2	7.6	0.4	1.6	1.5	-0.7	-1.0	-1.9	—	—	—
喀麦隆	5.7	5.3	5.4	1.9	2.0	2.1	-4.6	-5.0	-5.2	—	—	—
赞比亚	5.6	4.3	4.0	7.8	7.3	7.5	-1.4	-1.4	-2.6	—	—	—
塞舌尔	4.7	5.1	5.9	-1.1	0.6	2.1	-8.8	-6.1	-5.2	—	—	—
低收入国家	6.5	5.8	6.4	5.2	5.8	5.9	-11.0	-11.7	-11.8	—	—	—

续表

指标	实际 GDP 增长率			消费者价格指数			经常账户平衡			失业率		
年份	2014	2015	2016	2014	2015	2016	2014	2015	2016	2014	2015	2016
埃塞俄比亚	10.3	8.7	8.1	7.4	10.0	9.0	-8.0	-12.5	-9.3	—	—	—
肯尼亚	5.3	6.5	6.8	6.9	6.3	5.9	-10.4	-9.6	-9.2	—	—	—
坦桑尼亚	7.0	6.9	7.0	6.1	5.6	5.9	-9.3	-8.2	-7.1	—	—	—
乌干达	4.8	5.2	5.5	4.6	5.7	6.5	-9.7	-10.5	-11.3	—	—	—
马达加斯加	3.3	3.4	4.6	6.1	7.6	7.4	-0.2	-1.3	-2.2	—	—	—
刚果民主共和国	9.2	8.4	7.3	1.0	1.0	1.7	-9.2	-7.6	-8.0	—	—	—

注：①“经常账户平衡”指标反映的是经常账户平衡与 GDP 之比；②石油出口国数据包括赤道几内亚和南苏丹；③中等收入国家数据包括博茨瓦纳、佛得角、莱索托、毛里求斯、纳米比亚、塞舌尔和斯威士兰；④低收入国家数据包括贝宁、布基纳法索、布隆迪、中非共和国、科摩罗、厄立特里亚、冈比亚、几内亚、几内亚比绍、利比里亚、马拉维、马里、莫桑比克、尼日尔卢旺达、塞拉利昂、多哥和津巴布韦；⑤2015、2016 年为预测值。

资料来源：IMF，*World Economic Outlook*：*Growth Resuming*，*Dangers Remain*，October 2015.

对石油出口国而言，油价下跌造成的影响主要是负面的。相对于 2014 年，西亚非洲地区石油出口国的经济增长速度显著放缓。油价大跌导致这些国家财政收入和出口收入锐减，财政平衡与经常账户平衡状况恶化。

据 IMF 估算，目前，西亚北非地区唯一一个盈亏平衡油价低于当前石油实际价格的国家是科威特，其 2015 年的盈亏平衡油价为 50 美元。沙特阿拉伯的损益平衡油价为 85 美元。虽然沙特的产油量是科威特的 3 倍，但由于用于基础设施建设和促进经济多元化的财政支出庞大，其财政平衡在油价波动的局面下显得不甚稳定。巴林和阿曼盈亏平衡油价分别高达 100 美元左右，油价下跌导致的财政收入减少使得这两个国家成为海湾地区财政平衡最为脆弱的国家。也门、利比亚、阿尔及利亚和伊朗等国，其盈亏平衡油价大约是当前实际油价的 2 倍，且财政储备有限，因而难以应对低油价时期财政失衡的冲击，影响了政局稳定①。

撒哈拉以南非洲地区是初级产品的净出口地区，石油、黄金和天然气是

① IMF，*Regional Economic Outlook*：*Middle East and Central Asia*，May 2015.

该地区大宗商品贸易中最重要的商品。而自 2014 年 6 月以来，包括石油、黄金和天然气在内的诸多大宗商品价格均显著下降。2015 年撒哈拉以南非洲地区只有刚果、塞舌尔、博茨瓦纳和几内亚比绍等国保持了财政盈余。

西亚非洲地区的石油进口国则从油价下降中获益，2015 年经济增长速度明显快于 2014 年。油价下降使得这些国家进口支出降低，财政补贴减少，通胀压力降低，财政平衡与经常账户平衡状况有所改善。不过，由于价格不完全传导，油价下跌对于西亚非洲地区石油进口国内外部失衡改善的作用并不明显。

政治安全形势持续不稳严重打击了伊拉克、利比亚和也门等西亚非洲国家的经济。动荡导致大量工厂停工，交通运输瘫痪，政府财政收入减少，对外贸易大幅降低，外汇储备下降，消费与投资信心不足，难民数量不断增长。据卡塔尔半岛电视台报道，自 2011 年 3 月叙利亚内乱发生以来，已有大约 1100 万名叙民众被迫逃离家园躲避战火，占总人口的 50% 左右，其中约 400 万沦为难民。难民的流失是一国人力资源的重大损失，直接影响当期国家经济发展速度和水平。从长远的角度看，青少年教育的中断严重损伤各国未来经济社会重建的能力。由于西亚非洲局势复杂多变，难民流动还呈现归国后再次出逃、反复出逃和跨越多国国境活动的特点。对于约旦这样的邻国和难民接纳国而言，大量难民的涌入使其面临沉重的经济社会和安全负担。

全球经济增长弱于预期压低了包括石油在内的大宗商品价格，减少了对于西亚非洲国家出口的需求。全球金融条件收紧对于巴林、阿曼和也门这样高度依赖外部融资的国家而言，经济下行和资本流动逆转的风险加大。对海湾合作委员会成员国的银行而言，由于初始金融条件较好，尽管经济增速放慢和流动性收紧导致贷款增速放慢和存款减少，仍能保持相对稳定。非洲国家继续利用国际债券市场进行基础设施项目融资：科特迪瓦 2015 年 2 月重返市场；埃塞俄比亚在 2014 年 12 月进行了首发。虽然债务负担仍普遍处于可控，但一些非洲国家近年来债务占 GDP 的比重出现上升，在全球货币未来态势的不确定性较高的情况下，需要对这些国家的债务风险保持高度关注。

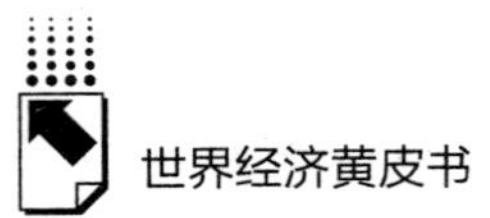

二　西亚非洲主要国家经济形势[①]回顾：2014～2015年

（一）埃及

埃及总统阿卜杜勒－法塔赫·塞西在2014年6月上任后采取了一系列措施来稳定局势、恢复与发展经济。这些措施主要包括积极争取海湾国家的支持与资金援助、争取国际机构的优惠贷款、改革补贴制度、提高能源价格，大力推进苏伊士运河项目、百万套社会住房项目以及新农村建设项目等国家战略项目。

上述举措取得了积极的效果。据埃及政府初步估算，2014/2015财年[②]埃及经济增长率为4.2%，就业率以及通货膨胀率等经济指标趋好，预计2015/2016财年埃及经济增长率将达到5%。而2010/2011财年至2013/2014财年，埃及经济增长率仅为2.2%左右。2014/2015财年第三季度表现良好的行业首先是建筑行业，增长了11.8%，其次是苏伊士运河，收入增长7%。2014年7月至2015年3月旅游业实现34.6%的增长。埃及商会（EBA）近期发布的年度报告称，2014/2015财年埃及国内投资总额为2650.9亿埃镑，比上一财年增加230亿埃镑，增长率达到9.5%。其中国内私营部门投资增加13.2%，达到1649亿埃镑，占当期国内投资的62.2%；政府进行的国内投资增加4.4%，达1000亿埃镑。来自埃及财政部的数据显示，2014/2015财年埃及税收预计为3642亿埃镑，远高于2013/2014财年（税收为2600亿埃镑）。2015/2016财年埃及税收将进一步提高至4220亿埃镑，财政赤字与GDP的比例将低于8.9%。埃及财政状况改善的主要动力来自经济活动的恢复以及原油价格下跌带来的政府燃料补贴支出减少。

---

① 在没有特别说明的情况下本节数据来自IMF国际金融统计数据库（IFS）以及经济学人数据库（EIU）。

② 埃及财年自每年7月1日起至次年6月30日止。

通货膨胀与失业是埃及未来经济发展需要解决的两大重要问题。根据埃及中央公共动员与统计局（CAMPAS）统计，2015 年 7 月埃及通货膨胀率为 8.3%，而 6 月为 11.5%。2014/2015 财年预算中削减 1000 亿埃镑汽油补贴是通货膨胀处于高位的主要原因。由于埃及政府计划继续采取一些削减补贴的政策，物价会依然上涨，预计在 2015/2016 财年埃及通货膨胀率将在 10% ~11% 之间。埃及统计局的报告显示，埃及 2015 年第二季度 15 ~64 岁之间的人口失业率为 12.7%，较上一季度 12.8% 的数据下降 0.1 个百分点，同比下降 0.6%。其中，男性失业率为 9.3%，女性失业率达 24.1%；15 ~29 岁的青年失业率达 26.6%。CAMPAS 报告还显示，目前埃及 51.2% 的青年人处于贫困状态，其中 27.8% 的青年人接近贫困线，而 24.1% 的青年人处于贫困线以下。

（二）沙特阿拉伯

沙特阿拉伯以“石油王国”著称，是世界上石油储量、产量和销售量最多的国家之一。2014 年中期开始的油价下跌给沙特阿拉伯的经济发展带来沉重压力。IMF 预计 2015 年沙特阿拉伯经济增长 3.4%，而 2014 年沙特阿拉伯经济增长率为 3.5%。在油价大幅下跌的情况下，沙特阿拉伯经济发展取得这样的成绩实属不易。这一方面是因为多年来沙特阿拉伯一直致力于促进经济平衡发展，非石油经济增长稳健，另一方面是出于维持市场份额的考虑，沙特阿拉伯在价格不利的情况下仍然将原油产量维持在历史高位。从 2015 年初到 6 月，沙特原油产量同比增加 4%，目前保持在 1020 万桶/天。Jadwa 投资公司预测，在美国页岩油产业发展放缓的背景下，鉴于欧佩克成员国间的份额竞争，沙特阿拉伯原油产量将在 2016 年内保持在 1010 万桶/天的水平。

尽管经济增长得以维持，但是沙特阿拉伯的多项宏观经济指标走势不容乐观。沙特阿拉伯 2015 年财政赤字与 GDP 之比预计高达 14.2%，2014 年财政收支却是大体平衡，而 2000 ~2010 年沙特阿拉伯年均财政盈余甚至高达 GDP 的 10.8%。石油是沙特阿拉伯最主要的出口产品，2014 年石油出口额占出口总额的83%。2015年沙特阿拉伯预计贸易赤字与GDP之比约为1%，而2014年贸易盈余与GDP之比高达14.1%。由于沙特阿拉伯动用外汇储备弥补油价下跌带来的财政赤字，2015年4月沙特货币署持有的海外净资产下降至2.546万亿里亚尔（约合6788亿美元），环比下降1.7%，同比下降6.8%，降至2013年5月以来的最低点。沙特货币署的数据还显示，沙特银行向私营部门贷款的增速放缓。2015年4月月度年化增长率降至9.5%，这是自2011年9月以来的最低点。广义货币供应量（M3）增长率也降至9.4%。

虽然沙特凭借其积累的外汇储备和低负债率仍然可以在低油价时期维持数年，然而要实现经济的长期增长，必须采取积极的调整措施。沙特政府已经开始控制财政支出，降低燃油补贴，推迟或取消一些并不紧急的项目。为鼓励投资，沙特政府不断加大对私人资本和外资的开放程度，简化外国投资许可程序。以往由政府垄断或绝对主导的机场、港口、电站等重要基础设施领域预计将会出现越来越多的公私合作项目。在总体开放的氛围下也有一些不同声音。目前，沙特3070万常住人口中的2070万是沙特籍，据估，就业年龄段人口约为1350万。2014年，沙特失业率维持在11.7%。沙特政府为促进本国公民就业，曾出台“沙特化”、清理外籍劳工等有争议政策。在推动私人部门发展的同时，沙特规划和经济部报告指出，私营企业未能助力解决沙特籍人口失业问题。一是因为私营企业为沙特妇女提供的就业机会有限，二是因为这些企业提供的多是技术含量和学历要求不高的岗位，阻碍了本国公民替代外籍劳工实现就业。而沙特建筑业的统计数据显示，由于无法满足沙特化率指标、对市场信心不足以及竞争激烈等原因，近来已有超过13万家承包工程企业停止营业，退出沙特承包工程市场。

（三）尼日利亚

尼日利亚是非洲最大的经济体。2015年4月，尼日利亚最大反对党、全体进步大会党总统候选人布哈里击败执政的人民民主党总统候选人、现任总统乔纳森赢得大选。布哈里政府上台后宣布，将奉行“小政府主义”，着手理顺职能重叠的部门和机构，缩减行政经费，提高办事效率，并将安全、反腐和就业作为今后政府工作的主要任务。在经济上，布哈里政府奉行市场主导的经济模式，将通过私营部门主导实现就业增长，外汇管理体制也将趋于市场化。布哈里政府还宣称将取消燃油补贴，并优先推动油气部门改革以吸引新投资进入。

受油价下跌和大选带来的不确定性等因素影响，尼日利亚在 2015 年第一季度经济增速减缓。GDP 增幅同比由 6.2% 下降至 4.6%。不过，即使经济增长放缓，国际信用评级机构标准普尔 9 月中旬仍然决定维持尼日利亚 B + 的长期主权信用评级，评级展望为稳定，理由是非油气行业增长对尼日利亚经济起着重要的支撑作用，并且其国际收支平衡和财政收支平衡处于可接受范围。英国经济学人智库（EIU）2015 年 6 月发布了一份题为《促进中小企业发展，激活尼日利亚更多活力》的研究报告。报告称，尼日利亚作为非洲第一大经济体，人口红利潜力巨大，中产阶级队伍壮大，已成为全球知名品牌消费和投资的热点地区之一。但相较其他成功的新兴市场，尼日利亚在发展过程中需要克服多重障碍，其中最主要的是要推动经济多元化、提高就业水平以及增加居民收入等。

迄今为止，尼日利亚仍有至少 65% 的人口处于贫困状态，而失业是导致贫困的一个重要原因。据尼日利亚国家统计局 2015 年 5 月 14 日发布的公告，自 2014 年初以来，尼日利亚国家统计局在多个部委及相关国际组织的共同协助下，对有关就业与失业的统计概念和方法等进行了重新定义及相应调整。调整后，2014 年第四季度尼日利亚失业率由调整前的 24.3% 降至 6.4%，其中，男性失业率由 20.4% 降至 5.4%，女性失业率由 28.6% 降至 7.5%，农村失业率由 28% 降至 6.4%，城市失业率由 15.7% 降至 6.4%，15 ~24 岁青年失业率由 44.7% 降至 11.7%。尽管如此，尼日利亚国家统计局最新发布的数据仍然显示，2015 年第二季度失业人数增加 52.99 万人至 606.36 万人，环比增长 9.58%，失业率攀升至 8.2%，是 2014 年第四季度以来连续第三个季度上升。

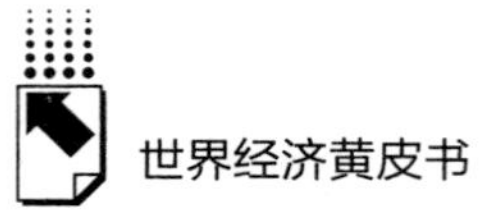

（四）南非

南非经济正面临“内忧外患”。南非统计局数据显示，2015 年第二季度南非 GDP 环比意外缩水 1.3%，其中制造业、采矿业和农业产出分别下降 6.3%、6.3% 和 17.4%。国内支出总额骤降 7.2%，自 2013 年第四季度以来首次出现下滑，反映出经济环境严峻。同期，国内实际最终需求增速放缓，实际库存下降，家庭支出和家庭实际可支配收入增速分别放缓至 1.2% 和 1.6%。受能源和食品价格高企、通货膨胀压力加大、劳动力市场疲弱、家庭贷款需求不振以及电力短缺等多方面因素影响，2015 年第二季度南非消费者信心指数下挫至 14 年半以来最低值。联合国贸发会议（UNCTAD）《2015 世界投资报告》指出，2014 年南非吸引外商直接投资 58 亿美元，同比下降 31.2%，反映南非对于国际投资者的吸引力降低。同期南非对外投资总额达 69 亿美元，同比增长 4.5%。南非企业加大“走出去”力度一方面是因为海外市场有更高的回报率和更稳定的政策环境，另一方面在于南非经济形势低迷挫伤投资者信心。2015 年 8 月底，南非兰特兑美元比价跌至 13.31∶1，创历史新低，市场恐慌情绪持续蔓延。南非高达 1890 亿兰特的经常账户赤字和美元走强是兰特贬值的主要原因。

劳工问题、电力短缺以及大宗商品价格走低是南非经济增长的主要制约因素。目前南非有近 1/4 的劳动人口面临失业，私人部门表现尤为不佳。南非储备银行数据显示，2014 年南非非农就业人数仅增长 0.8%，其中公共部门增长 3.3%，私人部门几乎未创造新增就业。南非劳工部数据显示，2014 年南非共计发生 88 起罢工，造成 61 亿兰特经济损失，平均罢工时长为 20 天，占全部工作日损失的 98.4%。南非第一国民银行首席经济学家 Sizwe Nxedlana 认为，工资谈判进展缓慢导致罢工频发和生产停滞，南非经济可能陷入衰退。IMF 认为，电力短缺是南非经济增长的最大障碍，南非政府部门对国家电力公司进行救助和政府工作人员涨薪增加了公共财政负担。国际评级机构穆迪于 2015 年 8 月 12 日表示，南非应警惕高工资成本和大规模救助国有企业带来的风险。虽然南非政府部门正在通过增加税收、缩减开支、控制预算等方法整固财政，但国家电力公司和国家公路代理有限公司等财务问题久悬未决说明政府救助之路仍任重道远。

南非要实现经济增长，除了期待外部环境改善以外，应突破基础设施建设“瓶颈”。同时，应积极把握劳动年龄人口增长带来的机遇，着力创造就业机会，通过完善基础教育、提供技能培训提高劳动生产率，通过建立一站式公共就业服务机构提高劳动力市场效率。

三　西亚非洲地区经济展望

展望未来，西亚非洲地区主要面临大宗商品价格（尤其是石油价格）持续低迷、财政整顿对经济增长的不利影响、全球经济增长以及金融稳定前景堪忧等三大挑战。

挑战之一：大宗商品价格（尤其是石油价格）持续低迷。IMF 预计，大宗商品价格指数将由 2015 年的 112 进一步下降至 2016 年的 108，原油价格将由 2015 年的 52 美元/桶进一步下降至 2016 年的 50 美元/桶。国际能源机构（IEA）预测原油市场的供过于求将延续至 2016 年，全球原油库存将继续增加。推动油价下行的因素包括：海湾产油国坚持不减产政策，以期在全球市场供过于求的局面下保护其占有的市场份额；恐怖组织以低廉的价格在国际市场上销售石油；全球经济低迷，新兴经济体发展放缓。此外，世界银行预计若美国和欧盟撤销对伊朗制裁的协议获批，伊朗将全面回归全球市场，使得原油日产量增加约 100 万桶，成为推动全球油价降低的另一个重要因素[①]。

挑战之二：财政整顿对经济增长的不利影响。为应对大宗商品价格下跌带来的财政困难，西亚非洲国家纷纷采取财政整顿措施。巴林 2015 年初将工业用天然气的价格提高了 11%，提高了雇主为雇员缴纳的医疗保险费用。科威特将 2015/16 财年预算中用于公共支出的部分削减了 18%，将柴油和

① World Bank, Economic Implications of Lifting Sanctions on Iran, July 2015.

煤油的价格提高了 50%。阿尔及利亚宣布政府部门停止招人。也门大幅降低了能源补贴。乍得宣布因该国严峻的财政形势而放弃举办原定于 2015 年 6 月在首都恩贾梅纳召开的非洲国家联盟峰会。安哥拉于 2014 年第二季度将汽油和柴油价格上调 50%，并下调或取缔了其他燃油的补贴。喀麦隆于 2014 年中着手改革燃油固定价格制度。加蓬已宣布逐步取消汽油和柴油补贴。尼日利亚宣布采取减少资本支出等措施，节流支出占 GDP 的 1.8% 左右。安哥拉减少了在货物和服务、能源补贴、公共投资等方面的支出。中部非洲经济与货币共同体成员国也已宣布将同步落实严格的措施，使公共财政实现再平衡。

为应对增长放缓而采取的财政预算调整措施将对西亚非洲国家的经济活动形成制约。财政整顿最直接的收益是能够限制政府财政状况在短期内恶化，并且随着西亚非洲地区国家整体上经济发展趋于多样化，其宏观抗风险能力也在提高。但财政整顿对经济活动的制约不可小视。国际货币基金组织估计，即使撒哈拉以南非洲地区石油出口国的财政预算政策调整不是在一年内完成，而是分四年实施，这些国家 2015～2016 年实际 GDP 增长率仍将累计降低 0.5 个百分点。在大部分石油出口国，受财政预算政策调整影响最大的是公共投资，这将恶化中期经济增长展望，实际 GDP 增长展望的下调将对私有投资造成制约，进一步影响增长。尤其需要注意的是，汇率的贬值可能会加重偿还外币债务的成本。在这种情况下，分期调整财政预算政策所带来的一部分收益也许会打折扣①。

挑战之三：全球经济增长以及金融稳定前景堪忧。大宗商品价格持续低迷、新兴经济体增长放缓、金融市场动荡加剧、美元持续升值以及地缘政治紧张局势恶化等因素使得世界经济下行风险持续加大。新兴市场的脆弱性、发达国家的危机遗产和全球市场紧张性使得全球金融稳定性也面临挑战。西亚非洲地区部分国家随着经济增长放缓，对外债务可能大幅增长，如果其货币大幅贬值或借贷利率明显上调，存在资本外流和债务负担

① IMF, *Regional Economic Outlook: Sub-Saharan Africa*, April 2015.

加重的风险。

展望未来，2015 年西亚非洲地区的经济前景并不乐观。预计 2015 年西亚北非地区全年的经济增长率将在 2.1% ~2.3% 区间浮动，撒哈拉以南非洲地区全年的经济增长率将在 3.7% ~4.0% 区间浮动；预计 2016 年西亚北非地区的经济增长率将恢复到 4% 左右的水平，撒哈拉以南非洲地区经济增长率将在 4.4% 以上。

Y.9

中国经济：寻找调结构与保增长的一致性

徐奇渊　张 斌*

摘　要：本文从总需求、总供给及其结构方面分析了中国宏观经济的主要指标。从总体来看，中国经济增速和一些产出总量指标面临一些压力，但是不少结构性指标都在改善。这既体现了现在结构调整的进展，也为我们展示了将来中国经济进一步发展的方向。在此基础上，本文从劳动力市场角度对中国经济发展的结构性问题进行了分析，着重观察了从“人口红利”转向“人力资本红利”的瓶颈；并且，结合产业结构的调整，对人力资本红利的释放渠道进行了分析。

关键词：中国　宏观经济　劳动力市场错配　结构调整

一　引言

中国经济增速告别了多年来8%以上的高速增长期。2015年3月，《政府工作报告》首度将当年的经济增速目标下调至7%。事实上，2015年上半年中国经济增速也降至7%。虽然中国经济增速下降已经在意料之中，但仍然引发了国内外的热议。

---

* 徐奇渊，中国社会科学院世界经济与政治研究所副研究员；张斌，中国社会科学院世界经济与政治研究所研究员。

判断潜在经济增速的一个简单方法是给定合理通胀水平所对应的经济增速。最新的产出－物价关系（见图1）显示，近年来中国潜在经济增速确实已经发生了显著变化：1999年第四季度至2010年第四季度的产出－物价曲线较平缓，表明此阶段较高的经济增速对应较低的通胀率。而2011年第一季度以来，产出－物价曲线明显变得陡峭，说明此时相同的经济增速，对应着更高的通货膨胀率；或者说，相同的通胀率水平对应着更低的经济增速。2014、2015年两年的第一季度、第二季度的产出－物价组合，都在继续验证新的产出－物价关系。这些情况都表明，中国经济的潜在增速已经较前一个阶段明显下降。对中国宏观经济形势的理解和展望，尤其是对中国经济的改革措施，都需要在此背景下展开。

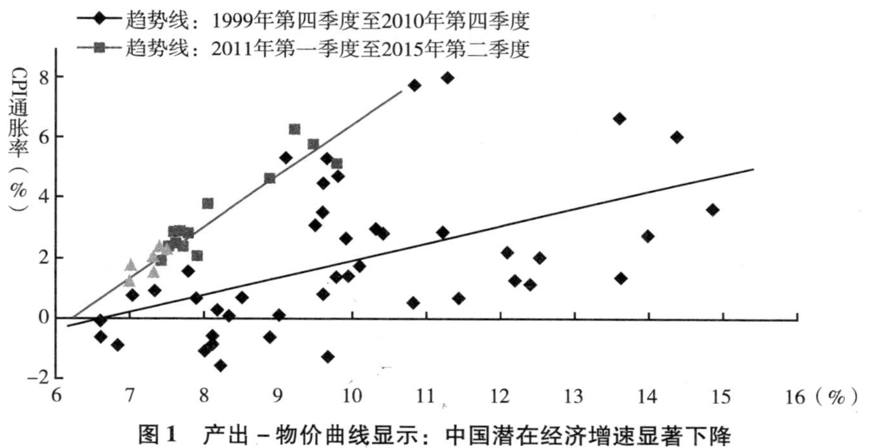

图1　产出－物价曲线显示：中国潜在经济增速显著下降

注：菱形散点为1999年第四季度到2010年第四季度的经济增速－通胀率组合；正方形散点是2011年第一季度至2013年第四季度的经济增速－通胀率组合；“三角形”散点是2014年第一季度到2015年第二季度的经济增速－通胀率组合。

资料来源：国家统计局。

二　中国经济增长结构发生变化

（一）三大需求部门对经济增长的拉动

2014年全年中国经济增速为7.4%，较2013年的7.7%下降了0.3个百分点，这一增速在2015年上半年进一步下降到7.0%。从支出法中的三大需求各自的贡献率来看，在2015年上半年，固定资本形成总额对GDP增长的贡献率为36%，最终消费支出对GDP增长的贡献率为60%，净出口对GDP增长率的贡献为4%。与历史水平相比，最终消费支出对GDP增长的贡献率，显著高于危机前以及危机后的4万亿刺激时期，是2000年以来的最高水平。固定资本形成总额对GDP增长的贡献，则表现出相反的趋势。在投资增速下滑的背景下，消费需求对中国经济增速起到了稳定作用。

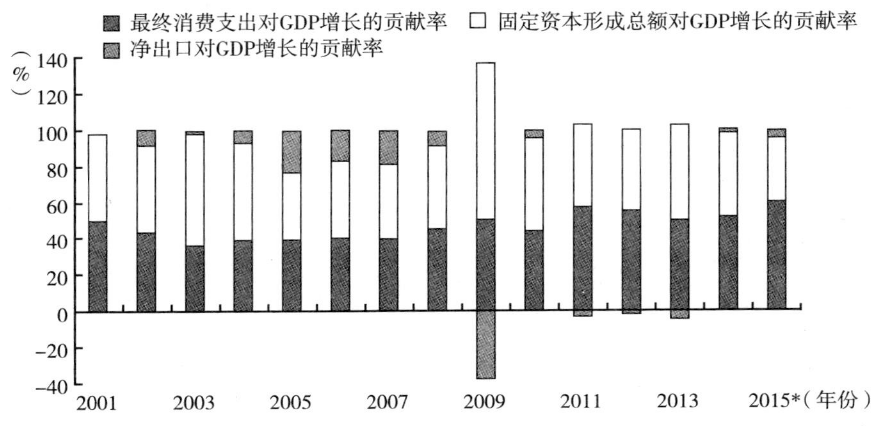

图2　三大需求对GDP增长的贡献率

注：2015年为上半年数据，其他均为年度数据。
资料来源：国家统计局。

（二）物价水平

2014年中国CPI通胀率为2.0%，较2013年的2.6%下降了0.6个百分点。2015年上半年CPI同比通胀率进一步下降到1.4%。从企业角度来看，2011年10月至2015年7月，PPI的同比通胀率已经连续40个月为负值，而且也已经连续45个月低于CPI通胀率。最近的变化趋势表明，PPI和CPI通胀率的缺口还在进一步扩大，PPI通胀率尚未出现转正迹象。作为工业品的出厂价格指数，PPI的变化会直接影响到工业企业融资成本的真实利率。

持续为负的 PPI 通胀率意味着企业的实际融资成本大大高于其名义成本，并将对企业的利润率产生不利影响。

不过从近期来看，“猪周期”[①] 已经带来了 CPI 通胀率的反弹。比如 2015 年 8 月，猪肉价格同比涨幅约 20%，而猪肉在 CPI 占到 3% 左右的权重，因此猪肉一项就将通胀率拉高了 0.6 个百分点，贡献率达 30%。不过较之以往，本轮猪肉价格涨幅相对温和。

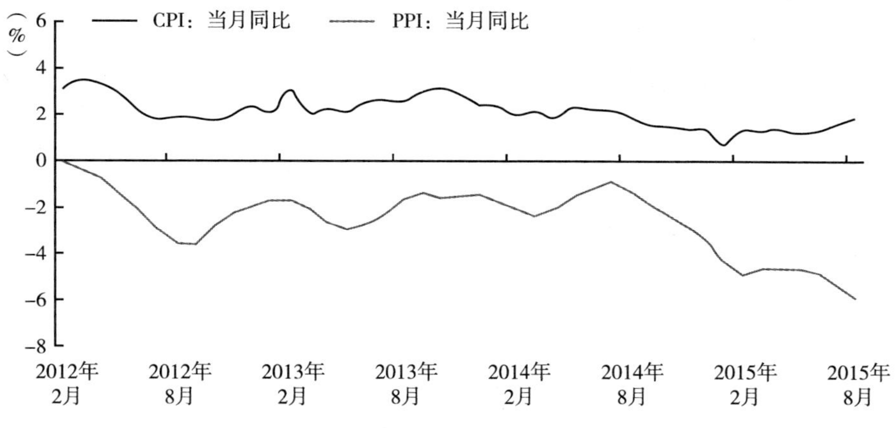

图 3　CPI 和 PPI 通胀率的变化趋势

（三）产业结构：过剩部门在去产能、服务业发展稳定

2015 年 1～6 月，从各行业的用电量累计同比增速来看：全国用电量同比仅仅增长 1.3%，较往年表现有大幅下滑，似乎难以支撑中国经济 7% 的增速。但是同时也可以发现，第二产业用电量增速为 -0.4%，而第二产业中，主要又是重工业用电量下降，尤其是以非金属矿产品（水泥行业为代表）、黑色金属冶炼及压延加工业（铝、钢铁行业为代表）的用电量下降最

① “猪周期”是指猪肉价格波动的周期。“猪周期”的循环轨迹一般是：肉价上涨，能繁母猪存栏量大增，生猪供应增加；肉价下跌，大量淘汰能繁母猪，生猪供应减少，肉价上涨。中国生猪业已经出现多次周期性波动，这个周期一般在 2～3 年。

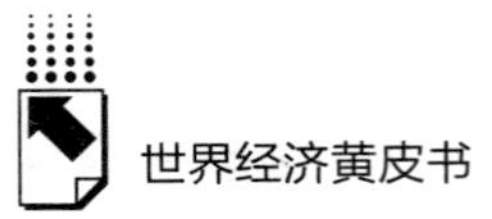

为显著，两者同比增速分别下降 6.3%、6.5%。同时我们还可以看到，第三产业用电量同比增长 8.3%，这一增速比 2014 年同期还高（见图 4）。

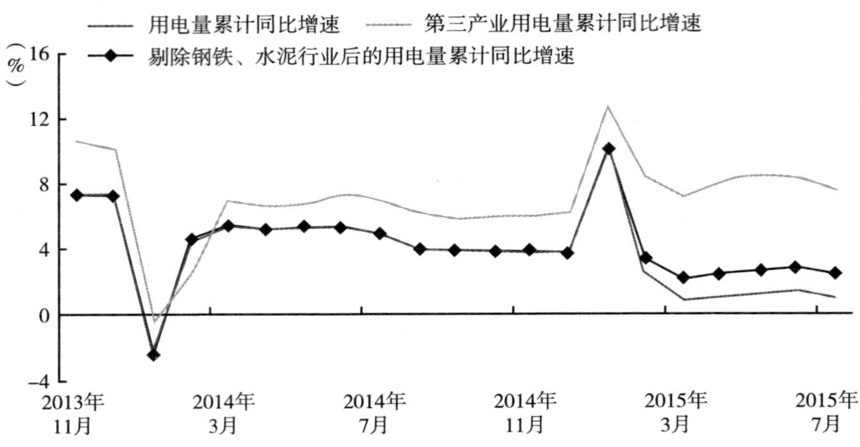

图 4　用电量结构体现出的产业结构变化

资料来源：Wind 数据库，2015。

由此可见，用电量的下降主要发生在重工业，这些行业恰恰是用电大户。进一步计算用电量累计同比增速，剔除钢铁和水泥行业后的用电量累计同比增速，以及第三产业用电量累计同比增速，则 2015 年 7 月三者分别为 0.9%、2.5%、8%。2014 年同期，这三者增速分别为 4.9%、4.9%、7%。这表明，产能过剩部门正在去产能，而供给相对短缺的服务业部门正在获得稳定发展，实际上二、三次产业结构正在发生着积极的变化。

三　内部需求走弱

（一）固定资产投资增速继续走弱

2015 年 1 ~8 月，固定资产投资月度完成额的环比、累计增速同比，总体上都呈现下降趋势。其间，投资累计同比增速为10.9%，较2014年同期下降了5.6个百分点。投资走弱主要来自房地产业、制造业。与上年同期相比，2015年8月，房地产业、制造业的固定资产累计投资增速明显走弱，两者对总体投资增速下滑的贡献分别是40%和21%，合计贡献达61%。但是在所有21个行业分类中，也有一些行业的投资增速稳定甚至还出现了上升势头，而且这些行业几乎都集中在服务业。这些行业有：教育，居民服务、修理和其他，金融业，公共管理、社会保障和其他服务业，卫生和社会工作，电力、热力、燃气及水的生产及供应业，还有农、林、牧、渔业。

投资资金来源的各个项目增速继续显著下降。2015年8月，固定资产投资资金来源的总体累计同比增速为6.8%，较上季度末下降了近4.8个百分点。与2014年下半年至2015年上半年股票二级市场的交易活跃度相比，实体部门的固定资产投资尚无起色。分项数据进一步显示，在包括各项资金来源的投资增速下滑当中，自筹资金、国内贷款两类资金来源，对总投资增速下滑的贡献分别为89%和34%（其他资金来源的投资增速贡献为正，抵消了一部分下滑）。在目前国内资金较为宽松的背景下，这些数据表明市场机构的投资意愿仍然维持疲弱。

（二）消费需求弱中趋稳

2015年以来，消费水平同比增速继续放缓，在1～8月间一直维持在11%以下，逼近个位数。不过消费需求方面也出现了一些积极信号：①剔除价格因素来看，社会消费品零售总额当月实际同比增速在2015年以来表现较为稳定；②中国人民银行的第二季度储户调查数据显示，未来就业预期指数仍处于收缩区间，但已经止跌回稳，另外，未来收入的信心指数也出现回稳或上升迹象；③社会消费品零售总额增速虽然依旧较低，但也已经呈现弱中企稳的迹象。

不过消费需求回稳的势头还没有确立。如前所述，2014年以来中国经济增速一直在走弱，投资增速下滑显著，而且这些指标均处于危机以来的最低水平。从实体经济来看，目前的消费回暖缺乏基础，尤其是劳动力的就业及收入状况并不支持消费需求回暖。尤其是2015年第二季度央行的储户调查也显示，居民的消费意愿有所下降。此外，近期股票市场动荡带来的财富效应，也可能对居民未来的消费意愿造成影响。

四　出口比看上去的稳定

根据中国海关数据，2015年1～8月中国出口累计同比增速为-1.5%，而且月度出口增速基本是逐月走弱。尤其是7月和8月，中国出口增速分别为-8.4%和-5.5%。但是，我们认为，这和2014年同期的虚假贸易有关。例如，2014年8月中国和贸易伙伴的双边数据出现明显偏离。从逻辑上看，中国出口大致等于贸易伙伴从中国的进口。但是占中国总出口83%的14个主要贸易伙伴在上年8月，从中国的进口增速为1.1%①，而同期中国总出口增速达9.4%。

此外，吴海英②还从以下几个方面论证了2014年第三季度的出口增速虚高：出口增速与出口交货值增速的矛盾，贵金属、其他机电产品的出口异常升高，其他商品贸易方式下的出口异常变化，以及出口增速异常高于货物出口结汇增速。在排除了基期的虚假贸易因素之后，实际上7月出口增速在0上下，而8月增速约为2%。具体分析还可以参见吴海英的其他研究③。目前，从摩根大通全球制造业PMI指数、中国外贸出口先导指数等指标来看，其下滑幅度都已经明显收窄，2015年第四季度中国出口的真实增速（剔除虚假贸易）将有望实现弱势企稳。

---

① 14个贸易伙伴是美国、欧盟、中国香港、东盟、日本、韩国、印度、俄罗斯、澳大利亚、中国台湾、巴西、加拿大、沙特和南非。考虑到中国对香港出口的绝大部分是转口贸易，这里香港提供的从中国进口为香港从中国进口的自用部分，等于香港自中国进口-香港来自中国的转口额×（1-转口毛利率）。

② 吴海英：《虚假出口：监测、估计和政策启示》，《金融评论》2014年第6期。

③ 吴海英：《7月出口并未出现大幅回落》，2015年8月10日，CEEM财经评论15017；吴海英：《8月出口实现低位正增长》，2015年9月8日，CEEM财经评论15018。

五 中国潜在增长率分析及展望：劳动力人口的角度

人口老龄化是中国经济潜在增速下降的一个重要背景。基于劳动力人口变化的角度，Cai and Lu① 和梁润②分别研究了中国的潜在增速变化（见图5）。尽管两个研究基于诸多不同的假设，但最核心的差异在于：前者考虑了劳动年龄人口数量的变化对潜在增速的负面影响；而后者则考虑了劳动力质量——人力资本积累的增长对潜在增速的正面影响。

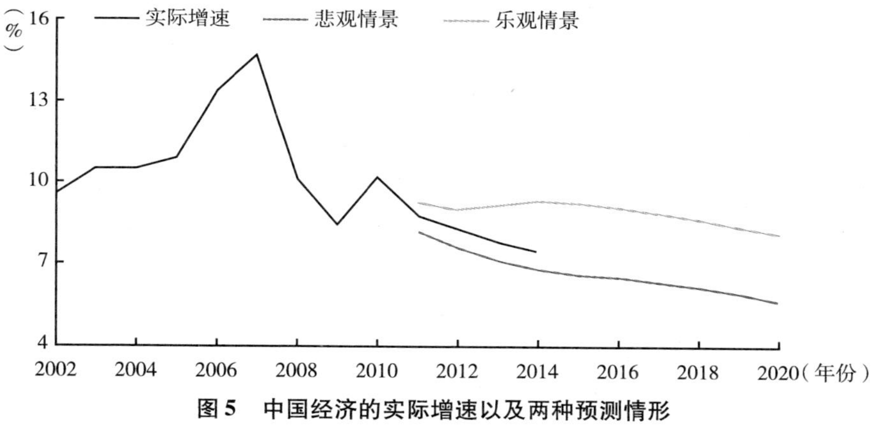

图5 中国经济的实际增速以及两种预测情形

资料来源：乐观情景来自梁润的《中国的人力资本与经济增长：1978～2030》，北京大学博士学位论文，2012年6月；悲观情景来自 Cai，Fang and Lu，Yang，“Population Change and Resulting Slowdown in Potential GDP Growth in China”，*China & World Economy*，2013，21：2；实际增速来自国家统计局。

上述两者分别构成了对中国经济潜在增速变化的相对悲观和相对乐观情景。从结果上来看，2011～2014年，中国经济的实际增速全都落在了两个研究结果的估计区间之内。也就是说，实际增速均高于悲观情景，但也都低

① Cai，Fang and Lu，Yang，“Population Change and Resulting Slowdown in Potential GDP Growth in China”，*China & World Economy*，2013，21：2.

② 梁润：《中国的人力资本与经济增长：1978～2030》，北京大学博士学位论文，2012年6月。

于乐观情景。

第一个悲观情景未考虑人力资本增长对经济增长的贡献。第二个乐观情景则假定全部人力资本均能够无障碍地转化为劳动力供给，从而提高潜在产出水平。而实际发生的情况介于两者之间，即人力资本的增长对潜在增速有贡献，但由于人力资本转化为现实生产能力存在一定障碍，例如劳动力市场的错误匹配（mismatch），导致人力资本的增长无法全部转化为生产能力。从图 5 来看，经济增速更接近悲观情景。这也表明在此期间，劳动力市场的错误匹配有所加剧。

综上可以得到结论，目前中国经济增速的放缓，仍完全处于两种情形的潜在增速估计结果之间。当前的经济增速放缓与潜在增速的变化方向一致具有必然性。对应的政策含义是：短期宏观经济调控虽然仍要借助需求管理和周期性政策工具，但是更多的政策重心应放在供给面。尤其是减少劳动力市场的错误匹配，促进人力资本向真实生产能力转化。

那么中国的劳动力市场错配的具体表现是什么？这直接关系到错配问题的解决。

观察中国的劳动力市场可以发现：尽管经济增速持续放缓，但是劳动力市场的求人倍率却稳步上升，劳动力市场总体仍然供不应求。人保部的数据显示，2014 年第四季度城市劳动力市场总体求人倍率为 1.15，达到了 2001 年有数据记录以来的历史最高值。这一数据也意味着，企业的用工需求有 13.04% 无法得到满足。

观察制造业采购经理人指数（PMI）的就业分项指标可以发现：该指标自 2012 年 6 月以来持续低于 50 的荣枯线，而在 2014 年各月份，该指数围绕 48.2 的水平波动，制造业部门总体就业形势不容乐观。但是另一方面，非制造业 PMI 就业指数，仍然围绕 50 的水平上下波动，情况相对乐观。可见，前述就业形势的总体相对稳健，主要是得益于非制造业的就业市场稳健。

固定资产投资的方向变化也有助于帮助我们理解这个问题：为什么总体投资增速继续放缓，而总体求人倍率仍然走高。2014 年与 2013 年对比，制造业固定资产投资增速下降了5.0个百分点。而在全部行业分类中，2014年投资增速高于2013年的8个行业，除了建筑业之外，其他7个行业全部是服务业。具体地看，这7个行业在2014年的投资增速较2013年的变动情况是：信息传输、软件和信息技术服务业增长19个百分点，公共管理、社会保障和社会组织增长16个百分点，租赁和商务服务业增长10个百分点，科学研究、技术服务和地质勘查业增长8个百分点，卫生和社会工作增长6个百分点，教育增长5个百分点，交通运输、仓储和邮政业增长1.4个百分点。

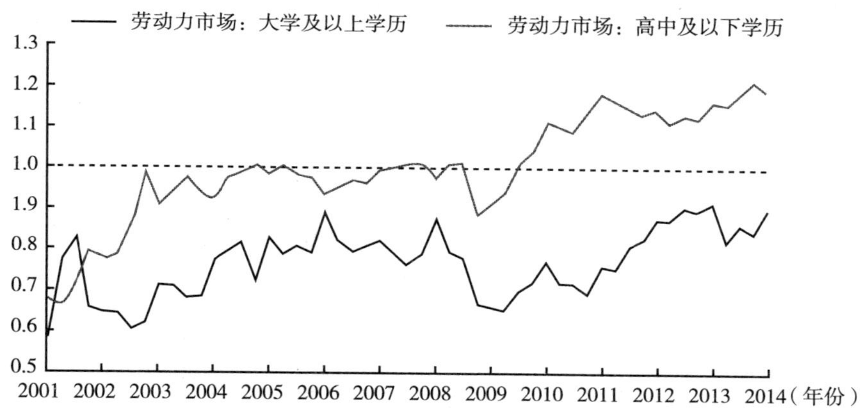

图6　劳动力市场的错误匹配问题严重：求人倍率指标

注：高中、初中及以下的求人倍率计算方法：求职者人数是高中、初中学历人数的加总；招聘人数是要求高中、初中学历，以及无学历要求的加总。专科及以上、大学本科学历求人倍率计算，则是求职者学历、招聘要求学历均为大学或专科的情况。求职者的学历统计中，没有“无学历”的人数，因此将无学历的招聘需求，与高中、初中学历的求职者对应起来。另外，劳动力市场的招聘、求职人数还统计了：①职高、技校、中专，但这一项人数已经被包括到高中学历之中，所以不再计算；②硕士学历，这部分劳动力数量较少，占本、专科人数的比例最高峰也仅为5%，即使计算对结果也没有显著影响。还需要说明的是，因为本科、大专的求人倍率走势非常接近，所以加总数据并不会对分组数据的信息造成严重损失。

但是，如果劳动力市场的供给与产业结构调整对劳动力的需求无法匹配，或者说：如果在一个劳动力市场出现职位的空缺，与此同时，在另一个劳动力市场出现失业，这就是劳动力市场的结构性失业。

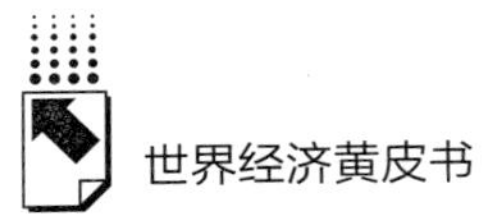

基于图6的信息，以求职者的学历来进行划分，可以观察以下两个劳动力市场，从而分析劳动力市场的错误匹配：高中、初中及以下学历求职者的劳动力市场（以下称为A市场）；大专及以上、大学本科学历求职者的劳动力市场（以下称为B市场）。

2001～2005年，两个市场都面临不同程度的失业，错误匹配问题并不显著；2006～2008年，A市场的劳动力短缺在5%左右，而B市场的劳动力过剩在20%左右，劳动力市场的错误匹配逐渐严重；2009年至今，A市场的劳动力供给短缺明显加剧；2013年以来，劳动力短缺比率已上升到20%左右，而B市场仍然处于供给过剩状态，2013年的过剩比率为13%。两个市场的分化进一步扩大。

可见，目前就业在整体供、求上并不存在大的问题，甚至仍然表现出供不应求。但是劳动力的错误匹配问题十分突出。这将在两方面带来负面影响：第一，局部劳动力市场，B市场的劳动力供给过剩较为显著，可能引发一系列社会问题；第二，企业的职位空缺会使生产能力无法充分实现，而作为较高学历的求职者，其积累的较高人力资本也无法转化为生产能力，资本、劳动力由于不匹配而同时面临闲置，对潜在产出造成了负面影响。

为了提高潜在增速，结构调整应该以劳动力、资本的优化配置为目标。为了优化资本的配置，进行金融体制改革，尤其是利率、汇率制度的改革，发展成熟的金融中介机构和市场，这些都是必需的步骤。为了优化劳动力配置，尤其是激活目前闲置的人力资本、释放其生产能力，我们可以采取的措施除了解决信息不对称带来的过高搜寻成本之外，以下政策也将是有帮助的。

其一，改善劳动力市场“制度性分割”状况。赖德胜和田永坡[①]发现，劳动力市场存在两种制度性分割的情况：就业制度分割和社会保障制度分割。具体来说，就业制度分割的情况包括：户籍制度、具有保护性的地方就业政策，从农村或西部地区向城市或东部地区转换工作面临较大的进入成本

---

① 赖德胜、田永坡：《对中国“知识失业”成因的一个解释》，《经济研究》2005年第11期。

和离去成本。社会保障制度的分割包括：不同部门、行业、地区之间的社保制度存在分割。

这两种分割，一方面通过提高大学生未来工作转化的成本，从而提高了大学生就业的保留工资——大学生心目中可以接受的最低工资；另一方面，也提高了企业招聘大学生的成本，例如企业可能需要解决户口等问题。由此造成了该劳动力市场难以实现供求平衡的状况。

其二，从产业结构层面来看，还需要鼓励和发展服务业。尤其是发展医疗卫生、社会保障和福利、信息技术、教育、研发、创意产业、环境保护、地质勘查等行业，将有利于改善大学生的就业。而目前的情况恰恰是服务业的发展较为滞后。服务业发展滞后在何种程度上造成了劳动力市场的错误匹配、阻碍了人力资本红利的释放——这些问题我们将在第六部分进行分析。

按照梁润①和 Cai and Lu② 两种情形的研究结论，如果能够顺利推行上述措施，则劳动力市场的错误匹配将得到明显改善，人力资本将得到有效的激活和释放，“人力资本红利”将在很大程度上缓解“人口红利”下降带来的影响，并有望使 2020 年之前的潜在增速继续维持在 8% 以上。

六 产业结构调整与中国人力资本红利的释放

基于世界银行发展指数（WDI）中 84 个经济体的截面数据（见图 7）我们可以发现：一个经济体的服务业就业占比与经济体所处的发展阶段密切相关。但即使考虑到经济发展水平的影响，中国服务业就业占全部就业的比例也显著偏低。图 7 显示，中国服务业就业占比为 34.1%，而在同一发展水平，该比例的期望值为 51.6%。两者差距为 17.5 个百分点。这表明在当

① 梁润：《中国的人力资本与经济增长：1978～2030》，北京大学博士学位论文，2012 年 6 月。

② Cai, Fang and Lu, Yang, “Population Change and Resulting Slowdown in Potential GDP Growth in China”, *China & World Economy*, 2013, 21: 2.

前阶段，中国的服务业供给显著偏低，因此服务业的发展空间及吸纳就业的空间非常巨大。①

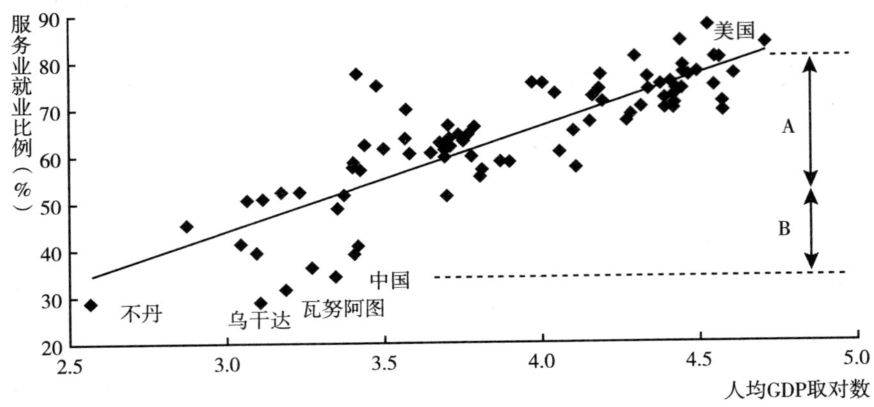

图 7　中国的服务业就业占比偏低

资料来源：WDI online，2012。

根据图 7 还可以对中、美两国服务业就业比例的差距进行分析：中、美服务业就业比重的差距为 46.8 个百分点。这一差距可以分解为两个部分：①由于两国发展阶段不同带来的差距；②即使考虑当前所处的发展水平，中国服务业的发展也明显滞后。上述两个部分分别可以解释中美服务业就业比例差距的 29.3 个和 17.5 个百分点。也就是说，中国自身服务业的发展滞后，可以解释中美服务业就业比例差距的 37.4%（17.5/46.8）。可见，服务业的发展，以及对相关行业投资的带动，将对中国经济的持续增长形成极为可观的推动力。

服务业当中哪些细分行业是短板？我们可以对服务业的 13 个主要行业进行分析。作为一个参照的基准，我们选取美国的服务业就业分布作为比较对象。对比两国服务业就业人数在 13 个子行业的分布比例（2011 年数据），可以发现在以下行业，中国的就业人数比例明显低于美国：①卫生、社会保

① 有观点认为中国服务业的数据可能被低估，但是与其他相似的发展中经济体相比，中国的统计数据体系是相对较为完善的。因此可以认为，即使可能存在低估，中国的情况也要好于其他发展中经济体。

险和社会福利；②水利、环境和公共设施管理；③科学研究、技术服务和地质勘查；④金融业；⑤教育业。在上述5个行业，中国的比例分别低于美国13.4个、5.9个、5.5个、2.7个和1.2个百分点。

可见，以美国为参照，前述5个行业较可能存在服务供给不足的情况。这5个行业应该是未来政策的着力点。而其他的服务行业，例如批发零售、住宿餐饮等，其发展程度是相对较为充分的。

从需求面来看，中国的服务业也有较大的提升空间。

欧盟的世界投入产出表（WIOD）包含了欧盟27国，以及其他13个具有系统重要性经济体的投入产出数据。基于该数据库，我们可以比较这40个经济体中居民部门的消费结构。居民部门的消费可以分解为两个部分：有形产品的消费和无形产品的消费，前者对应农业或制造业，而后者则对应服务业。分析结果显示，居民部门的服务业消费占比，与该国经济体的发展阶段也有密切关系①。经济发展水平越高，则居民部门的服务业消费占比越高②。

但让人意外的是，中国居民的服务业消费占比甚至略高于所处发展阶段的应有水平（见图8）。一个重要的原因可能是：中国居民面对的服务业消费价格是偏高的。因为服务业消费在全部消费中占比的信息，不但包含了服务业、制造业产品的数量信息，而且还包含了两者相对价格的信息。在制造业产能过剩、服务业供给不足的情况下，服务业消费的价格相对偏高是自然的结果。以医疗行业为例，一系列研究对“看病贵、看病难”的原因进行了分析，但是对于“看病贵”的现象本身是有共识的③。从这个角度而言，中国居民的服务业消费占比可能需要向下修正。

---

① 由于WIOD数据库中，人均GDP水平与中国相近或低于中国的经济体，只有印度和印度尼西亚，这造成中国一端的样本很少，可能对分析结果的稳健性造成影响。不过，即使剔除印度和印度尼西亚两个样本进行分析，主要结论不会发生改变。

② 具体结论是：人均GDP每增加1个百分点，服务业的消费占比将提高0.18个百分点。

③ 朱恒鹏：《医疗体制弊端与药品定价扭曲》，《中国社会科学》2007年第4期；寇宗来：《“以药养医”与“看病贵，看病难”》，《世界经济》2010年第1期；王颖、崔欣、李程跃：《从“看病贵”问题看我国医疗保障制度的变革及其存在的问题》，《中国卫生经济》2010年第2期。

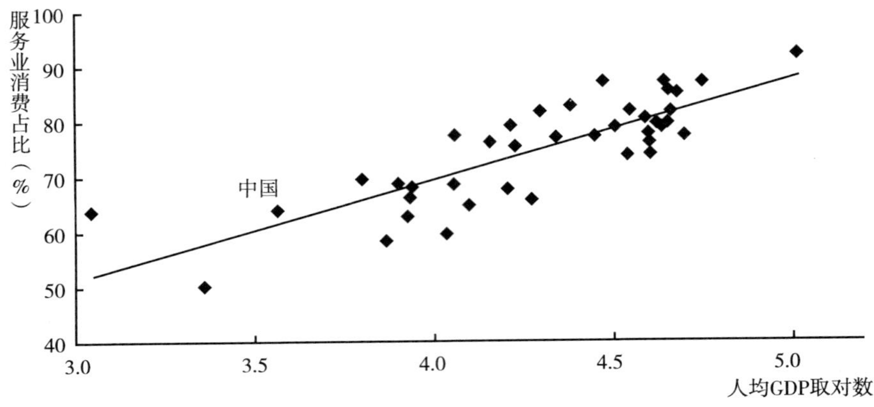

图8　中国的服务业消费占比有较大提升空间

资料来源：WIOD，2012；WDI online，2012。

这意味着在经济发展水平不变的情况下，如果服务业发展导致其消费价格的下降，则居民的服务业消费占比不一定会有显著变化，但由于实际消费数量的提升，居民的福利水平将有明显提高。

从动态的角度来看，如果2020年人均GDP翻番的目标实现①，届时服务业消费占比将提高至69.4%，即在现有水平上提高5.6个百分点。这也为扩大居民消费提供了一个新的角度，即从结构上而言，居民消费在服务业消费方面有更大的提升空间。

目前服务业面临的问题是：整体上供给短缺，而需求则被动地受到高价格的抑制。在服务业的某些部门，这些问题尤其突出，例如卫生、社会保险和社会福利业，水利、环境和公共设施管理，科学研究、技术服务和地质勘查，金融业，教育业等行业。政府需要对上述行业放开准入，对所有企业公平对待，并提供相应基础设施（包括有形、无形的基础设施）建设的支持。

服务业的发展滞后是许多问题的症结所在。因此，推动服务业的发展，许多相关的问题、矛盾将有望得到缓解甚至解决。这至少体现在以下五个方

① 从过去的经验来看，这一目标的实现，比人均收入翻番的目标更为容易。

面：①服务业本身的扩大，将创造新一轮的投资热点，在外部环境充满不确定性的情况下，这将对短期宏观经济稳定起到重要作用。②服务业的发展将有利于改善就业，尤其是医疗、金融、教育、技术服务等行业的发展，将有利于改善大学生的就业现状。③服务业通常是技术密集型或劳动密集型行业，其收入分配向人力资本或劳动力倾斜，从而可能有助于改善收入分配。④服务业的发展，将使目前受到抑制的消费需求得以释放，国民福利水平将获得提升。⑤服务业，即不可贸易品部门的发展，将有助于中国缓解外部失衡，并且将中国经济发展的重心转移到内部市场，从而增强中国经济的自我稳定性。

专 题 篇

Special Reports

Y.10

国际贸易形势回顾与展望：低速的新常态

马 涛*

摘 要： 世界经济复苏仍相当疲弱，全球贸易增长放缓也未现明显改观。2014 年全球贸易形势依然乏善可陈，2015 年上半年全球货物贸易量同比仅增长 1.8%，与 WTO 预测的 3.3% 相距甚远。我们判断，根据美国经济第二季度的强劲增长以及各项先导指数的反弹情况，2015 年全球货物贸易增长率将不会超过 3.0%。在未来一个时期内，全球贸易增速将和世界经济增长率相仿，预计 2016 年将增长到 3.5% 左右。全球贸易发展还受到区域贸易协定的影响，TPP 谈判从受

* 马涛，经济学博士，中国社会科学院世界经济与政治研究所副研究员，主要研究领域：国际贸易、全球价值链等。

阻到达成基本协议，在某种程度上是美国各利益集团博弈的结果。TPP 协议的达成将会对国际贸易规则和世界经济格局造成深刻影响。为了摆脱全球贸易的低迷增长，各国应该通过促进贸易便利化抵消贸易限制措施造成的负面影响。推进贸易便利化进程，不仅可以有效预防贸易保护主义的滋生，还可以促进区域乃至全球贸易发展。

关键词： 国际贸易 增长预测 TPP 谈判进程 贸易限制措施

一 2014年国际贸易形势回顾

全球贸易状况依旧不断恶化，全球贸易增长放缓也影响着世界经济发展格局。2014 年，全球货物贸易额达到 18.95 万亿美元，同比增长 0.7%，贸易量同比增长 2.8%，低于 2014 年 4 月预测的 4.7% 的增速。2012～2014 年，全球贸易增长率已经连续三年低于 3%，平均增长 2.4%，这是自 1990 年以来，贸易扩张时期连续三年的最低增长率。除了全球需求整体疲弱外，进出口商品，特别是初级品价格下降是全球贸易增长放缓的主要原因。

2014 年上半年，世界出口量同比仅增长 1.9%，下半年同比增长 3.7%。发达经济体和发展中经济体出口量在 2014 年上半年同比增长都较为缓慢，分别为 1.8% 和 2.1%；下半年，发展中经济体出口量同比增长较快，高达 5.1%，发达经济体则为 2.5%。在 2014 年全年，发展中经济体的出口增速为 3.3%，高于发达经济体的 2.2%；发展中经济体的进口增速为 2.0%，低于发达经济体的 3.2%。欧盟疲弱的进口需求严重影响了世界贸易，欧盟进口仅是局部复苏，其总进口同比增长 1.9%。若全球贸易要实现更高增速，欧洲经济需要先有更强的复苏。另外，2014 年 7 月以来原油价格下降约 50%，诸如原油等大宗商品价格的下降，不仅会影响全球进口额，也会影响全球出口贸易的增加。以上是导致 2014 年全球贸易增长放缓的主

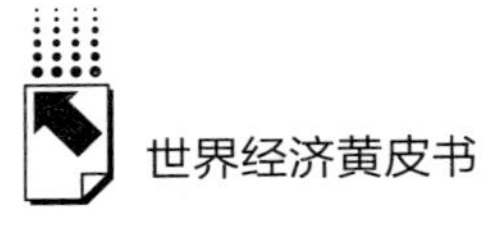

要原因。

2014 年世界贸易呈现以下几个特点。

第一，2014 年发达地区的进出口增长要好于新兴和发展中经济体。北美洲出口增长高于其他地区，同比增长 3%，亚洲为 2%，欧洲为 1%。北美洲进口同比增长也是 3%，亚洲是零增长，欧洲则是 2%（参见表 1）。金砖国家除中国和印度的出口贸易增长独树一帜外，其他国家的出口均出现了下降。大宗商品和石油价格降低，压低了新兴经济体的出口商品价值，同时美元走强对那些货币相对美元贬值的新兴经济体的出口商品价值形成下压。

表 1　2014 年世界主要国家和地区的货物贸易增长情况

单位：十亿美元，%

指标	出口					进口				
	出口额	年度变化				进口额	年度变化			
年份	2014	2005～2014	2012	2013	2014	2014	2005～2014	2012	2013	2014
世界	18427	7	0	2	1	18574	6	0	1	1
北美洲	2495	6	4	2	3	3297	4	3	0	3
美国	1623	7	4	2	3	2409	4	3	0	3
加拿大	474	3	1	1	3	475	4	2	0	0
墨西哥	398	7	6	3	5	412	7	5	3	5
中南美洲	695	7	-1	-2	-6	742	10	3	3	-4
巴西	225	7	-5	0	-7	239	13	-2	7	-5
其他中南美国家	470	7	1	-3	-5	503	9	5	0	-4
欧洲	6736	5	-4	4	1	6717	4	-6	1	2
欧盟(28)	6161	5	-5	5	1	6129	4	-6	1	2
德国	1511	5	-5	3	4	1217	5	-7	2	2
法国	583	3	-5	2	0	679	3	-6	1	0
荷兰	672	6	-2	2	0	587	5	-2	0	0
英国	507	3	-7	14	-6	683	3	2	-5	4
意大利	529	4	-4	3	2	472	2	-13	-2	-2
独联体国家(CIS)	735	9	2	-2	-6	506	10	6	0	-12
俄罗斯	497	8	1	-1	-5	308	10	4	2	-10
非洲	557	7	5	-6	-8	647	11	9	3	2
南非	91	7	-8	-4	-5	122	8	2	-1	-3
石油出口国	286	5	12	-11	-13	206	13	10	10	3
非石油出口国	180	9	1	3	1	320	11	11	0	4

续表

指标	出口					进口				
	出口额	年度变化				进口额	年度变化			
年份	2014	2005～2014	2012	2013	2014	2014	2005～2014	2012	2013	2014
中东	1293	10	6	0	-4	790	10	8	6	1
亚洲	5916	9	2	2	2	5874	9	4	1	0
中国	2343	13	8	8	6	1960	13	4	7	1
日本	684	2	-3	-10	-4	822	5	4	-6	-1
印度	317	14	-2	6	1	460	14	5	-5	-1
NIE(4)	1312	7	-1	1	1	1316	7	0	0	1

注：NIE（4）包含中国香港、韩国、新加坡和中国台湾。石油出口国包括阿尔及利亚、安哥拉、喀麦隆、乍得、赤道几内亚、利比亚、尼日利亚、苏丹、刚果和加蓬共和国。

资料来源：*Trade Statistics and Outlook*，WTO（2015）。

第二，多数工业制成品出口增长下滑，有的甚至在第四季度跌至负增长。除了办公和电信设备产品出口在2014年同比增长不断提升，其他工业制成品，如钢铁、工业机械、化工、汽车和纺织服装等产品的出口增速都出现了明显下降。尽管在2014年第四季度，钢铁产品出口同比增长了2.4%，办公和电信设备产品也涨了近3%，但化工、汽车、纺织服装和工业机械产品在第四季度已经跌落至负增长，跌幅在1%～3%区间。

第三，商业服务产品出口呈温和增长之势。2014年，全球各地区商业服务产品出口增长率在1%～6%区间。其中，独联体国家的服务产品出口同比下降近8%，交通运输服务、旅游和其他商业服务均出现不同程度的下降。服务贸易中的制造业服务出口同比下降3%，这与很多制成品出口下滑存在着必然联系。

二 2015年国际贸易的走势分析

（一）对2015年国际贸易形势的基本判断和分析

世界贸易组织（WTO）首席经济学家 Robert Koopman 认为，2015年全球贸易增长放缓很大程度上是欧洲经济复苏乏力以及中国经济放缓造成的。全球经济的结构性调整，也将使全球贸易增长放缓持续一段时间。

2015 年 4 月，WTO 发布的贸易统计和展望报告预测，2015 年全球货物贸易还将适度复苏，增长率为 3.3%。发展中经济体出口贸易预计增长 3.6%，进口将增长 3.7%。发达经济体进出口贸易预计将增长 3.2%。其中，亚洲的出口业绩将是所有地区中增速最高的，为 5.0%，其次是北美洲的 4.5%。欧洲的出口也有所改善，将提升到 3.0%，高于 2014 年的 1.9%。南美洲的出口增长最为疲弱，仅为 0.2%，而非洲、中东和独联体国家的出口将会出现负增长（-0.6%）。同时，2015 年北美和亚洲的进口增速也将达到 5% 左右，而欧洲进口增长将会低于 3%。南美和其他地区（包括非洲、中东和独联体国家）的进口则分别会出现 0.5% 和 2.4% 的下降。

金融危机后的几年，新兴经济体曾引领全球贸易增长。可是近两年，全球贸易与新兴经济体经济增长之间的联系似乎已经断裂，原因在于自 2010 年起，新兴经济体的经济增速就一直急剧下滑。其中，一些贸易增长较好的国家也被其他国家疲弱需求抵消了。从实际情况看，2015 年第二季度，全球贸易额比上年同期仅增长 1.1%。全年要达到 3.3% 的增速可能性较小，预计 WTO 还会下调此前预测的全球贸易增速。

1. 基于几个指标走势的判断

第一，2015 年国际航运指标的变化显示全球贸易增速持续低迷，但是下半年呈现小幅回升的迹象。国际航运市场是体现国际贸易景气的一个最直接的指标。干散货运输市场波罗的海综合运价指数（BDI）就体现了国际航运市场的发展情况（见图 1）。该指数显示从 2014 年底国际航运市场就呈现下滑趋势，直至 2015 年中才有所好转。除了 7 月 24 日运价指数发生较为显著的突变外，这种复苏趋势还有待关注。如果第四季度还能保持此前的复苏势头，那么，2015 年全球贸易增长还有所期待。

第二，全球需求小幅波动，制造业需求仍面临下行压力。尽管全球需求不再出现金融危机后两年明显的波动，但是小幅波动依然存在。多数国家生产扩张后劲不足，导致全球需求普遍低迷。从全球的采购经理人指数

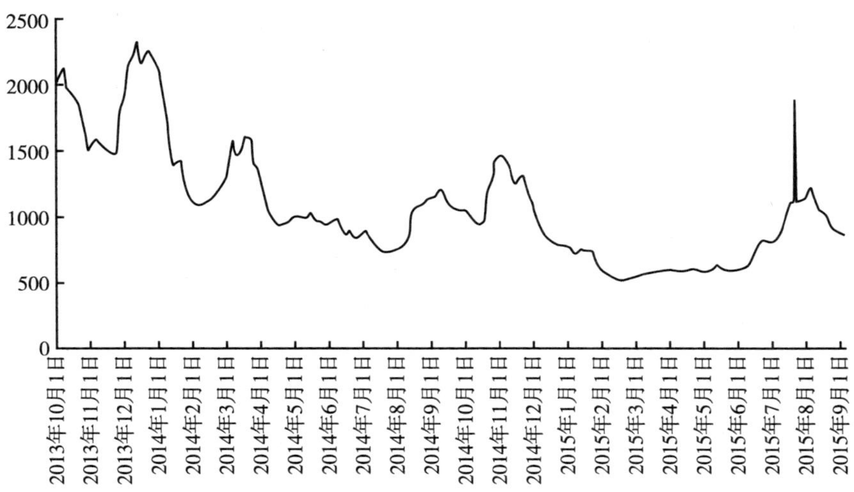

图 1　干散货运输市场波罗的海综合运价指数 BDI

资料来源：根据凤凰网财经的价格指数绘制，http：//app. finance. ifeng. com/data/indu/jgzs. php。

（PMI）看，在经历了 2014 年底世界外部市场需求跌落至谷底后，2015 年第一季度开始企稳回升（参见图 2）。其中，摩根大通全球综合 PMI 指数、新订单指数和服务业 PMI 指数，都仅略高于 52%，而制造业 PMI 指数更是低于 52%。2015 年前三个季度，全球制造业的 PMI 指数持续下滑，最低值已经接近 50% 的临界线，全球制造业生产扩张的压力不容小觑。尽管全球服务业发展较为平稳，但制造业的疲弱将直接影响全球贸易的复苏，毕竟实体经济还将是带动全球经济发展的主要推动力。

2. 对主要经济体的经济增长分析

第一，美国经济增长强劲，日本经济普遍需求疲弱。虽然国际货币基金组织（IMF）将 2015 年美国经济增长预测从 3. 1% 下调至 2. 5%，但是美国商务部数据显示，2015 年第二季度，美国经济按照年率计算增长 3. 7%，远高于之前初步估算的 2. 3%，美国经济开始显示强劲增长。2015 年第一季度，日本经济增长 4. 5%，第二季度按年率计算萎缩 1. 6%。根据经济增速数据看，尽管日本政府出台了大规模经济刺激措施，但是日本的需求增长仍

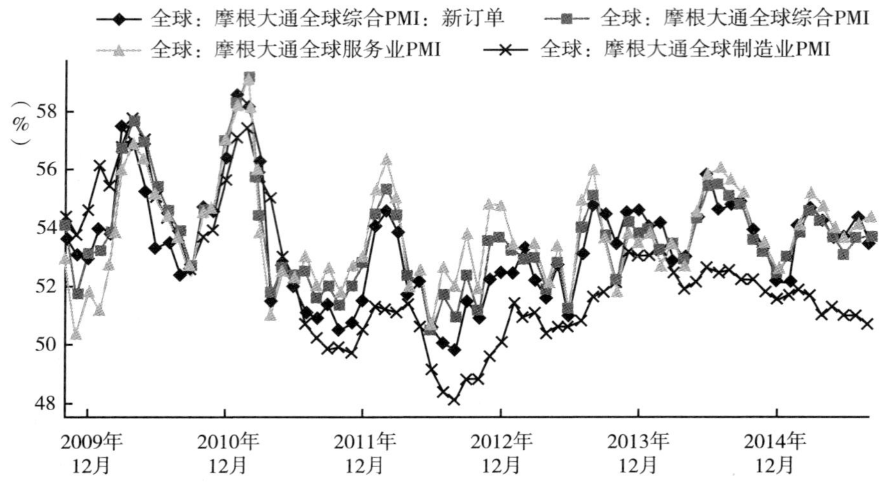

图 2　全球分类别 PMI 和新订单指数

资料来源：Wind 数据库。

然疲弱，各方均期待今年（2015 年）还能出台更多的宽松政策。最近 IMF 下调日本经济增速 0.2 个百分点至 0.8%。

第二，欧元区国家经济出现持续强劲复苏。统计数据显示，欧元区第二季度 GDP 环比增长 0.4%，主要受出口和消费支出大幅攀升拉动，显示出欧元区经济复苏持续强劲。2015 年第二季度，除法国经济没有增长外，欧盟其他成员国经济都实现了不同程度的增长。欧元区和欧盟家庭最终消费支出对经济增长的贡献是积极的，对 GDP 的贡献分别为 0.2 个和 0.3 个百分点。欧元区和欧盟对外贸易对经济增长的贡献也是积极的，对 GDP 的贡献分别为 0.4 个和 0.3 个百分点。特别是欧元区 8 月经济景气指数从 7 月的 104.0 上升至 104.2，好于预期值 103.8，且创 2011 年 6 月以来最高水平。

第三，新兴市场和发展中经济体经济前景不容乐观。IMF 对新兴市场的经济发展持悲观态度，预测其经济增速由 2014 年的 4.6% 下降至 2015 年的 4.2%。新兴市场经济长期增速放缓模式与发达经济体不同，新兴市场经济只是在近两年才出现放缓趋势，本质上不是劳动力供给和投资的减少，而是全要素生产率下降造成的。

2015 年第一季度，俄罗斯经济就已出现萎缩，萎缩幅度为 2.2%，但工业产出保持不变。第二季度，俄罗斯经济同比萎缩 4.6%，萎缩程度为 6 年来最大。由于欠缺长期投资，俄罗斯经济增速在 2014 年就已经降至极低水平，此外还有油价暴跌和地缘政治的影响。IMF 对墨西哥和巴西 2015 年经济增长预测分别下调 0.6 个和 0.5 个百分点，降至 2.4% 和 -1.5%。由于中国经济结构还在调整之中，IMF 预测中国近两年的经济增速会明显低于印度约 7.5% 的增长率。

（二）2015年上半年国际贸易的基本情况

第一，与 2014 年同期相比，2015 年上半年全球货物贸易量月度波动较大（参见图 3）。第一季度中三个月的国际贸易呈现平稳增长，增速从 2.1% 到 2.6% 不等。从 4 月开始，全球贸易同比增速出现大幅下滑，仅为 1.0%，直至滑落到 5 月 0.1% 的负增长，随后又跃升至 6 月 2.6% 的正增长。从全球贸易月度同比增长情况看，上半年的增速呈现典型的“V”字形状。同样，2015 年上半年全球货物贸易月度环比增速也呈现相似的“V”字形状。但是从环比增速看，上半年的贸易情况可谓每况愈下，2、3 和 5 月的环比增速分别为 -0.57%、-0.22% 和 -1.32%，只有 6 月有所改善，达到近 2% 的增长。由此可见，2015 年上半年全球货物贸易的增长情况确实是乏善可陈，但是 6 月的反弹却带来一丝寄托，这让我们期待下半年能够持续复苏，以此带动全年贸易的稳定增长。

第二，分国别看，发达经济体的进口量大于新兴经济体的进口量，而两者的出口量相当（参见表 2）。从分月度进口量看，发达经济体的进口有小幅波动，体现在欧美日的进口均有轻微的变化。新兴经济体的进口也有一定的波动，主要是 6 月下滑幅度较大，这在很大程度上是亚洲新兴经济体的下降所致。从分月度出口量看，发达经济体和新兴经济体出口量相当，而 3 月亚洲新兴经济体出口深度衰退是造成新兴经济体整体波动明显的主要原因。

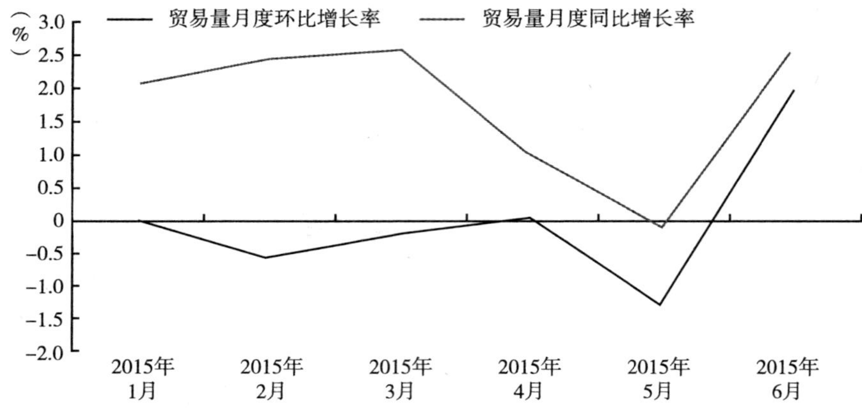

图 3　2015 年 1 ~ 6 月全球货物贸易增长的月度变化

资料来源：根据荷兰经济政策研究局（NBE）《2015 年世界货物贸易监测数据》计算。

表 2　2015 年 1 ~ 6 月世界分地区贸易量

单位：亿美元

时间	1 月	2 月	3 月	4 月	5 月	6 月	合计
进口	14189.6	14185.1	14379.7	14150.0	13927.4	14294.0	85125.7
发达经济体	7364.4	7355.4	7487.8	7376.3	7247.0	7412.1	44243.0
美国	1986.2	1909.9	2058.9	1982.7	1946.6	1973.7	11858.1
日本	584.0	605.4	544.5	578.2	561.7	561.9	3435.7
欧元区	3287.4	3315.6	3351.9	3305.4	3267.3	3351.5	19879.1
其他发达经济体	1506.7	1524.5	1532.5	1510.1	1471.4	1525.0	9070.2
新兴经济体	6824.2	6828.7	6890.9	6772.8	6679.5	6881.0	40877.1
亚洲新兴经济体	3677.2	3660.8	3688.9	3634.0	3555.9	3823.0	22039.7
中东欧	1138.6	1151.8	1172.9	1157.4	1119.6	1017.7	6758.1
拉美	710.5	702.2	717.0	708.3	706.1	714.5	4258.6
非洲和中东	1298.1	1314.1	1312.2	1273.2	1297.9	1325.8	7821.2
出口	14429.7	14273.9	14025.3	14254.6	14101.1	14290.6	85375.2
发达经济体	7107.3	7054.6	7151.8	7146.6	7054.7	7173.7	42688.7
美国	1306.9	1279.7	1285.1	1317.1	1296.7	1296.3	7781.8
日本	746.8	698.7	699.7	711.0	674.7	682.0	4213.0
欧元区	3694.2	3747.6	3751.8	3754.4	3726.9	3789.5	22464.4
其他发达经济体	1359.3	1328.7	1415.3	1364.1	1356.4	1406.0	8229.8

续表

时间	1月	2月	3月	4月	5月	6月	合计
新兴经济体	7322.1	7219.0	6873.3	7107.7	7046.2	7116.7	42685.1
亚洲新兴经济体	4538.6	4480.0	4063.9	4324.3	4322.5	4412.6	26141.9
中东欧	1241.8	1209.9	1229.4	1219.7	1180.9	1134.5	7216.2
拉美	731.6	730.6	759.0	746.1	723.3	747.7	4438.3
非洲和中东	809.8	798.4	820.9	817.4	819.2	821.6	4887.4

资料来源：根据荷兰经济政策研究局（NBE）《2015 年世界货物贸易监测数据》计算。

第三，新兴经济体贸易陷入了深度衰退，特别是亚洲新兴经济体。整个新兴经济体的消费者支出继续表现疲弱，贸易衰退加剧，新兴经济体的因果循环又进一步恶化。由于出口产品中投入的中间品更多在国内生产以及进口大宗商品价格的下降，中国出口贸易中的进口强度下降。而巴西、俄罗斯等主要大宗商品生产国的消费者需求大幅下降，在整个新兴经济体内产生了连锁效应。上述原因导致原本一些“大进大出”的新兴经济体贸易结构出现变化，以致其进口明显低于发达经济体。

（三）对2015年下半年国际贸易形势的预测

2015 年全球贸易增长的持续放缓已经让一些人认为，全球化已经见顶。尽管全球化可能见顶，但是目前至少还没有迹象表明全球化趋势已逆转。全球贸易增速已经放缓至与世界经济增速相仿的水平，特别是最近 IMF 将 2015 年全球经济增速由 3.5% 下调至 3.3%。全球经济的增长“引擎”似乎发生了“机械故障”，而贸易增长又在很大程度上依赖于全球宏观经济形势。总体而言，全球贸易复苏乏力是由多方面原因造成的，不仅有世界经济整体需求疲弱，还有贸易保护手段渐多、地缘政治等等因素。

图 4 是全球货物贸易量的实际值和趋势预测，尽管 2015 年上半年的贸易量出现波动，根据贸易量的预测情况（见图 4 中的虚线部分，这里笔者运用了双指数平滑法的预测，其中包含了趋势变动），下半年会有一个持续性的温和复苏。从预测数据看，2015 年 7 ~ 12 月，全球货物贸易量较上半

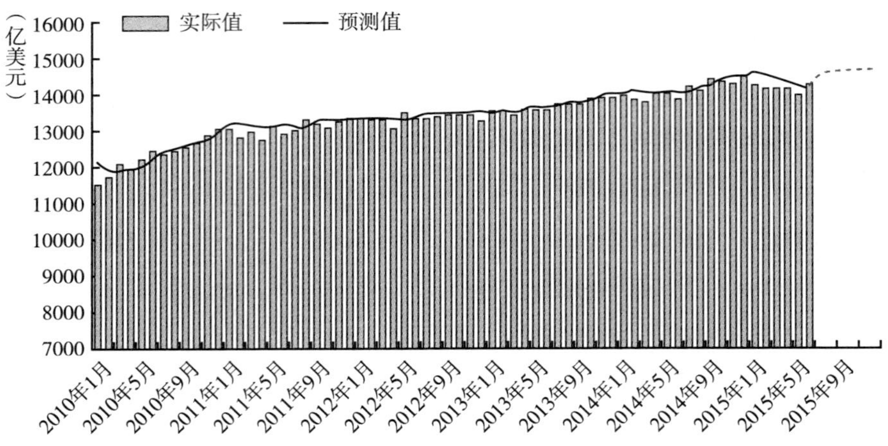

图4 全球货物贸易实际值与趋势预测

资料来源：根据 NBE 数据预测得到并绘制。

年（85289 亿美元）会有一个显著的提升，预计贸易量将达 87982 亿美元，但相比 2014 年下半年的 86289 亿美元，增长幅度仅为 1.96%。由此可见，2015 年全球贸易低速增长形势也将难以改观。所以，要达到 WTO 此前预测的 3.3% 的增速绝非易事。基于此，我们预测 2015 年全球货物贸易增长率将不会超过 3.0%。

三 国际贸易热点问题

（一）TPP 谈判达成基本协议

2015 年 10 月 5 日，12 个跨太平洋伙伴关系协议（TPP）成员国在美国亚特兰大达成基本协议，TPP 谈判取得实质性突破，经过五年密集谈判，可谓“终成正果”。从 7 月到 10 月的短短数月，从 TPP 谈判受阻到豁然开朗，也算是意料中的“意外”。

1. TPP 谈判峰回路转：取得实质性突破

经过两个多月的谈判搁浅，10 月 5 日，TPP 谈判在美国亚特兰大达成基本协议，开启了以TPP为代表的区域一体化进程。一个横跨美洲（美国、加拿大、墨西哥、智利、秘鲁）、大洋洲（澳大利亚、新西兰）和亚洲（日本、新加坡、越南、马来西亚、文莱）12个国家，涵盖世界经济总量近40%的超大型区域自由贸易协定（Mega-FTA）基本形成。

尽管TPP已达成基本协议，但TPP的落地还需要各成员国分别通过各自国内复杂的审批后方能实施，尤其是美国需要国会的批准才能生效。因此，TPP各成员国面临的下一个挑战是，赢得公众的支持，并获得国内立法机构的批准。目前，从对协议发表看法的美国国会议员来看，只有少数议员对协议持支持的态度。多数议员主要对货币操纵条款、烟草监管是否纳入国际争端解决机制这两个议题持有争议。美国参众两院对一些TPP的公开质疑表明TPP的前路不易。尽管美国对TPP持反对态度的国会议员不在少数，但是贸易促进授权法案（TPA）授予国会只有“同意”和“否决”两种表决，没有进行修改法案的权利。由于TPP在美国照顾了多数贸易集团的利益，也就会分化国会中的反对力量，议员们一票否决的可能性也较小。从审批程序的步骤看，根据TPA设立的时间节点，TPP不可能在2016年以前获得国会的批准。

TPP将缔结“雄心勃勃的、全面的、高标准的和平衡的”协议。TPP也为12个成员国设立了新的经贸规则，包括知识产权保护、竞争政策、环境和劳工标准等，而这些正是在WTO多边框架下难以实现的内容。美国主导下的TPP正是通过构建新的贸易投资规则，以高标准规则边缘化竞争对手，实现其“重返亚太”的战略目标。TPP是构建美国“重返亚太”战略的经济支柱，能加强美国在亚太地区的经济影响力和主导性。

现在，有一种观点是TPP会凌驾于WTO之上。由此可能会使人联想到，如果以美国为首的TPP成员严格推行协议中的高标准条款，必定会损害非成员经济体（或者某些产业）的利益，人为地割裂上述经济体（或者某些产业）参与价值链分工，造成其在全球分工体系中的调整。美国通过TPP重塑全球贸易规则，借助自由贸易谈判来重构全球价值链，达到“重返制造业”的目的，是美国的核心利益所在。

话也说回来，TPP 不过是一个区域自由贸易协议，必将成为以 WTO 为代表的多边贸易体制的有益补充。长期以来，多边贸易体制和区域贸易自由化相生相伴，共同推动经济全球化进程。WTO 是全球自由贸易协议，虽然与 TPP 覆盖范围不同，但理念几乎完全一致，都以推动自由竞争、公平贸易、开放透明为目标。正如美国贸易代表（USTR）办公室公布的《TPP 协议内容摘要》（*Summary of the TPP Agreement*）中所强调的，TPP 是为全球贸易设立新标准的 21 世纪的标志性协议，是一个升级版的 WTO。TPP 将是促进亚太地区经济一体化深入发展的新动力。

《TPP 协议内容摘要》也明确表示，TPP 作为区域经济一体化的平台，不仅对于 APEC 任何成员都持开放态度，对其他国家或者单独的关税区只要在各缔约方同意的基础上，在完成相应的法律程序后也可加入，同时还有退出的细化程序。

2. TPP 对国际经贸规则和亚太经济的影响

TPP 是美国主导的区域一体化安排，在多边贸易规则难以向前推进的背景下，转而着力推行区域贸易和投资新规则。美国借此一方面另辟蹊径以重新获得制定国际贸易与投资规则的主导权，另一方面以高水平、高标准的区域安排给一些新兴市场国家设置高准入门槛，削弱其话语权。

《TPP 协议内容摘要》中明确列出了三十章条款和国际经贸规则，其中既包括多边贸易框架下的规则，如货物贸易、服装和纺织品、原产地规则和技术性贸易壁垒等，也包括新一代经贸规则，如贸易救济、金融服务、电子商务、政府采购、竞争政策等，还有一些新出现的内容，如国有企业和指定垄断、中小企业等。上述一些在 WTO 多边框架下难以推行的经贸规则，在区域贸易协定下也可能会面临难以预测的挑战，更何况还涌现出很多新一代高标准的经贸规则，其最大的阻力在于成员国的经贸水平参差不齐。TPP 中的高标准规则将会提升未来区域贸易协定中的规则水平，也会影响双边自由贸易协定乃至双边投资协定的谈判内容。

如果 TPP 高标准的国际经贸规则在短期内得以实施，将会对协定以外的国家和地区经济造成深刻影响，这种影响既是挑战，也意味着机遇。此外，部分高标准规则的实施也会改变现有亚太地区生产网络的分工格局和经贸方式。如果 TPP 成员继续不断扩大，将会深刻影响亚太地区经济和全球价值链的发展。

（二）贸易限制措施增多及其应对措施

根据 WTO 数据统计，从 2014 年 10 月 16 日到 2015 年 5 月 15 日，共有 104 项新的贸易限制措施（英文为 Trade restrictive measures，不包含贸易救济措施）被实施，平均每个月约有 15 项。从 2012 年以来，每月实施的新贸易限制措施数量基本上稳定在这个水平上，造成这些措施的存量不断增加。从 2008 年 10 月，累计实施贸易限制措施 2416 项，现在只有不到 15% 的限制措施得到取消，还在实施的有 1828 项。所以，这足以引起 WTO 成员方的关注和高度警惕。

与此同时，WTO 成员采取了更多的贸易自由化措施（也不包含贸易救济措施）。从 2013 年底算起，贸易自由化措施数量要多于贸易限制措施。在这期间，WTO 成员采取了 114 项新贸易自由化措施，平均每个月约有 16 项。虽然当前全球宏观经济形势需要审慎采取一些贸易限制措施，但是，多边贸易体制也证明了采取贸易限制措施能够提供一个可预测、透明的框架来监管贸易发展。总体而言，全球实施的贸易自由化措施多于贸易限制措施，尽管世界范围内贸易限制措施的数量在增多，但还是难以超越贸易便利化进程加快的速度。

全球贸易限制措施的增多，势必会使本已增长疲弱的世界贸易雪上加霜。为了摆脱全球贸易的低迷增长，各国应该通过促进贸易便利化抵消贸易限制措施造成的负面影响。在全球范围内提升贸易便利化的进程，不仅可以有效预防贸易保护主义的滋生，还可以促进全球乃至区域贸易发展。

为应对贸易限制措施，发展中国家应重视研究国际经贸规则，掌握 WTO 框架下的贸易限制措施，不断完善自身贸易救济制度，对不合理的贸易限制措施要据理力争。根据 WTO 法律文本来完善本国的相关救济措施，使发展中国家企业在面对不公平的贸易限制措施时，通过法律手段保障自己

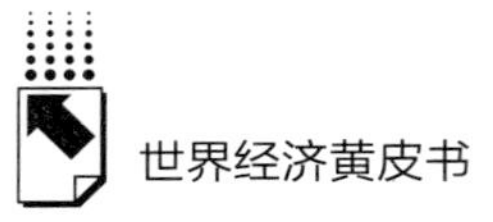

的利益。

具体来说，一是要维护并推动多边贸易体制建设，提升发展中国家在国际经贸规则制定中的主动权和话语权。国际金融危机后，发展中国家在国际经贸规则制定、全球治理等方面的影响力得到了极大提升。应充分利用G20、IMF、WTO等平台，积极参与全球经济与贸易对话，共同抵制不合理的贸易限制措施。二是发展中国家应加强与贸易伙伴国的对话与协调，携手抵制贸易保护主义。三是加快推进自贸区建设，发展中国家不断提升出口产品质量，也为应对贸易限制措施争取更大的回旋余地，降低贸易限制的负面冲击。四是要善于和敢于在WTO法律框架下与贸易争端发起国进行谈判，维护自身正当权益和经济利益，只有这样才能避免双方两败俱伤。

四　2016年国际贸易形势预测

回顾过去几年，贸易增长放缓已经明显延长了金融危机之后的全球经济增长乏力期。虽然全球贸易还会继续缓慢复苏，但是受到脆弱的全球经济增长以及地缘政治紧张局势的影响，即便较快的复苏势头也可能会被削弱。尽管这样，我们还是可以乐观地将贸易视为可能撬动经济增长和发展的有力政策工具。各国政府也可以通过取缔贸易保护措施、改善市场进入条件、避免扭曲的竞争政策以及努力寻求全球贸易规则改革等措施来提升贸易增长并获得经济发展机会。

世界经济复苏依旧平淡无奇，在这样的经济形势下，WTO预测2016年全球货物贸易增速为4.0%，虽然仍低于1990年以来5.1%的平均增速，更不及危机前6.0%的水平，但WTO的预测更显客观和实际。其中，发达经济体与发展中经济体和新兴经济体的出口增速分别为4.4%和4.1%，进口将分别增长3.5%和5.0%。同时，WTO还预测了各区域的贸易形势，亚洲出口增长5.4%，欧洲将增长3.7%，北美洲将增长4.9%，中南美洲增长1.6%；亚洲的进口将增长5.1%，欧洲将增长3.1%，北美洲将增长5.1%，中南美洲为3.1%。

近些年来，全球贸易增速已放缓至与世界经济增速相仿的水平，这样的“新常态”可能还会延续一段时间。全球贸易还面临着下行风险，这种风险主要是由全球经济不均衡复苏造成的。IMF 对 2016 年全球经济增速预测保持不变，仍为 3.8%。同时，IMF 将欧元区的预测由 1.6% 上调至 1.7%，并排除了希腊危机将放慢全球经济复苏的隐忧。鉴于全球贸易复苏仍缺乏强劲的“引擎”带动，我们认为，2016 年全球贸易增长率预计在 3.5% 左右。

参考文献

刘玮：《美国国会会批准 TPP 协议吗?》，中国社会科学院世界经济与政治研究所 IGI（国际问题研究）系列讨论稿，2015 年 10 月 9 日。

荷兰经济政策研究局（NBE），2015 年世界货物贸易监测各月数据。

USTR NEWS, “Summary of the Trans-Pacific Partnership Agreement”, Washington, D. C. 20508, October 5, 2015.

WTO, *Trade Statistics and Outlook*, 14 April, 2015 Press Release.

Y.11
国际金融形势回顾与展望：风险集聚

高海红　陆 婷*

摘　要： 2015 年主要国家的政策利率仍然保持在较低水平，全球流动性总体充裕。然而美联储年内加息的不确定性以及新兴市场金融风险的显现，使得国际投资者的风险规避意识增强。在国债市场上，主要国家的中长期国债收益率曲线波动性有所提高；全球股票市场在年内剧烈动荡，尤其在 8 月出现整体暴跌；外汇市场上，美元延续自 2014 年以来的升值势头，与欧元和日元走势分道扬镳，新兴市场国家货币普遍贬值，并出现竞争性贬值态势。展望未来，主要国家货币政策分化将对国际金融市场走势产生重要影响，而其中美联储在何时、以何种节奏加息仍将是市场变化的决定性因素。

关键词： 国际金融风险　全球流动性　国债市场　全球股市　外汇市场

在《2014 年国际金融形势回顾与展望》一文中，我们认为发达国家持续宽松的货币政策是全球流动性累积的重要因素，同时也为金融泡沫形成埋下隐患[①]。2015 年主要发达国家总体的低息环境未变，但是伴随着对美联储加息预期的不断调整，以及新兴市场国家金融风险的显现，全球股票、外汇

---

* 高海红，中国社会科学院世界经济与政治研究所研究员，主要研究领域：国际金融；陆婷，中国社会科学院世界经济与政治研究所副研究员，主要研究领域：国际金融。

① 高海红、刘东民：《2014 年国际金融形势回顾与展望》，《2015 年世界经济形势与预测》，社会科学文献出版社，2015。

市场剧烈波动，新兴市场金融脆弱性增强是国际金融市场动荡的主要表现。本文首先分析国际金融市场变化的风险因素，然后分别分析国债市场、股票市场和外汇市场的走势、动因并对近期形势做出预测，最后是总结和展望。

一 国际金融风险

发达国家货币政策在2014年有所分化，表现为美联储即将退出量宽政策，而欧洲和日本等在内的其他主要发达国家的中央银行的量宽措施仍在持续。进入2015年，市场不断预期美联储将在年内适当时候提高政策利率，而美联储却因对美国经济状况有所担忧而迟迟未做出加息决定，这极大地增加了国际金融市场的不确定性。同时，年内国际石油和大宗商品价格大幅度下跌在一定程度上提高了通缩预期，这让多数国家的货币当局继续保持其宽松的货币政策。总体看，影响国际金融市场的主要因素和风险包括如下几个方面。

1. 主要国家的政策利率仍然保持在较低水平

如图1所示，美联储自2007年8月开始8次调低联邦基金利率，从2009年以来联邦基金目标利率一直保持在0～0.25%的水平。欧央行于2008年10月开始先后12次降低再融资利率，从2014年9月至2015年9月保持在0.05%的超低水平。日本中央银行从2010年10月以来将再贴现率保持在0.02%～0.10%的低位。需要指出的是，新兴市场国家在年内经济增长减速，与发达国家相比出现了一定的分化，为了刺激增长，这些国家保持较为宽松的货币政策。

2. 主要市场波动率在长期低迷状态中有所抬头

与宽松货币环境相对应，从2012年至2014年，包括股权、期货和外汇市场在内的全球主要金融市场的波动率保持低迷水平。然而，如图2所示，从2015年开始主要市场波动率有所上升，这反映出市场投资者变得比前期谨慎，市场脆弱性增加。其主要原因是美联储加息不断推迟，欧洲国家经济前景不确定，全球油价和大宗商品价格剧烈波动，以及货币竞争性贬值势头出现。股市、汇市以及商品期货等主要市场对上述因素变化异常敏感，投资

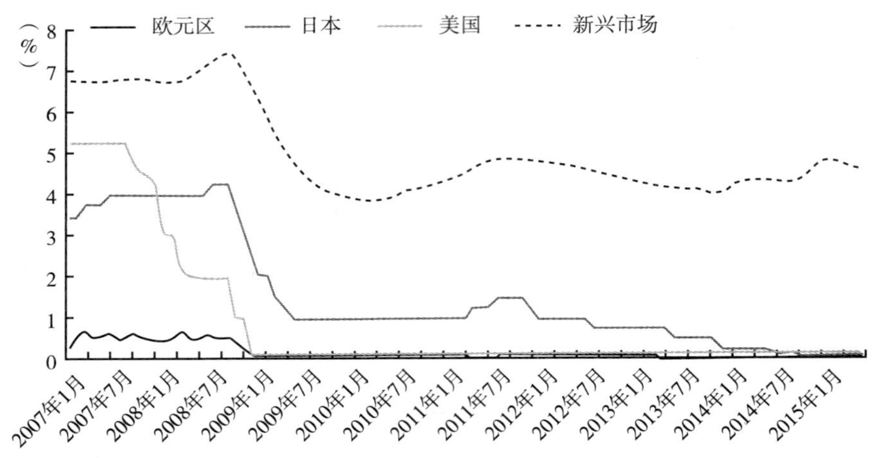

图 1　主要国家和经济体的政策利率走势

注：这里的政策利率分别指欧洲中央银行的再融资利率；美联储的联邦基金利率；日本中央银行的基本贴现率；新兴市场各国政策利率为各国政策利率的平均值。

资料来源：国际清算银行数据库。

者的风险溢价有所提高，资金开始流向相对安全的政府债券市场。2015 年主要政府债券收益率连创新低，外汇市场和股票市场的大幅度震荡则是投资者情绪变化的直接结果。

3. 全球流动性虽有所收紧但总体充裕

宽松的货币政策继续向国际金融市场释放流动性。从图 3 可见，2010 年以来，反映未来 30 天市场波动性的芝加哥期权交易所市场波动指数（VIX）尽管在 2015 年有所抬头，但从中长期看仍处于危机前较低的水平，是流动性充裕的重要心理指标。与此同时，充裕的流动性也反映为国际信贷市场和负债证券市场的活跃程度。国际清算银行从 2013 年 10 月开始跟踪全球流动性的变化，并发布全球流动性指数（Global Liquidity Indicators）的季度数据。①

① 对全球流动性的测量没有统一标准。国际清算银行对全球流动性指数的测量的主要依据为其报告银行的跨境与本地的贷款以及对国际证券的发行额，并根据地域、类别和币种等统计全球流动性的构成。详细资料请见 BIS：Global Liquidity：Selected Indicators，February 2015，October 2014，March 2014 和 October 2013。

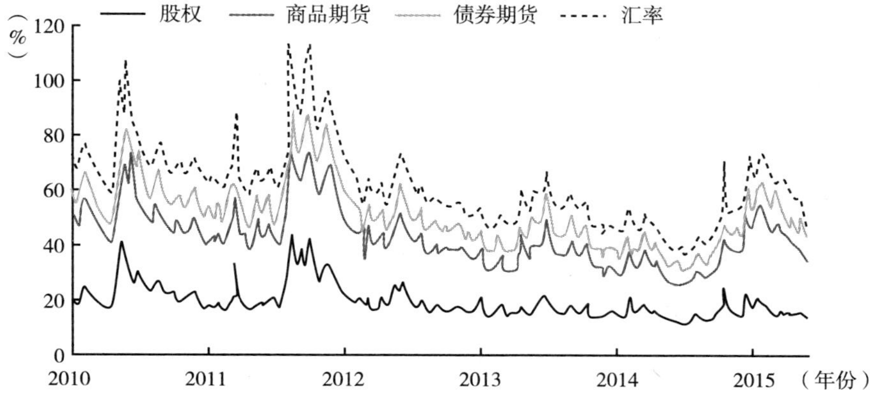

图 2　主要市场隐含波动率（2010 年 1 月 1 日至 2015 年 5 月 29 日，基点）

注：隐含波动率是考虑了基础资产当期价格之后的未来期权或其他类型合约的价格波动值。这一指标反映市场对资产未来价格的预期，其下降表明市场风险溢价降低；上升表明风险溢价提高。

资料来源：国际清算银行数据库。

从图 3 可见，2007 年全球金融危机爆发初期全球流动性大幅度下降，随后持续低迷直至 2013 年。从 2014 年开始，全球流动性进入上升通道，这一势头持续到 2015 年 6 月。①

国际银行信贷和负债证券发行年变动率普遍上升。与 2014 年第一季度相比，国际银行信贷在 2015 年第一季度上升了 6%，未清偿信贷额到 2015 年第三季度保持在 32.6 万亿美元的水平。与此同时，国际负债证券发行也保持上升势头，2015 年第三季度非银行发行的负债证券发行额年增长保持在 4.8% 的水平。从净发行额看，国际负债证券在 2015 年前半年净发行额已达到 3860 亿美元，而 2014 全年的净发行为 5090 亿美元②。

4. 新兴市场金融风险有所上升

新兴市场国家经济增长减速，投资放缓，跨境融资活动有所下降。新兴

① 这是基于统计数据的可获性，即为截至 2015 年 9 月 13 日，国际清算银行所发布的最新统计季报。

② BIS，"Quarterly Review"，September 2015.

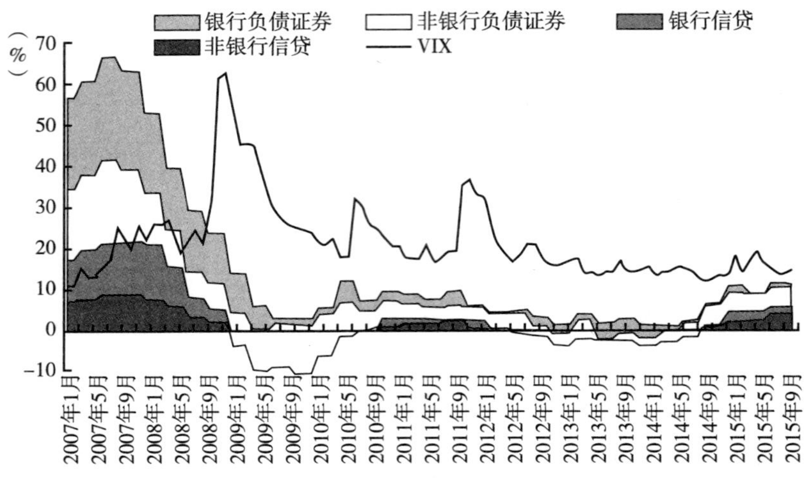

图3　全球流动性变化

注：VIX指芝加哥期权交易所市场隐含波动指数，单位为年化变动率。本统计仅限于国际清算银行报告银行的国际银行的信贷和国际负债证券的发行，单位为年化变动率。非银行信贷指银行对非银行的债权；银行信贷指银行对银行的债权；非银行负债证券指非银行发行的负债证券；银行负债证券指银行发行的负债证券。

资料来源：国际清算银行统计库。

市场国家跨境银行贷款在2015年第一季度下降了520亿美元，年增长率不到1%。由图4可见，在2015年第一季度，全球信贷增长率从2014年第四季度的6%上升至9.7%，而新兴市场的总体信贷增长低于这一水平。其中，亚太地区新兴经济体的增长速度出现了大幅度的下降，从2014年第四季度的15.6%降至2015年第一季度的12.7%。此外，新兴市场国家负债证券发行也低于过去几年的增长。

值得指出的是，2015年年内中国股市暴跌，从2015年6月12日至7月8日上海交易所300综合指数市值损失1/3。同时，2015年8月11日中国人民银行终止放松对人民币汇率中间价干预，在一定程度上允许人民币有更大的浮动空间，这一政策出台的瞬间结果是人民币大幅度贬值。中国市场的这些变化在一定程度对新兴市场国家有溢出效应。在外汇市场上，新兴市场国家货币对美元汇率普遍贬值。新兴市场经济对国际金融市场的负债主要以美元

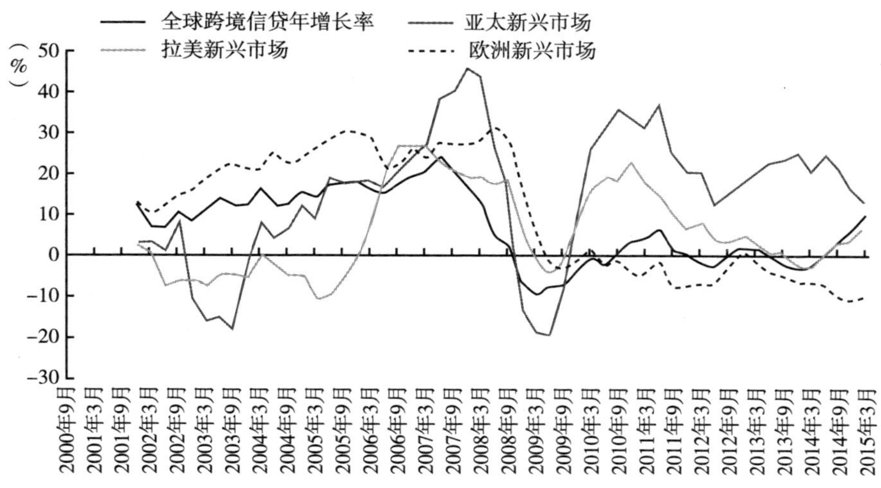

图 4　新兴市场国家跨境银行信贷增长

资料来源：国际清算银行数据库。

计价，如图 5 所示，在 2013 年，美元发行曾占新兴市场经济在国际金融市场的全部负债净发行额的 97.82%，之后有所下降，但在 2015 年第二季度仍有一半以上以美元发行。伴随美元升值和新兴市场国家货币普遍贬值，新兴市场国家美元负债将急剧增加。这在一定程度上增加了这些国家的金融脆弱性。

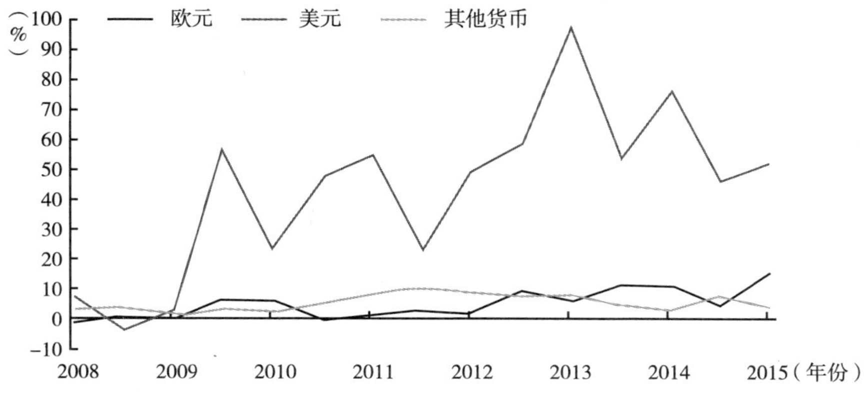

图 5　新兴市场国家国际负债证券净发行额的货币构成

资料来源：国际清算银行数据库。

展望未来，美联储货币政策的前瞻性指引继续影响国际金融市场。在2015年第四季度一开始，市场对美联储态度有所变化，投资者开始认为美联储过度担心美国经济状况，市场的这一态度将反过来对美联储采取加息施加压力。预计在2015年底或者在2016年，如果市场以加息预期对美联储持续施压，欧元区经济企稳，日本开始走出通缩，国际石油和大宗商品市场不出现剧烈波动，那么主要发达国家将缓慢步入加息通道。如果新兴市场经济形势没有明显好转，全球流动性将出现紧缩性逆转，资本很可能向发达国家安全性资产流动。新兴市场国家在国际金融市场中将处于不利的地位。尽管新兴市场国家中的短期外债占比在各国之间有很大差异，但国内和国际负债的整体水平普遍提高，尤其是，新兴市场国家非金融部门负债水平已经从2004年的4万亿美元增加到2014年的18万亿美元①。在可预期的未来，新兴市场国家将面临负债高峰期，这些国家将不得不应对由此产生的金融风险。

二　全球债券市场

2015年，美联储加息预期继续主宰着全球债券市场的命运，在其影响下，全球主要国家的中长期国债收益率曲线总体趋平，但波动性有所增强。同时，由于美欧日等国的货币政策分化，美国与其他国家国债息差显著，吸引投资者买入，成为促使美债收益率保持低位的主要驱动。在债券整体发行规模方面，发达国家债券发行规模好于预期，金融机构以及企业部门是发行规模上升的主要推手。

1. 全球中长期国债市场收益率曲线总体趋平，但波动性增强

2015年上半年，美国十年期国债收益率始终在美国经济数据以及美联储联邦公开市场委员会会议的左右之下，显示市场试图从经济数据以及美联储表态中揣测加息时点，并对投资策略进行相应调整的心态。年初受表现逊

① IMF, *Global Financial Stability Report*, September, 2015.

于预期的零售业销售数据影响，美国十年期国债收益率持续下滑，并一度探至1.68%的低点。随后美联储强势表态，即便收益率下跌也不准备推迟加息进程，同时2月非农就业数据的回暖也增强了市场信心，拉动国债收益率震荡回升。进入3~4月，美国各项经济指标阴晴不定，基本处于弱平衡状态，长期国债收益率回吐涨幅，并于4月末基本回归到年初点位。而在5~7月，受欧债价格跌幅扩大的带动以及美联储在两次议息会议上较为“鸽派”的态度所影响，十年期国债收益率出现跳涨，并数度在2.5%左右徘徊。8月，全球股市波动剧烈，市场避险情绪急速升温，国债市场收益率一路下挫，及至月底，美国新屋销售和消费者信心数据公布后，收益率逐渐持稳。

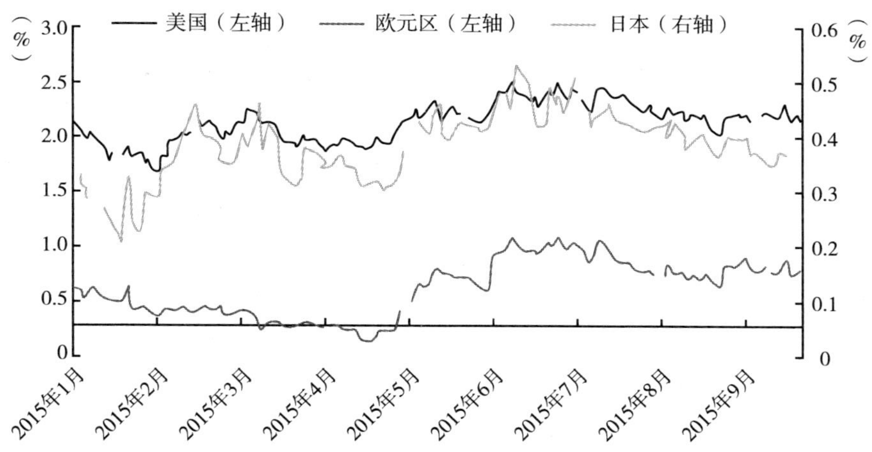

图6　主要发达国家十年期国债收益率

资料来源：Wind数据库。

反观欧元区以及日本中长期国债收益率，由于经济表现疲弱，量化宽松政策持续，其与美国国债收益率息差显著，但在走势上仍高度相关。自4月下旬开始，受通胀预期上升以及希腊债务问题的困扰，欧洲各国国债大量遭到抛售，欧元区国债收益率持续暴涨，达到1%左右。随后，在希腊第三轮救助协议达成以及美联储加息预期消退的支撑下，欧元区十年期国债收益率震荡下行，并在9月初基本稳定。日本中长期国债收益率则在日本现有宽松货币政策的刺激下，总体保持在较低水平。收益率曲线在一季度末受经济数据略有回暖的影响，出现了小幅向上调整，而其在年中全球债市下跌的大潮中也未能幸免，总体呈震荡上行态势（见图6）。

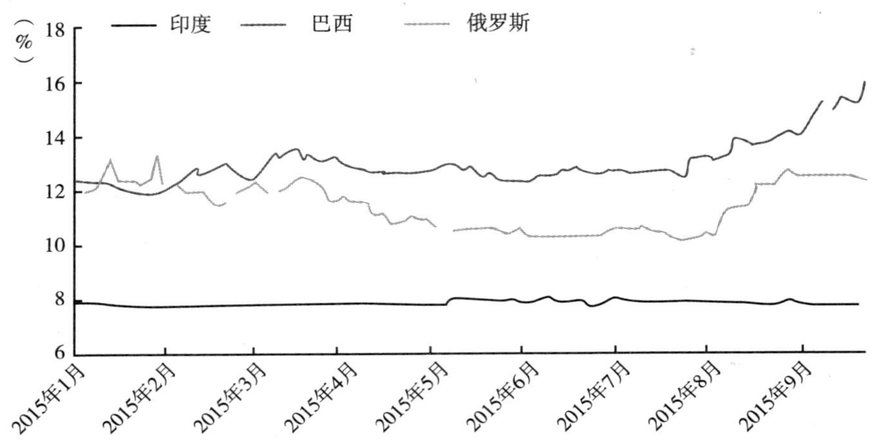

图7　部分新兴市场国家长期国债利率走势

资料来源：Wind 数据库。

与发达国家国债收益率曲线相类似，新兴市场国家长期国债收益率在2015年整体较为趋平，但受国际资本流动的影响，在年中以及8月与发达国家收益率的走向背道而驰（见图7）。年中，在发达国家主要债市出现抛售潮的同时，新兴市场国家经济基本面显示改善迹象，吸引国际资本流入新兴市场国家，各国国债收益率均震荡回落，尤其是俄罗斯，受益于逐步走出卢布危机与石油危机，收益率回落幅度更大。而进入8月以后，全球股市和汇市波动，市场避险情绪驱动资金流出新兴市场，重回发达国家安全资产，迅速拉高了新兴市场国家的中长期国债收益率。及至9月，在美联储推迟加息进程的影响下，部分经济状况较好的新兴市场国债收益率开始趋平，而经济环境较脆弱的国家如巴西，其中长期国债收益率则仍处于上升通道。

2. 发达国家债券发行规模好于预期

从净发行额度来看，受益于美联储加息预期，不少企业和机构意图在美国加息前利用较为廉价的成本进行融资，导致了 2015 年上半年发达国家债券发行规模远好于预期，扭转了上年底负增长的颓势。而按发行机构类别来观察，则不难看出，其中一个主要驱动力来自金融机构的债券发行。在 2014 年，发达国家金融机构受去杠杆进程的制约，债券发行始终维持在低位乃至于负值区间，而进入今年（2015 年）后，发达国家经济温和复苏带动企业部门融资意愿增强，在推动公司发行人债券份额上升的同时，也拉动了金融机构债券发行规模的扩张。与此相对应，发展中国家则在经历了 2014 年良好的债券发行表现之后扩张势头有所放缓，在经济金融环境不确定的情况下，市场发行主体的债券发行规模有一定程度的萎缩，而政府部门债券发行规模则有所扩张。

从市场未清偿债券金额看，在 2014 年 4 月至 2015 年 3 月的一年时间里，国际负债证券的未清偿余额继续呈现稳定态势，波动较小。发达国家未清偿债券金额虽仍然占据主导地位，约为未清偿债券总规模的 86.5%，但其下降趋势始终未发生改变。相比之下，发展中国家未清偿债券金额则稳步上升，由 2014 年底的 12.5% 升至今年一季度的 13.2%。

下一阶段，全球债券市场的动荡可能仍将持续。除全球经济复苏脆弱，增长前景未能对债券市场走势加以支撑外，更主要的是美联储加息进程依旧扑朔迷离，这已成为全球债券市场不确定性的一个重要来源。在经过六年的量化宽松之后，全球债券市场受流动性推动现象严重，且投资者同质性增强，显现较高程度的脆弱性，对于流动性冲击所带来的波动放大效应明显。作为影响全球债券市场流动性的一个重要因素，市场对美联储加息预期的摇摆，势必造成收益率的大幅震荡。不过，目前市场普遍认为，2015 年底美联储将完成至少一次的加息，因此预计到 2016 年主要国家中长期国债收益率将完成上行调整，同时，不同类别的资产价格走势出现分化将削弱投资者的羊群效应，有可能成为全球债市稳定的支撑。在债券发行规模方面，新兴市场国家由于经济增长趋缓以及结构性问题压力，未来可能会面临债券遭到

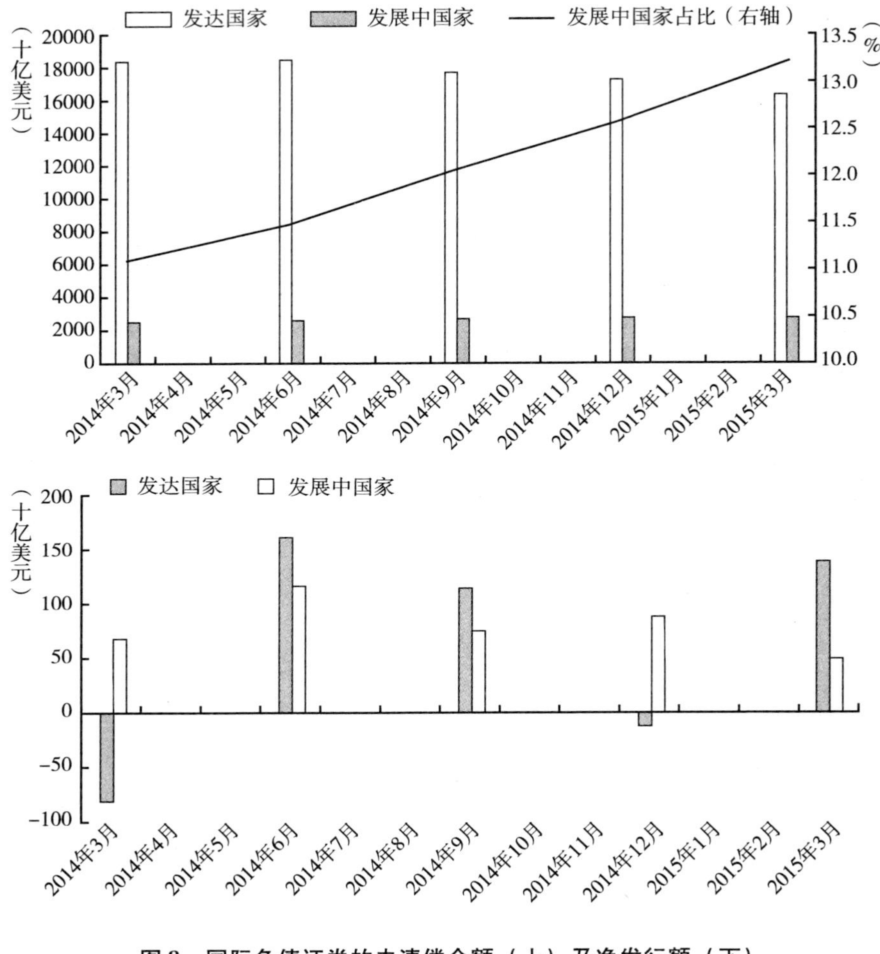

图 8　国际负债证券的未清偿余额（上）及净发行额（下）

资料来源：Wind 数据库。

抛售、国际资本外流的情况，这将影响到其企业和机构进行债券融资的进程，使得债券发行规模难以实现较大幅度的正向增长。而发达国家在美联储加息完成之后，由于融资成本的上升，债券发行规模可能也无法维持 2015 年上半年的增长速度而有所放缓，但新增债券规模得益于经济的温和改善仍将出现一定程度的扩张。

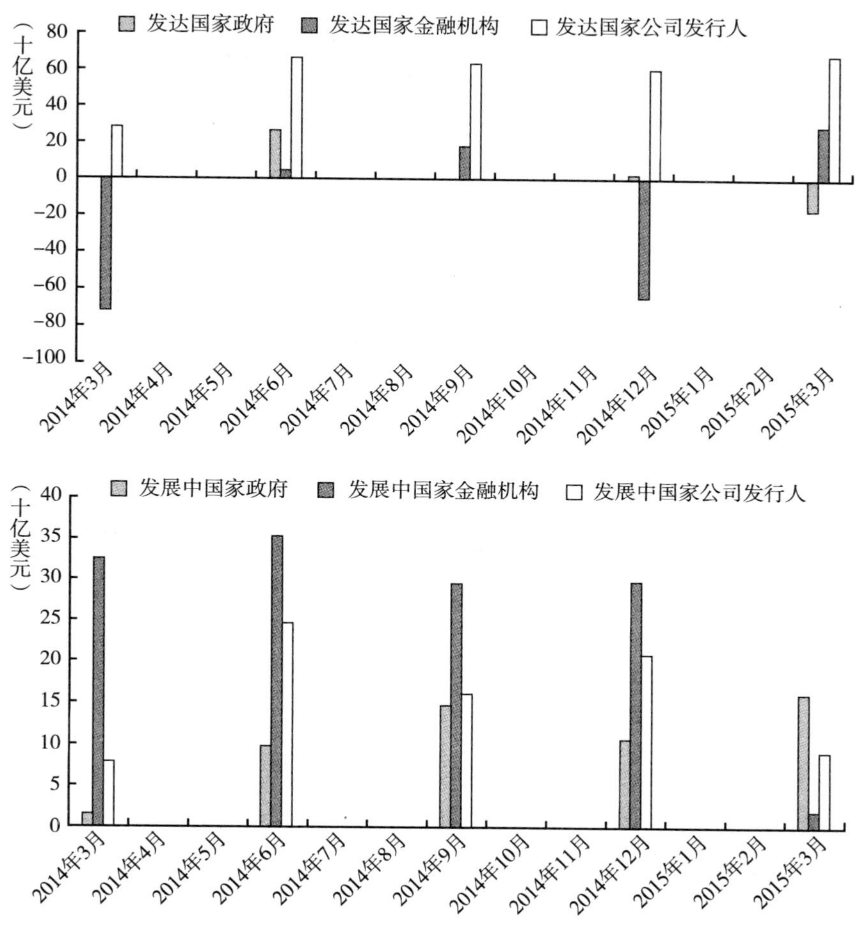

图9　发达国家（上）和发展中国家（下）按照发行机构类别的国际负债证券的净发行额

资料来源：Wind 数据库。

三　全球股票市场

如图 10 所示，2015 年全球股票市场波动剧烈，全球各主要交易所经过一季度的强势上扬后，在 8 月遭遇集体暴跌，导致整体增长率水平出现分化。保持宽松货币政策的欧元区国家、日本以及韩国，在下半年巨震之后依旧能保持代表性指数的正向增长率，而面临升息预期的美国以及在货币政策上按兵不动的澳大利亚、英国等则下跌惨重，恒生指数则由于同时受到中国内地股市和美股市场的冲击，下跌幅度达到9.6%。

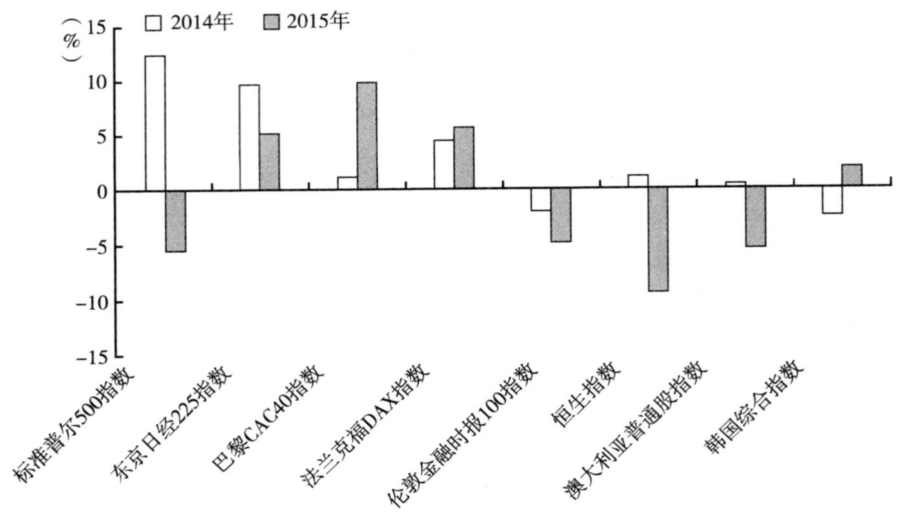

图10　全球主要股市代表性指数分别在2014年和2015年的增长率

资料来源：Wind数据库。

2015年上半年，在全球经济温和复苏、投资者信心指数回升、欧洲和亚洲部分国家继续向市场注入流动性等因素的共同影响下，发达国家的股票市场总体表现良好，尤其是在一季度，几乎所有发达国家主要交易所的代表性指数均以上涨收尾。以美股为例，它的三大指数道琼斯指数、标普500指数以及纳斯达克指数在2015年上半年都延续了2014年的慢牛行情，稳步震荡上行。道琼斯指数更创下了最窄波动幅度的纪录，在2015年上半年整整六个月中上涨或下跌的幅度都没有超过3.5%。从这里可以看到，虽然市场对于美联储新的紧缩周期的预期以及美元汇率的上升部分抵消了美国经济增长所带来的利好，但较低的VIX指数以及逐渐改善的企业经营环境都给股票市场提供了有力的支撑。而在欧洲方面，受益于欧央行量化宽松政策的持续、油价下跌以及欧元走软，欧股上半年整体走势强劲，部分市场涨幅甚至超过20%。国际投资资金的大量涌入，也为欧股的行情奠定了基础。据投信投顾公会统计，2015年上半年欧洲股票基金的境外净申购金额达517.7亿美元，居全球榜首，更是2014年全年净申购额的两倍有余。若非受2015年第二季度希腊债务问题以及欧元区二季度GDP不如预期的影响，各大指数均有一定程度的回调，欧股上半年的表现或更亮眼。

相比之下，2015年上半年新兴市场经济体股票市场先扬后抑，整体表现不尽如人意。得益于全球依旧宽松的流动性环境，新兴市场国家在一季度获得了约800亿美元的资本净流入，这为其股市的上行提供了支持。中国股票市场的表现尤为惊艳，在宽松的货币条件、低估值以及对改革的乐观情绪三者的共同作用下，上证综指最高达到了5178点，比年初上涨了约54%。然而，随着新兴市场经济体经济增速的放缓，以及美联储加息预期的升温，资金回流美元资产的趋势明显，新兴经济体在二季度资本外流高达1200亿美元，创下2009年以来最高季度纪录。在其驱动下，新兴市场股指节节下挫，国际机构投资者对新兴市场股票的配置意愿达到新低。

至2015年下半年，以中国为首的全球股票市场进入深度调整期，形成了各交易所股票指数同步震荡的格局，并在8月下旬引爆全球股市暴跌。仅8月一个月，上证综指累计跌幅就已达到12%，美国的标普500指数下跌6%，创2012年5月以来最大跌幅，一度触发熔断机制。全球股市如此剧烈的震荡主要由以下两个原因导致：一是对上半年乐观情绪的回调。上半年市场参与者对于全球经济增长前景以及各国政府改善经济形势的能力存在一定程度的过度乐观。以美国股市为例，上半年美国经济虽然整体温和复苏，但实际上复苏进程仍存在一定的脆弱性，企业赢利趋势也承受着一定的压力。市场投资者却对这些因素存在着错误的定价，并在乐观情绪的影响下，更加倾向于冒险持仓。二是市场一体化程度的加深以及程序化交易方式的广泛使用，使得全球股市存在一定程度的恶性共振。程序化交易会导致对市场信息的机械化解读，并催生投资者交易行为同质化，这在冲击出现时将产生传染和放大效应，增强波动幅度和市场联动性。

未来一段时间，随着全球股市调整期逐步走向尾声，各国股票市场的波动幅度将渐渐收窄，而它们的表现可能会因各自经济基本面的状况而出现分化。美国股市在经济复苏尚未完全稳固、企业赢利状况平平的影响下，整体表现将延续震荡趋平的态势，且最终在美联储完成加息后会出现一定程度向下的回调。日本则由于本身估值水平较为合理，且企业税率在下一财年有所下调，股票指数将显现稳健上行的趋势。量化宽松政策以及欧元的走软将继续成为欧洲股市的重要支撑，企业出口竞争力的增强以及赢利水平的扩增，有可能使欧洲股票市场繁荣的景象得到延续。新兴市场方面，受美联储加息进程以及自身经济增速放缓的影响，各国均会承担一定的国际资本外流压力，这将成为它们股票市场上扬的一大阻力，但一些自身经济基本面状况尚属良好的国家，如中国以及信贷需求转强、资产质量改善的印度，将具备较好的抗压能力。

四　全球外汇市场

2015 年，受各国央行货币政策以及经济增长情况差异显著增加的影响，全球主要国家货币汇率走势的分化程度加深，汇率波动幅度明显增大，根据 IMF 的判断，这或意味着净出口已在各个经济体之间出现显著的重新分布①。美元自 2014 年下半年起迎来的牛市在今年得以延续，欧元和日元汇率则在量化宽松政策的推动下总体处于低位。新兴市场方面，经济状况恶化、美元上扬以及资本外流使得新兴市场国家货币在今年集体走低。

首先，美元指数在 2015 年前三个月上涨 9%，延续了 2014 年下半年的强劲走势，创下 2008 年下半年以来最佳季度走势纪录，并一度突破 100 关口。随后在经济数据不如预期、美联储加息进程推迟、全球金融市场震荡等因素的影响下，美元指数进入长达数月的震荡盘整期，但整体仍处于高位。

从历史数据上来看，美元指数的趋势性涨跌主要由三大因素共同决定：一是美国相对于其他发达国家的经济增长状况；二是美国与其他发达国家之

① IMF, *World Economic Outlook*, September, 2015.

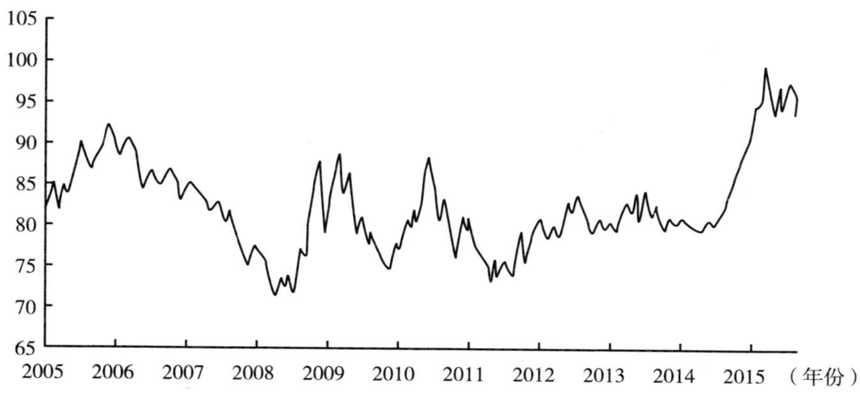

图 11　美元指数的中长期变化趋势

资料来源：Wind 数据库。

间的息差；三是市场的避险情绪。自 2011 年底，美国经济开始逐步回暖，尽管总体复苏势头尚未十分稳固，经济数据表现时好时坏，但相较于欧元区等其他发达国家的经济状况仍具有一定优势，这成为支撑美元指数走强的一个关键。而自 2014 年 10 月美国退出资产购买计划后，市场对于美联储加息的预期不断升温，这与欧元区和日本等国继续扩大宽松货币政策力度形成鲜明反差，导致美国与其他发达国家之间息差持续增大，推动美元指数上扬。此外，由于新兴市场经济体经济增速放缓，债务风险上升，投资者避险情绪上升，国际资金有从新兴市场流出、重返美元资产的趋势，在一定程度上也为美元指数达到高位推波助澜。

其次，自年初欧央行宣布量化宽松政策以来，欧元汇率承压显著，兑全球各主要国家汇率均出现不同幅度的下跌，其兑美元汇率在一季度就下跌了 11%，刷新了单季跌幅纪录。进入第二季度以后，希腊债务问题虽然给欧元区带来一定困扰，但最终得以暂时缓解，为欧元汇率上调提供了支持。总体经济数据微弱向好的态势也令欧元汇率的跌幅不断收窄，并在美联储推迟加息进程后出现一定程度的反弹，尤其是对一些经济表现较弱的国家货币。以澳大利亚为例，受大宗商品价格下跌的拖累，澳大利亚年内经济表现疲弱，第二季度经济增长率更降至四年内最低，使得欧元兑澳元出现持续震荡上行的态势。

欧元兑美元

1.25 1.20 1.15 1.10 1.05 1.00 0.95

2015年1月 2015年2月 2015年3月 2015年4月 2015年5月 2015年6月 2015年7月 2015年8月 2015年9月

欧元兑英镑

0.80 0.78 0.76 0.74 0.72 0.70 0.68 0.66 0.64

2015年1月 2015年2月 2015年3月 2015年4月 2015年5月 2015年6月 2015年7月 2015年8月 2015年9月

欧元兑日元

150 145 140 135 130 125 120 115

2015年1月 2015年2月 2015年3月 2015年4月 2015年5月 2015年6月 2015年7月 2015年8月 2015年9月

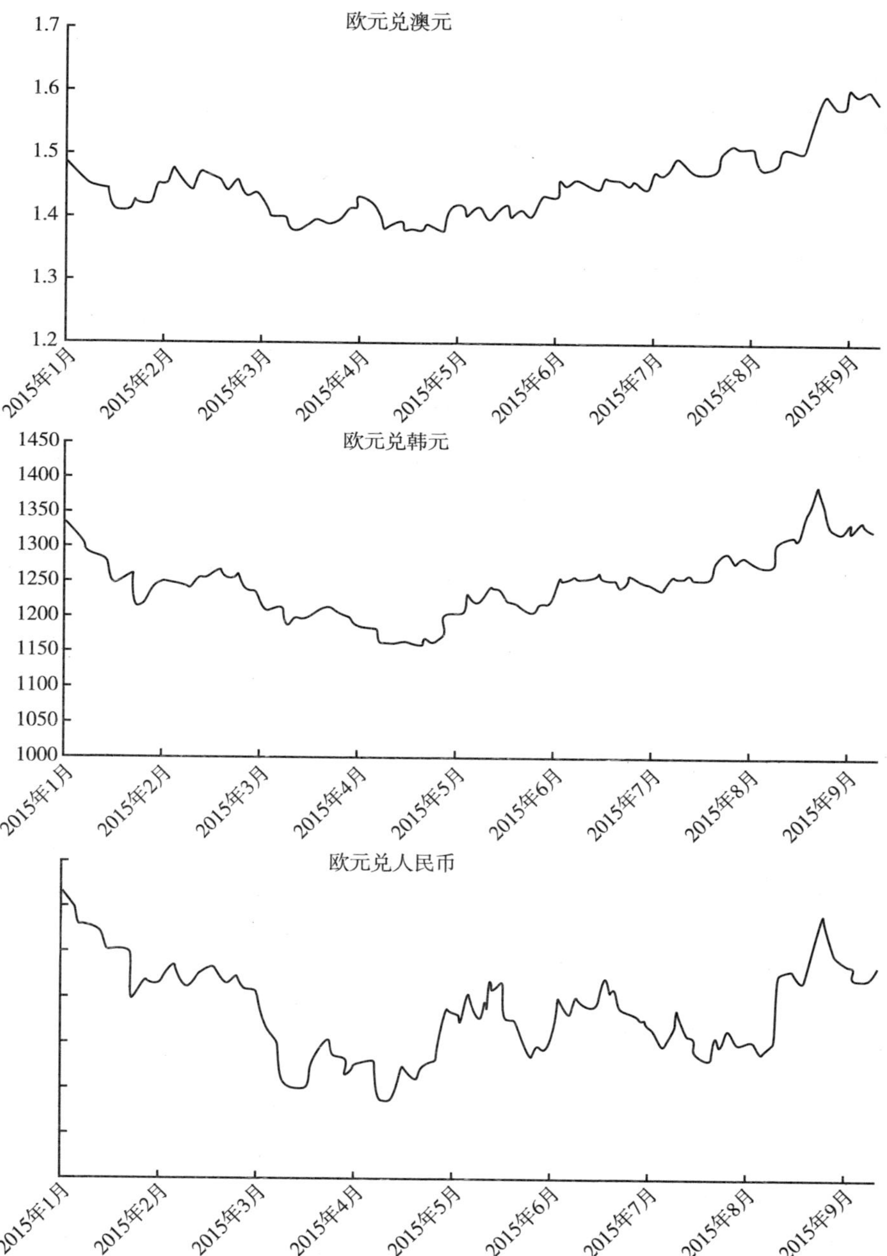

图 12　欧元兑部分主要国家货币的汇率变化趋势

资料来源：Wind 数据库。

再次，日本经济状况主导日元上半年走势，一季度温和复苏以及二季度GDP的环比转负使得衡量日元兑一篮子四种最常交易货币（美元、欧元、澳元、新西兰元）价值变化的日元指数在震荡趋平后出现小幅跌势。8月全球金融市场波动后，避险情绪上升，日元成为投资者的避险选择，由于此前投资者多数看空日元，受由空转多的头寸调整影响，日元买盘激增，推动其汇率发生了出乎意料的逆转，一路走强。及至8月下旬，日元成为金融市场波动后全球150种货币中累计升幅最高的货币。8月末至9月，随着市场情绪逐渐稳定，日元汇率开始回调，但由于欧元区经济表现不佳，市场对欧央行量化宽松政策加码预期转浓，同时美联储维持现有货币政策不变，日元回调幅度有限。

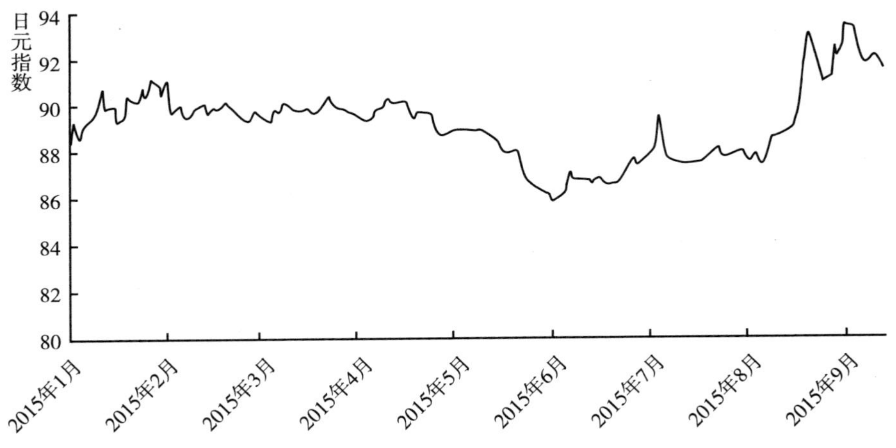

图13　日元指数变化趋势

资料来源：Wind 数据库。

最后，新兴市场货币在今年集体走低，其中一个主要原因就是美元的走强。一方面，美元走强使得国际资金从新兴市场流回美国，造成新兴市场普遍的资本外逃；另一方面，美元的升值也使得以美元计价的石油、农产品等大宗商品价格走低，令许多出口大宗商品的新兴市场国家经济风险上升。再加上不少新兴市场经济体内部本身就存在着高通胀、高赤字、经济增速放缓的问题，新兴市场货币在2015年币值持续承压，贬值幅度从4%至30%不等。

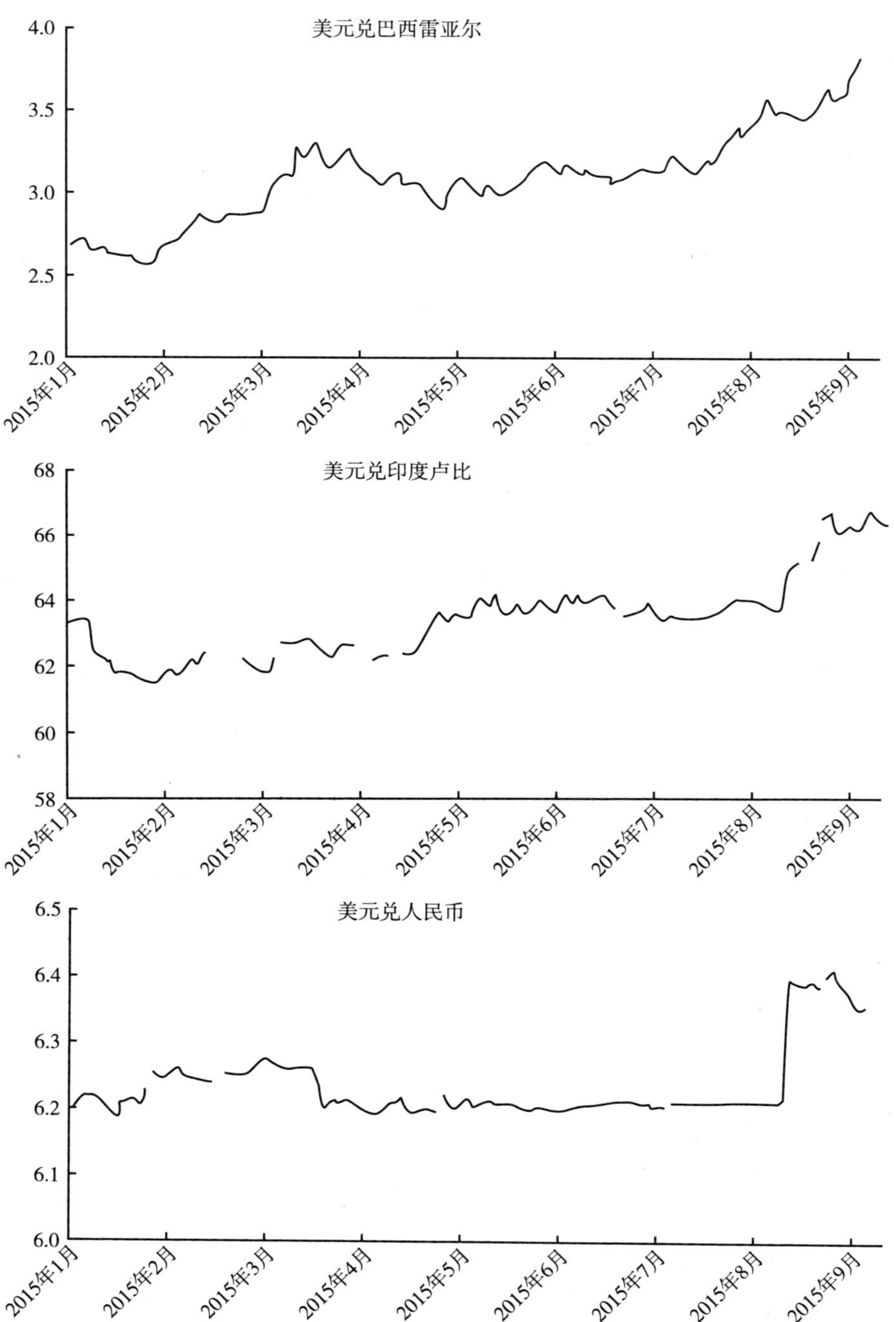
美元兑巴西雷亚尔
4.0
3.5
3.0
2.5
2.0
2015年1月
2015年2月
2015年3月
2015年4月
2015年5月
2015年6月
2015年7月
2015年8月
2015年9月
美元兑印度卢比
68
66
64
62
60
58
2015年1月
2015年2月
2015年3月
2015年4月
2015年5月
2015年6月
2015年7月
2015年8月
2015年9月
美元兑人民币
6.5
6.4
6.3
6.2
6.1
6.0
2015年1月
2015年2月
2015年3月
2015年4月
2015年5月
2015年6月
2015年7月
2015年8月
2015年9月

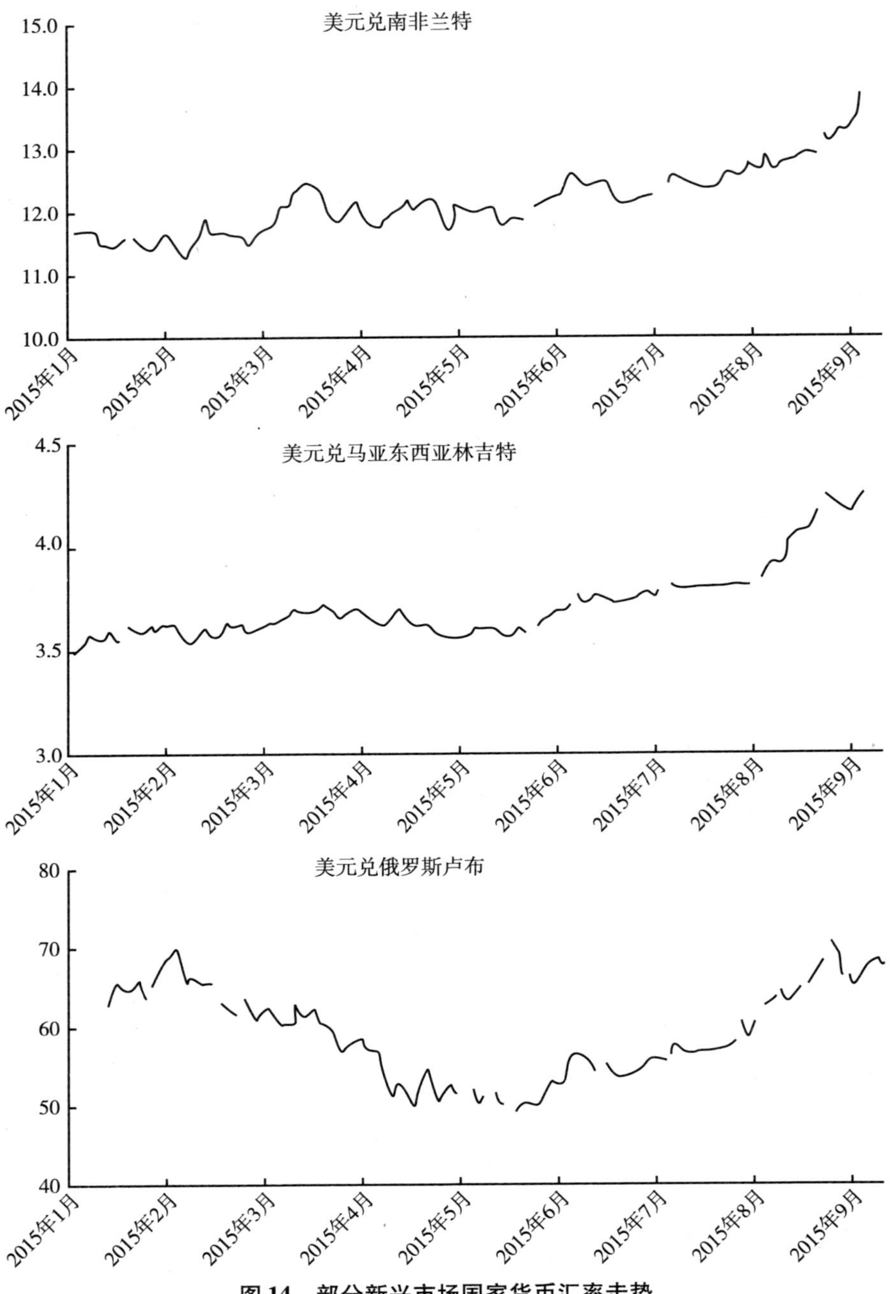

图 14　部分新兴市场国家货币汇率走势

资料来源：Wind 数据库。

展望全球外汇市场的未来，各国央行货币政策的调整以及各国经济基本面的状况仍将是引导全球货币汇率变化的关键，尤其是美联储退出非常规货币政策的进程对整个外汇市场有着牵一发而动全身的效果。9 月美联储维持现有货币政策不变，这或将使得美元在盘整区间停留更长时间。不过美国的经济数据整体依旧向好，能够为美元长期走强提供基础性支持。另一方面，美联储延迟加息导致欧元在短期内出现小幅度的回升，但由于欧元区通缩压力正在抬头，欧央行声称年内或进一步增强量化宽松力度，这使得从中期来看，欧元可能仍将持续走低。同样受延迟加息影响的还有日元，然而由于缺乏经济数据支持，日元持续走高的可能性较小。不过日本央行目前表明，暂时不会为了实现通胀目标而进一步放宽货币政策，这在一定程度上也限制了日元的跌幅。新兴市场货币的前景则更为惨淡，由于它们所面临的资本外流和经济放缓问题短期内仍将持续，各国货币可能还需要经历一段动荡，后期持续走弱的概率较大。

五　总结与展望

2015 年各国货币政策走向的分化是左右全球金融市场的主旋律，美联储在何时、以何种节奏提高联邦基金利率则成为金融市场不确定性的最大来源。与此同时，全球各国的经济表现都不尽如人意。美国虽引领发达国家复苏进程，但复苏步伐尚不稳固，经济表现阴晴不定；欧元区和日本经济在量化宽松的推动下稍有起色，却依旧困难重重；新兴市场则更加乏善可陈，几乎都经历了不同程度的经济增速放缓。在这些因素的共同作用下，全球主要国家的中长期国债收益率曲线总体趋平，但波动性有所增强；全球股票市场在 8 月经历动荡后走势分化显著，货币环境在中长期内保持宽松的国家股市普遍能够维持一定涨幅，而发展中新兴经济体股市却大幅度下挫。在外汇市场上，美元整体走强，欧元和日元相对处于偏弱的水平，但日元在 8 月后期由于市场避险情绪的升温后发生逆转，汇率一路走强。新兴市场国家货币则从年初开始集体走低，部分货币贬值幅度巨大。

展望未来，国际金融市场波动性增强的特征在短期内仍将持续。在全球债券市场上，由于美联储加息的趋势不会改变，故主要国家中长期国债收益率仍将处于上行通道。然而，市场对于加息时点的预期存在摇摆，这将导致国债收益率的波动幅度和频率可能会较此前有明显的增强。加息后，由于融资成本的上升，总体债券发行规模可能会有所下降。在全球股票市场上，随着股市调整期逐步走向尾声，各国股票市场的波动幅度将逐渐收窄，但各国股市的表现可能将继续分化。一方面，新兴市场经济体在资本外流、经济增速放缓的双重压力下，股票市场会面对较大的下行风险；另一方面，发达国家股市受益于经济温和复苏和流动性状况良好，总体表现较为平稳，部分国家还有可能经历一轮上涨行情。在全球外汇市场上，美联储加息进程将是影响全球外汇市场的重要因素。从中长期来看，美元仍具有上行的内在动能，相反，新兴市场国家若无法扭转自身经济增长的颓势，后期很有可能会遭遇持续贬值。

Y.12

国际直接投资形势回顾与展望：低速与分化

王碧珺*

摘　要： 受全球经济低迷、结构性调整和地缘政治风险加剧等因素的影响，2014年国际直接投资整体表现欠佳，创近六年来新低，仅为1.23万亿美元，比上年下降了16%。其中，发达国家和发展中国家差异巨大，苦乐不均。亚洲发展中国家首次成为全球最大的投资来源地，独占全球FDI流出的1/3。中国对外直接投资与外商来华投资首次接近平衡。

关键词： 国际直接投资　跨国兼并收购　地缘政治风险　结构调整

一　全球外商直接投资形势回顾

2014年全球外商直接投资（FDI）大幅低于预期，创近六年来新低，仅为1.23万亿美元，比上年下降了16%（见图1）。其中，发达国家和发展中国家差异巨大，苦乐不均。发达经济体FDI流入比上年下降了28%，为4990亿美元，占全球FDI流入的41%；发展中经济体FDI流入增长了2%，达到历史新高6810亿美元，占全球FDI流入的55%①。

* 王碧珺，经济学博士，中国社会科学院世界经济与政治研究所助理研究员，主要研究方向：国际投资。

① 全球FDI还有4%流入转轨经济体，由于体量较小，暂不在本文范围内讨论。转轨经济体主要是指东南欧、独联体国家和格鲁吉亚。

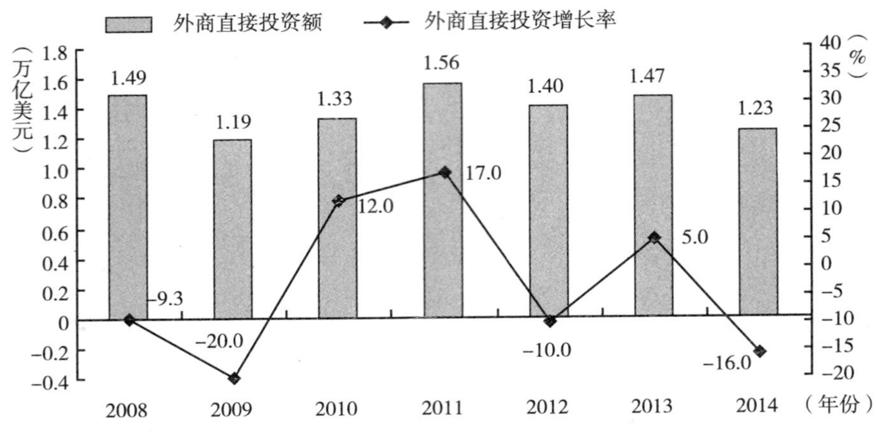

图 1　全球外商直接投资增长情况

资料来源：根据联合国贸发会议数据库数据整理。

（一）区域特征

发展中国家在 2014 年全球外商直接投资舞台上继续发力，FDI 流入和流出双双创历史新高。其中，亚洲发展中国家首次成为全球最大的投资来源地，独占全球 FDI 流出的 1/3。

1. FDI 流入：发展中国家达到历史新高，发达国家大幅下降

发展中国家 FDI 流入比上年增长了 2%，达到 6810 亿美元，。在全球 FDI 低迷的背景下，这一增长主要是亚洲发展中国家驱动的。亚洲发展中国家 FDI 流入比上年增加了 9%，达到 4650 亿美元（见图 2）。在亚洲内部，东亚、东南亚和南亚 FDI 流入都有所增长，其中印度增长最为强劲，FDI 流入比上年增长了 22%，达到 340 亿美元。但西亚地区继续受到当地安全形势的不利影响，在 2014 年延续过去五年的下降趋势，降幅为 4%。

由于大宗商品市场低迷，流入拉美和加勒比海地区的 FDI 大幅下降。剔除离岸金融中心，拉美和加勒比海地区 FDI 流入终止了过去四年的增长，比上年大幅下降了 14%，仅为 1590 亿美元。这一下降主要是由于大宗商品市场低迷，国际投资者减少了对南美洲采掘业的投资。虽然巴西也是资源大

国，但是其 FDI 流入与上年基本持平，制造业和服务业 FDI 流入的上升弥补了巴西采掘业 FDI 流入的下降。

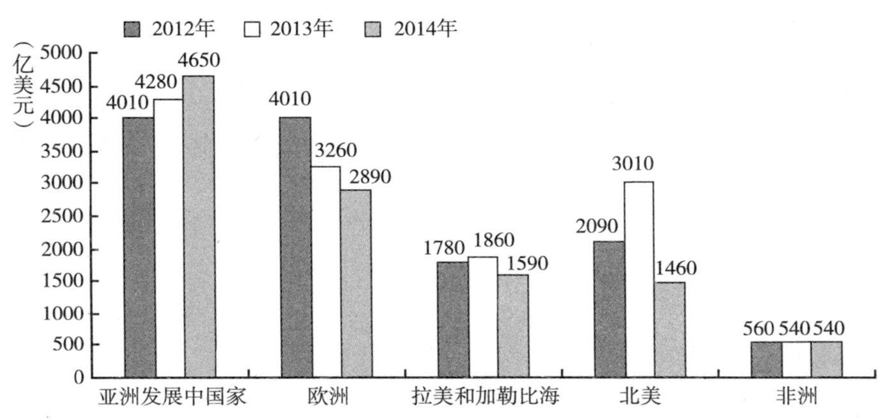

图 2　全球外商直接投资流入分区域情况

资料来源：根据联合国贸发会议数据库数据整理。

与发展中国家 FDI 流入达到历史新高相比，发达国家 FDI 流入大幅下降了 28%。其中，美国下降了 40%，仅为 920 亿美元。这主要是由于沃达丰（Vodafone，英国最著名的电信运营商）从威瑞森电信（美国五大电信运营商之一）撤资。如果没有这笔交易，美国 FDI 流入将与上年持平。而欧洲 FDI 流入继续下降，在 2014 年为 2890 亿美元，比上年下降了 11%（参见图 2）。

2. FDI 流出：亚洲发展中经济体首次成为全球最大的投资来源地

2014 年，发展中经济体对外直接投资（FDI）流出 4680 亿美元，比上年大幅增长了 23%，达到历史新高。至此，发展中经济体对外直接投资占全球比重已经从 2007 年全球金融危机前的 13% 上升到 2014 年的 35%。

在发展中经济体中，亚洲比上年大幅增加了 29%，达到 4320 亿美元，首次成为全球最大的投资来源地，独占全球 FDI 流出的 1/3（见图 3）。除了西亚外，亚洲几乎所有的主要经济体对外直接投资都有显著增长。在东亚，中国香港从第五名一跃成为仅次于美国的全球第二大 FDI 来源地，FDI

流出达到1430亿美元的历史新高；中国对外直接投资同样达到1160亿美元的历史新高，与上年一样，为全球第三。在东南亚，新加坡是主要FDI来源地，2014年FDI流出金额达到410亿美元。在南亚，印度企业重新发力，一改上年对外投资下滑的局面，在2014年对外直接投资翻了五倍，达到100亿美元。除了亚洲外，其他发展中经济体FDI流出都有所下降。拉美和加勒比海地区下降了18%，为230亿美元；非洲同样下降了18%，为130亿美元。

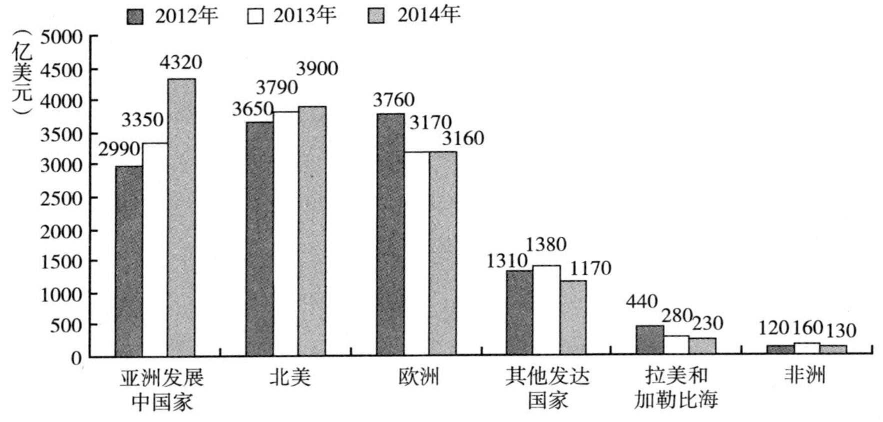

图3　全球外商直接投资流出分区域情况

资料来源：根据联合国贸发会议数据库数据整理。

发达国家对外直接投资整体与上年基本持平，为8230亿美元，但在国别构成上发生了显著变化。在欧洲，德国和法国FDI流出显著增长，德国成为欧洲最大的投资来源地，但英国和卢森堡FDI流出大幅下降。英国受到沃达丰从威瑞森电信撤资的拖累，对外直接投资由上年的450亿美元下降到-600亿美元。卢森堡则由于跨国公司内部债务安排，对外直接投资由上年的350亿美元下降到-40亿美元。美国和加拿大FDI流出比上年分别增长了3%和4%；但日本结束了过去三年的海外扩张，对外直接投资下降了16%。不过日本对美国的投资基本稳定，主要是减少了对欧洲和亚洲的投资。

3. 跨境兼并收购以大项目为主，总投资额大幅增长

作为 FDI 的重要形式，全球总跨境兼并收购额在 2014 年增长了 34%，达到 9000 亿美元。其中制造业增长了 77%，服务业增长了 36%。大幅增长的主要原因是大项目增加。2014 年跨境兼并收购项目平均投资额达到 34 亿美元，比上年扩大了 17%。而投资额在 10 亿美元以上的项目数量达到 223 个，这是 2008 年以来的最高值。这 223 个项目中 77% 的投资额、共计 173 个项目发生在发达国家。其中，美国具有较大吸引力，占这 223 个最大项目总发生额的 1/3。从行业上来看，美国最受青睐的是医药行业。而在欧洲，大型兼并收购项目的主导行业是电信业。例如，前五大项目中三个是电信业，而且这三个项目全部发生在欧洲跨国企业之间。其中最大一笔交易是欧洲电信业巨头 Altice 宣布，以约 230 亿美元向法国电信集团 Bouygues SA 收购其旗下无线运营商 Bouygues Telecom。

发展中国家跨国企业在全球兼并收购舞台上也变得日益重要，占比由 2003 年的 10% 上升到 2014 年的 40%。大部分（约 70%）发展中国家跨国企业的并购标的位于其他发展中国家，而其中有相当大一部分（50%）是接收发达国家跨国企业在发展中国家剥离的资产。

（二）特殊投资者

全球 FDI 舞台上的主要参与者是各类实体企业，但部分基金，主要是私募股权机构和主权财富基金，也部分参与了对外直接投资。2014 年，私募股权机构跨境兼并收购数量和总规模都有所增长，而主权财富基金对外直接投资结束了连续三年的下降，达到近五年新高。

1. 私募股权机构跨境兼并收购有所增长，但平均投资规模降低

2014 年，私募股权机构跨境兼并收购交易有所增长。其中，项目数量达到 2358 起的历史新高，比上年增长了 20%；总并购金额达到 2000 亿美元，比上年增长了 18%。尽管增幅显著，在项目数量达到新高的同时，私募股权机构总并购金额占全球比重仅为 17%。这一数字比上年下

降了6个百分点，比2007年下降了13个百分点，这说明项目平均规模大幅下降。

2. 主权财富基金对外直接投资规模翻了一番，达到近五年来新高

2014年主权财富基金对外直接投资在经历连续三年（2011～2013年）的下降后，达到160亿美元的近五年新高，比上年翻了一番多。增长的主要贡献来自新加坡的两家主权财富基金淡马锡（Temasek）和新加坡政府投资公司（GIC）。然而，这一增长趋势能否持续受到至少两个因素的影响。一方面，全球石油价格低迷降低了依靠石油收入来源的主权财富基金规模，而出口放缓削弱了亚洲地区部分主权财富基金的资金来源，这可能进一步影响其海外投资规模。但另一方面，FDI在全球100多家主权财富基金管理的超过7万亿美元资产的池子中占比非常小。由于已经有趋势表明主权财富基金在全球金融市场不确定性的环境下，投资到房地产、基础设施、公司股权等长期资产的偏好增加，因此即使总资金来源有所减少，但对FDI的配置不一定降低。

（三）原因分析

受全球经济低迷、结构性调整和地缘政治风险加剧等因素的影响，2014年国际直接投资整体表现欠佳。

美国经济在2014年第二至三季度强劲增长后开始回调，美联储酝酿在2015年进入温和加息进程。欧元区经济复苏乏力，临近通缩边缘，整体失业率虽然有所下降，但意大利、塞浦路斯等部分国家失业率仍然在上升。日本经济在提高消费税的影响下，消费和企业投资大幅下降，经济一度在2014年二至三季度陷入负增长。而多数发展中经济体增速放缓。整体而言，世界经济仍然处于国际金融危机后的深度修复过程之中，大多数国家结构性问题没有解决、旧的经济增长模式难以持续而新的经济增长点尚未出现，这都对经济增长和发展形成掣肘。经济复苏的脆弱性和不确定性也使得国际直接投资的增长缺乏基本面的支持。

同时，国际大宗商品价格下跌也打击了资源、能源类投资热情。2014

年，能源、非能源价格连续第三年下跌，年同比跌幅分别达到 7.2% 和 4.6%[①]。而原油价格受到供给增加、需求放缓和美元升值等因素影响出现暴跌。国际大宗商品市场的低迷使得流入拉美和加勒比海地区的 FDI 大幅下降，国际投资者减少了对采掘业的投资热情。

此外，2014 年以来全球地缘政治风险上升打压了投资者信心，对国际投资产生了不利影响。在欧洲，苏格兰独立公投虽然失败，但加剧了苏格兰与英国中央政府的裂痕。而乌克兰危机持续发酵，俄罗斯和美欧为此剑拔弩张。在亚洲，巴基斯坦局势动荡，自 8 月中旬开始，反对派发起大规模示威游行并升级为暴力冲突；泰国也陷入政治动乱；中国与日本、菲律宾、越南等周边国家也因为东海、南海等领土争端问题产生摩擦。在非洲的埃及和南美委内瑞拉安全形势仍然严峻；埃博拉病毒在西非国家肆掠并大面积爆发。而宗教极端组织的崛起加剧了中东地区的混乱局势，使得中东的反恐和地缘政治形势更为复杂。这些地缘政治因素造成了区域的不稳定性，给低迷的世界经济雪上加霜，使国际投资加速撤离。

二　国际直接投资政策变化

1. 国别投资政策

2014 年，涉及外商直接投资的国别政策变化比上年大幅减少，但其中投资自由化政策变化占比显著提高。至少有 37 个国家和经济体进行了 63 项涉及外商直接投资的政策变化，比 2013 年 59 个国家、87 项政策变化分别大幅下降了 37% 和 28%。在这 63 项政策变化中，47 项（75%）涉及投资自由化和促进措施；9 项（14%）施加了新的投资限制性和监管政策；余下 7 项是中性的政策（见图 4）。

① 国家统计局：《复苏艰难曲折 增长动力不足——2014 年世界经济形势回顾与 2015 年展望》，2015 年 2 月 27 日。

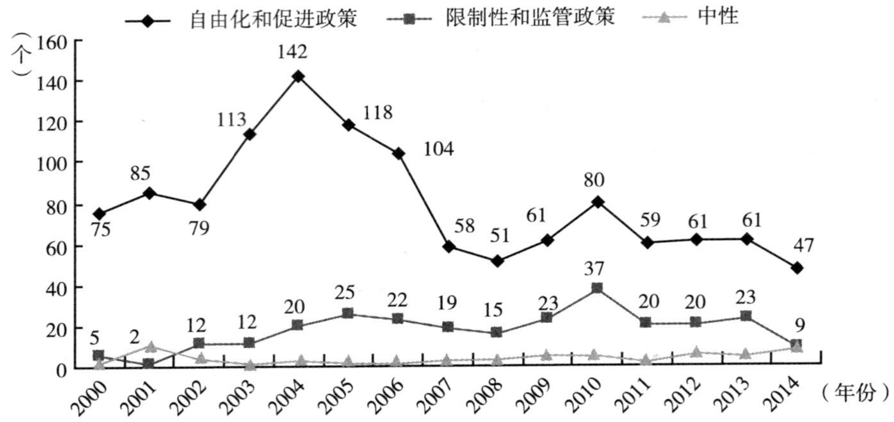

图 4　2000～2014 年不同类别投资政策的变化数

资料来源：根据 UNCTAD（2015）数据整理。

虽然近年来限制性和监管政策占每年投资政策总变化的比重有所上升①，但在 2014 年，投资自由化政策变化占比与上年相比增长了 5 个百分点，达到 2008 年以来的最高。许多国家修改或者新设法律法规来吸引新的外商直接投资或者改善现有投资流程。

这些投资自由化政策主要有四类。

一是改善整体的投资审查和促进机制，例如，阿联酋建立迪拜投资发展局以吸引外资，埃塞俄比亚建立投资审议委员会，玻利维亚引入投资促进法，越南简化注册流程、缩短行政审批时间，中国对外直接投资由核准制转向备案制改革等。

二是改善了特定行业的投资环境，例如阿尔及利亚重构了采矿业投资监管机构框架，阿根廷改善了烃加工业投资条件。

三是加大行业开放，例如埃塞俄比亚向私人投资者开放电力和物流行业，科威特降低外资银行的准入限制，缅甸取消外国投资者在 11 个行业的

① 王碧珺：《国际直接投资形势回顾与展望》，《2014 年世界经济形势分析与预测》，社会科学文献出版社，2014。

投资限制，印度允许外商投资铁路业，提高外资在国防、保险等行业的股份比重限制，印度尼西亚提高外资在医药、电力等行业的股份比重限制，越南允许外资全资经营物流业。

四是引入或者加大投资激励，例如哈萨克斯坦引入投资补贴法案，南非为生产部门提供投资激励，沙特阿拉伯修订了所得税法，俄罗斯改善了税收体制等。

而针对外国投资者的新增限制性政策措施主要涉及三个方面。

一是出于对国家安全的整体考虑。例如，意大利赋予政府在与国防和国家安全相关的投资领域拥有特别审查权。

二是涉及部分行业，主要是战略性行业。例如，法国将能源供应（电力、燃气、水力等）、供水、运输网络和服务、电信网络和服务、出于防卫性质的建筑和安装、公共卫生等六个领域的外资活动纳入审查机制。又如，印度尼西亚不再允许外资进入当地石油生产行业，并将电信行业外资持股比重由95%下调至49%。

三是涉及土地所有权。例如，斐济不允许将住宅用途土地出售给外国人。

2. 国际投资协定

2014年全球共达成31个国际投资协定（International Investment Treaties，IIAs），其中双边投资协定（Bilateral Investment Treaties，BITs）18个，其他国际投资协定13个。[①] 从存量上来看，截至2014年底全球共有3271个IIAs，其中89.4%是BITs。

近年来，引入准入前国民待遇[②]条款的国际投资协定越来越多。截至2014年底，共有228个IIAs含有准入前国民待遇条款，其中125个是BITs。

① 其他国际投资协定是指除了双边投资协定之外的其他涉及投资相关条款的经济协定。

② 所谓国民待遇就是给予外国投资者及其投资不低于相似情形下给予本国投资者及投资的待遇，即对所有国内外的投资者一律平等的原则。而准入前国民待遇是将国民待遇覆盖至外资准入阶段，即在设立或并购时，只要没有纳入负面清单的项目，东道国就必须给予外国投资者无歧视之国民待遇。

尽管如此，含有准入前国民待遇条款的 IIAs 整体占比仍然很低（仅为 7%），而且主要（70%）涉及的是发达国家，包括欧盟、美国、加拿大、日本和芬兰。但是，未来准入前国民待遇条款有望成为国际投资协定的标配，目前正在展开的中美 BIT 谈判、中欧 BIT 谈判均含有该条款。

在国际投资协定中引入准入前国民待遇有两大好处。一是由于将国民待遇覆盖至外资准入阶段，这将提高该国对外资的吸引力。二是准入前国民待遇本质上是加大开放，因此有利于锁定现有的开放水平，使得监管环境更为透明和友好。然而，承诺准入前国民待遇对一国也提出了更高的要求，因为需要该国具有完善的监管体系，从而不仅能全面评估现有的国内政策，同时能够考虑未来的监管需求。

三 中国参与国际直接投资形势分析

2014 年中国对外直接投资再创新高，达到 1231.2 亿美元，较上年增长了 14.2%。自 2003 年中国商务部联合国家统计局、国家外汇管理局发布权威年度数据以来，中国对外直接投资流量实现连续 12 年增长，2002 ~ 2014 年年均增速达到 37.5%。2014 年流量是 2002 年的 45.6 倍。同时，2014 年中国对外直接投资存量达到 8826.4 亿美元，在全球排名上升三位，位居第八，首次步入全球前十。

中国对外直接投资与外商来华投资首次接近平衡。中国在 2014 年成为全球最大外商直接投资接受国，而美国下降到第三位（见图 5）。这主要是由于沃达丰（Vodafone，英国最著名的电信运营商）从威瑞森电信（美国五大电信运营商之一）撤资。如果没有这笔交易，美国 FDI 流入将与上年（1880 亿美元）持平。外商来华直接投资增速已经连续低于中国对外直接投资。2014 年中国非金融类行业实际使用外资 1195.6 亿美元，同比仅增长 1.7%。全口径看，2014 年中国对外直接投资与外商来华投资仅差 58.8 亿美元，因此，双向投资首次接近平衡。

在对外直接投资流量中，股权和收益再投资占比接近 80%，而债务工

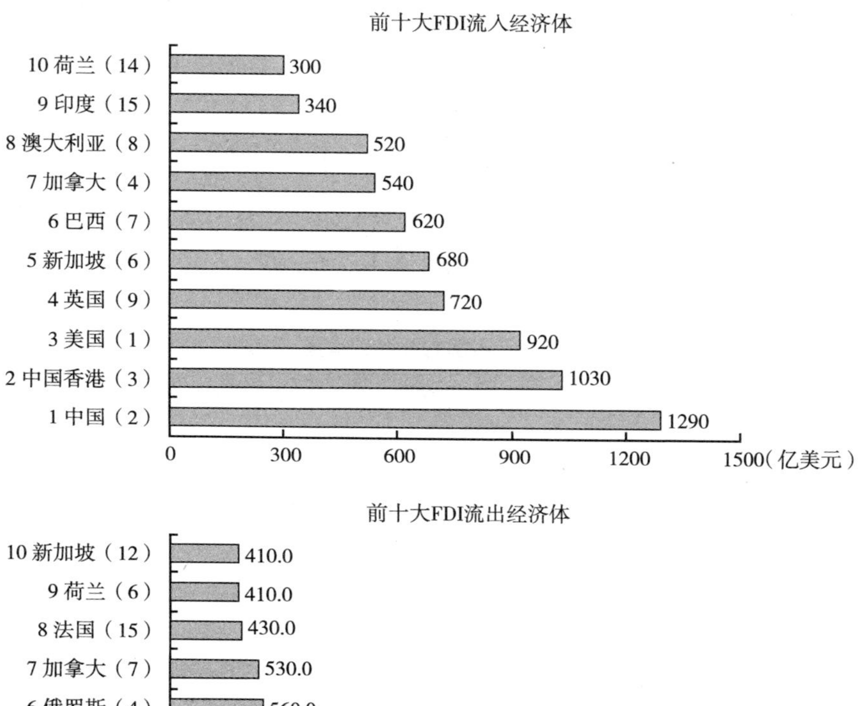

图 5　2014 年前十大国际直接投资参与者

注：括号中的数据为 2013 年排名。

资料来源：根据联合国贸发会议数据库数据整理。

具比重下降显著。2014 年，在中国对外直接投资流量中，新增股权投资 557.3 亿美元，占 45.3%；当期收益再投资 444 亿美元，占 36.1%；债务工具投资 229.9 亿美元，仅占 18.6%，比上年下降了 40.7%。债务工具占比的大幅下降主要是由于境外融资成本低于境内。于是，企业通过境外融资进行的海外投资活动增多，而由境内投资母体直接给境外企业提供的贷款减少。

兼并收购是中国对外直接投资的重要方式。中国企业在2014年共实施对外兼并收购项目595个，比上年增长了40.3%。实际交易金额达到569亿美元，比上年增长了7.6%。其中最大一笔中国企业海外并购项目是中国五矿集团联合体收购秘鲁拉斯帮巴斯铜矿项目。从资金来源来看，越来越多的中国企业通过境外融资来满足海外并购需求。2014年，境外融资占比达到42.9%，比上年增长6.8个百分点（见表1）。

表1　中国对外并购构成

年　份	2012	2013	2014
数量	457	424	595
总并购金额(亿美元)	434	529	569
单个项目平均交易金额(亿美元)	0.95	1.25	0.96
境内融资占比(%)	63.6	63.9	57.1
境外融资占比(%)	36.4	36.1	42.9

在行业分布上（见表2），租赁和商务服务业（以投资控股为主要目的）仍然是中国对外直接投资的最大行业，在2014年达到368.3亿美元，占中国对外直接投资总流量的29.9%。仅次于租赁和商务服务业的是批发和零售业（182.9亿美元，14.9%）、采矿业（165.5亿美元，13.4%）以及金融业（159.2亿美元，12.9%）。这四个行业占中国对外直接投资流量的71.1%，比上年下降了4.6个百分点。

以上的行业分布，尤其是租赁和商务服务业①的过高比重，主要是因为在统计中是以海外直接投资的第一目的地为口径进行的，而第一目的地可能是投资的中转地。一个侧面的验证是中国对外直接投资的东道国分布，其中，前五大目的地分别是中国香港（57.6%）、美国（6.2%）、卢森堡（3.7%）、英属维尔京群岛（3.7%）以及开曼群岛（3.4%）。以上国家和地区，除了美国外，都属于离岸金融中心和避税港。

① 租赁和商务服务业主要为投资控股公司，很多时候不涉及实体业务，而是资本运营平台和投资中转地。

表 2　中国对外直接投资和兼并收购的行业分布

单位：亿美元，%

	对外直接投资			其中：对外兼并收购		
	行业	金额	占比	行业	金额	占比
1	租赁和商务服务业	368.3	29.9	采矿业	179.1	31.5
2	批发和零售业	182.9	14.9	制造业	118.8	20.9
3	采矿业	165.5	13.4	电力、热力、燃气及水的生产和供应业	93.1	16.4
4	金融业	159.2	12.9	信息传输、软件和信息技术服务业	35.7	6.3
5	制造业	95.8	7.8	农林牧渔业	35.6	6.3
6	房地产业	66.0	5.4	租赁和商务服务业	25.3	4.4
7	交通运输仓储和邮政业	41.8	3.4	金融业	20.8	3.7
8	建筑业	34.0	2.8	交通运输仓储和邮政业	17.7	3.1
9	信息传输、软件和信息技术服务业	31.7	2.6	批发和零售业	15.1	2.7
10	农林牧渔业	20.4	1.7	房地产业	8.6	1.5

资料来源：根据《2013 年度中国对外直接投资统计公报》和《2014 年度中国对外直接投资统计公报》数据计算。

相较于对外直接投资，对外兼并收购虽然也是统计的第一目的地，但更多涉及真实交易①。对外兼并收购第一大行业是采矿业（31.5%），仅次于采矿业的是制造业（20.9%），电力、热力、燃气及水的生产和供应业（16.4%），信息传输，软件和信息技术服务业（6.3%）及农林牧渔业（6.3%）。

根据投资规模排序，我们总结了 2014 年中国海外兼并收购前十大交易（见表 3）。这里面最大一笔交易是五矿资源财团（五矿资源占 62.5% 的股份，国新国际投资有限公司占 22.5%，中信金属占 15%）70.1 亿美元收购

① 对外直接投资分为兼并收购和绿地投资。绿地投资也就是新设立企业，新设立的企业可能只是在开曼群岛等离岸金融中心和避税港设立的资本运作平台，不涉及真实经营活动。但兼并收购是要投资东道国一个现有的公司，经常是有真实业务的公司。

秘鲁拉斯邦巴斯铜矿。到 2015 年底，该铜矿项目将成为全球第三大铜矿项目，仅次于智利的艾斯孔迪达项目（Escondida）和秘鲁的绿山项目（Cerro Verde）①。联想在海外投资中表现活跃，其收购摩托罗拉移动和 IBM 低端服务器业务两笔交易共 52 亿美元是 2014 年中国海外兼并收购第二和第七大交易。这两笔投资将帮助联想开拓北美和拉丁美洲的手机业务，同时巩固西欧的市场。

与上年相比，2014 年中国海外兼并收购前十大交易呈现两大特征。一是投资规模大幅下降。2013 年中国海外兼并收购前十大交易总投资额达到 457.3 亿美元，而 2014 年只有 268.6 亿美元，比上年下降了 41%。二是资源行业不再是绝对主体，行业多元化趋势明显。2013 年，在前十大交易中，资源行业占比达到 72.2%，而 2014 年这一比重只有 35%。

表 3　2014 年中国十大对外兼并收购

单位：亿美元，%

	中国企业	海外投资对象	投资国	金额	持股比例	行业
1	五矿资源财团	拉斯邦巴斯铜矿	秘鲁	70.1	100	采矿业
2	联想	摩托罗拉移动	美国	29.0	100	制造业
3	国家电网	意大利电网	意大利	25.7	35	电力供应业
4	光明集团	Tnuva	以色列	25.0	56	制造业
5	渤海租赁	克洛诺斯有限公司	百慕大	24.5	80	租赁和商务服务业
6	中石油	巴西国家石油能源（秘鲁）公司	秘鲁	23.8	100	采矿业
7	联想	IBM 低端服务器业务	美国	23.0	100	信息传输、软件和信息技术服务
8	上海锦江国际	卢浮宫酒店集团	法国	17.0	100	住宿和餐饮业
9	联想控股－弘毅投资	PizzaExpress 有限公司	英国	15.6	100	住宿和餐饮业
10	越秀	香港创兴银行	香港	15.0	75	银行

资料来源：王碧珺：《国际直接投资形势回顾与展望》，《2014 年世界经济形势分析与预测》，社会科学文献出版社，2014。

① 王碧珺：《“走出去”减速，采矿业“失宠”——2014 年上半年中国对外直接投资报告》，中国社会科学院世界经济与政治研究所，2014 年 7 月 8 日。

四 前景展望

全球经济形势逐渐改善将促使企业增加国际投资。世界银行在2015年1月预测2015年世界经济增速将比2014年快0.4个百分点。国际货币基金组织在2015年4月维持其对全球经济增速为3.5%（高于2014年3.4%的水平）的预测，并预计全球经济增速在2016年将进一步上涨为3.8%[①]。虽然在2015年7月份，国际货币基金组织调低了增长预测，但主要原因是北美经济出现意外疲软，且很可能是一个暂时性下降，因为推动发达经济体逐渐复苏的潜在有利因素并没有改变[②]。随着投资者的信心恢复以及发达经济体基本面改善，企业有望增加国际投资。联合国贸发会议预计FDI流量在2015年达到1.37万亿美元，比上年增长11.4%，并在2017年达到1.7万亿美元[③]。

尽管如此，发展中国家跨国投资增速将放缓。2014年发展中国家FDI流入和流出都创历史新高，其中亚洲发展中国家更是首次成为全球最大的投资来源地。但发展中国家的后劲稍显不足，经济增速已经明显放缓。大宗商品价格持续下跌打击了以资源为主要经济支柱的国家。俄罗斯卢布和哈萨克斯坦坚戈已经大幅贬值。美联储加息使得发展中国家面对的外部金融条件收紧，带来了资本外流和金融市场震荡的挑战。同时，发展中国家的内部结构和瓶颈问题仍然突出，还有部分国家陷入由于地缘政治冲突加剧所带来的经济困境。在这些因素的共同作用下，发展中国家跨国投资增速将放缓。发达经济体外商直接投资预计在2015、2016和2017年分别增长23.8%、13.9%和16.7%，而发展中经济体仅分别增长3.3%、3.9%和15.8%（见表4）。

---

① International Monetary Fund, *World Economic Outlook*: *Uneven Growth—Short and Long-Term Factors*. Washington (April), 2015.

② International Monetary Fund. *World Economic Outlook*: *Slower Growth in Emerging Markets, a Gradual Pickup in Advanced Economies*. Washington (July), 2015.

③ UNCTAD, *World Investment Report* 2015: *Reforming International Investment Governance*, *New York and Geneva*: *United Nations Conference on Trade and Development*, 2015.

表4　分组别 FDI 增速

单位：%

	平均增速		增速		预计增速		
	2005～2007	2009～2011	2013	2014	2015	2016	2017
全球 FDI 流量	40. 1	3. 1	4. 6	－16. 3	11. 4	8. 4	16. 2
发达经济体	48. 2	3. 0	2. 7	－28. 4	23. 8	13. 9	16. 7
发展中经济体	26. 1	4. 8	5. 0	1. 6	3. 3	3. 9	15. 8

资料来源：根据联合国贸发会议数据库数据整理。

参考文献

王碧珺：《消除负面清单管理的隐性壁垒》，《中国金融》2013 年第 20 期。

中华人民共和国商务部、中华人民共和国国家统计局和国家外汇管理局：《2013 年度中国对外直接投资统计公报》，中国统计出版社，2014。

中华人民共和国商务部、中华人民共和国国家统计局和国家外汇管理局：《2014 年度中国对外直接投资统计公报》，中国统计出版社，2015。

Y.13

全球大宗商品市场的形势与前景：下跌和企稳

王永中*

摘　要：　2015年，发达经济体的缓慢增长和包括中国在内的新兴经济体的增速大幅放缓，导致全球大宗商品价格指数全面下跌，其中铁矿石、农业原材料、贵金属和原油的价格跌势尤为显著。受产能过剩和经济结构调整的负面影响，2014年中国的大宗商品绝对进口规模小幅下降，但占全球大宗商品进口的份额继续上升。2016年，世界经济增长速度的加快和中国对经济结构调整适应能力的增强，将有利于大宗商品的需求增长，但美联储升息和美元的强势地位对大宗商品价格构成压力。全球大宗商品的价格在2015年触及底部，2016年将有小幅反弹。预计2015年原油平均价格将围绕50美元/桶波动，2016年将可能反弹至55美元/桶左右。

关键词：　大宗商品市场　需求　供给　价格

一　大宗商品市场总体状况

2011年以来，受发达经济体长期低迷不振、新兴经济体增长放缓和能

* 王永中，经济学博士，中国社会科学院世界经济与政治研究所研究员，主要研究领域：国际经济学。

源供给改善等因素的影响，全球大宗商品价格指数经历了大幅和持续的下跌过程。2015 年 7 月，以现价美元、特别提款权（SDR）计价的大宗商品价格指数依次为 202、191，相较于 2011 年 2 月峰值的 329. 5、279，已分别下跌 38. 7%、31. 5%。在 2014 年 8 月至 2015 年 7 月期间，以现价美元、SDR 计价的大宗商品价格指数稳定下降，分别由期初的 244、212 跌至期末的 202、191，下跌幅度依次为 17. 2%、9. 9%。在 2015 年前 7 个月，以现价美元、SDR 计价的大宗商品价格指数分别下降了 11. 4%、7. 7%。

2014 年 8 月以来，全球大宗商品价格的稳定下跌主要是由下述因素所导致的：一是发达经济体，特别是欧洲经济的长期低迷不振，不仅直接导致其对大宗商品需求下降，而且抑制了新兴经济体的出口和经济增长，进而间接对新兴经济体的大宗商品需求构成消极影响；二是作为全球大宗商品的最大需求者，中国的经济结构调整和经济增长减速，对大宗商品需求产生显著的负面效应；三是美元作为大宗商品的计价货币，大宗商品价格指数与美元汇率指数成反向关系，美元近年来的强势地位导致大宗商品价格走弱；四是大宗商品特别是能源的供给面有所改善，助推了大宗商品价格的下跌。

从大宗商品分类价格指数来看，农业原料、食品、矿石与金属等类别的大宗商品价格指数自 2011 年以来基本处于稳定的下行通道中，石油价格指数在 2014 年 7 月至 2015 年 1 月期间经历了断崖式急剧下跌（见图 1）。农业原材料的价格指数从 2011 年 2 月的 325. 4 降至 2015 年 7 月的 163，下降幅度达 49. 9%，是下降幅度最为明显的大宗商品类别之一。2014 年 8 月至 2015 年 7 月，农业原材料价格累计下跌了 12. 5%，其中 2015 年前 7 个月下降了 4. 1%。在 2014 年 8 月至 2015 年 7 月期间，美国东部的孟菲斯棉花价格基本稳定，甚至出现触底反弹的迹象。2015 年 1 月，孟菲斯棉花价格到达底部的 69. 6 美分/磅，随后稳步反弹至 7 月的 75. 9 美分/磅，累计上涨了 9. 1%。

食品价格指数在 2011 年 12 月至 2012 年 7 月期间经历了一个短暂的反弹，随后基本维持持续下跌的态势。在 2014 年 3 月至 2015 年 7 月期间，食品价格指数由期初的252跌至期末的205，累计下降了18.7%。其中，墨西哥湾的美国小麦离岸价格在2014年8月至2015年7月期间的下跌幅度有所加快，达17.2%。泰国曼谷的大米出口离岸价格从2014年8月的440.4美元/吨下跌至2015年7月的387.7美元/吨，下跌幅度为12.0%。2015年7月，美国到鹿特丹的大豆到岸价为405美元/吨，其在2014年8月至2015年7月期间的累计下降幅度为12.0%。

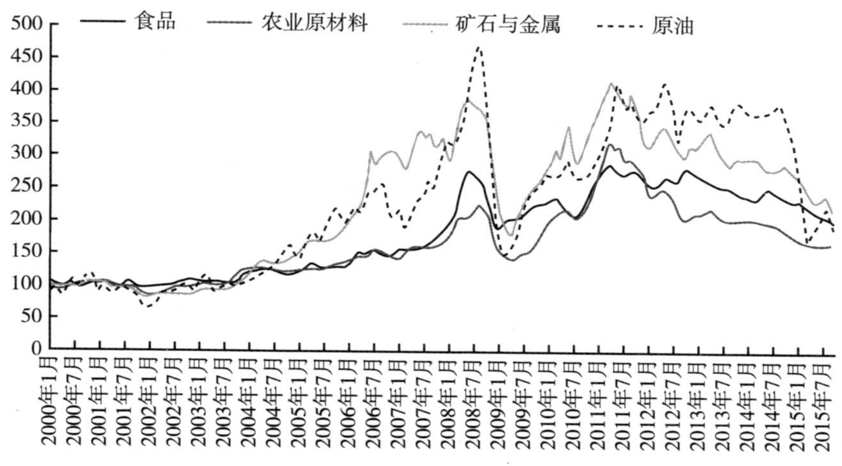

图1　大宗商品分类价格指数

注：2000年的价格指数为100；原油价格指数为英国布伦特轻质原油、迪拜中质原油和西得克萨斯重质原油的价格的平均指数，三种原油的权重相等。

资料来源：UNCATD STAT。

2011年以来，矿石与金属价格指数呈现波动下行的态势。矿石与金属价格指数从2011年2月417.6的峰值水平降至2015年7月的215，累计下跌了48.5%。近来，矿石与金属价格指数下跌的步伐有所加快。在2014年全年，矿石与金属价格指数下跌了13.9%；而在2015年前7个月，就下降了16.3%。

2012年10月以来，黄金价格步入震荡下行的通道。黄金价格指数由2012年10月626.1的阶段性高点跌至2015年7月的405，累计下降了35.3%。在2014年，黄金价格指数的波动性较大，但下跌速度较为平缓，先由2013年12月的439点升至2014年3月478.8的阶段性高点，后降至当年11月422的低点。在2015年前7个月，黄金价格指数的下跌速度有所加快，共下降6.0%。

伦敦金属交易所纯度为99.5%的标准金下午定盘价由2011年9月的峰值水平1771.9美元/盎司跌至2015年9月的1120.8美元/盎司，累计下跌36.7%。如图2所示，黄金价格的年度均值逐年稳步下降，且跌幅有所扩大，先由2013年的1411.2美元/盎司逐步下降至2014年的1266.4美元/盎司、2015年前9个月的1181.4美元/盎司，下跌的幅度分别为10.3%、6.7%。2015年，黄金价格经历了大幅下跌，由1月22日的1295.8美元/盎司跌至9月11日的1101.3美元/盎司，降幅高达15.0%。

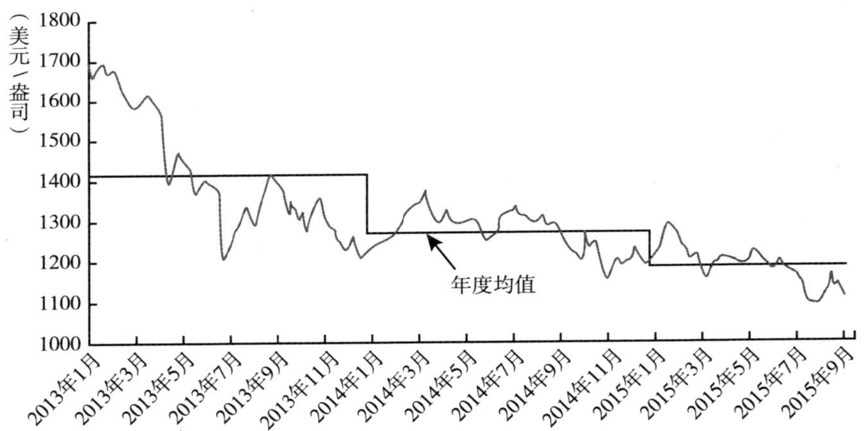

图2　伦敦金属交易所黄金的下午定盘价

资料来源：CEIC。

铁矿石价格自2011年2月以来步入了快速下行通道。天津港进口的铁纯度为62%的铁矿石现货价格由2011年2月的187.2美元/千吨降至2015年7月的52.1美元/千吨，累计下降幅度达72.2%。铁矿石价格在2014年7月至2015年7月期间大幅下跌45.7%，而在2015年前7个月就下降了24.7%。伦敦金属交易所铜价从2011年2月的6118.7美元/吨的历史高位降至2015年7月的3507.3美元/吨的低点，累计下跌幅度达42.7%，在2015年前7个月就下跌了14.6%。伦敦金属交易所铝价在2014年8月至2015年7月期间共下跌19.3%，其中2015年前7个月就下降了14.4%。

在2011年至2014年6月期间，原油价格的走势较为平稳。但从2014年7月开始，原油市场风云突变，原油价格直线下跌。原油价格指数从2014年6月384的阶段性高点降至2015年7月的193的低位，降幅高达49.7%。2015年1月，原油价格指数跌至168的历史性新低，与2014年6月的阶段性高位相比，下跌了56.3%。2015年2月以来，原油价格在经历巨幅下跌之后，趋于回稳，并于5月反弹至222，与低谷水平相比，回升了32.1%，但7月又回落至193点，下跌了13.1%。

如图3所示，原油价格的年度均值在2013～2014年期间较为平稳，但在2014～2015年期间经历了断崖式下跌。布伦特轻质原油、迪拜中质原油和西得克萨斯重质原油现货价格的年度均值，由2013年的104.1美元/桶跌至2014年的96.7美元/桶、2015年的54.6美元/桶，降幅分别为7.1%、

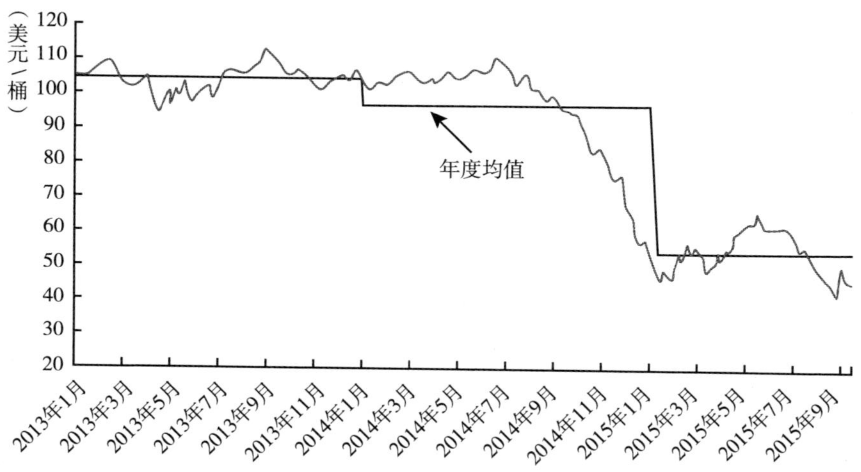

图3　原油现货价格

注：原油现货价格为英国布伦特轻质原油、迪拜中质原油和西得克萨斯重质原油的现货价格的平均数，三种原油的权重相等；2015年以来的原油现货价格为布伦特轻质原油和西得克萨斯重质原油的现货价格的平均数，二者的权重相等。

资料来源：CEIC。

43.6%。原油现货日平均价格由2014年6月19日的111.1美元/桶的阶段性高点跌至2015年8月24日的40.3美元/桶的新低点，跌幅为63.7%。在2015年前9个月中，原油现货价格总体上呈现出低位震荡、先升后降的态势。原油价格先由1月9日的49.1美元/桶的低位不断攀升至5月14日的65.6美元/桶的阶段性高点，回升了33.6%，但随即重拾跌势，降至8月24日的40.3美元/桶的阶段性低位，回落幅度为38.6%。此后，原油价格开始回升，曾一度反弹至50美元/桶的水平。

二 石油的实际供需状况

2012年以来，全球石油需求继续维持缓慢增长的态势。2013、2014年全球石油平均日需求量分别约为9190万桶、9260万桶，其增长速度依次为1.32%、0.76%。2015年上半年，全球石油平均日日需求量为9355万桶，比2014年的日均需求量增长了1.03%。其中，2015年第一季度的全球石油平均日需求量为9360万桶，比2014年上升了1.08%，而2015年第二季度的日需求量为9350万桶，比2014年增加了0.97%，但比第一季度环比下降了0.11%（见表1）。

表1 世界石油供需状况

单位：百万桶/天

时间	2012	2013	2014	2015年第一季度	2015年第二季度	2015	2016
需求							
OECD	45.9	46.0	45.6	46.6	45.1	46.1	46.2
美洲	23.6	24.0	24.1	24.2	24.1	24.4	24.5
欧洲	13.8	13.6	13.4	13.6	13.4	13.6	13.5
亚洲及大洋洲	8.5	8.3	8.2	8.8	7.7	8.1	8.1
非OECD	44.6	45.6	47.0	47.1	48.4	48.2	49.4
独联体	4.6	4.7	4.8	4.6	4.8	4.8	4.8
欧洲	0.6	0.6	0.7	0.7	0.7	0.7	0.7
亚洲	21.4	21.9	22.6	23.1	23.6	23.4	24.2

社长致辞

我们是图书出版者，更是人文社会科学内容资源供应商；

我们背靠中国社会科学院，面向中国与世界人文社会科学界，坚持为人文社会科学的繁荣与发展服务；

我们精心打造权威信息资源整合平台，坚持为中国经济与社会的繁荣与发展提供决策咨询服务；

我们以读者定位自身，立志让爱书人读到好书，让求知者获得知识；

我们精心编辑、设计每一本好书以形成品牌张力，以优秀的品牌形象服务读者，开拓市场；

我们始终坚持“创社科经典，出传世文献”的经营理念，坚持“权威、前沿、原创”的产品特色；

我们“以人为本”，提倡阳光下创业，员工与企业共享发展之成果；

我们立足于现实，认真对待我们的优势、劣势，我们更着眼于未来，以不断的学习与创新适应不断变化的世界，以不断的努力提升自己的实力；

我们愿与社会各界友好合作，共享人文社会科学发展之成果，共同推动中国学术出版乃至内容产业的繁荣与发展。

社会科学文献出版社社长

中国社会学会秘书长

谢寿光

2016 年 1 月

社会科学文献出版社成立于1985年，是直属于中国社会科学院的人文社会科学专业学术出版机构。

成立以来，特别是1998年实施第二次创业以来，依托于中国社会科学院丰厚的学术出版和专家学者两大资源，坚持“创社科经典，出传世文献”的出版理念和“权威、前沿、原创”的产品定位，社科文献立足内涵式发展道路，从战略层面推动学术出版五大能力建设，逐步走上了智库产品与专业学术成果系列化、规模化、数字化、国际化、市场化发展的经营道路。

先后策划出版了著名的图书品牌和学术品牌“皮书”系列、“列国志”、“社科文献精品译库”、“全球化译丛”、“全面深化改革研究书系”、“近世中国”、“甲骨文”、“中国史话”等一大批既有学术影响又有市场价值的系列图书，形成了较强的学术出版能力和资源整合能力。2015年社科文献出版社发稿5.5亿字，出版图书约2000种，承印发行中国社科院院属期刊74种，在多项指标上都实现了较大幅度的增长。

凭借着雄厚的出版资源整合能力，社科文献出版社长期以来一直致力于从内容资源和数字平台两个方面实现传统出版的再造，并先后推出了皮书数据库、列国志数据库、“一带一路”数据库、中国田野调查数据库、台湾大陆同乡会数据库等一系列数字产品。数字出版已经初步形成了产品设计、内容开发、编辑标引、产品运营、技术支持、营销推广等全流程体系。

在国内原创著作、国外名家经典著作大量出版，数字出版突飞猛进的同时，社科文献出版社从构建国际话语体系的角度推动学术出版国际化。先后与斯普林格、博睿、牛津、剑桥等十余家国际出版机构合作面向海外推出了“皮书系列”“改革开放30年研究书系”“中国梦与中国发展道路研究丛书”“全面深化改革研究书系”等一系列在世界范围内引起强烈反响的作品；并持续致力于中国学术出版走出去，组织学者和编辑参加国际书展，筹办国际性学术研讨会，向世界展示中国学者的学术水平和研究成果。

此外，社科文献出版社充分利用网络媒体平台，积极与中央和地方各类媒体合作，并联合大型书店、学术书店、机场书店、网络书店、图书馆，逐步构建起了强大的学术图书内容传播平台。学术图书的媒体曝光率居全国之首，图书馆藏率居于全国出版机构前十位。

上述诸多成绩的取得，有赖于一支以年轻的博士、硕士为主体，一批从中国社科院刚退出科研一线的各学科专家为支撑的300多位高素质的编辑、出版和营销队伍，为我们实现学术立社，以学术品位、学术价值来实现经济效益和社会效益这样一个目标的共同努力。

作为已经开启第三次创业梦想的人文社会科学学术出版机构，我们将以改革发展为动力，以学术资源建设为中心，以构建智慧型出版社为主线，以“整合、专业、分类、协同、持续”为各项工作指导原则，全力推进出版社数字化转型，坚定不移地走专业化、数字化、国际化发展道路，全面提升出版社核心竞争力，为实现“社科文献梦”奠定坚实基础。

经 济 类

经济类皮书涵盖宏观经济、城市经济、大区域经济，
提供权威、前沿的分析与预测

经济蓝皮书

2016 年中国经济形势分析与预测

李 扬 / 主编　　2015 年 12 月出版　　定价 :79.00 元

◆ 本书为总理基金项目，由著名经济学家李扬领衔，联合中国社会科学院等数十家科研机构、国家部委和高等院校的专家共同撰写，系统分析了 2015 年的中国经济形势并预测 2016 年我国经济运行情况。

世界经济黄皮书

2016 年世界经济形势分析与预测

王洛林　张宇燕 / 主编　　2015 年 12 月出版　　定价 :79.00 元

◆ 本书由中国社会科学院世界经济与政治研究所的研究团队撰写，2015 年世界经济增长继续放缓，增长格局也继续分化，发达经济体与新兴经济体之间的增长差距进一步收窄。2016 年世界经济增长形势不容乐观。

产业蓝皮书

中国产业竞争力报告（2016）NO.6

张其仔 / 主编　　2016 年 12 月出版　　估价 :98.00 元

◆ 本书由中国社会科学院工业经济研究所研究团队在深入实际、调查研究的基础上完成。通过运用丰富的数据资料和最新的测评指标，从学术性、系统性、预测性上分析了 2015 年中国产业竞争力，并对未来发展趋势进行了预测。

G20国家创新竞争力黄皮书

二十国集团（G20）国家创新竞争力发展报告（2016）

李建平　李闽榕　赵新力 / 主编　　2016 年 11 月出版　估价 :138.00 元

◆　本报告在充分借鉴国内外研究者的相关研究成果的基础上，紧密跟踪技术经济学、竞争力经济学、计量经济学等学科的最新研究动态，深入分析 G20 国家创新竞争力的发展水平、变化特征、内在动因及未来趋势，同时构建了 G20 国家创新竞争力指标体系及数学模型。

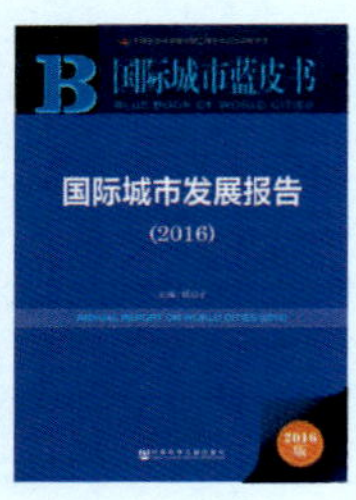

国际城市蓝皮书

国际城市发展报告（2016）

屠启宇 / 主编　　2016 年 1 月出版　　估价 :79.00 元

◆　本书作者以上海社会科学院从事国际城市研究的学者团队为核心，汇集同济大学、华东师范大学、复旦大学、上海交通大学、南京大学、浙江大学相关城市研究专业学者。立足动态跟踪介绍国际城市发展实践中，最新出现的重大战略、重大理念、重大项目、重大报告和最佳案例。

金融蓝皮书

中国金融发展报告（2016）

李　扬　王国刚 / 主编　2015 年 12 月出版　定价 :79.00 元

◆　本书由中国社会科学院金融研究所组织编写，概括和分析了 2015 年中国金融发展和运行中的各方面情况，研讨和评论了 2015 年发生的主要金融事件。本书由业内专家和青年精英联合编著，有利于读者了解掌握 2015 年中国的金融状况，把握 2016 年中国金融的走势。

农村绿皮书

中国农村经济形势分析与预测（2015 ~ 2016）

中国社会科学院农村发展研究所　国家统计局农村社会经济调查司 / 著
2016 年 4 月出版　估价 :69.00 元

◆　本书描述了 2015 年中国农业农村经济发展的一些主要指标和变化，以及对 2016 年中国农业农村经济形势的一些展望和预测。

西部蓝皮书

中国西部发展报告（2016）

姚慧琴　徐璋勇 / 主编　　2016 年 7 月出版　　估价 :89.00 元

◆　本书由西北大学中国西部经济发展研究中心主编，汇集了源自西部本土以及国内研究西部问题的权威专家的第一手资料，对国家实施西部大开发战略进行年度动态跟踪，并对 2016 年西部经济、社会发展态势进行预测和展望。

民营经济蓝皮书

中国民营经济发展报告 No.12（2015 ~ 2016）

王钦敏 / 主编　2016 年 1 月出版　估价 :75.00 元

◆　改革开放以来，民营经济从无到有、从小到大，是最具活力的增长极。本书是中国工商联课题组的研究成果，对 2015 年度中国民营经济的发展现状、趋势进行了详细的论述，并提出了合理的建议。是广大民营企业进行政策咨询、科学决策和理论创新的重要参考资料，也是理论工作者进行理论研究的重要参考资料。

经济蓝皮书夏季号

中国经济增长报告（2015 ~ 2016）

李　扬 / 主编　2016 年 8 月出版　估价 :69.00 元

◆　中国经济增长报告主要探讨 2015~2016 年中国经济增长问题，以专业视角解读中国经济增长，力求将其打造成一个研究中国经济增长、服务宏微观各级决策的周期性、权威性读物。

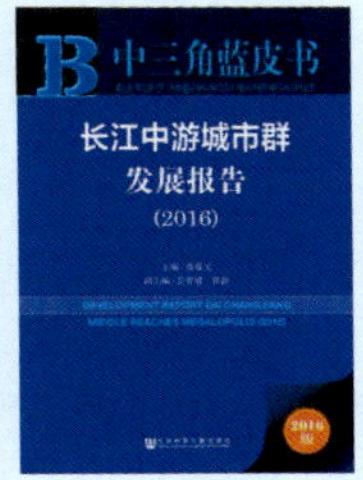

中三角蓝皮书

长江中游城市群发展报告（2016）

秦尊文 / 主编　2016 年 10 月出版　估价 :69.00 元

◆　本书是湘鄂赣皖四省专家学者共同研究的成果，从不同角度、不同方位记录和研究长江中游城市群一体化，提出对策措施，以期为将“中三角”打造成为继珠三角、长三角、京津冀之后中国经济增长第四极奉献学术界的聪明才智。

社会政法类

社会政法类皮书聚焦社会发展领域的热点、难点问题，提供权威、原创的资讯与视点

社会蓝皮书

2016年中国社会形势分析与预测

李培林　陈光金　张　翼 / 主编　2015年12月出版　定价 :79.00 元

◆　本书由中国社会科学院社会学研究所组织研究机构专家、高校学者和政府研究人员撰写，聚焦当下社会热点，对2015年中国社会发展的各个方面内容进行了权威解读，同时对2016年社会形势发展趋势进行了预测。

法治蓝皮书

中国法治发展报告 No.14（2016）

李　林　田　禾 / 主编　　2016年3月出版　　估价 :105.00 元

◆　本年度法治蓝皮书回顾总结了2015年度中国法治发展取得的成就和存在的不足，并对2016年中国法治发展形势进行了预测和展望。

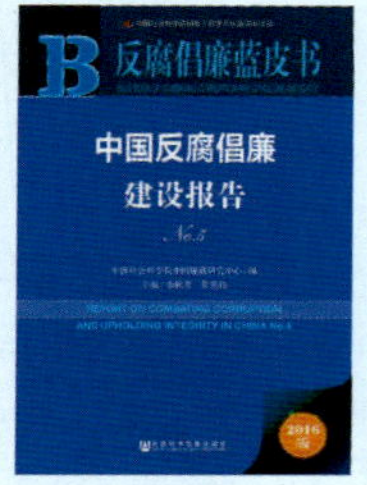

反腐倡廉蓝皮书

中国反腐倡廉建设报告 No.6

李秋芳　张英伟 / 主编　2017年1月出版　　估价 :79.00 元

◆　本书抓住了若干社会热点和焦点问题，全面反映了新时期新阶段中国反腐倡廉面对的严峻局面，以及中国共产党反腐倡廉建设的新实践新成果。根据实地调研、问卷调查和舆情分析，梳理了当下社会普遍关注的与反腐败密切相关的热点问题。

生态城市绿皮书

中国生态城市建设发展报告（2016）

刘举科　孙伟平　胡文臻 / 主编　2016 年 6 月出版　估价 :98.00 元

◆　报告以绿色发展、循环经济、低碳生活、民生宜居为理念，以更新民众观念、提供决策咨询、指导工程实践、引领绿色发展为宗旨，试图探索一条具有中国特色的城市生态文明建设新路。

公共服务蓝皮书

中国城市基本公共服务力评价（2016）

钟　君　吴正杲 / 主编　2016 年 12 月出版　估价 :79.00 元

◆　中国社会科学院经济与社会建设研究室与华图政信调查组成联合课题组，从 2010 年开始对基本公共服务力进行研究，研创了基本公共服务力评价指标体系，为政府考核公共服务与社会管理工作提供了理论工具。

教育蓝皮书

中国教育发展报告（2016）

杨东平 / 主编　2016 年 5 月出版　估价 :79.00 元

◆　本书由国内的中青年教育专家合作研究撰写。深度剖析 2015 年中国教育的热点话题，并对当下中国教育中出现的问题提出对策建议。

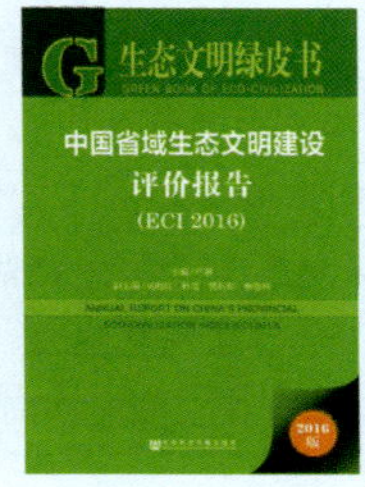

生态文明绿皮书

中国省域生态文明建设评价报告（ECI 2016）

严耕 / 主编　2016 年 12 月出版　估价 :85.00 元

◆　本书基于国家最新发布的权威数据，对我国的生态文明建设状况进行科学评价，并开展相应的深度分析，结合中央的政策方针和各省的具体情况，为生态文明建设推进，提出针对性的政策建议。

行业报告类

行业报告类皮书立足重点行业、新兴行业领域，
提供及时、前瞻的数据与信息

房地产蓝皮书

中国房地产发展报告 No.13（2016）

魏后凯　李景国 / 主编　　2016 年 5 月出版　　估价 :79.00 元

◆　蓝皮书秉承客观公正、科学中立的宗旨和原则，追踪 2015 年我国房地产市场最新资讯，深度分析，剖析因果，谋划对策，并对 2016 年房地产发展趋势进行了展望。

旅游绿皮书

2015 ~ 2016 年中国旅游发展分析与预测

宋　瑞 / 主编　　2016 年 1 出版　　估价 :98.00 元

◆　本书中国社会科学院旅游研究中心组织相关专家编写的年度研究报告，对 2015 年旅游行业的热点问题进行了全面的综述并提出专业性建议，并对 2016 年中国旅游的发展趋势进行展望。

互联网金融蓝皮书

中国互联网金融发展报告（2016）

李东荣 / 主编　　2016 年 8 月出版　　估价 :79.00 元

◆　近年来，许多基于互联网的金融服务模式应运而生并对传统金融业产生了深刻的影响和巨大的冲击，“互联网金融”成为社会各界关注的焦点。 本书探析了 2015 年互联网金融的特点和 2016 年互联网金融的发展方向和亮点。

资产管理蓝皮书

中国资产管理行业发展报告（2016）

智信资产管理研究院 / 编著　2016 年 6 月出版　估价 :89.00 元

◆ 中国资产管理行业刚刚兴起，未来将中国金融市场最有看点的行业，也会成为快速发展壮大的行业。本书主要分析了 2015 年度资产管理行业的发展情况，同时对资产管理行业的未来发展做出科学的预测。

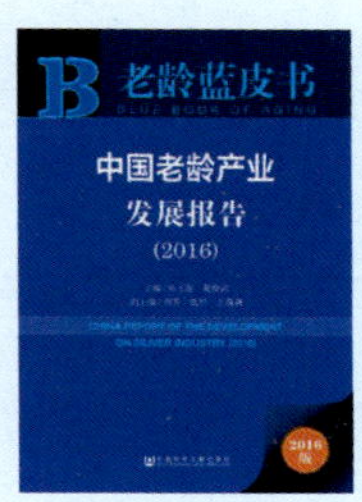

老龄蓝皮书

中国老龄产业发展报告（2016）

吴玉韶 党俊武 / 编著
2016 年 9 月出版　估价 :79.00 元

◆ 本书着眼于对中国老龄产业的发展给予系统介绍，深入解析，并对未来发展趋势进行预测和展望，力求从不同视角、不同层面全面剖析中国老龄产业发展的现状、取得的成绩、存在的问题以及重点、难点等。

金融蓝皮书

中国金融中心发展报告（2016）

王 力 黄育华 / 编著　2017 年 11 月出版　估价 :75.00 元

◆ 本报告将提升中国金融中心城市的金融竞争力作为研究主线，全面、系统、连续地反映和研究中国金融中心城市发展和改革的最新进展，展示金融中心理论研究的最新成果。

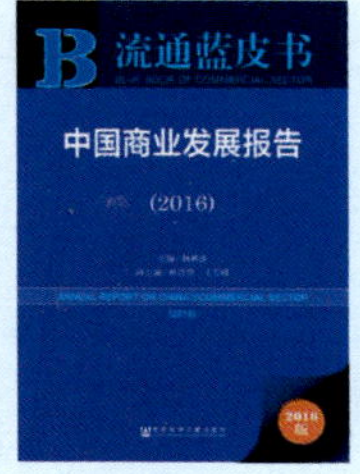

流通蓝皮书

中国商业发展报告（2016）

荆林波 / 编著　2016 年 5 月出版　估价 :89.00 元

◆ 本书是中国社会科学院财经院与利丰研究中心合作的成果，从关注中国宏观经济出发，突出了中国流通业的宏观背景，详细分析了批发业、零售业、物流业、餐饮产业与电子商务等产业发展状况。

国别与地区类

国别与地区类皮书关注全球重点国家与地区，提供全面、独特的解读与研究

美国蓝皮书

美国研究报告（2016）

黄　平　郑秉文 / 主编　2016 年 7 月出版　估价 :89.00 元

◆　本书是由中国社会科学院美国所主持完成的研究成果，它回顾了美国 2015 年的经济、政治形势与外交战略，对 2016 年以来美国内政外交发生的重大事件以及重要政策进行了较为全面的回顾和梳理。

拉美黄皮书

拉丁美洲和加勒比发展报告（2015~2016）

吴白乙 / 主编　2016 年 5 月出版　估价 :89.00 元

◆　本书对 2015 年拉丁美洲和加勒比地区诸国的政治、经济、社会、外交等方面的发展情况做了系统介绍，对该地区相关国家的热点及焦点问题进行了总结和分析，并在此基础上对该地区各国 2016 年的发展前景做出预测。

日本经济蓝皮书

日本经济与中日经贸关系研究报告（2016）

王洛林　张季风 / 编著　2016 年 5 月出版　估价 :79.00 元

◆　本书系统、详细地介绍了 2015 年日本经济以及中日经贸关系发展情况，在进行了大量数据分析的基础上，对 2016 年日本经济以及中日经贸关系的大致发展趋势进行了分析与预测。

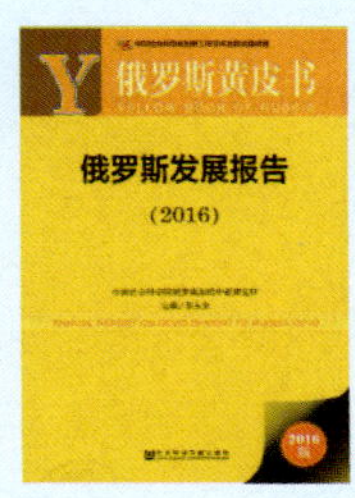

俄罗斯黄皮书

俄罗斯发展报告（2016）

李永全 / 编著　2016 年 7 月出版　估价 :79.00 元

◆　本书系统介绍了 2015 年俄罗斯经济政治情况，并对 2015 年该地区发生的焦点、热点问题进行了分析与回顾；在此基础上，对该地区 2016 年的发展前景进行了预测。

国际形势黄皮书

全球政治与安全报告（2016）

李慎明　张宇燕 / 主编　2015 年 12 月出版　定价 :69.00 元

◆　本书旨在对本年度全球政治及安全形势的总体情况、热点问题及变化趋势进行回顾与分析，并提出一定的预测及对策建议。作者通过事实梳理、数据分析、政策分析等途径，阐释了本年度国际关系及全球安全形势的基本特点，并在此基础上提出了具有启示意义的前瞻性结论。

德国蓝皮书

德国发展报告（2016）

郑春荣　伍慧萍 / 主编　2016 年 6 月出版　估价 :69.00 元

◆　本报告由同济大学德国研究所组织编撰，由该领域的专家学者对德国的政治、经济、社会文化、外交等方面的形势发展情况，进行全面的阐述与分析。

中欧关系蓝皮书

中欧关系研究报告（2016）

周弘 / 编著　2016 年 12 月出版　估价 :98.00 元

◆　本书由欧洲所暨欧洲学会推出，旨在分析、评估和预测年度中欧关系发展态势。本报告的作者均为欧洲方面的专家，他们对欧洲与中国在各个领域的发展情况进行了深入地分析和研究，对读者了解和把握中欧关系是非常有益的参考。

地方发展类

地方发展类皮书关注中国各省份、经济区域，
提供科学、多元的预判与资政信息

北京蓝皮书

北京公共服务发展报告（2015~2016）

施昌奎 / 主编　　2016 年 1 月出版　估价：69.00 元

◆　本书是由北京市政府职能部门的领导、首都著名高校的教授、知名研究机构的专家共同完成的关于北京市公共服务发展与创新的研究成果。

河南蓝皮书

河南经济发展报告（2016）

河南省社会科学院 / 编著　　2016 年 12 月出版　估价 :79.00 元

◆　本书以国内外经济发展环境和走向为背景，主要分析当前河南经济形势，预测未来发展趋势，全面反映河南经济发展的最新动态、热点和问题，为地方经济发展和领导决策提供参考。

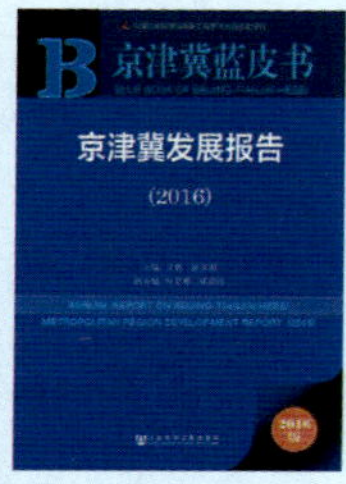

京津冀蓝皮书

京津冀发展报告（2016）

文　魁　祝尔娟 / 编著　　2016 年 4 月出版　估价 :89.00 元

◆　京津冀协同发展作为重大的国家战略，已进入顶层设计、制度创新和全面推进的新阶段。本书以问题为导向，围绕京津冀发展中的重要领域和重大问题，研究如何推进京津冀协同发展。

文化传媒类

文化传媒类皮书透视文化领域、文化产业，
探索文化大繁荣、大发展的路径

新媒体蓝皮书

中国新媒体发展报告 No.7（2016）

唐绪军 / 主编　　2016 年 6 月出版　　估价 :79.00 元

◆　本书是由中国社会科学院新闻与传播研究所组织编写的关于新媒体发展的最新年度报告，旨在全面分析中国新媒体的发展现状，解读新媒体的发展趋势，探析新媒体的深刻影响。

移动互联网蓝皮书

中国移动互联网发展报告（2016）

官建文 / 编著　　2016 年 6 月出版　　估价 :79.00 元

◆　本书着眼于对中国移动互联网 2015 年度的发展情况做深入解析，对未来发展趋势进行预测，力求从不同视角、不同层面全面剖析中国移动互联网发展的现状、年度突破以及热点趋势等。

文化蓝皮书

中国文化产业发展报告（2016）

张晓明　王家新　章建刚 / 主编　　2016 年 4 月出版　　估价 :79.00 元

◆　本书由中国社会科学院文化研究中心编写。 从 2012 年开始，中国社会科学院文化研究中心设立了国内首个文化产业的研究类专项资金——“文化产业重大课题研究计划”，开始在全国范围内组织多学科专家学者对我国文化产业发展重大战略问题进行联合攻关研究。本书集中反映了该计划的研究成果。

经济类

G20国家创新竞争力黄皮书
二十国集团（G20）国家创新竞争力发展报告（2016）
著(编)者:李建平 李闽榕 赵新力
2016年11月出版 / 估价:138.00元

产业蓝皮书
中国产业竞争力报告（2016）NO.6
著(编)者:张其仔 2016年12月出版 / 估价:98.00元

城市创新蓝皮书
中国城市创新报告（2016）
著(编)者:周天勇 旷建伟 2016年8月出版 / 估价:69.00元

城市蓝皮书
中国城市发展报告 NO.9
著(编)者:潘家华 魏后凯 2016年9月出版 / 估价:69.00元

城市群蓝皮书
中国城市群发展指数报告（2016）
著(编)者:刘士林 刘新静 2016年10月出版 / 估价:69.00元

城乡一体化蓝皮书
中国城乡一体化发展报告（2015～2016）
著(编)者:汝信 付崇兰 2016年7月出版 / 估价:85.00元

城镇化蓝皮书
中国新型城镇化健康发展报告（2016）
著(编)者:张占斌 2016年5月出版 / 估价:79.00元

创新蓝皮书
创新型国家建设报告（2015～2016）
著(编)者:詹正茂 2016年11月出版 / 估价:69.00元

低碳发展蓝皮书
中国低碳发展报告（2016）
著(编)者:齐晔 2016年3月出版 / 估价:89.00元

低碳经济蓝皮书
中国低碳经济发展报告（2016）
著(编)者:薛进军 赵忠秀 2016年6月出版 / 估价:85.00元

东北蓝皮书
中国东北地区发展报告（2016）
著(编)者:马克 黄文艺 2016年8月出版 / 估价:79.00元

工业化蓝皮书
中国工业化进程报告（2016）
著(编)者:黄群慧 吕铁 李晓华 等
2016年11月出版 / 估价:89.00元

管理蓝皮书
中国管理发展报告（2016）
著(编)者:张晓东 2016年9月出版 / 估价:98.00元

国际城市蓝皮书
国际城市发展报告（2016）
著(编)者:屠启宇 2016年1月出版 / 估价:79.00元

国家创新蓝皮书
中国创新发展报告（2016）
著(编)者:陈劲 2016年9月出版 / 估价:69.00元

金融蓝皮书
中国金融发展报告（2016）
著(编)者:李扬 王国刚 2015年12月出版 / 定价:79.00元

京津冀产业蓝皮书
京津冀产业协同发展报告（2016）
著(编)者:中智科博（北京）产业经济发展研究院
2016年6月出版 / 估价:69.00元

京津冀蓝皮书
京津冀发展报告（2016）
著(编)者:文魁 祝尔娟 2016年4月出版 / 估价:89.00元

经济蓝皮书
2016年中国经济形势分析与预测
著(编)者:李扬 2015年12月出版 / 定价:79.00元

经济蓝皮书·春季号
2016年中国经济前景分析
著(编)者:李扬 2016年5月出版 / 估价:79.00元

经济蓝皮书·夏季号
中国经济增长报告（2015～2016）
著(编)者:李扬 2016年8月出版 / 估价:99.00元

经济信息绿皮书
中国与世界经济发展报告（2016）
著(编)者:杜平 2015年12月出版 / 定价:89.00元

就业蓝皮书
2016年中国本科生就业报告
著(编)者:麦可思研究院 2016年6月出版 / 估价:98.00元

就业蓝皮书
2016年中国高职高专生就业报告
著(编)者:麦可思研究院 2016年6月出版 / 估价:98.00元

临空经济蓝皮书
中国临空经济发展报告（2016）
著(编)者:连玉明 2016年11月出版 / 估价:79.00元

民营经济蓝皮书
中国民营经济发展报告 NO.12（2015～2016）
著(编)者:王钦敏 2016年1月出版 / 估价:75.00元

农村绿皮书
中国农村经济形势分析与预测（2015～2016）
著(编)者:中国社会科学院农村发展研究所
国家统计局农村社会经济调查司
2016年4月出版 / 估价:69.00元

农业应对气候变化蓝皮书
气候变化对中国农业影响评估报告 No.2
著(编)者:矫梅燕 2016年8月出版 / 估价:98.00元

企业公民蓝皮书
中国企业公民报告 NO.4
著(编)者:邹东涛　2016年1月出版 / 估价:79.00元

气候变化绿皮书
应对气候变化报告（2016）
著(编)者:王伟光 郑国光　2016年11月出版 / 估价:98.00元

区域蓝皮书
中国区域经济发展报告（2015～2016）
著(编)者:梁昊光　2016年5月出版 / 估价:79.00元

全球环境竞争力绿皮书
全球环境竞争力报告（2016）
著(编)者:李建平 李闽榕 王金南
2016年12月出版 / 估价:198.00元

人口与劳动绿皮书
中国人口与劳动问题报告 NO.17
著(编)者:蔡昉 张车伟　2016年11月出版 / 估价:69.00元

商务中心区蓝皮书
中国商务中心区发展报告 NO.2（2016）
著(编)者:魏后凯 李国红　2016年1月出版 / 估价:89.00元

世界经济黄皮书
2016年世界经济形势分析与预测
著(编)者:王洛林 张宇燕　2015年12月出版 / 定价:79.00元

世界旅游城市绿皮书
世界旅游城市发展报告（2016）
著(编)者:鲁勇 周正宇 宋宇　2016年6月出版 / 估价:88.00元

西北蓝皮书
中国西北发展报告（2016）
著(编)者:孙发平 苏海红 鲁顺元
2015年12月出版 / 估价:79.00元

西部蓝皮书
中国西部发展报告（2016）
著(编)者:姚慧琴 徐璋勇　2016年7月出版 / 估价:89.00元

县域发展蓝皮书
中国县域经济增长能力评估报告（2016）
著(编)者:王力　2016年10月出版 / 估价:69.00元

新型城镇化蓝皮书
新型城镇化发展报告（2016）
著(编)者:李伟 宋敏 沈体雁　2016年11月出版 / 估价:98.00元

新兴经济体蓝皮书
金砖国家发展报告（2016）
著(编)者:林跃勤 周文　2016年7月出版 / 估价:79.00元

长三角蓝皮书
2016年全面深化改革中的长三角
著(编)者:张伟斌　2016年10月出版 / 估价:69.00元

中部竞争力蓝皮书
中国中部经济社会竞争力报告（2016）
著(编)者:教育部人文社会科学重点研究基地
南昌大学中国中部经济社会发展研究中心
2016年10月出版 / 估价:79.00元

中部蓝皮书
中国中部地区发展报告（2016）
著(编)者:宋亚平　2016年12月出版 / 估价:78.00元

中国省域竞争力蓝皮书
中国省域经济综合竞争力发展报告（2015～2016）
著(编)者:李建平 李闽榕 高燕京
2016年2月出版 / 估价:198.00元

中三角蓝皮书
长江中游城市群发展报告（2016）
著(编)者:秦尊文　2016年10月出版 / 估价:69.00元

中小城市绿皮书
中国中小城市发展报告（2016）
著(编)者:中国城市经济学会中小城市经济发展委员会
中国城镇化促进会中小城市发展委员会
《中国中小城市发展报告》编纂委员会
中小城市发展战略研究院
2016年10月出版 / 估价:98.00元

中原蓝皮书
中原经济区发展报告（2016）
著(编)者:李英杰　2016年6月出版 / 估价:88.00元

自贸区蓝皮书
中国自贸区发展报告（2016）
著(编)者:王力 王吉培　2016年10月出版 / 估价:69.00元

社会政法类

北京蓝皮书
中国社区发展报告（2016）
著(编)者:于燕燕　2017年2月出版 / 估价:79.00元

殡葬绿皮书
中国殡葬事业发展报告（2016）
著(编)者:李伯森　2016年4月出版 / 估价:158.00元

城市管理蓝皮书
中国城市管理报告（2016）
著(编)者:谭维克 刘林　2017年2月出版 / 估价:118.00元

城市生活质量蓝皮书
中国城市生活质量报告（2016）
著(编)者:张连城 张平 杨春学 郎丽华
2016年7月出版 / 估价:89.00元

城市政府能力蓝皮书
中国城市政府公共服务能力评估报告（2016）
著(编)者:何艳玲　2016年7月出版 / 估价:69.00元

创新蓝皮书
中国创业环境发展报告（2016）
著(编)者:姚凯 曹祎遐　2016年1月出版 / 估价:69.00元

慈善蓝皮书
中国慈善发展报告（2016）
著(编)者:杨团　2016年6月出版 / 估价:79.00元

地方法治蓝皮书
中国地方法治发展报告 NO.2（2016）
著(编)者:李林 田禾　2016年1月出版 / 估价:98.00元

法治蓝皮书
中国法治发展报告 NO.14（2016）
著(编)者:李林 田禾　2016年3月出版 / 估价:105.00元

反腐倡廉蓝皮书
中国反腐倡廉建设报告 NO.6
著(编)者:李秋芳 张英伟　2017年1月出版 / 估价:79.00元

非传统安全蓝皮书
中国非传统安全研究报告（2015～2016）
著(编)者:余潇枫 魏志江　2016年5月出版 / 估价:79.00元

妇女发展蓝皮书
中国妇女发展报告 NO.6
著(编)者:王金玲　2016年9月出版 / 估价:148.00元

妇女教育蓝皮书
中国妇女教育发展报告 NO.3
著(编)者:张李玺　2016年10月出版 / 估价:78.00元

妇女绿皮书
中国性别平等与妇女发展报告（2016）
著(编)者:谭琳　2016年12月出版 / 估价:99.00元

公共服务蓝皮书
中国城市基本公共服务力评价（2016）
著(编)者:钟君 吴正杲　2016年12月出版 / 估价:79.00元

公共管理蓝皮书
中国公共管理发展报告（2016）
著(编)者:贡森 李国强 杨维富
2016年4月出版 / 估价:69.00元

公共外交蓝皮书
中国公共外交发展报告（2016）
著(编)者:赵启正 雷蔚真　2016年4月出版 / 估价:89.00元

公民科学素质蓝皮书
中国公民科学素质报告（2016）
著(编)者:李群 许佳军　2016年3月出版 / 估价:79.00元

公益蓝皮书
中国公益发展报告（2016）
著(编)者:朱健刚　2016年5月出版 / 估价:78.00元

国际人才蓝皮书
海外华侨华人专业人士报告（2016）
著(编)者:王辉耀 苗绿　2016年8月出版 / 估价:69.00元

国际人才蓝皮书
中国国际移民报告（2016）
著(编)者:王辉耀　2016年2月出版 / 估价:79.00元

国际人才蓝皮书
中国海归发展报告（2016）NO.3
著(编)者:王辉耀 苗绿　2016年10月出版 / 估价:69.00元

国际人才蓝皮书
中国留学发展报告（2016）NO.5
著(编)者:王辉耀 苗绿　2016年10月出版 / 估价:79.00元

国家公园蓝皮书
中国国家公园体制建设报告（2016）
著(编)者:苏杨 张玉钧 石金莲 刘锋 等
2016年10月出版 / 估价:69.00元

海洋社会蓝皮书
中国海洋社会发展报告（2016）
著(编)者:崔凤 宋宁而　2016年7月出版 / 估价:89.00元

行政改革蓝皮书
中国行政体制改革报告（2016）NO.5
著(编)者:魏礼群　2016年4月出版 / 估价:98.00元

华侨华人蓝皮书
华侨华人研究报告（2016）
著(编)者:贾益民　2016年12月出版 / 估价:98.00元

环境竞争力绿皮书
中国省域环境竞争力发展报告（2016）
著(编)者:李建平 李闽榕 王金南
2016年11月出版 / 估价:198.00元

环境绿皮书
中国环境发展报告（2016）
著(编)者:刘鉴强　2016年5月出版 / 估价:79.00元

基金会蓝皮书
中国基金会发展报告（2016）
著(编)者:刘忠祥　2016年4月出版 / 估价:69.00元

基金会绿皮书
中国基金会发展独立研究报告（2016）
著(编)者:基金会中心网 中央民族大学基金会研究中心
2016年6月出版 / 估价:88.00元

基金会透明度蓝皮书
中国基金会透明度发展研究报告（2016）
著(编)者:基金会中心网 清华大学廉政与治理研究中心
2016年9月出版 / 估价:85.00元

教师蓝皮书
中国中小学教师发展报告（2016）
著(编)者:曾晓东 鱼霞　2016年6月出版 / 估价:69.00元

教育蓝皮书
中国教育发展报告（2016）
著(编)者:杨东平　2016年5月出版 / 估价:79.00元

科普蓝皮书
中国科普基础设施发展报告（2016）
著(编)者:任福君　2016年6月出版 / 估价:69.00元

科学教育蓝皮书
中国科学教育发展报告（2016）
著(编)者:罗晖 王康友　2016年10月出版 / 估价:79.00元

劳动保障蓝皮书
中国劳动保障发展报告（2016）
著(编)者:刘燕斌　2016年8月出版 / 估价:158.00元

连片特困区蓝皮书
中国连片特困区发展报告（2016）
著(编)者:游俊 冷志明 丁建军
2016年3月出版 / 估价:98.00元

民间组织蓝皮书
中国民间组织报告（2016）
著(编)者:黄晓勇　2016年12月出版 / 估价:79.00元

民调蓝皮书
中国民生调查报告（2016）
著(编)者:谢耘耕　2016年5月出版 / 估价:128.00元

民族发展蓝皮书
中国民族发展报告（2016）
著(编)者:郝时远 王延中 王希恩
2016年4月出版 / 估价:98.00元

女性生活蓝皮书
中国女性生活状况报告 NO.10（2016）
著(编)者:韩湘景　2016年4月出版 / 估价:79.00元

汽车社会蓝皮书
中国汽车社会发展报告（2016）
著(编)者:王俊秀　2016年1月出版 / 估价:69.00元

青年蓝皮书
中国青年发展报告（2016）NO.4
著(编)者:廉思 等　2016年4月出版 / 估价:69.00元

青少年蓝皮书
中国未成年人互联网运用报告（2016）
著(编)者:李文革 沈杰 季为民
2016年11月出版 / 估价:89.00元

青少年体育蓝皮书
中国青少年体育发展报告（2016）
著(编)者:郭建军 杨桦　2016年9月出版 / 估价:69.00元

区域人才蓝皮书
中国区域人才竞争力报告 NO.2
著(编)者:桂昭明 王辉耀
2016年6月出版 / 估价:69.00元

群众体育蓝皮书
中国群众体育发展报告（2016）
著(编)者:刘国永 杨桦　2016年10月出版 / 估价:69.00元

人才蓝皮书
中国人才发展报告（2016）
著(编)者:潘晨光　2016年9月出版 / 估价:85.00元

人权蓝皮书
中国人权事业发展报告 NO.6（2016）
著(编)者:李君如　2016年9月出版 / 估价:128.00元

社会保障绿皮书
中国社会保障发展报告（2016）NO.8
著(编)者:王延中　2016年4月出版 / 估价:99.00元

社会工作蓝皮书
中国社会工作发展报告（2016）
著(编)者:民政部社会工作研究中心
2016年8月出版 / 估价:79.00元

社会管理蓝皮书
中国社会管理创新报告 NO.4
著(编)者:连玉明　2016年11月出版 / 估价:89.00元

社会蓝皮书
2016年中国社会形势分析与预测
著(编)者:李培林 陈光金 张翼
2015年12月出版 / 定价:79.00元

社会体制蓝皮书
中国社会体制改革报告（2016）NO.4
著(编)者:龚维斌　2016年4月出版 / 估价:79.00元

社会心态蓝皮书
中国社会心态研究报告（2016）
著(编)者:王俊秀 杨宜音　2016年10月出版 / 估价:69.00元

社会组织蓝皮书
中国社会组织评估发展报告（2016）
著(编)者:徐家良 廖鸿　2016年12月出版 / 估价:69.00元

生态城市绿皮书
中国生态城市建设发展报告（2016）
著(编)者:刘举科 孙伟平 胡文臻
2016年9月出版 / 估价:148.00元

生态文明绿皮书
中国省域生态文明建设评价报告（ECI 2016）
著(编)者:严耕　2016年12月出版 / 估价:85.00元

世界社会主义黄皮书
世界社会主义跟踪研究报告（2015～2016）
著(编)者:李慎明　2016年4月出版 / 估价:258.00元

水与发展蓝皮书
中国水风险评估报告（2016）
著(编)者:王浩　2016年9月出版 / 估价:69.00元

体育蓝皮书
长三角地区体育产业发展报告（2016）
著(编)者:张林　2016年4月出版 / 估价:79.00元

体育蓝皮书
中国公共体育服务发展报告（2016）
著(编)者:戴健　2016年12月出版 / 估价:79.00元

土地整治蓝皮书
中国土地整治发展研究报告 NO.3
著(编)者:国土资源部土地整治中心
2016年5月出版 / 估价:89.00元

土地政策蓝皮书
中国土地政策发展报告（2016）
著(编)者:高延利 李宪文 唐健
2016年12月出版 / 估价:69.00元

危机管理蓝皮书
中国危机管理报告（2016）
著(编)者:文学国 范正青　2016年8月出版 / 估价:89.00元

形象危机应对蓝皮书
形象危机应对研究报告（2016）
著(编)者:唐钧　2016年6月出版 / 估价:149.00元

医改蓝皮书
中国医药卫生体制改革报告（2016）
著(编)者:文学国　房志武　2016年11月出版 / 估价:98.00元

医疗卫生绿皮书
中国医疗卫生发展报告 NO.7（2016）
著(编)者:申宝忠 韩玉珍　2016年4月出版 / 估价:75.00元

政治参与蓝皮书
中国政治参与报告（2016）
著(编)者:房宁　2016年7月出版 / 估价:108.00元

政治发展蓝皮书
中国政治发展报告（2016）
著(编)者:房宁 杨海蛟　2016年5月出版 / 估价:88.00元

智慧社区蓝皮书
中国智慧社区发展报告（2016）
著(编)者:罗昌智 张辉德　2016年7月出版 / 估价:69.00元

中国农村妇女发展蓝皮书
农村流动女性城市生活发展报告（2016）
著(编)者:谢丽华　2016年12月出版 / 估价:79.00元

宗教蓝皮书
中国宗教报告（2016）
著(编)者:邱永辉　2016年5月出版 / 估价:79.00元

行业报告类

保健蓝皮书
中国保健服务产业发展报告 NO.2
著(编)者:中国保健协会 中共中央党校
2016年7月出版 / 估价:198.00元

保健蓝皮书
中国保健食品产业发展报告 NO.2
著(编)者:中国保健协会
中国社会科学院食品药品产业发展与监管研究中心
2016年7月出版 / 估价:198.00元

保健蓝皮书
中国保健用品产业发展报告 NO.2
著(编)者:中国保健协会
国务院国有资产监督管理委员会研究中心
2016年2月出版 / 估价:198.00元

保险蓝皮书
中国保险业创新发展报告（2016）
著(编)者:项俊波　2016年12月出版 / 估价:69.00元

保险蓝皮书
中国保险业竞争力报告（2016）
著(编)者:项俊波　2015年12月出版 / 估价:99.00元

采供血蓝皮书
中国采供血管理报告（2016）
著(编)者:朱永明 耿鸿武　2016年8月出版 / 估价:69.00元

彩票蓝皮书
中国彩票发展报告（2016）
著(编)者:益彩基金　2016年4月出版 / 估价:98.00元

餐饮产业蓝皮书
中国餐饮产业发展报告（2016）
著(编)者:邢颖　2016年4月出版 / 估价:69.00元

测绘地理信息蓝皮书
测绘地理信息转型升级研究报告（2016）
著(编)者:库热西 · 买合苏提　2016年12月出版 / 估价:98.00元

茶业蓝皮书
中国茶产业发展报告（2016）
著(编)者:杨江帆 李闽榕　2016年10月出版 / 估价:78.00元

产权市场蓝皮书
中国产权市场发展报告（2015～2016）
著(编)者:曹和平　2016年5月出版 / 估价:89.00元

产业安全蓝皮书
中国出版传媒产业安全报告（2016）
著(编)者:北京印刷学院文化产业安全研究院
2016年4月出版 / 估价:69.00元

产业安全蓝皮书
中国文化产业安全报告（2016）
著(编)者:北京印刷学院文化产业安全研究院
2016年4月出版 / 估价:89.00元

产业安全蓝皮书
中国新媒体产业安全报告（2016）
著(编)者:北京印刷学院文化产业安全研究院
2016年5月出版 / 估价:69.00元

大数据蓝皮书
网络空间和大数据发展报告（2016）
著(编)者:杜平　2016年2月出版 / 估价:69.00元

电子商务蓝皮书
中国电子商务服务业发展报告 NO.3
著(编)者:荆林波 梁春晓　2016年5月出版 / 估价:69.00元

电子政务蓝皮书
中国电子政务发展报告（2016）
著(编)者:洪毅 杜平　2016年11月出版 / 估价:79.00元

杜仲产业绿皮书
中国杜仲橡胶资源与产业发展报告（2016）
著(编)者:杜红岩 胡文臻 俞锐
2016年1月出版 / 估价:85.00元

房地产蓝皮书
中国房地产发展报告 NO.13（2016）
著(编)者:魏后凯 李景国　2016年5月出版 / 估价:79.00元

服务外包蓝皮书
中国服务外包产业发展报告（2016）
著(编)者:王晓红 刘德军
2016年6月出版 / 估价:89.00元

服务外包蓝皮书
中国服务外包竞争力报告（2016）
著(编)者:王力 刘春生 黄育华
2016年11月出版 / 估价:85.00元

工业和信息化蓝皮书
世界网络安全发展报告（2016）
著(编)者:洪京一　2016年4月出版 / 估价:69.00元

工业和信息化蓝皮书
世界信息化发展报告（2016）
著(编)者:洪京一　2016年4月出版 / 估价:69.00元

工业和信息化蓝皮书
世界信息技术产业发展报告（2016）
著(编)者:洪京一　2016年4月出版 / 估价:79.00元

工业和信息化蓝皮书
世界制造业发展报告（2016）
著(编)者:洪京一　2016年4月出版 / 估价:69.00元

工业和信息化蓝皮书
移动互联网产业发展报告（2016）
著(编)者:洪京一　2016年4月出版 / 估价:79.00元

工业设计蓝皮书
中国工业设计发展报告（2016）
著(编)者:王晓红 于炜 张立群
2016年9月出版 / 估价:138.00元

互联网金融蓝皮书
中国互联网金融发展报告（2016）
著(编)者: 李东荣　2016年8月出版 / 估价:79.00元

会展蓝皮书
中外会展业动态评估年度报告（2016）
著(编)者:张敏　2016年1月出版 / 估价:78.00元

节能汽车蓝皮书
中国节能汽车产业发展报告（2016）
著(编)者:中国汽车工程研究院股份有限公司
2016年12月出版 / 估价:69.00元

金融监管蓝皮书
中国金融监管报告（2016）
著(编)者:胡滨　2016年4月出版 / 估价:89.00元

金融蓝皮书
中国金融中心发展报告（2016）
著(编)者:王力 黄育华　2017年11月出版 / 估价:75.00元

金融蓝皮书
中国商业银行竞争力报告（2016）
著(编)者:王松奇　2016年5月出版 / 估价:69.00元

经济林产业绿皮书
中国经济林产业发展报告（2016）
著(编)者:李芳东 胡文臻 乌云塔娜 杜红岩
2016年12月出版 / 估价:69.00元

客车蓝皮书
中国客车产业发展报告（2016）
著(编)者:姚蔚　2016年2月出版 / 估价:85.00元

老龄蓝皮书
中国老龄产业发展报告（2016）
著(编)者:吴玉韶 党俊武　2016年9月出版 / 估价:79.00元

流通蓝皮书
中国商业发展报告（2016）
著(编)者:荆林波　2016年5月出版 / 估价:89.00元

旅游安全蓝皮书
中国旅游安全报告（2016）
著(编)者:郑向敏 谢朝武　2016年5月出版 / 估价:128.00元

旅游绿皮书
2015～2016年中国旅游发展分析与预测
著(编)者:宋瑞　2016年1月出版 / 估价:98.00元

煤炭蓝皮书
中国煤炭工业发展报告（2016）
著(编)者:岳福斌　2016年12月出版 / 估价:79.00元

民营企业社会责任蓝皮书
中国民营企业社会责任年度报告（2016）
著(编)者:中华全国工商业联合会
2016年7月出版 / 估价:69.00元

民营医院蓝皮书
中国民营医院发展报告（2016）
著(编)者:庄一强　　2016年10月出版 / 估价:75.00元

能源蓝皮书
中国能源发展报告（2016）
著(编)者:崔民选 王军生 陈义和
2016年8月出版 / 估价:79.00元

农产品流通蓝皮书
中国农产品流通产业发展报告（2016）
著(编)者:贾敬敦 张东科 张玉玺 张鹏毅 周伟
2016年1月出版 / 估价:89.00元

期货蓝皮书
中国期货市场发展报告(2016)
著(编)者:李群 王在荣　　2016年11月出版 / 估价:69.00元

企业公益蓝皮书
中国企业公益研究报告（2016）
著(编)者:钟宏武 汪杰 顾一 黄晓娟 等
2016年12月出版 / 估价:69.00元

企业公众透明度蓝皮书
中国企业公众透明度报告 (2016) NO.2
著(编)者:黄速建 王晓光 肖红军
2016年1月出版 / 估价:98.00元

企业国际化蓝皮书
中国企业国际化报告（2016）
著(编)者:王辉耀　　2016年11月出版 / 估价:98.00元

企业蓝皮书
中国企业绿色发展报告 NO.2（2016）
著(编)者:李红玉　朱光辉　2016年8月出版 / 估价:79.00元

企业社会责任蓝皮书
中国企业社会责任研究报告（2016）
著(编)者:黄群慧 钟宏武 张蒽 等
2016年11月出版 / 估价:79.00元

企业社会责任能力蓝皮书
中国上市公司社会责任能力成熟度报告（2016）
著(编)者:肖红军 王晓光 李伟阳
2016年11月出版 / 估价:69.00元

汽车安全蓝皮书
中国汽车安全发展报告（2016）
著(编)者:中国汽车技术研究中心
2016年7月出版 / 估价:89.00元

汽车电子商务蓝皮书
中国汽车电子商务发展报告（2016）
著(编)者:中华全国工商业联合会汽车经销商商会
北京易观智库网络科技有限公司
2016年5月出版 / 估价:128.00元

汽车工业蓝皮书
中国汽车工业发展年度报告（2016）
著(编)者:中国汽车工业协会 中国汽车技术研究中心
丰田汽车（中国）投资有限公司
2016年4月出版 / 估价:128.00元

汽车蓝皮书
中国汽车产业发展报告（2016）
著(编)者:国务院发展研究中心产业经济研究部
中国汽车工程学会 大众汽车集团（中国）
2016年8月出版 / 估价:158.00元

清洁能源蓝皮书
国际清洁能源发展报告（2016）
著(编)者:苏树辉 袁国林 李玉崙
2016年11月出版 / 估价:99.00元

人力资源蓝皮书
中国人力资源发展报告（2016）
著(编)者:余兴安　　2016年12月出版 / 估价:79.00元

融资租赁蓝皮书
中国融资租赁业发展报告（2015～2016）
著(编)者:李光荣 王力　2016年1月出版 / 估价:89.00元

软件和信息服务业蓝皮书
中国软件和信息服务业发展报告（2016）
著(编)者:洪京一　　2016年12月出版 / 估价:198.00元

商会蓝皮书
中国商会发展报告NO.5（2016）
著(编)者:王钦敏　　2016年7月出版 / 估价:89.00元

上市公司蓝皮书
中国上市公司社会责任信息披露报告（2016）
著(编)者:张旺 张杨　　2016年11月出版 / 估价:69.00元

上市公司蓝皮书
中国上市公司质量评价报告（2015～2016）
著(编)者:张跃文 王力　2016年11月出版 / 估价:118.00元

设计产业蓝皮书
中国设计产业发展报告（2016）
著(编)者:陈冬亮 梁昊光　2016年3月出版 / 估价:89.00元

食品药品蓝皮书
食品药品安全与监管政策研究报告（2016）
著(编)者:唐民皓　　2016年7月出版 / 估价:69.00元

世界能源蓝皮书
世界能源发展报告（2016）
著(编)者:黄晓勇　　2016年6月出版 / 估价:99.00元

水利风景区蓝皮书
中国水利风景区发展报告（2016）
著(编)者:兰思仁　　2016年8月出版 / 估价:69.00元

私募市场蓝皮书
中国私募股权市场发展报告（2016）
著(编)者:曹和平　　2016年12月出版 / 估价:79.00元

碳市场蓝皮书
中国碳市场报告（2016）
著(编)者:宁金彪　　2016年11月出版 / 估价:69.00元

体育蓝皮书
中国体育产业发展报告（2016）
著(编)者:阮伟 钟秉枢 2016年7月出版 / 估价:69.00元

投资蓝皮书
中国投资发展报告（2016）
著(编)者:谢平 2016年4月出版 / 估价:128.00元

土地市场蓝皮书
中国农村土地市场发展报告（2016）
著(编)者:李光荣 高传捷 2016年1月出版 / 估价:69.00元

网络空间安全蓝皮书
中国网络空间安全发展报告（2016）
著(编)者:惠志斌 唐涛 2016年4月出版 / 估价:79.00元

物联网蓝皮书
中国物联网发展报告（2016）
著(编)者:黄桂田 龚六堂 张全升
2016年1月出版 / 估价:69.00元

西部工业蓝皮书
中国西部工业发展报告（2016）
著(编)者:方行明 甘犁 刘方健 姜凌 等
2016年9月出版 / 估价:79.00元

西部金融蓝皮书
中国西部金融发展报告（2016）
著(编)者:李忠民 2016年8月出版 / 估价:75.00元

协会商会蓝皮书
中国行业协会商会发展报告（2016）
著(编)者:景朝阳 李勇 2016年4月出版 / 估价:99.00元

新能源汽车蓝皮书
中国新能源汽车产业发展报告（2016）
著(编)者:中国汽车技术研究中心
日产（中国）投资有限公司 东风汽车有限公司
2016年8月出版 / 估价:89.00元

新三板蓝皮书
中国新三板市场发展报告（2016）
著(编)者:王力 2016年6月出版 / 估价:69.00元

信托市场蓝皮书
中国信托业市场报告（2015～2016）
著(编)者:用益信托工作室
2016年2月出版 / 估价:198.00元

信息安全蓝皮书
中国信息安全发展报告（2016）
著(编)者:张晓东 2016年2月出版 / 估价:69.00元

信息化蓝皮书
中国信息化形势分析与预测（2016）
著(编)者:周宏仁 2016年8月出版 / 估价:98.00元

信用蓝皮书
中国信用发展报告（2016）
著(编)者:章政 田侃 2016年4月出版 / 估价:99.00元

休闲绿皮书
2016年中国休闲发展报告
著(编)者:宋瑞
2016年10月出版 / 估价:79.00元

药品流通蓝皮书
中国药品流通行业发展报告（2016）
著(编)者:佘鲁林 温再兴
2016年8月出版 / 估价:158.00元

医药蓝皮书
中国中医药产业园战略发展报告（2016）
著(编)者:裴长洪 房书亭 吴滌心
2016年3月出版 / 估价:89.00元

邮轮绿皮书
中国邮轮产业发展报告（2016）
著(编)者:汪泓 2016年10月出版 / 估价:79.00元

智能养老蓝皮书
中国智能养老产业发展报告（2016）
著(编)者:朱勇 2016年10月出版 / 估价:89.00元

中国SUV蓝皮书
中国SUV产业发展报告 （2016）
著(编)者:靳军 2016年12月出版 / 估价:69.00元

中国金融行业蓝皮书
中国债券市场发展报告（2016）
著(编)者:谢多 2016年7月出版 / 估价:69.00元

中国上市公司蓝皮书
中国上市公司发展报告（2016）
著(编)者:中国社会科学院上市公司研究中心
2016年9月出版 / 估价:98.00元

中国游戏蓝皮书
中国游戏产业发展报告（2016）
著(编)者:孙立军 刘跃军 牛兴侦
2016年4月出版 / 估价:69.00元

中国总部经济蓝皮书
中国总部经济发展报告（2015～2016）
著(编)者:赵弘 2016年9月出版 / 估价:79.00元

资本市场蓝皮书
中国场外交易市场发展报告（2016）
著(编)者:高峦 2016年8月出版 / 估价:79.00元

资产管理蓝皮书
中国资产管理行业发展报告（2016）
著(编)者:智信资产管理研究院
2016年6月出版 / 估价:89.00元

文化传媒类

传媒竞争力蓝皮书
中国传媒国际竞争力研究报告（2016）
著(编)者:李本乾 刘强
2016年11月出版 / 估价:148.00元

传媒蓝皮书
中国传媒产业发展报告（2016）
著(编)者:崔保国 2016年5月出版 / 估价:98.00元

传媒投资蓝皮书
中国传媒投资发展报告（2016）
著(编)者:张向东 谭云明
2016年6月出版 / 估价:128.00元

动漫蓝皮书
中国动漫产业发展报告（2016）
著(编)者:卢斌 郑玉明 牛兴侦
2016年7月出版 / 估价:79.00元

非物质文化遗产蓝皮书
中国非物质文化遗产发展报告（2016）
著(编)者:陈平 2016年5月出版 / 估价:98.00元

广电蓝皮书
中国广播电影电视发展报告（2016）
著(编)者:国家新闻出版广电总局发展研究中心
2016年7月出版 / 估价:98.00元

广告主蓝皮书
中国广告主营销传播趋势报告 NO.9
著(编)者:黄升民 杜国清 邵华冬 等
2016年10月出版 / 估价:148.00元

国际传播蓝皮书
中国国际传播发展报告（2016）
著(编)者:胡正荣 李继东 姬德强
2016年11月出版 / 估价:89.00元

纪录片蓝皮书
中国纪录片发展报告（2016）
著(编)者:何苏六 2016年10月出版 / 估价:79.00元

科学传播蓝皮书
中国科学传播报告（2016）
著(编)者:詹正茂 2016年7月出版 / 估价:69.00元

两岸创意经济蓝皮书
两岸创意经济研究报告（2016）
著(编)者:罗昌智 董泽平 2016年12月出版 / 估价:98.00元

两岸文化蓝皮书
两岸文化产业合作发展报告（2016）
著(编)者:胡惠林 李保宗 2016年7月出版 / 估价:79.00元

媒介与女性蓝皮书
中国媒介与女性发展报告(2015~2016)
著(编)者:刘利群 2016年8月出版 / 估价:118.00元

媒体融合蓝皮书
中国媒体融合发展报告（2016）
著(编)者:梅宁华 宋建武 2016年7月出版 / 估价:79.00元

全球传媒蓝皮书
全球传媒发展报告（2016）
著(编)者:胡正荣 李继东 唐晓芬
2016年12月出版 / 估价:79.00元

少数民族非遗蓝皮书
中国少数民族非物质文化遗产发展报告（2016）
著(编)者:肖远平（彝） 柴立（满）
2016年6月出版 / 估价:128.00元

视听新媒体蓝皮书
中国视听新媒体发展报告（2016）
著(编)者:国家新闻出版广电总局发展研究中心
2016年7月出版 / 估价:98.00元

文化创新蓝皮书
中国文化创新报告（2016）NO.7
著(编)者:于平 傅才武 2016年7月出版 / 估价:98.00元

文化建设蓝皮书
中国文化发展报告（2016）
著(编)者:江畅 孙伟平 戴茂堂
2016年4月出版 / 估价:108.00元

文化科技蓝皮书
文化科技创新发展报告（2016）
著(编)者:于平 李凤亮 2016年10月出版 / 估价:89.00元

文化蓝皮书
中国公共文化服务发展报告（2016）
著(编)者:刘新成 张永新 张旭 2016年10月出版 / 估价:98.00元

文化蓝皮书
中国公共文化投入增长测评报告（2016）
著(编)者:王亚南 2016年12月出版 / 估价:79.00元

文化蓝皮书
中国少数民族文化发展报告（2016）
著(编)者:武翠英 张晓明 任乌晶
2016年9月出版 / 估价:69.00元

文化蓝皮书
中国文化产业发展报告（2016）
著(编)者:张晓明 王家新 章建刚
2016年4月出版 / 估价:79.00元

文化蓝皮书
中国文化产业供需协调检测报告（2016）
著(编)者:王亚南 2016年2月出版 / 估价:79.00元

文化蓝皮书
中国文化消费需求景气评价报告（2016）
著(编)者:王亚南 2016年2月出版 / 估价:79.00元

文化品牌蓝皮书
中国文化品牌发展报告（2016）
著(编)者:欧阳友权　2016年4月出版 / 估价:89.00元

文化遗产蓝皮书
中国文化遗产事业发展报告（2016）
著(编)者:刘世锦　2016年3月出版 / 估价:89.00元

文学蓝皮书
中国文情报告（2015～2016）
著(编)者:白烨　2016年5月出版 / 估价:69.00元

新媒体蓝皮书
中国新媒体发展报告NO.7（2016）
著(编)者:唐绪军　2016年7月出版 / 估价:79.00元

新媒体社会责任蓝皮书
中国新媒体社会责任研究报告（2016）
著(编)者:钟瑛　2016年10月出版 / 估价:79.00元

移动互联网蓝皮书
中国移动互联网发展报告（2016）
著(编)者:官建文　2016年6月出版 / 估价:79.00元

舆情蓝皮书
中国社会舆情与危机管理报告（2016）
著(编)者:谢耘耕　2016年8月出版 / 估价:98.00元

地方发展类

安徽经济蓝皮书
芜湖创新型城市发展报告（2016）
著(编)者:张志宏　2016年4月出版 / 估价:69.00元

安徽蓝皮书
安徽社会发展报告（2016）
著(编)者:程桦　2016年4月出版 / 估价:89.00元

安徽社会建设蓝皮书
安徽社会建设分析报告（2015～2016）
著(编)者:黄家海 王开玉 蔡宪
2016年4月出版 / 估价:89.00元

澳门蓝皮书
澳门经济社会发展报告（2015～2016）
著(编)者:吴志良 郝雨凡　2016年5月出版 / 估价:79.00元

北京蓝皮书
北京公共服务发展报告（2015～2016）
著(编)者:施昌奎　2016年1月出版 / 估价:69.00元

北京蓝皮书
北京经济发展报告（2015～2016）
著(编)者:杨松　2016年6月出版 / 估价:79.00元

北京蓝皮书
北京社会发展报告（2015～2016）
著(编)者:李伟东　2016年7月出版 / 估价:79.00元

北京蓝皮书
北京社会治理发展报告（2015～2016）
著(编)者:殷星辰　2016年6月出版 / 估价:79.00元

北京蓝皮书
北京文化发展报告（2015～2016）
著(编)者:李建盛　2016年5月出版 / 估价:79.00元

北京旅游绿皮书
北京旅游发展报告（2016）
著(编)者:北京旅游学会　2016年7月出版 / 估价:88.00元

北京人才蓝皮书
北京人才发展报告（2016）
著(编)者:于淼　2016年12月出版 / 估价:128.00元

北京社会心态蓝皮书
北京社会心态分析报告（2015～2016）
著(编)者:北京社会心理研究所
2016年8月出版 / 估价:79.00元

北京社会组织管理蓝皮书
北京社会组织发展与管理（2015～2016）
著(编)者:黄江松　2016年4月出版 / 估价:78.00元

北京体育蓝皮书
北京体育产业发展报告（2016）
著(编)者:钟秉枢 陈杰 杨铁黎
2016年10月出版 / 估价:79.00元

北京养老产业蓝皮书
北京养老产业发展报告（2016）
著(编)者:周明明 冯喜良　2016年4月出版 / 估价:69.00元

滨海金融蓝皮书
滨海新区金融发展报告（2016）
著(编)者:王爱俭 张锐钢　2016年9月出版 / 估价:79.00元

城乡一体化蓝皮书
中国城乡一体化发展报告•北京卷（2015～2016）
著(编)者:张宝秀 黄序　2016年5月出版 / 估价:79.00元

创意城市蓝皮书
北京文化创意产业发展报告（2016）
著(编)者:张京成 王国华　2016年12月出版 / 估价:69.00元

创意城市蓝皮书
青岛文化创意产业发展报告（2016）
著(编)者:马达 张丹妮　2016年6月出版 / 估价:79.00元

创意城市蓝皮书
台北文化创意产业发展报告（2016）
著(编)者:陈耀竹 邱琪瑄 2016年11月出版 / 估价:89.00元

创意城市蓝皮书
无锡文化创意产业发展报告（2016）
著(编)者:谭军 张鸣年 2016年10月出版 / 估价:79.00元

创意城市蓝皮书
武汉文化创意产业发展报告（2016）
著(编)者:黄永林 陈汉桥 2016年12月出版 / 估价:89.00元

创意城市蓝皮书
重庆创意产业发展报告（2016）
著(编)者:程宇宁 2016年4月出版 / 估价:89.00元

地方法治蓝皮书
南宁法治发展报告（2016）
著(编)者:杨维超 2016年12月出版 / 估价:69.00元

福建妇女发展蓝皮书
福建省妇女发展报告（2016）
著(编)者:刘群英 2016年11月出版 / 估价:88.00元

甘肃蓝皮书
甘肃经济发展分析与预测（2016）
著(编)者:朱智文 罗哲 2016年1月出版 / 估价:79.00元

甘肃蓝皮书
甘肃社会发展分析与预测（2016）
著(编)者:安文华 包晓霞 2016年1月出版 / 估价:79.00元

甘肃蓝皮书
甘肃文化发展分析与预测（2016）
著(编)者:安文华 周小华 2016年1月出版 / 估价:79.00元

甘肃蓝皮书
甘肃县域社会发展评价报告（2016）
著(编)者:刘进军 柳 民 王建兵
2016年1月出版 / 估价:79.00元

甘肃蓝皮书
甘肃舆情分析与预测（2016）
著(编)者:陈双梅 郝树声 2016年1月出版 / 估价:79.00元

甘肃蓝皮书
甘肃商务发展报告（2016）
著(编)者:杨志武 王福生 王晓芳
2016年1月出版 / 估价:69.00元

广东蓝皮书
广东全面深化改革发展报告（2016）
著(编)者:周林生 涂成林 2016年11月出版 / 估价:69.00元

广东蓝皮书
广东社会工作发展报告（2016）
著(编)者:罗观翠 2016年6月出版 / 估价:89.00元

广东蓝皮书
广东省电子商务发展报告（2016）
著(编)者:程晓 邓顺国 2016年7月出版 / 估价:79.00元

广东社会建设蓝皮书
广东省社会建设发展报告（2016）
著(编)者:广东省社会工作委员会
2016年12月出版 / 估价:99.00元

广东外经贸蓝皮书
广东对外经济贸易发展研究报告（2015~2016）
著(编)者:陈万灵 2016年5月出版 / 估价:89.00元

广西北部湾经济区蓝皮书
广西北部湾经济区开放开发报告（2016）
著(编)者:广西北部湾经济区规划建设管理委员会办公室
广西社会科学院广西北部湾发展研究院
2016年10月出版 / 估价:79.00元

广州蓝皮书
2016年中国广州经济形势分析与预测
著(编)者:庾建设 沈奎 谢博能 2016年6月出版 / 估价:79.00元

广州蓝皮书
2016年中国广州社会形势分析与预测
著(编)者:张强 陈怡霓 杨秦 2016年6月出版 / 估价:79.00元

广州蓝皮书
广州城市国际化发展报告（2016）
著(编)者:朱名宏 2016年11月出版 / 估价:69.00元

广州蓝皮书
广州创新型城市发展报告（2016）
著(编)者:尹涛 2016年10月出版 / 估价:69.00元

广州蓝皮书
广州经济发展报告（2016）
著(编)者:朱名宏 2016年7月出版 / 估价:69.00元

广州蓝皮书
广州农村发展报告（2016）
著(编)者:朱名宏 2016年8月出版 / 估价:69.00元

广州蓝皮书
广州汽车产业发展报告（2016）
著(编)者:杨再高 冯兴亚 2016年9月出版 / 估价:69.00元

广州蓝皮书
广州青年发展报告（2015～2016）
著(编)者:魏国华 张强 2016年7月出版 / 估价:69.00元

广州蓝皮书
广州商贸业发展报告（2016）
著(编)者:李江涛 肖振宇 荀振英
2016年7月出版 / 估价:69.00元

广州蓝皮书
广州社会保障发展报告（2016）
著(编)者:蔡国萱 2016年10月出版 / 估价:65.00元

广州蓝皮书
广州文化创意产业发展报告（2016）
著(编)者:甘新 2016年8月出版 / 估价:79.00元

广州蓝皮书
中国广州城市建设与管理发展报告（2016）
著(编)者:董皞 陈小钢 李江涛 2016年7月出版 / 估价:69.00元

广州蓝皮书
中国广州科技和信息化发展报告（2016）
著(编)者:邹采荣 马正勇 冯 元 2016年8月出版 / 估价:79.00元

广州蓝皮书
中国广州文化发展报告（2016）
著(编)者:徐俊忠 陆志强 顾涧清 2016年7月出版 / 估价:69.00元

贵阳蓝皮书
贵阳城市创新发展报告•白云篇（2016）
著(编)者:连玉明 2016年10月出版 / 估价:89.00元

贵阳蓝皮书
贵阳城市创新发展报告•观山湖篇（2016）
著(编)者:连玉明 2016年10月出版 / 估价:89.00元

贵阳蓝皮书
贵阳城市创新发展报告•花溪篇（2016）
著(编)者:连玉明 2016年10月出版 / 估价:89.00元

贵阳蓝皮书
贵阳城市创新发展报告•开阳篇（2016）
著(编)者:连玉明 2016年10月出版 / 估价:89.00元

贵阳蓝皮书
贵阳城市创新发展报告•南明篇（2016）
著(编)者:连玉明 2016年10月出版 / 估价:89.00元

贵阳蓝皮书
贵阳城市创新发展报告•清镇篇（2016）
著(编)者:连玉明 2016年10月出版 / 估价:89.00元

贵阳蓝皮书
贵阳城市创新发展报告•乌当篇（2016）
著(编)者:连玉明 2016年10月出版 / 估价:89.00元

贵阳蓝皮书
贵阳城市创新发展报告•息烽篇（2016）
著(编)者:连玉明 2016年10月出版 / 估价:89.00元

贵阳蓝皮书
贵阳城市创新发展报告•修文篇（2016）
著(编)者:连玉明 2016年10月出版 / 估价:89.00元

贵阳蓝皮书
贵阳城市创新发展报告•云岩篇（2016）
著(编)者:连玉明 2016年10月出版 / 估价:89.00元

贵州房地产蓝皮书
贵州房地产发展报告NO.3（2016）
著(编)者:武廷方 2016年6月出版 / 估价:89.00元

贵州蓝皮书
册亨经济社会发展报告 (2016)
著(编)者:黄德林 2016年1月出版 / 估价:69.00元

贵州蓝皮书
贵安新区发展报告（2016）
著(编)者:马长青 吴大华 2016年4月出版 / 估价:69.00元

贵州蓝皮书
贵州法治发展报告（2016）
著(编)者:吴大华 2016年5月出版 / 估价:79.00元

贵州蓝皮书
贵州民航业发展报告（2016）
著(编)者:申振东 吴大华 2016年10月出版 / 估价:69.00元

贵州蓝皮书
贵州人才发展报告（2016）
著(编)者:于杰 吴大华 2016年9月出版 / 估价:69.00元

贵州蓝皮书
贵州社会发展报告（2016）
著(编)者:王兴骥 2016年5月出版 / 估价:79.00元

海淀蓝皮书
海淀区文化和科技融合发展报告（2016）
著(编)者:陈名杰 孟景伟 2016年5月出版 / 估价:75.00元

海峡西岸蓝皮书
海峡西岸经济区发展报告（2016）
著(编)者:福建省人民政府发展研究中心
福建省人民政府发展研究中心咨询服务中心
2016年9月出版 / 估价:65.00元

杭州都市圈蓝皮书
杭州都市圈发展报告（2016）
著(编)者:董祖德 沈翔 2016年5月出版 / 估价:89.00元

杭州蓝皮书
杭州妇女发展报告（2016）
著(编)者:魏颖 2016年4月出版 / 估价:79.00元

河北经济蓝皮书
河北省经济发展报告（2016）
著(编)者:马树强 金浩 刘兵 张贵
2016年3月出版 / 估价:89.00元

河北蓝皮书
河北经济社会发展报告（2016）
著(编)者:周文夫 2016年1月出版 / 估价:79.00元

河北食品药品安全蓝皮书
河北食品药品安全研究报告（2016）
著(编)者:丁锦霞 2016年6月出版 / 估价:79.00元

河南经济蓝皮书
2016年河南经济形势分析与预测
著(编)者:胡五岳 2016年2月出版 / 估价:69.00元

河南蓝皮书
2016年河南社会形势分析与预测
著(编)者:刘道兴 牛苏林 2016年4月出版 / 估价:69.00元

河南蓝皮书
河南城市发展报告（2016）
著(编)者:谷建全 王建国 2016年3月出版 / 估价:79.00元

河南蓝皮书
河南法治发展报告（2016）
著(编)者:丁同民 闫德民 2016年6月出版 / 估价:79.00元

河南蓝皮书
河南工业发展报告（2016）
著(编)者:龚绍东 赵西三 2016年1月出版 / 估价:79.00元

河南蓝皮书
河南金融发展报告（2016）
著(编)者:河南省社会科学院
2016年6月出版 / 估价:69.00元

河南蓝皮书
河南经济发展报告（2016）
著(编)者:河南省社会科学院
2016年12月出版 / 估价:79.00元

河南蓝皮书
河南农业农村发展报告（2016）
著(编)者:吴海峰 2016年4月出版 / 估价:69.00元

河南蓝皮书
河南文化发展报告（2016）
著(编)者:卫绍生 2016年3月出版 / 估价:79.00元

河南商务蓝皮书
河南商务发展报告（2016）
著(编)者:焦锦淼 穆荣国 2016年4月出版 / 估价:88.00元

黑龙江产业蓝皮书
黑龙江产业发展报告（2016）
著(编)者:于渤 2016年10月出版 / 估价:79.00元

黑龙江蓝皮书
黑龙江经济发展报告（2016）
著(编)者:曲伟 2016年1月出版 / 估价:79.00元

黑龙江蓝皮书
黑龙江社会发展报告（2016）
著(编)者:张新颖 2016年1月出版 / 估价:79.00元

湖南城市蓝皮书
区域城市群整合（主题待定）
著(编)者:童中贤 韩未名 2016年12月出版 / 估价:79.00元

湖南蓝皮书
2016年湖南产业发展报告
著(编)者:梁志峰 2016年5月出版 / 估价:98.00元

湖南蓝皮书
2016年湖南电子政务发展报告
著(编)者:梁志峰 2016年5月出版 / 估价:98.00元

湖南蓝皮书
2016年湖南经济展望
著(编)者:梁志峰 2016年5月出版 / 估价:128.00元

湖南蓝皮书
2016年湖南两型社会与生态文明发展报告
著(编)者:梁志峰 2016年5月出版 / 估价:98.00元

湖南蓝皮书
2016年湖南社会发展报告
著(编)者:梁志峰 2016年5月出版 / 估价:88.00元

湖南蓝皮书
2016年湖南县域经济社会发展报告
著(编)者:梁志峰 2016年5月出版 / 估价:98.00元

湖南蓝皮书
湖南城乡一体化发展报告（2016）
著(编)者:陈文胜 刘祚祥 邝奕轩 等
2016年7月出版 / 估价:89.00元

湖南县域绿皮书
湖南县域发展报告 NO.3
著(编)者:袁准 周小毛 2016年9月出版 / 估价:69.00元

沪港蓝皮书
沪港发展报告（2015～2016）
著(编)者:尤安山 2016年4月出版 / 估价:89.00元

吉林蓝皮书
2016年吉林经济社会形势分析与预测
著(编)者:马克 2016年2月出版 / 估价:89.00元

济源蓝皮书
济源经济社会发展报告（2016）
著(编)者:喻新安 2016年4月出版 / 估价:69.00元

健康城市蓝皮书
北京健康城市建设研究报告（2016）
著(编)者:王鸿春 2016年4月出版 / 估价:79.00元

江苏法治蓝皮书
江苏法治发展报告 NO.5（2016）
著(编)者:李力 龚廷泰 2016年9月出版 / 估价:98.00元

江西蓝皮书
江西经济社会发展报告（2016）
著(编)者:张勇 姜玮 梁勇 2016年10月出版 / 估价:79.00元

江西文化产业蓝皮书
江西文化产业发展报告（2016）
著(编)者:张圣才 汪春翔 2016年10月出版 / 估价:128.00元

经济特区蓝皮书
中国经济特区发展报告（2016）
著(编)者:陶一桃 2016年12月出版 / 估价:89.00元

辽宁蓝皮书
2016年辽宁经济社会形势分析与预测
著(编)者:曹晓峰 张晶 梁启东
2016年12月出版 / 估价:79.00元

拉萨蓝皮书
拉萨法治发展报告（2016）
著(编)者:车明怀 2016年7月出版 / 估价:79.00元

洛阳蓝皮书
洛阳文化发展报告（2016）
著(编)者:刘福兴 陈启明 2016年7月出版 / 估价:79.00元

南京蓝皮书
南京文化发展报告（2016）
著(编)者:徐宁 2016年12月出版 / 估价:79.00元

内蒙古蓝皮书
内蒙古反腐倡廉建设报告 NO.2
著(编)者:张志华 无极 2016年12月出版 / 估价:69.00元

浦东新区蓝皮书
上海浦东经济发展报告（2016）
著(编)者:沈开艳 陆沪根 2016年1月出版 / 估价:69.00元

青海蓝皮书
2016年青海经济社会形势分析与预测
著(编)者:赵宗福 2015年12月出版 / 估价:69.00元

人口与健康蓝皮书
深圳人口与健康发展报告（2016）
著(编)者:陆杰华 罗乐宣 苏杨
2016年11月出版 / 估价:89.00元

山东蓝皮书
山东经济形势分析与预测（2016）
著(编)者:李广杰 2016年11月出版 / 估价:89.00元

山东蓝皮书
山东社会形势分析与预测（2016）
著(编)者:涂可国 2016年6月出版 / 估价:89.00元

山东蓝皮书
山东文化发展报告（2016）
著(编)者:张华 唐洲雁 2016年6月出版 / 估价:98.00元

山西蓝皮书
山西资源型经济转型发展报告（2016）
著(编)者:李志强 2016年5月出版 / 估价:89.00元

陕西蓝皮书
陕西经济发展报告（2016）
著(编)者:任宗哲 白宽犁 裴成荣
2016年1月出版 / 估价:69.00元

陕西蓝皮书
陕西社会发展报告（2016）
著(编)者:任宗哲 白宽犁 牛昉
2016年1月出版 / 估价:69.00元

陕西蓝皮书
陕西文化发展报告（2016）
著(编)者:任宗哲 白宽犁 王长寿
2016年1月出版 / 估价:65.00元

陕西蓝皮书
丝绸之路经济带发展报告（2016）
著(编)者:任宗哲 石英 白宽犁
2016年8月出版 / 估价:79.00元

上海蓝皮书
上海传媒发展报告（2016）
著(编)者:强荧 焦雨虹 2016年1月出版 / 估价:69.00元

上海蓝皮书
上海法治发展报告（2016）
著(编)者:叶青 2016年5月出版 / 估价:69.00元

上海蓝皮书
上海经济发展报告（2016）
著(编)者:沈开艳 2016年1月出版 / 估价:69.00元

上海蓝皮书
上海社会发展报告（2016）
著(编)者:杨雄 周海旺 2016年1月出版 / 估价:69.00元

上海蓝皮书
上海文化发展报告（2016）
著(编)者:荣跃明 2016年1月出版 / 估价:74.00元

上海蓝皮书
上海文学发展报告（2016）
著(编)者:陈圣来 2016年1月出版 / 估价:69.00元

上海蓝皮书
上海资源环境发展报告（2016）
著(编)者:周冯琦 汤庆合 任文伟
2016年1月出版 / 估价:69.00元

上饶蓝皮书
上饶发展报告（2015～2016）
著(编)者:朱寅健 2016年3月出版 / 估价:128.00元

社会建设蓝皮书
2016年北京社会建设分析报告
著(编)者:宋贵伦 冯虹 2016年7月出版 / 估价:79.00元

深圳蓝皮书
深圳法治发展报告（2016）
著(编)者:张骁儒 2016年5月出版 / 估价:69.00元

深圳蓝皮书
深圳经济发展报告（2016）
著(编)者:张骁儒 2016年6月出版 / 估价:89.00元

深圳蓝皮书
深圳劳动关系发展报告（2016）
著(编)者:汤庭芬 2016年6月出版 / 估价:79.00元

深圳蓝皮书
深圳社会建设与发展报告（2016）
著(编)者:张骁儒 陈东平 2016年6月出版 / 估价:79.00元

深圳蓝皮书
深圳文化发展报告(2016)
著(编)者:张骁儒 2016年1月出版 / 估价:69.00元

四川法治蓝皮书
四川依法治省年度报告 NO.2（2016）
著(编)者:李林 杨天宗 田禾
2016年3月出版 / 估价:108.00元

四川蓝皮书
2016年四川经济形势分析与预测
著(编)者:杨钢 2016年1月出版 / 估价:89.00元

四川蓝皮书
四川城镇化发展报告（2016）
著(编)者:侯水平 范秋美 2016年4月出版 / 估价:79.00元

四川蓝皮书
四川法治发展报告（2016）
著(编)者:郑泰安 2016年1月出版 / 估价:69.00元

四川蓝皮书
四川企业社会责任研究报告（2015～2016）
著(编)者:侯水平 盛毅　2016年4月出版 / 估价:79.00元

四川蓝皮书
四川社会发展报告（2016）
著(编)者:郭晓鸣　2016年4月出版 / 估价:79.00元

四川蓝皮书
四川生态建设报告（2016）
著(编)者:李晟之　2016年4月出版 / 估价:79.00元

四川蓝皮书
四川文化产业发展报告（2016）
著(编)者:侯水平　2016年4月出版 / 估价:79.00元

体育蓝皮书
上海体育产业发展报告（2015～2016）
著(编)者:张林 黄海燕　2016年10月出版 / 估价:79.00元

体育蓝皮书
长三角地区体育产业发展报告（2015～2016）
著(编)者:张林　2016年4月出版 / 估价:79.00元

天津金融蓝皮书
天津金融发展报告（2016）
著(编)者:王爱俭 孔德昌　2016年9月出版 / 估价:89.00元

图们江区域合作蓝皮书
图们江区域合作发展报告（2016）
著(编)者:李铁　2016年4月出版 / 估价:98.00元

温州蓝皮书
2016年温州经济社会形势分析与预测
著(编)者:潘忠强 王春光 金浩　2016年4月出版 / 估价:69.00元

扬州蓝皮书
扬州经济社会发展报告（2016）
著(编)者:丁纯　2016年12月出版 / 估价:89.00元

长株潭城市群蓝皮书
长株潭城市群发展报告（2016）
著(编)者:张萍　2016年10月出版 / 估价:69.00元

郑州蓝皮书
2016年郑州文化发展报告
著(编)者:王哲　2016年9月出版 / 估价:65.00元

中医文化蓝皮书
北京中医药文化传播发展报告（2016）
著(编)者:毛嘉陵　2016年5月出版 / 估价:79.00元

珠三角流通蓝皮书
珠三角商圈发展研究报告（2016）
著(编)者:王先庆 林至颖　2016年7月出版 / 估价:98.00元

遵义蓝皮书
遵义发展报告（2016）
著(编)者:曾征 龚永育　2016年12月出版 / 估价:69.00元

国别与地区类

阿拉伯黄皮书
阿拉伯发展报告（2015～2016）
著(编)者:罗林　2016年11月出版 / 估价:79.00元

北部湾蓝皮书
泛北部湾合作发展报告（2016）
著(编)者:吕余生　2016年10月出版 / 估价:69.00元

大湄公河次区域蓝皮书
大湄公河次区域合作发展报告（2016）
著(编)者:刘稚　2016年9月出版 / 估价:79.00元

大洋洲蓝皮书
大洋洲发展报告（2015～2016）
著(编)者:喻常森　2016年10月出版 / 估价:89.00元

德国蓝皮书
德国发展报告（2016）
著(编)者:郑春荣 伍慧萍
2016年5月出版 / 估价:69.00元

东北亚黄皮书
东北亚地区政治与安全（2016）
著(编)者:黄凤志 刘清才 张慧智 等
2016年5月出版 / 估价:69.00元

东盟黄皮书
东盟发展报告（2016）
著(编)者:杨晓强 庄国土　2016年12月出版 / 估价:75.00元

东南亚蓝皮书
东南亚地区发展报告（2015～2016）
著(编)者:厦门大学东南亚研究中心　王勤
2016年4月出版 / 估价:79.00元

俄罗斯黄皮书
俄罗斯发展报告（2016）
著(编)者:李永全　2016年7月出版 / 估价:79.00元

非洲黄皮书
非洲发展报告 NO.18（2015～2016）
著(编)者:张宏明　2016年9月出版 / 估价:79.00元

国际形势黄皮书
全球政治与安全报告（2016）
著(编)者:李慎明 张宇燕
2015年12月出版 / 定价:69.00元

韩国蓝皮书
韩国发展报告（2016）
著(编)者:牛林杰 刘宝全
2016年12月出版 / 估价:89.00元

加拿大蓝皮书
加拿大发展报告（2016）
著(编)者:仲伟合 2016年4月出版 / 估价:89.00元

拉美黄皮书
拉丁美洲和加勒比发展报告（2015~2016）
著(编)者:吴白乙 2016年5月出版 / 估价:89.00元

美国蓝皮书
美国研究报告（2016）
著(编)者:郑秉文 黄平
2016年6月出版 / 估价:89.00元

缅甸蓝皮书
缅甸国情报告（2016）
著(编)者:李晨阳 2016年8月出版 / 估价:79.00元

欧洲蓝皮书
欧洲发展报告（2015~2016）
著(编)者:周弘 黄平 江时学
2016年7月出版 / 估价:89.00元

日本经济蓝皮书
日本经济与中日经贸关系研究报告（2016）
著(编)者:王洛林 张季风
2016年5月出版 / 估价:79.00元

日本蓝皮书
日本研究报告（2016）
著(编)者:李薇 2016年4月出版 / 估价:69.00元

上海合作组织黄皮书
上海合作组织发展报告（2016）
著(编)者:李进峰 吴宏伟 李伟
2016年7月出版 / 估价:98.00元

世界创新竞争力黄皮书
世界创新竞争力发展报告（2016）
著(编)者:李闽榕 李建平 赵新力
2016年1月出版 / 估价:148.00元

土耳其蓝皮书
土耳其发展报告（2016）
著(编)者:郭长刚 刘义 2016年7月出版 / 估价:69.00元

亚太蓝皮书
亚太地区发展报告（2016）
著(编)者:李向阳 2016年1月出版 / 估价:69.00元

印度蓝皮书
印度国情报告（2016）
著(编)者:吕昭义 2016年5月出版 / 估价:89.00元

印度洋地区蓝皮书
印度洋地区发展报告（2016）
著(编)者:汪戎 2016年5月出版 / 估价:89.00元

英国蓝皮书
英国发展报告（2015~2016）
著(编)者:王展鹏 2016年10月出版 / 估价:89.00元

越南蓝皮书
越南国情报告（2016）
著(编)者:广西社会科学院 罗梅 李碧华
2016年8月出版 / 估价:69.00元

越南蓝皮书
越南经济发展报告（2016）
著(编)者:黄志勇 2016年10月出版 / 估价:69.00元

以色列蓝皮书
以色列发展报告（2016）
著(编)者:张倩红 2016年9月出版 / 估价:89.00元

中东黄皮书
中东发展报告 No.18（2015~2016）
著(编)者:杨光 2016年10月出版 / 估价:89.00元

中欧关系蓝皮书
中欧关系研究报告（2016）
著(编)者:周弘 2016年12月出版 / 估价:98.00元

中亚黄皮书
中亚国家发展报告（2016）
著(编)者:孙力 吴宏伟 2016年8月出版 / 估价:89.00元

❖ 皮书起源 ❖

“皮书”起源于十七、十八世纪的英国，主要指官方或社会组织正式发表的重要文件或报告，多以“白皮书”命名。在中国，“皮书”这一概念被社会广泛接受，并被成功运作、发展成为一种全新的出版形态，则源于中国社会科学院社会科学文献出版社。

❖ 皮书定义 ❖

皮书是对中国与世界发展状况和热点问题进行年度监测，以专业的角度、专家的视野和实证研究方法，针对某一领域或区域现状与发展态势展开分析和预测，具备原创性、实证性、专业性、连续性、前沿性、时效性等特点的公开出版物，由一系列权威研究报告组成。

❖ 皮书作者 ❖

皮书系列的作者以中国社会科学院、著名高校、地方社会科学院的研究人员为主，多为国内一流研究机构的权威专家学者，他们的看法和观点代表了学界对中国与世界的现实和未来最高水平的解读与分析。

❖ 皮书荣誉 ❖

皮书系列已成为社会科学文献出版社的著名图书品牌和中国社会科学院的知名学术品牌。2011 年，皮书系列正式列入“十二五”国家重点出版规划项目；2012~2015 年，重点皮书列入中国社会科学院承担的国家哲学社会科学创新工程项目；2016 年，46 种院外皮书使用“中国社会科学院创新工程学术出版项目”标识。

中国皮书网

www.pishu.cn

发布皮书研创资讯，传播皮书精彩内容
引领皮书出版潮流，打造皮书服务平台

栏目设置：

- □ 资讯：皮书动态、皮书观点、皮书数据、皮书报道、皮书发布、电子期刊
- □ 标准：皮书评价、皮书研究、皮书规范
- □ 服务：最新皮书、皮书书目、重点推荐、在线购书
- □ 链接：皮书数据库、皮书博客、皮书微博、在线书城
- □ 搜索：资讯、图书、研究动态、皮书专家、研创团队

中国皮书网依托皮书系列“权威、前沿、原创”的优质内容资源，通过文字、图片、音频、视频等多种元素，在皮书研创者、使用者之间搭建了一个成果展示、资源共享的互动平台。

自 2005 年 12 月正式上线以来，中国皮书网的 IP 访问量、PV 浏览量与日俱增，受到海内外研究者、公务人员、商务人士以及专业读者的广泛关注。

2008 年、2011 年，中国皮书网均在全国新闻出版业网站荣誉评选中获得“最具商业价值网站”称号；2012 年，获得“出版业网站百强”称号。

2014 年，中国皮书网与皮书数据库实现资源共享，端口合一，将提供更丰富的内容，更全面的服务。

续表

时间	2012	2013	2014	2015 年第一季度	2015 年第二季度	2015	2016
中国	9.8	10.0	10.6	10.7	11.1	10.9	11.3
拉美	6.4	6.6	6.8	6.7	6.9	6.9	7.0
中东	7.7	7.9	8.1	7.8	8.3	8.2	8.5
非洲	3.8	3.8	4.0	4.1	4.1	4.1	4.3
总需求	90.7	91.9	92.6	93.6	93.5	94.2	95.6
供给							
OECD	19.9	21.0	22.8	23.8	23.7	23.5	23.7
美洲	15.8	17.2	19.0	20.0	19.7	19.7	20.0
欧洲	3.5	3.3	3.3	3.4	3.5	3.4	3.2
亚洲及大洋洲	0.6	0.5	0.5	0.4	0.4	0.5	0.5
非 OECD	29.5	29.5	29.8	30.4	30.2	30.1	29.6
独联体	13.7	13.9	13.9	14.0	14.0	13.9	13.7
欧洲	0.1	0.1	0.1	0.1	0.1	0.1	0.1
亚洲	7.8	7.7	7.7	7.9	8.0	7.9	7.8
中国	4.2	4.2	4.2	4.3	4.4	4.3	4.2
拉美	4.2	4.2	4.4	4.6	4.6	4.6	4.7
中东	1.5	1.3	1.3	1.3	1.2	1.2	1.1
非洲	2.2	2.3	2.3	2.3	2.3	2.3	2.2
OPEC	37.5	36.6	36.6	37.0	38.1		
总供给	90.9	91.2	93.7	95.3	96.5		
供需缺口	-0.2	0.7	-1.1	-1.7	-3.0		

资料来源：IEA，*Oil Market Report*，August 2015。

发达经济总体上的低迷不振，严重制约了全球石油需求的增长。北美的原油日均需求量在 2014 年、2015 年第一季度分别增加了 10 万桶，但在 2015 年第二季度减少了 10 万桶，降至 2410 万桶。欧洲的石油日平均需求量 2013 年、2014 年均分别下降了 20 万桶，但在 2015 年第一季度增加了 20 万桶，2015 年第二季度的石油需求量环比下降 20 万桶，降至 1340 万桶，与 2014 年的需求量持平。

中国的经济结构调整和经济减速虽抑制了其石油需求增长，但低油价也导致其石油储备需求上升。在 2012 ~2014 年，中国的石油需求量保持了快速增长，其增速依次为 4.3%、2.0% 和 6.0%。2015 年第一、二季度，中

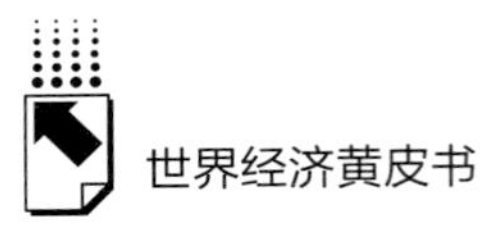

国的石油平均日需求量分别为 1070 万桶、1110 万桶，比 2014 年 1060 万桶的水平依次增长了 10 万桶、50 万桶，增速分别为 0.9%、4.7%。

2015 ~2016 年期间，全球石油需求增长将有所加快，原因主要有三点：一是发达经济体虽仍继续保持低速的平庸增长态势，但其经济将逐步走出低谷，有助于全球石油需求的稳定，特别是美国经济的稳定复苏将构成石油需求增长的支撑力量；二是新兴经济体经济将出现回稳态势，经济增速有所反弹，其对石油需求的增速将有望加快；三是低油价鼓励全球消费者增加了石油的消费需求，并导致中国等一些主要的石油进口国加大石油战略储备的力度。

根据国际能源署 2015 年 8 月的预测，2015 年全球石油平均日需求的增长量预计为 160 万桶，日平均石油需求量将达 9420 万桶，年均石油需求增长率达 1.73%。这一增长速度可能是五年来最快的。2016 年，随着全球经济的持续复苏，全球石油平均日需求的增长量预计为 140 万桶，日平均石油需求量将达 9560 万桶，年均石油需求增长率预计为 1.49%。

全球石油需求的增长主要来源于非 OECD 国家。2014 年，非 OECD 国家的日均石油需求增长量为 140 万桶，日均消费量达 4700 万桶，而 OECD 国家的日均石油需求量下降了 40 万桶，日均石油需求量降至 4560 万桶的水平。在 2015 年、2016 年，非 OECD 国家的日石油需求均增长 120 万桶，而 OECD 国家的日均石油需求量将分别增长 50 万桶、10 万桶。中国的石油需求在经历了 2014 年的高速增长之后，2015 年、2016 年的石油需求增长速度将有所放缓，日均石油需求增长量将由前期的 60 万桶分别降至 30 万桶、40 万桶。从而，中国 2015 年、2016 年的日均石油需求量分别为 1090 万桶、1130 万桶。

2010 年以来，全球石油供给实现了持续增长，且增长速度快于需求。2014 年，全球石油日平均供给量为 9370 万桶，比 2013 年 9120 万桶的供给量增长了 2.74%。2015 年第一、二季度，全球石油日平均供给量依次为 9530 万桶、9650 万桶，分别比 2014 年的日均产量提高 1.71%、2.99%。2014 年至 2015 年上半年，全球石油市场一直处于供给过剩、需求不足的状态，且需求缺口不断扩大，由 2014 年的 110 万桶/天分别攀升至 2015 年第一季度、第二季度的 170 万桶/天、300 万桶/天。

2012 年以来，全球石油供给的增长主要来源于北美和 OPEC，而除北美外的其他 OECD 国家、非 OECD 国家的石油总产量的增长缓慢，甚至一度出现负增长。与 2012 年的水平相比，2015 年第二季度的全球日均石油产量增长了 560 万桶，其中美国和加拿大的日均石油产量增长了 390 万桶，占 69.6%；OPEC 的日均石油产量增长了 60 万桶，占 10.7%；而除北美外的 OECD 国家的日均石油产量下降了 10 万桶，非 OECD 国家的日石油产量增长了 60 万桶，二者合计增长了 50 万桶，占 8.9%。得益于页岩气等非常规油气资源的大规模开发，美国和加拿大已上升为全球石油供给增长的主要来源地。

石油价格的下跌，导致非 OPEC 国家的石油供应量的增长速度显著放缓。非 OPEC 的石油产量的增长率呈逐年下降的态势，由 2014 年的 4.2% 分别降至 2015 年第一、二季度的 3.0%、2.5%，2015 年将可能进一步降至 1.9%，而 2016 年将很可能下跌至 0.6%。2015 年第一季度，非 OPEC 产油国的石油日均产量达到创纪录的 5420 万桶，比 2014 年增长了 160 万桶，但第二季度的石油产量相比第一季度减少了 30 万桶。根据国际能源署的预测，2015 年非 OPEC 产油国的石油日均产量将会继续攀升至 5360 万桶，比 2014 年增长 100 万桶，但在 2016 年很可能下降 30 万桶。其中，美国和加拿大的石油日均产量在 2015 年继续攀升至 1970 万桶，比 2014 年增长 70 万桶，2016 年将继续增加 30 万桶，达到 2000 万桶的水平。

在原油价格大幅下跌和北美页岩气的强烈冲击之下，OPEC 转变了调控国际原油市场的策略，由传统上寻求控制市场价格转向追求市场份额。在 2015 年第一、二季度，OPEC 的日均石油供应量分别达 3700 万桶、3810 万桶，比 2014 年的 3660 万桶的供给量分别增加了 40 万桶、150 万桶，增长率分别为 1.1%、4.1%。同时，随着伊拉克石油供应能力恢复和伊朗核协议的达成，OPEC 的石油供应能力将会进一步提升。OPEC 的石油闲置产能从 2015 年 6 月的 217 万桶/天升至 7 月的 222 万桶/天，其中，沙特阿拉伯占据了87%的闲置产能。在石油需求增长有所加快和非OPEC国家的石油供应增长明显下降的背景下，预计OPEC在2015年、2016年的石油供应将会增加。

四　中国需求

中国是国际大宗商品市场最大的需求者，对国际大宗商品的供需和价格产生着重要影响。就表2所列的17种主要大宗商品而言，中国在2014年的进口额为5114.7亿美元，比2013年下降了1.6%，约占世界各国对这17类商品进口总额的19.6%。但与2013年相比，中国的进口份额上升了1.0个百分点（见表2）。

表2　中国大宗商品进口在全球中的份额

品种	2014年进口额（亿美元）		2014年中国进口占世界的份额（%）		中国进口份额变化（与2013年的差额，百分点）	
	全球	中国	价值	数量	价值	数量
谷物	921.7	61.7	6.7		1.7	
稻谷	156.6	12.3	7.8	9.4	0.5	6.1
大豆	620.0	402.7	64.9	65.1	0.6	0.3
橡胶	176.2	49.5	28.1	29.8	0.7	-2.8
原木	216.0	117.8	54.5	49.2	6.0	15.8
羊毛	128.6	33.8	26.3		-2.8	
棉花	432.6	127.6	29.5		-7.2	
钢铁	3685.5	211.7	5.7		-0.1	
铁矿石	1416.5	935.2	66.0	68.7	-0.2	0.8
铜及制品	1468.9	473.0	32.2		1.5	
铜矿石	535.7	215.6	40.2	43.3	5.6	5.3
铝及制品	1556.4	80.4	5.2		-0.7	
铝矿石	44.4	20.6	46.4	48.1	-18.9	-18.7
氧化铝	111.8	19.2	17.2	18.0	3.8	4.5
铅矿石	69.1	21.6	31.3	53.3	-0.7	1.6

续表

	2014 年进口额（亿美元）		2014 年中国进口占世界的份额(%)		中国进口份额变化（与 2013 年的差额,百分点）	
	全球	中国	价值	数量	价值	数量
锌矿石	84.6	15.3	18.1	19.7	0.4	0.9
镍矿石	59.9	45.8	76.4	83.6	-2.7	-4.2
原油	14626.4	2283.2	15.6	15.4	1.8	2.3
合计	26154.2	5114.7	19.6		1.0	

注：表中产品名称均为对应的海关 HS 分类名称的简称。对应的代码分别为：谷物 10、稻谷 1006、大豆 1201、橡胶 4001、原木 4403、羊毛 51、棉花 52、钢铁 72、铁矿石 2601、铜及制品 74、铜矿石 2603、铝及制品 76、铝矿石 2606、氧化铝 281820、铅矿石 2607、锌矿石 2608、镍矿石 2604、原油 270900。

资料来源：联合国 COMTRADE 数据库。

中国需求对国际大宗商品市场影响最大的当属金属矿石市场，尤其是镍矿石和铁矿石市场。中国对这两类金属矿石的进口额占全球进口总额的比例均超过了 60% 。同时，中国 2014 年对铝矿石、铜及制品、铜矿石、铅矿石的进口量占世界进口总量的比例也均在 30% 以上，对锌矿石、氧化铝的进口份额均超过了 10% 。

2014 年，中国的镍矿石进口量达 45.8 亿美元，占全球镍矿石进口总量的比例为 76.4% ，比 2013 年的进口比例下降了 2.7 个百分点。中国对铁矿石的进口不仅份额高，而且规模巨大。2014 年，中国进口的铁矿石规模高达 935.2 亿美元，占世界铁矿石进口总额的 66.0% 。不过，由于制造业产能过剩和经济结构转型，2014 年中国对一些金属矿产品的需求出现明显下降。例如，中国对铝矿石、铁矿石、镍矿石、铝及制品的进口价值额分别下降了 45.4% 、11.9% 、10.9% 、7.6% ，其占全球的进口份额依次下跌了 18.9 个、0.2 个、2.7 个、0.7 个百分点。

2014 年，中国在国际金属矿石市场获得了比较好的贸易条件。如表 2 所示，对于所有类型的金属矿石而言，中国进口价值的份额均低于进口量的份额，即中国对各类金属矿石所支付的进口价格均低于国际市场的平均价格。以铁矿石为例，2014 年中国进口的价值份额、数量份额分别为 66.0% 、

68.7%，价值份额与数量份额之间的比率为0.96，从而中国所支付的铁矿石进口价格相当于国际市场平均价格水平的96%。中国在2012、2013年铁矿石进口的价值份额与数量份额的比率分别为0.95、0.97，均在贸易条件方面获得小幅的优惠。当然，铁矿石的进口价格低于国际市场水平，可能主要来源于国际市场环境和供需结构的变化，而不是中国的谈判地位和议价能力的提高。2011年以来，全球铁矿石需求快速增长的势头得到遏制，国际铁矿石市场出现供给过剩的现象，中国成为各大供应商争相争取的目标，各供应商愿意以更为优惠的价格向中国出口①。

中国对国际农产品市场也有重大影响，尤其是在大豆和原木市场上。中国的大豆进口规模及其占全球大豆进口总额的比例从2002年以来一直处于上升状态。2014年，中国进口大豆的规模达420.7亿美元，占全球大豆进口总额的份额为64.9%，比2013年上升了0.6个百分点。不过，中国作为最大进口国的地位并未为其在大豆市场上争取到非常优惠的贸易条件，中国大豆进口的价值份额与数量份额的比率在2012年、2013年和2014年分别为0.995、0.992和0.997。中国在原木市场的进口价值份额逐年上升，由2013年的48.5%攀升至2014年的54.5%。中国的棉花、羊毛进口价值份额有所下降，分别由2013年的36.7%、29.1%跌至2014年的29.5%、26.3%。中国2014年对橡胶的进口价值份额上升了0.7个百分点，但数量份额下降了2.8个百分点。

中国对国际粮食市场的影响较小，粮食进口份额较低，表明中国粮食的自给自足程度较高。2014年，中国对谷物（包括小麦、大麦、燕麦、玉米、稻谷和高粱等）的进口规模为61.7亿美元，比上年增长了22.2%，占全球谷物进口的份额为6.7%，上涨了1.7个百分点。其中，中国2014年进口稻谷的规模为12.3亿美元，进口份额为7.8%，比上年提高了0.5个百分点。引人注目的是，2014年中国在稻谷和原木市场的进口贸易条件出现了显著

① 姚枝仲：《国际大宗商品市场形势回顾与展望》，《2014年世界经济形势分析与预测》，社会科学文献出版社，2014年。

的改善，进口的价值份额与数量份额的比率分别由2013年的2.21、1.45下降至2014年的0.83、1.11，但仍大于2012年的0.68、1.01。需要指出的是，稻谷、原木的进口贸易条件的显著改善，应主要得益于其市场价格的明显下跌，而不是中国议价能力的提高。

原油是中国大宗商品进口的一个主要项目，是进口规模最大的一个品种。中国是仅次于美国的第二大原油进口国，且原油进口量逐年增长，占世界石油进口的份额稳步上升。2014年，中国进口的原油规模为2283.2亿美元，占全球原油进口总量的15.6%，比2013年上升1.8个百分点。同时，中国的原油进口数量份额也明显上升，由2013的13.1%升至2014年15.4%，提高2.3个百分点。中国原油进口的价值份额与数量份额之间的比率有所下降，由2013年的1.05降至2014年的1.01。这意味着，中国原油进口的贸易条件在2014年得到略微改善，但是进口原油价格仍然稍高于国际市场的平均价格水平。

四　总结与展望

2015年，发达国家经济的长期低迷不振、发展中国家及新兴经济体经济增长的大幅放缓和中国的经济结构转型，导致全球大宗商品需求增长放缓，大宗商品价格全面下跌。在2015年前7个月，以现价美元计价的大宗商品价格指数下跌了11.4%，矿石与金属、黄金、原油、食品和农业原材料的价格指数分别下降了16.3%、6.0%、10.2%、10.1%和4.1%。2014年，受产能过剩加剧、经济结构调整和经济增速下滑的影响，中国进口的17种大宗商品的绝对价值额为5114.7亿美元，比2013年下降了1.6%，但占全球的进口份额上升了1.0个百分点，达到19.6%。

全球大宗商品的需求取决于世界经济形势。IMF、OECD等国际组织对2015年世界经济的预期较为悲观，但对2016年世界经济前景的预测趋于乐观。根据IMF 2015年7月发布的《世界经济展望》报告，2015年全球经济增长率为3.3%，比2014年减少0.1个百分点，其中发达经济体的产出增长率为2.1%，比2014年上升0.3个百分点，新兴经济体的产出增长率为4.2%，比2014年下降0.4个百分点；2016年，全球经济的复苏势头将明显稳固，经济增长率大幅上升至3.8%，其中发达经济体达2.4%，新兴经济体为4.7%。OECD在2015年9月16日发布的全球经济预测报告中，以中国、巴西等新兴市场经济增长减缓为由，下调了2015年、2016年的全球经济增长率预测值，2015年增长率由2015年6月预估的3.8%锐减至3%，2016年由3.8%调降至3.6%。其中，美国2015年经济增长率将由6月预估的2%上调至2.4%，2016年增速将由2.8%下调至2.6%；受疲弱欧元、低利率与低油价等有利因素的影响，欧元区经济复苏步伐有所加快，2015年、2016年的GDP增长率将分别达1.6%、1.9%；中国2015年GDP增速将从6.8%降至6.7%，2016年由6.7%下修至6.5%。

关于国际大宗商品在2015~2016年的价格走势，世界银行和IMF均进行了预测。根据世界银行的预测，能源的价格在2015年将大幅下跌38.7%，在2016年将反弹6.0%，其中原油的平均价格在2015年将跌至57美元/桶，比2014年下跌40.3%，但2016年将反弹至61美元/桶；非能源价格在2015年将下降12.2%，2016年上涨1.5%，其中金属矿石价格在2015年将下跌16.7%，2016年反弹3.1%，黄金价格在2015年将下跌7.2%，2016年继续下跌1.6%（见表3）。另据IMF的预测，2015年原油的年均价格为58.9美元/桶，比2014年下跌38.8%，2016年原油的年均价格将达64.2美元/桶，上涨9.1%；非燃料商品的价格在2015年下跌15.6%，在2016年将继续下降1.7%。

表3　国际大宗商品的价格或价格指数

指标	实际值				预测值		年变动率(%)		
年份	2011	2012	2013	2014	2015	2016	2013~2014	2014~2015	2015~2016
能源	129	128	127	118	73	77	-7.2	-38.7	6.0
非能源	120	110	102	97	85	86	-4.6	-12.2	1.5
金属	113	96	91	85	71	73	-6.6	-16.7	3.1
农产品	122	114	106	103	92	93	-3.4	-10.8	1.1

续表

指标	实际值				预测值		年变动率(%)		
年份	2011	2012	2013	2014	2015	2016	2013~2014	2014~2015	2015~2016
粮食	123	124	116	107	94	95	-19.0	-9.4	1.4
原材料	122	101	95	92	85	86	-3.6	-7.9	1.9
化肥	143	138	114	100	96	95	-11.6	-4.9	-0.5
贵金属	136	138	115	101	92	91	-12.1	-9.3	-1.1
原油(美元/桶)	104	105	104	96	57	61	-7.5	-40.3	6.4
黄金(美元/盎司)	1569	1670	1411	1266	1175	1156	-10.3	-7.2	-1.6

注：2010年的价格指数为100。

资料来源：World Bank。

基于前文国际能源署、世界银行、IMF和OECD关于世界经济形势与国际大宗商品市场的预测，我们现从实际供需和货币因素的角度，对2015~2016年国际大宗商品市场的走势作一个简要展望。从实体经济的角度看，全球经济增速在2015年触底后，在2016年将有所反弹，发达经济体的复苏势头将趋于稳定，中国和发展中新兴经济体对结构调整的适应能力将有所增强，经济下行压力将会减缓，这有助于全球大宗商品需求的稳定。从货币角度看，随着2016年全球经济形势向好，美联储升息将不可避免，美元仍将维持强势地位，这显然对大宗商品价格形成压力。

综上所述，全球大宗商品的价格在2015年将触及底部，2016年将在底部盘整，可能会有小幅反弹。由于中国的产能过剩、结构调整和需求不足，金属矿石类大宗商品价格在经历了2015年的大幅下跌之后，2016年将继续维持弱势，但不排除出现触底小幅反弹的状况。不过，金属矿石开采环境标准的提高和印度尼西亚的矿石出口禁令，将助推金属矿石的生产成本和市场价格的上升。原油的需求和供给在2016年均将有所增长，原油需求增长主要来源于世界经济复苏步伐加快、低油价的消费替代效应和中国等进口国的储备需求上升，而原油供给增长主要来源于伊拉克、沙特阿拉伯和伊朗等主要OPEC成员国的石油产量增加和非OPEC国家的石油产量高于预期（开采成本下降)。预计 2015 年原油平均价格将围绕 50 美元/桶的区间内波动, 2016 年将可能反弹至 55 美元/桶左右。

参考文献

姚枝仲:《国际大宗商品市场形势回顾与展望》,《2014 年世界经济形势分析与预测》,社会科学文献出版社,2014。

International Energy Agency, *Oil Market Report*, August 2015.

International Monetary Fund, "Slower Growth in Emerging Markets, a Gradual Pickup in Advanced Economies", World Economic Outlook Update, July 2015.

World Bank Group, *Commodity Markets Outlook*, Global Economic Prospects, July 2015.

热　点　篇

Hot Topics

Y.14

亚投行：发起、运营与挑战

刘东民　高 蓓*

摘　要：亚投行的成立是中国推动区域金融治理、促进亚洲经济合作的一个里程碑。中国发起成立亚投行的背景主要是：①亚洲基础设施投资不足；②国际金融体系改革遭遇阻力；③作为全球第二大经济体的中国可以在区域经济治理中承担更大责任；④中国巨额外汇储备的投资渠道单一。亚投行的筹备可以分为三个阶段，以英国等欧洲国家的相继加入为重大转折点，这在股东结构上使得亚投行从原先的区域性金融机构转变为全球性金融机构。亚投行在治理和运营方面的特征可以概括为开放、精简和灵活。亚投行在未来的运营中要面对诸多挑战，包括评级压力、落实安全保

* 刘东民，中国社会科学院世界经济与政治研究所副研究员，研究领域：国际金融；高蓓，中国社会科学院世界经济与政治研究所，博士后，研究领域：国际金融。

障政策与实现业务运营的高标准以及与现有多边开发性金融机构的合作等。

关键词：亚投行　区域金融治理　基础设施投资　安全保障政策　多边开发性金融机构协调机制

2015年6月29日，《亚洲基础设施投资银行协定》在北京正式签署，标志着首次由中国倡议发起并作为第一大股东的多边开发性金融机构——亚洲基础设施投资银行（以下简称“亚投行”）已经整装待发，这成为中国推动区域金融治理、促进亚洲经济合作的一个里程碑。

一　中国发起设立亚投行的背景

1. 亚洲基础设施投资不足

长期以来，全球范围内都面临基础设施投资不足的困境，这在2008年金融危机之后表现更为突出。根据OECD的估算，从2015年直到2030年，每年基础设施投资的需求都应占全球当年GDP的3.5%[①]，而与此相对应的是，危机后不少大型经济体的基础设施投资占GDP之比都处于历史低位。亚洲的基础设施建设需求尤其巨大。亚洲开发银行的研究报告指出，亚洲目前大约有14亿人还没有用上电，12亿人没有通畅的交通，将近10亿人不能使用洁净的水和基本的卫生设施[②]。自2010年到2020年，亚洲经济在能源、交通、通信、水利和卫生设施上要投资近8.2万亿美元，即每年投资7470亿美元。除去资金需求巨大这一特点，基础设施投资还面临另一层挑战。大部分基础设施投资的收益率偏低，往往需要15～25年才能收回成本，

① OECD, “Unlocking Growth: the Role of Investment, Innovation and Business Climate”, 2015.

② ADB, “Issues Note—the G20 Agenda”, 2015.

因此单纯依靠市场无法解决基础设施建设的融资问题①。

在这样的背景下，建立新的区域性多边金融机构，以开发性金融的模式推进亚洲基础设施投资，就成为中国发起成立亚投行的重要理由。

2. 国际金融体系改革遭遇阻力

2008 年全球金融危机使国际社会充分认识到当前国际金融体系的内在不稳定性，美元本位制以及发达国家对于现行金融体系的绝对控制权遭到了普遍批评。危机后 G20 成为国际金融体系改革的主要推动机制。根据数次峰会的讨论和声明，G20 对国际金融体系改革的目标和行动主要集中在三个方面：一是危机管理政策协调，如金融救援与经济刺激计划的实施；二是风险防范的能力建设，如国际金融监管体系的建立与完善；三是国际金融体系的制度性变革，如全球多边金融机构的治理改革，货币多元化的尝试等。

但是，在现实中上述改革遭遇了重重阻碍。一个重要原因是少数发达国家不愿意推动现行国际金融体系的改革。国际制度是非中性的，处于国际金融体系中心地位的国家能够获取显著的制度红利，很难有积极的态度推动变革。中国作为最大的新兴经济体，对国际金融体系改革具有迫切需求。当中国感到现行体系下的变革之路难以走通，而体系外围国家又拥有类似的变革需求之时，中国另谋出路就成了自然之举。事实上，由中国倡议发起的亚投行和由印度倡议发起的金砖银行都反映出新兴经济体希望以建设性态度参与全球金融治理的强烈诉求。

3. 中国在区域经济治理中可以承担更大责任

从 1978 年到 2008 年，中国的改革开放不断推动自身融入经济全球化的进程，在这一阶段，中国在全球市场上扮演的角色主要是参与者而不是创造者，是全球价值链的被动接受者而不是主动选择者。2008 年金融危机以后，发达经济体和新兴经济体的经济实力对比发生了显著变化。中国从 2010 年开始成为全球第二大经济体，从 2013 年开始进出口贸易总额跃居全球第一。毫无疑问，中国已经成为全球具有系统重要性的国家之一。中国的经济发展

---

① ADB，"Issues Note—the G20 Agenda"，2015.

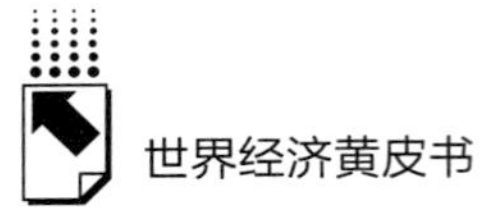

是世界经济增长的主要引擎，中国的经济政策对世界各国都会产生某种程度的溢出效应。反过来看，区域和全球的经济发展也会对中国产生巨大的影响。不论是自身发展的需要，还是国际社会对中国的期待，都要求中国在区域和全球经济治理中成为一个负责任大国，中国需要在一定程度上成为区域和全球市场的创造者，要为区域和全球经济增长做出更大的贡献。在这样的背景下，中国发起设立亚投行，为亚洲经济发展提供资金支持，将成为中国转变角色、承担区域经济大国责任的一个标志性事件。

4. 中国巨额外汇储备的投资渠道单一

中国在 2006 年超越日本，成为全球外汇储备第一大国。到 2015 年 8 月，中国持有 3.56 万亿美元外储，约占全球外储总量的 30%，比排名第二的日本高出 2 万多亿美元。从 1990 年的 110 亿美元外汇储备增长到现在的 3.56 万亿美元，中国外汇储备的规模发生了天翻地覆的变化，但是投资模式基本不变，即在保证持有一定量的流动性用于居民与企业汇兑、国际清偿和危机防范以外，大部分外汇储备都投资于美元资产，且以美国国债为主。根据美国财政部的数据，截至 2015 年 2 月，中国持有美国国债 1.22 万亿美元。把外汇储备集中投资于收益率很低的美国国债，不仅有违“投资分散化”的风险管理原则，也限制了外汇储备的使用范围、降低了投资效益。在中国企业加快“走出去”步伐的新时期，中国巨额外储可以为境外的实体经济投资贡献力量。因此，近年来中国政府积极推进外汇储备的多元化运用。亚投行和金砖银行的建立，正是中国政府拓宽外汇储备使用渠道的大好机会。将部分外储投资于亚投行和金砖银行，使得外汇储备可以用于实体经济投资，既为全球经济发展做出更大贡献，也会促进自身的经济增长。

二　亚投行的筹备进程、转折点及其影响

（一）亚投行筹备进程中的三个阶段

自 2013 年 10 月习近平主席在出访东南亚时正式提出筹建亚投行的倡

议，到目前为止，亚投行的筹建经历了两年时间，可以划分为三个阶段。

第一阶段从 2013 年 10 月到 2014 年 10 月，亚投行成功签署备忘录。

在习近平主席正式提出筹建亚投行倡议的同月，李克强总理出访东南亚时也就中国倡议筹建亚投行表态。此后不久，包括中国在内的 10 多个亚洲国家于 2014 年 1 月在北京举行了第一次多边工作磋商会议，就筹建亚投行的框架方案交换了意见。此后，中方与有关国家举行了四次多边工作磋商会议和一次部长级工作晚餐会，就亚投行的宗旨、治理、总部选址和股权结构等问题进行了充分沟通交流。2014 年 10 月 24 日，包括中国、印度和新加坡等在内首批 21 个意向创始成员国代表在北京人民大会堂签署了《筹建亚洲基础设施投资银行的政府间框架备忘录》，共同决定成立亚投行。

第二阶段从 2014 年 11 月到 2015 年 3 月，亚投行争取到新成员的加入。

在亚投行筹建备忘录签署后的半年时间内，亚投行意向创始成员国数目不断增加，包括印度尼西亚、新西兰、沙特阿拉伯、塔吉克斯坦、约旦等在内的国家纷纷宣布成为亚投行意向创始成员国。不过到此时，亚投行仍然是一个区域性多边开发银行，缺乏主要发达国家的加入，而已经成为创始成员国的不少国家对亚投行的发展也仍然持谨慎观望态度，在西方媒体上也鲜见对亚投行的相关报道。但在接近中国财政部公布的创始成员国最后申请时刻（2015 年 3 月 31 日），事情却发生了超出多数人预期的变化。2015 年 3 月 12 日，英国正式申请加入亚投行，引起了全球舆论对亚投行前所未有的关注。虽然美国对此表示不满，但仍然未能阻止之后德国、法国、意大利的相继加入。截至 2015 年 3 月底，G7 国家中除了美国和日本之外的主要发达国家均成为亚投行的意向创始成员国，亚投行意向创始成员国多达 57 个。可以说，英国及其他欧洲国家的加入成为亚投行发展历程中的重要转折点。

第三阶段从 2015 年 4 月至今，亚投行进入运营前的准备阶段。

在以英国为代表的大量发达国家加入后，亚投行在股权结构上从一个区域金融机构转变为一个全球性金融机构。而亚投行也顺应外界期盼，提出精简（Lean）、廉洁（Clean）和绿色（Green）三个目标，希望建成一个开放、高效、灵活的机构①。基于达成的这些共识，2015 年 6 月 29 日，50 个已通过国内审批程序的国家在北京正式签署《亚洲基础设施投资银行协定》，标志着亚投行筹建工作进入批准生效并准备运营的新阶段。根据《协定》，亚投行目前总认缴股本为 981.514 亿美元，中方认缴额为 297.804 亿美元，占比 30.34%②。预计 2015 年底之前，经合法数量的国家批准后，《协定》即告生效，亚投行将正式成立并投入运营。

（二）欧洲国家加入对亚投行的重大影响

2015 年 3 月，在亚洲国家基本已经加入的前提下，亚投行迎来了以英国为代表的欧洲国家加入，吸引了国际社会前所未有的关注。

一方面，英国加入亚投行在全球产生了强烈的示范效应：第一，英国作为老牌资本主义国家，二战之后虽然其影响力有所减弱，但影响仍然较大；第二，英国是国际金融中心，在某种程度上与美国分享全球金融业的霸主地位，英国加入亚投行说明其对中国在未来国际金融体系当中的影响力有信心，希望分享中国作为全球金融大国在崛起过程中产生的市场机遇；第三，与其他欧洲国家相比，英国是真正意义上的美国传统盟友，英国能够违背美国的意愿，在澳大利亚和韩国还在犹豫不决时，毅然决定加入亚投行，这表明加入亚投行是英国经过慎重考虑之后做出的符合自身利益的重大决策。而其他欧洲国家的跟风加入，也说明这是符合欧洲国家利益的抉择。

另一方面，欧洲国家加入亚投行也对亚投行的发展产生积极影响。第一，可以提升西方世界对亚投行的认可程度。西方发达经济体的加入，在较大程度上改变了亚投行的股东格局，使其从一家股权分配完全集中在亚洲国家的区域性银行转变为有大量西方国家参与的全球性金融机构。第二，对于

---

① 金立群：《亚投行演讲》，中国发展高层论坛，http：//www.cnrencai.com/yanjiang/201962.html，2015。

② 亚洲基础设施投资银行：《亚洲基础设施投资银行协定》，http：//news.qihuiwang.com/finance/20150629106728.html，2015。

提高亚投行信用评级有一定帮助。按照目前国际“三大”评级机构的超主权评级方法，在西方多国加入之前，亚投行成员国的评级级别普遍较低，因此亚投行的评级级别可能与中国的主权评级一致，低于多数多边开发银行的评级。西方发达经济体的加入，在一定程度上改变了这种不利局面，亚投行的评级会有所提升。第三，完善亚投行的治理与发展模式。发达经济体的加入，将把现有多边金融机构运作当中的优秀经验带过来，使亚投行能够在较短时间内充分吸收国际先进经验，形成良好的后发优势。当亚投行在股东结构上变成全球性多边金融平台之后，其在投资时所面临的国家风险（特别是恶意违约）会有所降低，因为针对亚投行的违约将成为对全球主要国家的违约。另外，大量域外国家的加入，对于未来亚投行可能进行的域外投资带来了一定便利。

三　亚投行治理与运营模式的特点

虽然截至目前，亚投行还没有真正投入运营，但从各个方面，我们都可以感受到亚投行在治理和运营模式上与已有多边开发银行的差别。简单来说，开放、精简和灵活是其主要特征。

1. 开放

亚投行与其他多边金融机构相区别的第一点在于其开放性。《协定》规定亚投行在其贷款项目中将进行全球采购，而不限于成员国采购，这充分体现出开放和包容，将使得所有受援国能够在项目实施中购买到最适合自己的产品，获取最大的利益，这与现有的某些多边金融机构形成了鲜明对比。

更为重要的，中国作为亚投行发起国和最大股东国，在投票权中不谋求长期拥有一票否决权，这是其开放性的最重要体现。根据《协定》确立的股权结构，中方实占亚投行股权 30.34%，为第一大股东，比第二至第五大股东股权总和（23.4%）还高出 6.94 个百分点。股权大小关乎决策权大小，按照国际惯例，中方 30.34% 的股权可相应获取大体同等的投票权。但为了体现团结共筹之诚意，中方对投票权作了适度削减。根据协定，中方实

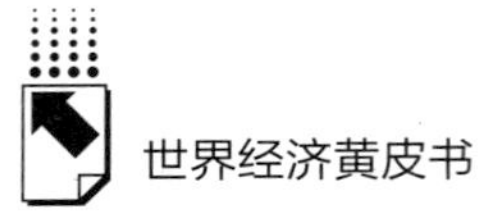

有投票权26.06%。由于亚投行重大决策需要3/4以上票数才能获得通过，这意味着目前中方拥有否决权。但是，亚投行将一直对国际社会持开放的态度，如果再有某些发达经济经济体的加入，中国的投票权将会下降，从而不再具备一票否决权①。

2. 精简

亚投行在吸取已有多边开发银行经验及教训的基础上，进行了改革创新。首先，亚投行不设常驻执董会，在中国之外仅设几个办事处，员工人数也只有500～600人，大约为亚开行和世行员工人数的1/6和5%，这一措施将扭转多边机构过于臃肿的痼疾，降低亚投行的运营成本。其次，亚投行在贷款审批流程上将进行简化。亚投行在成立初期，已经深刻意识到现有国际金融机构烦琐苛刻的规则对其长期发展的不利影响，因此在项目审批方面将进行改革，包括缩短项目审批流程、提高审批效率等，从而将亚投行建成一个架构简单、运作高效的机构。

当然，对于亚投行的上述改革，外界也有批评意见②。对于不设常驻执董会，批评者认为这将影响股东国之间的及时沟通，中方以此增强了自身控制力。任何一项改革政策都不会是十全十美的。不设常驻执董会，对于精简成本、提高运营效率是有显著效果的。在通信手段极其发达的今天，除了面对面的交流外，还可以有视频会议、电子邮件、电话等有效方式。遇到重要问题，董事们也可以快速地从世界各地聚集到一起。这样，就可以将负面影响控制在极其有限的程度内。

3. 灵活

亚投行的投资模式将更为灵活，银行贷款、股权投资和担保业务同时运作。除去传统的主权信用担保贷款外，根据《协定》，亚投行还将进行直接投资，即有可能学习世界银行下属国际金融公司的模式，对私人部门进行股

① 亚洲基础设施投资银行，《亚洲基础设施投资银行协定》，http：//news. qihuiwang. com/finance/20150629106728. html，2015。

② 吕鸿：《国际观察：亚投行，如何经得起质疑》，人民网，http：//world. people. com. cn/n/2015/0416/c1002－26851622. html，2015。

权投资[①]。这一模式的灵活度高，能够在承担较高风险的同时获取较高的回报，并更有利于采用 PPP 模式。另外，亚投行也可以作为担保人，为资金需求方和供给方提供中间业务来促进投资。三种投资模式的配合使用，将大大增强亚投行的市场适应能力，为区域发展融资做出更大贡献。同时，PPP 模式也将被亚投行大力推广。通过推进 PPP 模式，整合市场资源参与基础设施建设，发挥亚投行的杠杆效应，增强基础设施项目对于私人部门投资者的吸引力。

此外，亚投行的贷款标准也将更为灵活。与其他多边金融机构一样，亚投行将要求项目合法透明，保护社会和环境利益。但是，亚投行不会坚持华盛顿共识所崇尚的单一自由市场政策，不会要求借款国以私有化或放松管制等方式换取贷款。对于这一点也存在不同意见[②]。反对者认为，这将降低贷款标准。本文认为，高标准不同于过渡干预。亚投行将在环境与社会利益等方面坚持国际通行的高标准，但是同时将调整某些不符合发展中国家国情的苛刻条件。事实上，某些多边机构的贷款标准会表现出对一国发展模式的过度干预，这降低了发展中国家申请贷款的积极性。相比之下，以发展中国家股东为主的亚投行，其贷款标准将更多的注意力放在经济发展上，不谋求对借款国发展模式的干预，可能将更为符合资金需求国的实际情况[③]。

四　亚投行面临的挑战及其应对

亚投行作为新成立的区域多边金融机构，在未来的运行中还将面临诸多挑战，需要积极加以应对。

---

① 亚洲基础设施投资银行，《亚洲基础设施投资银行协定》，http：//news. qihuiwang. com/finance/20150629106728. html，2015。

② 吕鸿：《国际观察：亚投行，如何经得起质疑》，人民网，http：//world. people. com. cn/n/2015/0416/c1002 - 26851622. html，2015。

③ 金立群：《亚投行预计年底运行 高度重视绿色增长投资》，http：//www. yicai. com/news/2015/06/4637996. html，2015；金立群：《亚投行演讲》，中国发展高层论坛，http：//www. cnrencai. com/yanjiang/201962. html，2015。

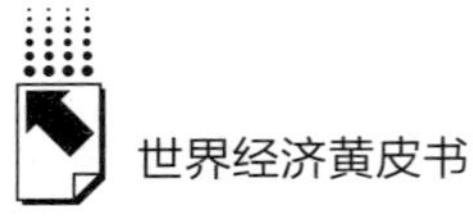

1. 评级压力

作为开发性金融机构，亚投行不能吸收存款，主要将通过在国际资本市场上发行债券来融资，而信用评级的高低直接影响发债融资的成本。从这个意义上讲，信用评级是亚投行被全球投资者认识的第一张名片。从国际评级机构对多边开发银行的超主权评级标准来看，亚投行具有以下优势：职能定位准确、市场潜力巨大、资本实缴比例较高、获得股东全力支持等。但与此同时，亚投行在评级方面亦存在一定劣势。首先，评级机构可能担心亚投行的主要股东缺乏运营多边金融机构的经验，欠缺项目和知识储备；其次，评级机构对亚投行的运营准绳能否符合国际标准也会有所顾虑；再次，在目前亚投行的股东当中，对提升信用评级有积极作用的西方发达经济体所占股权份额较小，这使得基于股本加权的股东信用评级可能相对较低；最后，亚投行的大量股东也是将来的借款国，现有评级方法认为，成员国同时是借款国会降低多边开发银行的稳健性，当借款人无力偿还贷款时，其对多边金融机构的支持力度也必然下降。所有这些因素将对多边金融机构的信用评级造成负面影响①。

从多边金融机构的长期发展来看，亚投行能否获得高信用评级是重要的，但不是最为紧迫的，因为亚投行可以通过初期良好的运营而逐步提升自身的信用评级。如果亚投行能够充分吸取其他多边开发银行的先进经验，确立良好的发展理念，优化组织架构，提高运营效率，强化风险管理，那么亚投行终将赢得国际社会的充分认可，获得高信用评级就是水到渠成的事情。

2. 安全保障政策的实施与业务运营高标准的实现

国际社会对于亚投行的主要批评意见之一，就是质疑亚投行能否在业务运营中坚持高标准。2015 年 3 月 17 日美国国务院发言人 Jen Psaki 在回答记者关于亚投行提问时，6 次使用了“高标准”一词②。这里所谓的“高标

① 高蓓、郑联盛、张明：《亚投行如何拿到 AAA 评级》，《财经》2015 年 2 月 9 日。

② Jen Psaki, “Daily Press Briefing”, US Department of State, http://www.state.gov/r/pa/prs/dpb/2015/03/239388.htm.

准”，包括治理结构、环境保护、反腐败、移民、劳工保护等多方面内容。除治理结构外，后几项标准均属于多边开发性银行安全保障政策（Safeguard Policy）的范畴。

世界银行在其《操作手册》中对安全保障政策做了如下说明：“安全保障政策用于避免、缓解或最小化银行所支持项目对环境和社会的负面影响。”[①] 世界银行目前实施的具体保障政策包括 8 项：环境评估、自然栖息地、病虫害管理、少数民族、物质文化资源、非自愿移民、森林和大坝安全。亚开行的安全保障政策则包括环境、原住民和非自愿移民三项[②]。

从亚投行候任行长金立群以及中国财政部官员的多次表态中可以看出，对于设计良好的安全保障政策并以此实现亚投行运营的高标准，中国政府是有决心和信心的。同时，基于目前初步形成的多元化的股东结构和良好的治理模式，亚投行已经具备了实现高标准运营的框架结构。在具体实施策略上，本文认为，亚投行可以从以下几个方面展开努力。首先，吸取现有多边开发性银行的经验。世行、亚开行、欧投行和欧洲复兴开发银行等多边机构在数十年的运营中，形成了大量的规章制度，积累了丰富的实践经验，完全可供亚投行借鉴。例如，2003 年 6 月由世界银行下属的国际金融公司牵头设计起草的“赤道原则”[③]，旨在建立金融机构的环境保护标准，目前共有 36 个国家的 81 个金融机构正式采用该原则，覆盖新兴市场 70% 的国际项目债务融资。亚投行在环境保障政策方面就可以在参考赤道原则的基础上建立自身的环境标准。其次，加强与现有多边开发性银行的合作，通过与其他多边机构全方位的密切合作，快速“拿来”先进经验。事实上，现有多边开

① World Bank, “Operational Manual”, http://web.worldbank.org/WBSITE/EXTERNAL/PROJECTS/EXTPOLICIES/EXTOPMANUAL/0, contentMDK: 20403230 - menuPK: 64701637 - pagePK: 64709096 ~ piPK: 64709108 ~ theSitePK: 502184, 00.html, 2013.

② 亚洲开发银行：《保障政策声明》，中文版，http://www.fecc.agri.cn/zcfg/201110/W020111008554165245812.pdf，2009。

③ The Equator Principles Association, “The Equator Principles”, http://www.equator-principles.com/, 2015.

发银行也确实存在着与亚投行合作的真实需求[①]。再次，结合自身特点，创建更加符合发展中国家需求的安全保障政策。正如中国财政部部长楼继伟所言，在多边机构运营中并不存在“最佳实践”，包括世行、亚开行在内的多边开发银行都在不断改革自身的运营模式[②]。亚投行作为全球第一个由亚洲发展中国家主导运营、以亚洲地区基础设施投资为核心业务的多边机构，完全可以在学习其他银行经验的基础上，建立符合自身特色的安全保障政策，这既是亚投行业务运营的必然要求，也是其为全球多边开发性机构的改革所应做出的贡献。

3. 与现有多边开发性银行的合作

在中国发起设立亚投行的过程中，国际上有一些声音，认为这是中国对现有国际金融规则的挑战。事实上，正如上文所说，由《协定》所规范的亚投行治理和运营模式，已经反映出中国将以开放和建设性的姿态参与到现行全球金融治理体系的改革中来。本文认为，中国政府还可以进一步倡议强化“全球多边开发性金融机构协调机制”，推动多边金融机构的实质性合作。这将向国际社会表明，中国政府愿意在尊重现有国际规则的基础上，与世界各国一起，通过合作改革国际金融体系，为促进全球经济增长做出贡献。

“多边开发性金融机构协调机制”可以在以下几个方面开展工作。首先，促进全球多边开发性金融机构的业务合作，通过建立共享数据库，在银团贷款、共同担保、联合融资以及合作研究等领域开展深入合作。其次，建立“多边开发性金融机构反腐协调机制”。2014 年 G20 峰会通过了“反腐行动计划”，如果中国政府能够成功倡议发起“多边开发性金融机构反腐协调机制”，将是对落实 G20 反腐行动计划的一个创新性贡献。最后，建立“多边金融机构环境标准”，在可持续发展问题上让全球多边金融机构承担

---

① 中尾武彦：《亚洲开发银行行长谈亚投行：是合作关系，不是竞争关系》，http：//finance.chinanews.com/cj/2015/03-22/7148331.shtml，2015；金墉：《亚投行是重要合作伙伴 有消除极度贫困的共同目标》，http：//economy.caijing.com.cn/20150629/3914804.shtml，2015。

② 楼继伟：《西方规则并非最佳 亚投行会参考多边诉求》，http：//www.yicai.com/news/2015/03/4588734.html，2015。

“共同但有区别的责任”，这既符合中国政府大力发展生态文明的政策方向，也是对国际社会质疑亚投行能否实施较高环境标准的有力回应，从而增强中国政府在全球可持续发展领域的话语权。

五 结论

中国发起设立亚投行，不论是对于推动中国自身的经济转型升级，还是对于促进区域经济合作和推动区域金融治理，都是一个标志性事件。今年（2015 年）底，亚投行就要正式投入运营。在全球经济处于“新平庸”的时代，亚投行的发展既承载着人们的希望，也将面临诸多挑战。正如亚投行候任行长金立群所言，中国在亚投行的第一大股东地位，不是特权，而是责任，是担当①。中国如何把自身发展的经验与全球多边金融机构的治理实践相结合，为区域发展融资做出自己的贡献，国际社会将拭目以待。

参考文献

OECD，“Unlocking Growth：the Role of Investment，Innovation and Business Climate”，(2015).

Reuters Business News，http：//uk. reuters. com/article/2015/04/17/uk - imf - g20 - japan - idUKKBN0N805420150417.

① 金立群：《亚投行演讲》，中国发展高层论坛，http：//www. cnrencai. com/yanjiang/201962. html，2015。

Y.15
全球贸易低速增长之谜

苏庆义*

摘　要：全球金融危机给国际贸易带来严重冲击：2009 年全球贸易额大幅下滑，2012 年以来年均贸易增长仅 3% 左右。这一现象可称为“全球贸易低速增长之谜”。本文的数量分析表明，结构性因素对贸易增速放缓的影响略大于需求因素。其中，重要的结构性因素包括全球贸易中商品构成的变动、中国融入世界经济的红利消失、全球价值链分工模式的变动和贸易保护抬头等。① 这些结构性因素均通过影响贸易收入弹性来影响贸易增速。预计未来几年，全球贸易将保持 4% 左右的增速，仍无法达到危机前的水平。全球贸易低速增长对中国外贸结构转型升级而言，既是压力也是动力。

关键词：贸易低迷　需求因素　结构性因素　全球价值链

一　全球贸易低速增长的特征事实

2008 年开始的全球金融危机对世界贸易造成了严重冲击。② 2003 ~ 2007

---

* 苏庆义，中国社会科学院世界经济与政治研究所副研究员，研究领域为国际贸易理论与政策。笔者感谢孙杰研究员和宋泓研究员提出的修改建议和意见。

① 短期因素和长期因素是相对的。尽管有些长期因素如贸易保护主义似乎也可以称为短期因素，但是为便于理解和分析，我们将除价格因素和需求因素之外的因素均称为长期因素或结构性因素。

② 在本文中，“全球”和“世界”的意义相同，不作区分。

年，全球货物和服务贸易（出口额）年均增速为8.32%，但是2008年全球贸易增速下降至2.92%。2009年全球贸易更是出现大幅下滑，负增长高达10.40%，是1980年以来全球贸易下降幅度最大的一次（见图1）。1980年以来，全球贸易额增速下降的年份仅有1982年和2009年，2009年负增长率高出1982年7.92个百分点。① 因此，经济学界将2009年全球贸易增速大幅下降的现象称为“全球贸易大崩溃”（the great trade collapse）②。

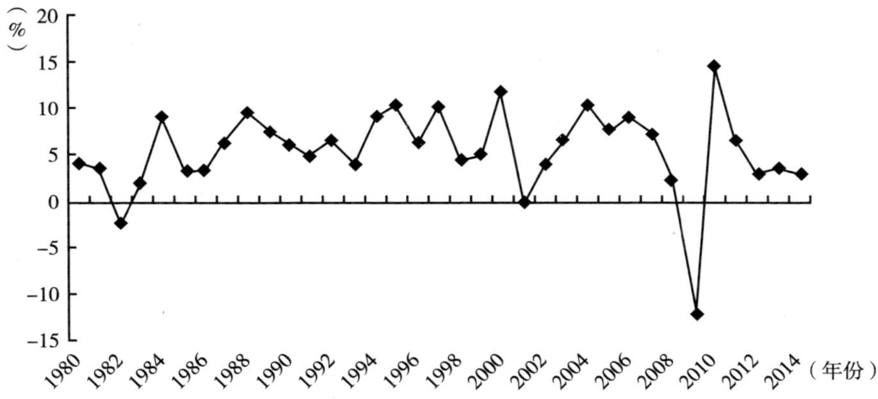

图1 全球出口增速

资料来源：World Economic Outlook database。

贸易大崩溃之后的两年，全球贸易名义上重新焕发活力，但实际上仍比较低迷。2010年，全球贸易增速高达12.73%，远高于2003～2007年的平均水平；2011年全球贸易增速回落至6.70%，仅略低于2003～2007年的平均水平。贸易增速的迅速反弹显然离不开世界各国政府为应对危机出台的各项财政和货币刺激政策，且这些政策在短期内发挥出较强的效力，抑制了需

① 1982年世界贸易下降是受到1980～1982年世界经济危机的影响。

② Baldwin, Richard ed., *The Great Trade Collapse: Causes, Consequences and Prospects*, A VoxEU. org Publication, November 2009; Haddad, Mona; Ann Harrison and Catherine Hausman, “Decomposing the Great Trade Collapse: Products, Prices, and Quantities in the 2008 - 2009 Crisis”, NBER Working Paper, No. 16253, August 2010; Bems, Rudolfs; Robert C. Johnson and Kei-Mu Yi, “The Great Trade Collapse”, NBER Working Paper, No. 18632, December 2012.

求的下降。但是，如果考虑到2009年全球贸易大幅下降造成的基期效应，则2010年和2011年全球贸易增速的反弹似乎只是假象。比如，以2008年全球出口额作为基数，2010年全球贸易增速仅为1%。同理，2011年的全球贸易增速也没有名义上表现得那么高。

2012～2014年，全球贸易仍维持低速增长。2012年、2013年和2014年全球贸易增速分别为2.88%、3.66%和3.30%，持续在3%的水平上徘徊。这说明，在全球金融危机之后的第6年，全球贸易仍未摆脱低迷态势。

从更长的历史视野来看，纵观整个20世纪，也只有在20世纪30年代"大萧条"期间，世界贸易呈现较长的低迷期。图2A描述了1870～1973年间的世界贸易增速和国内生产总值增速情况。可以看出，在1913～1950年期间，世界贸易增速明显低于GDP增速；而在1929～1938年"大萧条"期间，世界贸易平均增速则是负数。尽管相比现在，"大萧条"期间贸易的表现更加低迷，但是"大萧条"期间贸易低迷的原因则相对简单，普遍认为是宏观经济的不景气和破坏性极强的关税战造成的。而2008年以来全球贸易增速放缓背后的原因则更为复杂。

因此，可以将起源于2008年金融危机的全球贸易低速增长现象称为"全球贸易低速增长之谜"。全球贸易低速增长是相对而言的，即相对2003～2007年平均8.32%的增速，2008～2014年平均3.11%的增速是明显较低的。我们将全球贸易低速增长现象称为"谜"有两种含义：①和1950年以来贸易收入弹性大于1的情况不同，近几年贸易的收入弹性小于1[①]。即以世界贸易增速与世界GDP增速之比作为考量（贸易的收入弹性），该指标在金融危机前后也发生了明显的变化。2003～2007年，贸易收入弹性的平均值是1.66，即贸易增速明显快于GDP增速。但是，除贸易增速大幅下滑的2009年外，2008～2014年贸易收入弹性的平均值下降为1.36。尤其是2012～2014年，贸易的收入弹性均小于1。这说明，近三年的全球贸易增速低于

---

① Hoekman, Bernard, *Trade and Growth-End of an Era?* in Bernard Hoekman ed., *The Global Trade Slowdown: A New Normal?* A VoxEU. org Publication, 2015.

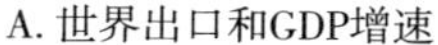

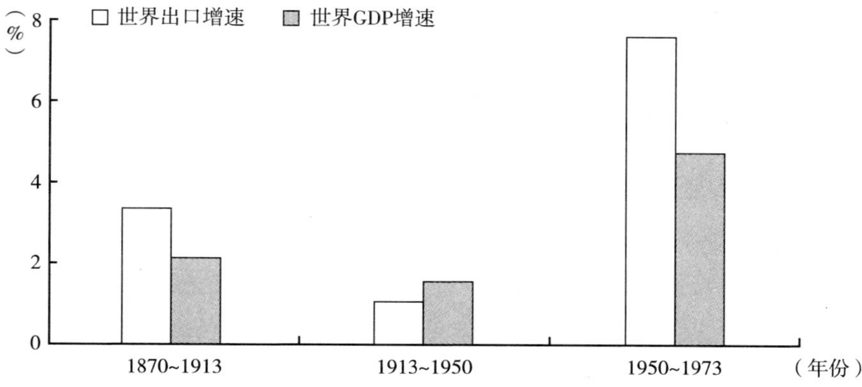

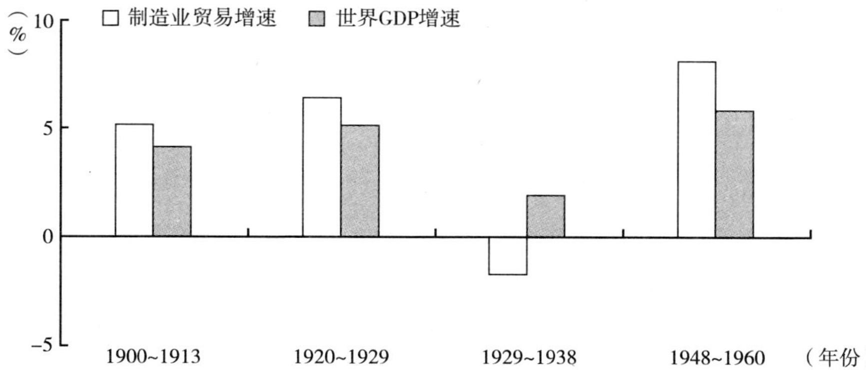

图 2　世界历史上的贸易增速和 GDP 增速

资料来源：Irwin A Douglas,"World Trade and Production：A Long-run View", in Bernard Hoekman ed, *The Global Trade Slowdown*：*A New Normal*？A Vox EU. org Publication, 2015。

GDP 增速，不同于过去 60 余年全球贸易增速与 GDP 增速的关系。②此次贸易低速增长背后的主要原因众说纷纭。尽管学者们罗列了许多原因，但是对于哪些原因起主导作用，哪些原因只是起一定的影响作用，仍无法说清楚。一般而言，影响贸易增速的原因无非是短期因素（周期性因素或宏观因素）和长期因素（结构性因素）。尽管已有大量文献对此进行研究，但是学界对贸易增速放缓背后的主要原因仍未达成一致意见：一是短期因素和长期因素对贸易增速放缓的贡献度尚未可知；二是短期因素和长期因素内部具体因素的作用大小仍有待研究。

本文除探讨全球贸易低速增长的特征事实以外，将重点分析其背后的原因，并在此基础上预测未来的贸易增长情况；最后在全球背景下简要讨论中国对外贸易情况并总结全文。

二 全球贸易低速增长探源

全球贸易低速增长之谜主要体现在其原因的重要性难以理清，但可以将这些原因归纳为两大因素：短期因素和长期因素。短期因素也被称为周期性因素，主要是指宏观层面的影响，包括价格因素和需求因素等。长期因素也被称为结构性因素，普遍认可的因素包括：①全球贸易商品构成的变化，即收入弹性较高的商品（如投资品、耐用品等）占比下降；②中国和中东欧国家融入世界经济的红利逐渐消失；③企业参与全球价值链分工的能力和动力弱化；④贸易保护主义导致国内企业和消费者倾向于购买本国产品[①]。

价格因素是指商品价格下降对全球贸易名义增速的影响。金融危机之后，大宗商品价格波动明显。以现价美元计价，大宗商品价格指数在2008年4月达到峰值水平（298.6），同年12月底跌到谷底（186）。由于各国财政政策和货币政策的刺激，2010年和2011年大宗商品价格反弹，但是在2012年和2013年大宗商品价格又开始下跌[②]。这导致以货币单位衡量的贸易额下降。在最近两年，美元指数整体呈现上涨态势，美元坚挺也会导致以美元计价的贸易额增速受到影响。

剔除价格因素后，可以将全球贸易名义增速转换为实际增速。由于实

① Hoekman Bernard, "Trade and Growth-End of an Era?", in Bernard Hoekman ed, *The Global Trade Slowdown: A New Normal?* A VoxEU. org Publication, 2015.

② 王永中：《全球大宗商品市场的回顾与展望》，《2015年世界经济形势分析与预测》，社会科学文献出版社，2015。

际增速代表了全球贸易量的变动，所以实际增速更重要。全球贸易实际增速主要受需求因素和结构性因素的影响。下面，我们首先建立分解需求因素和结构因素对全球贸易增速（以下的贸易增速均指实际增速）影响大小的框架，然后进行相应计算，得出各自贡献度；随后具体分析各类结构性因素。

（一）需求因素还是结构性因素?

在建立相应的分解框架前，我们首先单独分析全球贸易大崩溃背后的原因。2009 年全球 GDP 下降仅 0.009%，但是全球货物和服务出口下降 10.40%，全球货物出口更是下降达 11.65%。[①] 很显然，需求因素无法完全解释贸易的大幅下滑。以下结构性因素可能造成了贸易大崩溃。①全球价值链分工模式导致的放大效应。全球价值链分工模式下，产品的不同生产环节在不同国家完成，中间品贸易占较高比重，最终需求下降导致各类中间品贸易下降，造成放大效应。②贸易保护主义抬头使得消费者和生产者因经济不景气而减少购买外国产品，更进一步降低了对进口品的需求。③投资品和耐用品的收入弹性往往较高，而必需品的收入弹性较低，因此在经济形势不好时，投资品和耐用品的需求下降更大。

事实上，自 2000 年以来，贸易收入弹性（结构因素）确实发生了较大程度的下降（见图 3）。在 20 世纪 90 年代，贸易的收入弹性一度接近 3，但是随后却不断下降。2005 ~ 2015 年，贸易的收入弹性平均仅有 1.5 左右。这说明，即使从较为长期的历史视野来看，结构性因素也确实是不可忽视的。

下面探讨近期全球贸易增速放缓背后的原因。假设贸易增速用 t 表示，经济增速用 g 表示，贸易的收入弹性用 e 表示。则：

$$t_{2012-2014} - t_{2003-2007} = g_{2012-2014}e_{2012-2014} - g_{2003-2007}e_{2003-2007} =$$
$$e_{2003-2007}(g_{2012-2014} - g_{2003-2007}) + g_{2012-2014}(e_{2012-2014} - e_{2003-2007}) =$$

① 购买力平价法计算。数据来源于 World Economic Outlook database 2015 年 4 月发布的数据。

$$e_{2012-2014}(g_{2012-2014}-g_{2003-2007})+g_{2003-2007}(e_{2012-2014}-e_{2003-2007})=\underbrace{\frac{e_{2003-2007}+e_{2012-2014}}{2}(g_{2012-2014}-g_{2003-2007})}_{\text{需求因素贡献}}+\underbrace{\frac{g_{2003-2007}+g_{2012-2014}}{2}(e_{2012-2014}-e_{2003-2007})}_{\text{结构性因素贡献}}$$

上述公式中，$t_{2012-2014}$ 和 $t_{2003-2007}$ 分别表示 2012～2014 年、2003～2007 年全球贸易平均增速，$g_{2012-2014}$ 和 $g_{2003-2007}$ 分别表示 2012～2014 年、2003～2007 年全球 GDP 平均增速，$e_{2003-2007}$ 和 $e_{2012-2014}$ 分别表示 2012～2014 年、2003～2007 年贸易的平均收入弹性。①

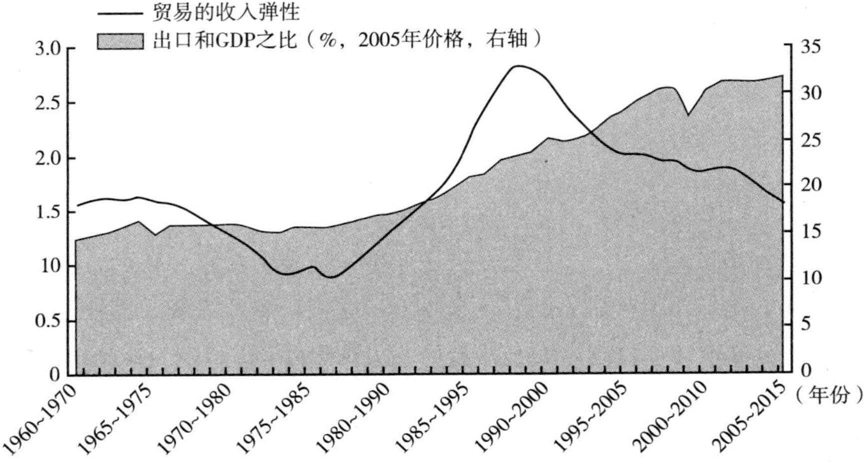

图 3　出口和 GDP 的比重以及贸易的收入弹性

资料来源：Hoekman Bernard，"Trade and Growth-End of an Era?"，in Bernard Hoekman ed，*The Global Trade Slowdown*：*A New Normal*？A VoxEU. org Publication，2015。

上式表明，当采用贸易的实际增速时，贸易增速的下降可以由需求因素（短期因素）和结构性因素（长期因素）共同解释。需求因素可以由 GDP 增速的下降来表示。而贸易收入弹性代表了需求的拉动能力，因此贸易收入弹性的变动代表了结构性因素对贸易增速的影响。

① 之所以采用 2012～2014 年这一时间区间，是因为近三年的贸易低速增长较为平稳。

表 1　贸易增速下降背后的因素分解

贸易增速下降幅度	GDP 增速下降幅度	贸易弹性下降幅度	需求因素贡献	结构因素贡献
4.75%	1.55%	0.67	2.05% (43.08%)	2.70% (56.92%)

注：贸易增速下降幅度是指下降多少个百分点，GDP 增速下降幅度同理，贸易收入弹性下降幅度是指下降的绝对值。需求因素贡献是指对贸易增速下降贡献多少个百分点，括弧中是贡献的比重，结构性因素贡献同理。

资料来源：根据 World Economic outlook database 中的数据以及上述分解公式计算得出。

表 1 的分解结果显示，需求因素和结构性因素都是世界贸易低速增长的重要原因，但是结构性因素的贡献度要高一些。现有研究对世界贸易低速增长的原因探析并未得出一致结论，比如 Boz 等①、Ollivaud 和 Cyrille②、Gangnes 等③强调了需求因素的重要性，Constantinescu 等④、Gaulier 等⑤、Escaith 和 Miroudot⑥ 则强调了结构性因素的重要性。本文上述分解无意于也不能为目前的争论提供一个定论，仅是从数量分解的角度提供一个定量的分析。

专栏：贸易的收入弹性

弹性（elasticity）是经济学中最常使用的概念之一，用来衡量某一变量 x 变

① Boz, Emine, Matthieu Bussière and Clément Marsilli, "Recent Slowdown in Global Trade: Cyclical or Structural?", in Bernard Hoekman ed, *The Global Trade Slowdown: A New Normal?* A VoxEU. org Publication, 2015.

② Ollivaud Patrice and Cyrille Schwellnus, "Does the Post-Crisis Weakness of Global Trade Solely Reflect Weak Demand?", in Bernard Hoekman ed, *The Global Trade Slowdown: A New Normal?* A VoxEU. org Publication, 2015.

③ Gangnes Byron. Alyson C. Ma and Ari Van Assche, "Global Value Chains and the Trade-income Relationship: Implications for the Recent Trade Slowdown", in Bernard Hoekman ed, *The Global Trade Slowdown: A New Normal?* A VoxEU. org Publication, 2015.

④ Constantinescu Cristina, Aaditya Mattoo and Michele Ruta, "The Global Trade Slowdown", in Bernard Hoekman ed, *The Global Trade Slowdown: A New Normal?* A VoxEU. org Publication, 2015.

⑤ Gaulier Guillaume, Gianluca Santoni, Daria Taglioni and Soledad Zignago, "The Power of the Few in Determining Trade Accelerations and Slowdowns", in Bernard Hoekman ed, *The Global Trade Slowdown: A New Normal?* A VoxEU. org Publication, 2015.

⑥ Escaith Hubert and Sébastien Miroudot, "World Trade and Income Remain Exposed to Gravity", in Bernard Hoekman ed, *The Global Trade Slowdown: A New Normal?* A VoxEU. org Publication, 2015.

动 1%，另一变量 y 变动的百分比，即贸易的收入弹性则用来衡量收入变动 1%，贸易变动的幅度。单个国家进口的收入弹性是指本国收入变动时，进口的变动幅度。全球贸易的收入弹性则用来衡量全球贸易对全球收入变动的敏感程度。本文使用全球 GDP 来衡量全球收入。全球贸易的收入弹性反映了 GDP 对贸易的拉动能力，因此主要由结构性因素来推动，比如下面将要分析的四个因素。

（二）打开结构性因素的黑箱

结构性因素的类别很多①，现有文献并没有统一结论。而且，基于目前的研究，我们尚不能建立量化各结构性因素贡献度的框架。因此，只能遴选四个代表性结构因素进行分析。这些因素在文献中的争议较少，都是全球贸易增速放缓的重要原因。

1. 全球贸易商品构成的变化

2009 年全球贸易大崩溃时，货物贸易下降幅度大于服务贸易，货物贸易中的耐用品下降幅度大于非耐用品（消费品），导致货物贸易占总贸易的比重、耐用品占货物贸易的比重均下降（见图 4）。而由于货物贸易的收入弹性大于服务贸易、耐用品的收入弹性大于非耐用品，在接下来的年份中，总贸易的收入弹性相比金融危机前降低，导致即使相同的 GDP 增长率对贸易的拉动力也减弱。

Levchenko 等重点研究了美国的情形。2009 年，对于美国的出口和进口而言，汽车行业和工业用品行业下降幅度远高于消费品，而且货物贸易下降幅度明显高于服务贸易②。Constantinescu 等对于整个世界的研究也证实了这一点③。

---

① 苏庆义：《全球贸易增速放缓的十大原因》，《中国远洋航务》2015 年第 4 期。

② Levchenko A. Andrei, Logan T. Lewis and Linda L. Tesar, "The Collapse of International Trade During the 2008 - 2009 Crisis: In Search of the Smoking Gun", NBER Working Paper, No. 16006, May 2010.

③ Constantinescu Cristina, Aaditya Mattoo and Michele Ruta, "The Global Trade Slowdown", in Bernard Hoekman ed, *The Global Trade Slowdown: A New Normal?* A VoxEU. org Publication, 2015.

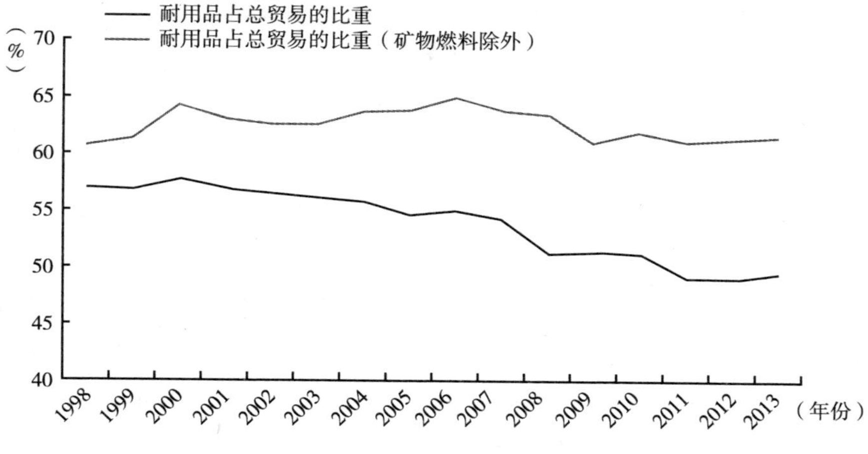

图 4　耐用品占总贸易的比重

资料来源：Gangnes Byron，Alyson C Ma and Ari Van Assche，"Global Value Chains and the Trade-income Relationship：Implications for the Recent Trade Slowdown"，in Bernard Hoekman ed.，*The Global Trade Slowdown：A New Normal？* A Vox EU. org Publication，2015。

由此，贸易大崩溃这一外生冲击导致的全球贸易商品构成的变化影响到2010～2014 年的贸易收入弹性，使得这些年份的收入弹性降低，从而同样1% 的 GDP 增长率带动的贸易增速也会下降。

2. 中国和中东欧国家尤其是中国融入世界经济的红利消失

1978 年中国改革开放后，逐渐融入世界经济；1991 年苏联解体后，中东欧国家也进行一系列改革，开始融入世界经济。改革开放后的 1992 年，受邓小平同志南方谈话的影响，中国对外资和外贸领域的限制进一步放开，融入世界经济的程度有一个跳跃式的发展；更为重要的是，2001 年中国正式成为世界贸易组织（WTO）成员，为中国也为世界创造巨大的发展机遇。金融危机前的 20 多年，中国出口增速经常高达 20%，远高于世界平均水平。2013 年，中国的货物进出口总额达到 4. 16 万亿美元，超过美国，跃居世界第一位。中国外贸对世界贸易增速的影响不仅体现在自身的贸易增长，还表现在通过参与全球生产分工尤其是亚洲生产网络带动其他国家的外贸发展。中东欧国家则通过加入欧盟融入欧洲价值链，带动欧洲地区贸易的快速发展。

但是，在中国加入 WTO 的 10 年后，中国参与全球价值链的方式发生变化，且中国自身的外贸增速也开始下降；欧洲地区也由于经济低迷，外贸发展进程受阻。中国原有的出口模式是通过进口中间品进行加工组装，加工出口占总出口的比重超过 50%（见图 5）。这种模式能够带动其他国家尤其是亚洲经济体的出口，从而具有较强的贸易创造效应，或曰“正外部性”。但近年来，中国加工出口占总出口的比重稳步下降，目前仅占 40% 左右，出口的正外部性开始减弱。如果扣除 2009 年受金融危机影响最严重的数据，2002～2011 年中国的出口增长率均大于 17.2%，而 2012 年和 2013 年的出口增长率仅为 7.9%，2014 年出口增长率仅为 6.1%。由此可见，近年来，中国出口增长率下降 10 余个百分点。中国自身外贸下降和对世界拉动能力减弱这两种效应叠加在一起，使中国融入世界经济的红利逐渐消失。

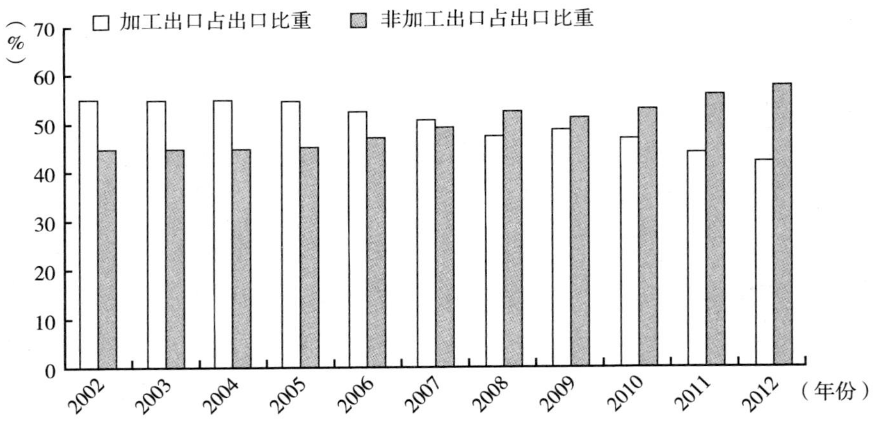

图 5　加工出口和非加工出口占总出口比重

资料来源：根据海关统计数据计算得出。

3. 全球价值链分工模式

金融危机前贸易增速远高于 GDP 增速的一个主要原因是全球价值链分工程度的深化；同样，如果金融危机后全球价值链分工受到损害，则贸易增速和 GDP 增速的关系将发生变化，即贸易的收入弹性降低。全球价值链对贸易收入弹性的影响源于生产的国际化使得同一产品的生产过程中，原材料和中间品多次跨越国境，并且均被统计在传统的贸易数据中，从而出现“放大效应”。如果全球价值链分工受到负面冲击，则最终品贸易对中间品贸易的带动作用弱化，全球价值链分工的“放大效应”会弱化，从而影响贸易的收入弹性。

20 世纪 90 年代以来，全球价值链分工程度不断深化，但是全球金融危机损害了这一进程。一般来讲，可以使用增加值出口和总值出口的比例（VAXR）来衡量全球价值链分工程度①，该指标越低则说明全球价值链分工程度越深。表 2 列出了 1995 ~ 2011 年世界范围内 VAXR 的计算结果。可以看出，1995 ~ 2008 年，全球价值链分工程度不断深化，VAXR 从 0. 702 下降到 0. 622；但是 2009 年 VAXR 突然上升到 0. 659，这表明全球价值链分工确实出现了逆转，分工程度有所降低；此后的 2010 年和 2011 年，VAXR 虽然有所降低，但是截至 2011 年，全球价值链分工程度仍未恢复到危机前的水平。

表 2　全球价值链分工程度的衡量指标

年份	VAXR	年份	VAXR	年份	VAXR
1995	0. 702	2001	0. 654	2007	0. 628
1996	0. 698	2002	0. 662	2008	0. 622
1997	0. 686	2003	0. 660	2009	0. 659
1998	0. 682	2004	0. 646	2010	0. 647
1999	0. 678	2005	0. 643	2011	0. 639
2000	0. 652	2006	0. 628		

资料来源：根据世界投入产出数据库（WIOD）计算得出。

从微观的角度来讲，危机期间全球价值链分工程度弱化主要源于企业在面临不确定性时将降低生产分割程度。Carballo 使用美国 2002 ~ 2011 年企业层面的出口数据研究了企业在面临诸如 2008 年金融危机时的生产一体化表现。结果表明，企业在面临需求的不确定性时，确实会降低生产一体化程

① Johnson, Robert C. and Noguera, Guillermo, Accounting for Intermediates: Production Sharing and Trade in Value Added, *Journal of International Economics*, 2012, 86 (2): 224 - 236.

度。模拟结果表明，如果企业面临的不确定性降低，也就是说如果金融危机没有使得全球价值链分工程度弱化，则 2009 年的贸易大崩溃程度会降低 8% ~12%①。

4. 贸易保护政策的影响

自从 1995 年 WTO 成立以来，多哈回合谈判始终未果，使得 21 世纪以来的贸易自由化进程明显受阻。而历史经验表明，危机期间世界各国往往倾向于采取以邻为壑的贸易政策，即施加更多的贸易保护政策。贸易保护政策手段多样，不仅包括传统的反倾销、特殊保障措施等，还包括卫生和植物检疫措施以及技术性壁垒等。WTO 会统计每年各类贸易保护措施的数量（包括发起和执行）。从图 6 可以看出，2008 年金融危机以来，世界范围内实施的贸易保护措施数量明显增加，尤其是较为隐蔽的技术性壁垒。此外，WTO 还统计了受到进口限制措施影响的贸易比重，该指标越大，表明进口限制越严厉。图 7 表明，2012 年以来的进口限制相比金融危机爆发时确实更加严厉。

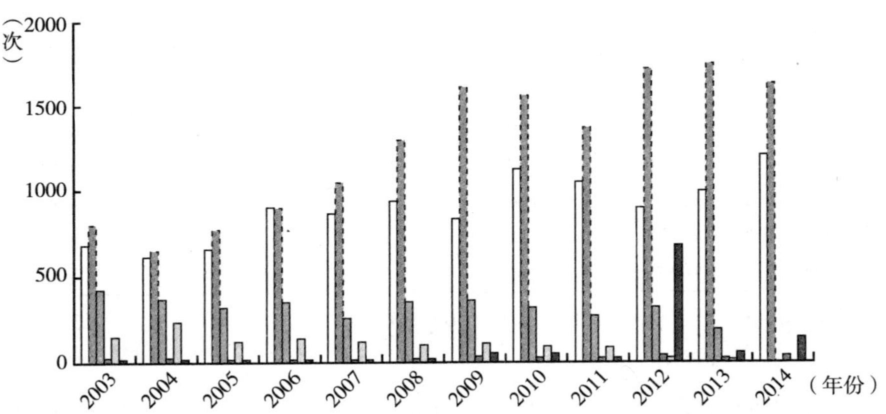

图 6　世界范围内发起和执行的贸易保护措施数量

注：同一年份，贸易保护措施种类依次为卫生和植物检疫措施、技术性壁垒、反倾销、保障措施、特殊保障措施、数量限制等六大贸易保护措施。

资料来源：WTO 网站。

---

① Carballo, Jeronimo, "Global Sourcing under Uncertainty", University of Maryland Working Paper, December 2014, available at: http://econweb.umd.edu/~carballo/Carballo_JMP.pdf.

贸易保护对全球贸易的负面影响是显而易见的。由于关税已经越来越低，且传统的贸易自由化主要聚焦于降关税，以提升关税为手段的贸易保护越来越少。但是各种非关税壁垒的增加也意味着贸易成本的上升，进而阻碍国与国之间的交易。

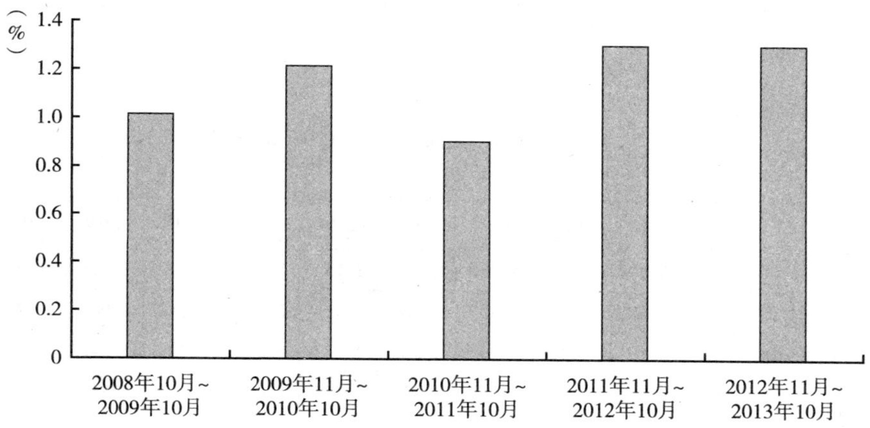

图 7　受进口限制措施影响的贸易比重

资料来源：WTO 网站，转引自 Boz，Emine；Matthieu Bussière and Clément Marsilli，"Recent Slowdown in Global Trade：Cyclical or Structural?"，in Bernard Hoekman ed.，*The Global Trade Slowdown：A New Normal?* A VoxEU. org Publication，2015。

三　全球贸易低速增长的前景

全球贸易低速增长会持续下去吗？为回答这一问题，我们需要对影响贸易增速的两大变量做出预测：GDP 增长率和贸易收入弹性。

根据国际货币基金组织（IMF）的预测，得益于发达经济体较好的增长前景，未来几年世界 GDP 增速将略好于 2012 ~2014 年（见表 3），这有利于世界贸易的缓慢复苏。在影响贸易收入弹性的几个因素中：①随着经济复苏，全球商品构成中，耐用品的比重可能会上升；②由于短期内，中国尚没有能媲美加入 WTO 这样融入世界经济的事件，且其他国家也没有类似的机遇，因此这一变量暂时不会变动；③全球价值链分工逐步恢复，有利于贸易收入弹性的提高；④随着经济复苏以及区域经济一体化进程的发展，贸易保护壁垒的障碍可能会有所缓解。上述因素中，要么将起到积极的影响，要么暂时不会变动，综合起来看，贸易收入弹性可能会略微有所回升。因此，我们预测，未来全球贸易增速将呈缓慢复苏趋势，但是不会有大的改观。

表 3　国际货币基金组织预测的 GDP 增长率

单位：%

年份	2012	2013	2014	2015	2016	2017	2018	2019	2020
世界	3.404	3.408	3.389	3.451	3.759	3.848	3.873	3.928	3.966
发达经济体	1.224	1.366	1.805	2.363	2.416	2.184	2.082	1.962	1.949
新兴和发展中经济体	5.16	4.997	4.59	4.261	4.737	5.028	5.109	5.242	5.271
欧元区	-0.811	-0.455	0.881	1.453	1.65	1.6	1.557	1.563	1.54
七国集团	1.435	1.479	1.667	2.312	2.328	2.016	1.876	1.713	1.696
亚洲经济体	6.78	7.039	6.799	6.644	6.419	6.306	6.411	6.554	6.562
拉丁美洲和加勒比海	3.111	2.923	1.298	0.863	2.006	2.672	2.812	2.909	2.976

资料来源：World Economic Outlook database。

具体而言，未来几年全球贸易增速将略高于 2012 ~ 2014 年，但是仍远低于危机前的平均水平。未来几年，全球贸易增速将突破 4%（高于近三年 3% 左右的增长），但也不会高于 5%。当然，基于 Constantinescu 等不那么乐观的估计，未来两年全球贸易增速仍有可能继续停留在 3% 左右的水平①。总之，既不能对未来全球贸易增速盲目悲观，也不能盲目乐观。

① Constantinescu Cristina, Aaditya Mattoo and Michele Ruta, "The Global Trade Slowdown", in Bernard Hoekman ed., *The Global Trade Slowdown: A New Normal?* A VoxEU.org Publication, 2015.

表 4　未来全球贸易增速预测

单位：%

年份	2012	2013	2014	2015	2016	2017	2018	2019	2020
国际货币基金组织	2.876	3.663	3.304	3.998	4.726	5.025	4.988	5.075	4.999
Constantinescu 等乐观预测				4.4	5.1	5.0	5.0	5.0	
Constantinescu 等正常预测				1.1	1.9				
本文预测				3.796	4.135	4.233	4.260	4.321	4.363
上述预测的简单平均				4.065 (2.582)	4.654 (3.277)	4.753	4.749	4.799	

资料来源：World Economic Outlook database，Constantinescu Cristina，Aaditya Mattoo and Michele Ruta，“The Global Trade Slowdown”，in Bernard Hoekman ed.，*The Global Trade Slowdown：A New Normal?* A VoxEU.org Publication，2015。

四　结论性评论

在长达一百余年的历史中，能和 2009 年全球贸易大崩溃相比的贸易下滑也仅有 20 世纪 30 年代的大萧条，而且贸易大崩溃之后的全球贸易增速呈明显放缓态势。由于经济全球化的发展和深化，目前全球贸易增速放缓现象背后的原因更为复杂。数量分析表明，需求因素和结构性因素都是全球贸易增速放缓背后的重要原因，且结构性因素的影响更大一些。结构性因素主要体现为贸易收入弹性，但是影响贸易收入弹性的因素又可以分为多种，不过根据目前的研究进展，尚不能具体量化这些结构性因素的影响程度。在分析未来全球 GDP 增长前景和各种结构性因素的基础上，我们认为，未来几年全球贸易将维持 4% 左右的增速，仅稍好于近三年的水平。

全球贸易增速放缓对中国外贸结构转型而言是压力也是动力。2012 年以来，在全球贸易增速放缓的大背景下，中国对外贸易增速也呈明显下降趋势，从之前高达 20% 左右的增速跌落至个位数的增长。近几年，中国外贸增速均未达到预期目标，使得中国在进行外贸结构转型时面临增速下降的压力，容易重回追求数量的老路。但压力也是动力，较低的出口增速使得中国外贸不得不放弃传统的价格竞争策略，转而寻求新的竞争优势，能够在其他国家外贸普遍低迷的背景下尽快破茧而出。因此，中国应顶住压力、把握全球贸易增速放缓带来的机遇，在未来几年完成合宜的贸易结构转型进程。

Y.16
油价新常态

顾　弦*

摘　要： 2014年6月以来油价大幅下跌的主要原因是石油长期供给面的改善。根据20世纪70年代以来六轮油价下跌的历史，供给面改善将在长期内抑制油价上涨。我们预计2015～2016年油价将维持在50～65美元/桶，未来5～10年油价的新常态将维持在靠近边际生产成本的水平。地缘政治冲突可能触发油价反弹，但不会改变低油价的中长期走势。石油价格下降有利于提升中国和世界经济增长。货币政策不宜对油价变化带来的通货紧缩压力过度反应。油价下降为国内消化债务压力、调整财政政策和外汇储备管理政策提供了机遇。中国应积极参与多边和双边政治协商，帮助缓解产油国可能出现的地缘政治冲突。

关键词： 石油价格　供给　需求　汇率　增长

自2014年6月以来，国际油价出现了大幅下跌，布伦特原油价格一度从115美元/桶一路跌落至46.3美元/桶的低位，也结束了国际石油市场在过去四年中价格维持相对稳定的状态和从2000年开始的大宗商品超级上升周期。这一轮油价剧跌的原因与以往有何不同？未来油价的走势如何？2014年下半年以来的价格下跌仅仅是短期调整，还是未来将进入低水平的新常

* 顾弦，经济学博士，中央财经大学金融学院助理教授，研究领域：宏观经济、金融机构与市场。

态？本文试图回答上述问题。

本文的结构安排如下：第一部分从长周期视角来分析国际石油价格的波动趋势；第二部分从供求、汇率和地缘政治等几个方面来分析这一轮油价下跌的原因，并对未来油价走势做出展望；第三部分研究油价波动对增长与通胀的影响；第四部分探讨油价波动对金融市场的影响；第五部分提出中国的政策应对。

一　石油价格的波动趋势

1948～1970 年国际油价基本稳定在 1.90 美元/桶左右的低水平，而在此后的 30 多年内，油价共经历了六轮大幅下跌。2014 年下半年至今的此轮油价下跌幅度仅次于 2008 年金融危机期间。

（一）中长期价格走势

从过去 20 多年国际石油市场的月度价格来看，油价的波动大致可划分为五个阶段（见图 1）。第一阶段是 1987 年至 2008 年 6 月国际金融危机爆发之前，此期间布伦特原油价格一路从 18 美元/桶上涨至 138 美元/桶；第二阶段是 2008 年金融危机爆发之后至 2008 年末，布伦特油价从 138 美元/桶的高位下跌至 35 美元/桶；第三阶段是 2009 年初至 2011 年中，布伦特油价从 35 美元/桶左右逐步回升至 126 美元/桶左右；第四阶段是 2011 年至 2014 年中，布伦特油价在 105 美元/桶左右上下波动，油价走势相对稳定；第五阶段是 2014 年 6 月至今，油价再次出现剧跌，从 115 美元/桶左右下滑至 46 美元/桶左右。

（二）名义与 SDR 标价的油价走势

国际油价在更长时期内的年度均价走势如图 2 所示。从 1948 年至 1970 年，原油价格被七大石油公司压在很低的水平，以美元标价的布伦特原油价格长期维持在 1.90 美元/桶左右，仅为当时煤炭价格的一半水平。1973 年

图1　石油价格中期走势

注：WTI为西德州中级原油。
资料来源：CEIC。

10月，中东战争爆发，中东产油国采取了减产、禁运和抬价等举措，油价开始上涨，之后更是一路上升至1980年的36.83美元/桶。但在此之后，油价又下滑至1986年的14.43美元/桶。在1989年至1999年的十年中，油价的走势相对稳定，布伦特油价在均值18.32美元/桶的水平上下波动。但是，从2000年到2008年国际金融危机爆发之前的这一期间，全球经济快速增长，尤其是新兴经济体，国内需求增长迅速，在这种背景下，国际石油需求也迅速增长，油价一路上涨。以SDR标价的布伦特原油价格走势与以美元计价的油价走势基本一致（见图2）。

纵观1990年以来的五轮油价下跌，本轮油价剧跌程度仅次于2008年全球金融危机时期（见图3）①。以布伦特原油价格来看，2014年6月至2015年1月下跌了57.28%，而2008年6月至12月金融危机期间下跌了69.81%，1990年至1991年海湾战争时期油价下跌了46.76%。

① 因1987年1月以前布伦特原油价格缺少月度数据，故此处仅比较了1990年以来的五轮油价下跌幅度。

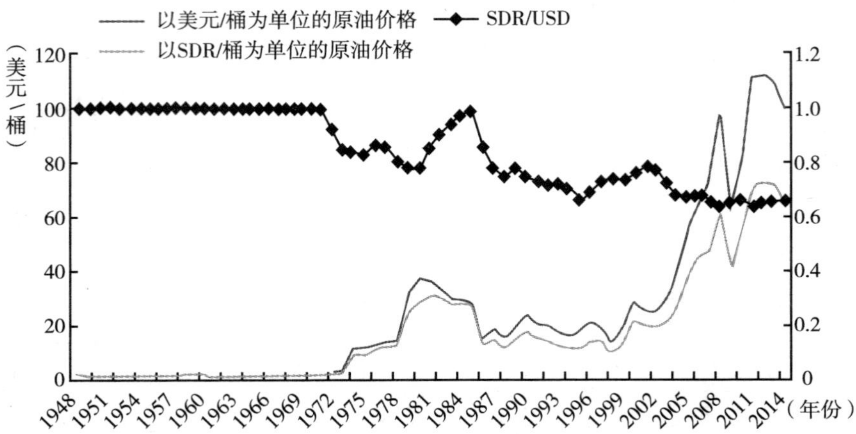

图 2　石油价格长期走势

注：1948～1983 年为拉斯坦努拉阿拉伯轻质油（Arabian Light posted at RasTanura）原油价格年度均值，1984～2014 年为 Brent 原油价格年度均值。

资料来源：BP Statistics，EIA，IMF。

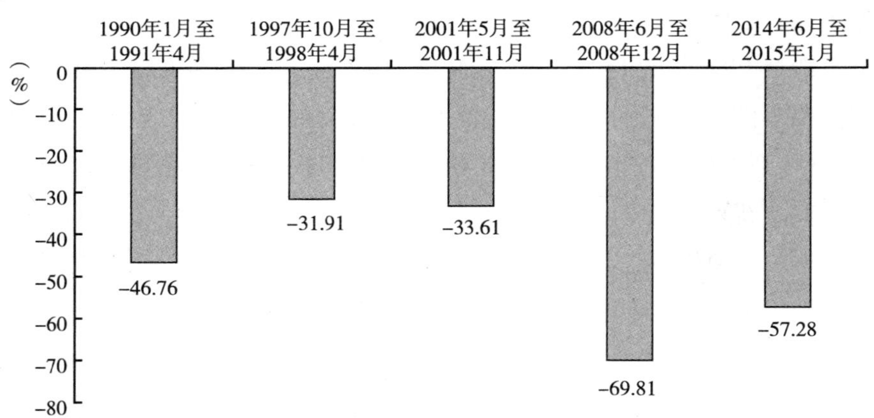

图 3　1990 年以来的五轮油价大幅下跌

资料来源：CEIC。

二　油价下跌：这一轮有何不同?

造成2014年下半年以来的油价大幅下跌的原因复杂，本部分将分别从供给、需求、汇率与地缘政治等四个方面来分析此轮油价大跌的缘由。

（一）相关文献

理解油价下跌的驱动因素对判断油价下跌给宏观经济带来的影响相当重要①。Kilian基于1970~2007年石油价格的月度数据并利用结构VAR模型，将油价变化的因素主要区分为三种：石油供给冲击、全球需求冲击以及石油需求冲击，其中，石油需求冲击反映了市场对未来石油供给预期下的“预防性需求”②。研究发现，历史上油价大幅变化主要是由全球需求冲击与预防性冲击导致的，而非供给冲击。

张斌等将石油价格大幅变动的驱动因素归结为四类：长期供给面冲击（新油田开采、OPEC石油供应策略变化、替代能源开发等）、短期供给面冲击（地缘政治冲突、石油产出地区战争）、长期需求面冲击（全球经济增长的持续高涨、单位产值的能源使用密度变化）、短期需求面冲击（金融市场动荡）等③。而从1970年至今石油价格的六次大幅下跌来看（见图4），前五次的原因分别为1981~1986年的新油田开采、石油供应策略变化（长期供给面冲击），1990~1993年的海湾战争（短期供应面冲击），1996~1997年的东亚金融危机（短期需求面冲击），2001年的美国互联网泡沫破裂（短期需求面冲击），2008~2009年的全球金融危机（短期需求面冲击）。

---

① Barsky, R. B. and L. Kilian, “Oil and the Macroeconomy since the 1970s,” *Journal of Economic Perspectives*, 2014, 18 (4): 115 - 134.

② Kilian, L., “Not All Oil Price Shocks Are Alike: Disentangling Demand and Supply Shocks in the Crude Oil Market,” *American Economic Review*, 2009, 99 (3): 1053 - 69.

③ 张斌、顾弦、陈博：《低油价时代与中国机会》，《南方周末》2015年2月6日。

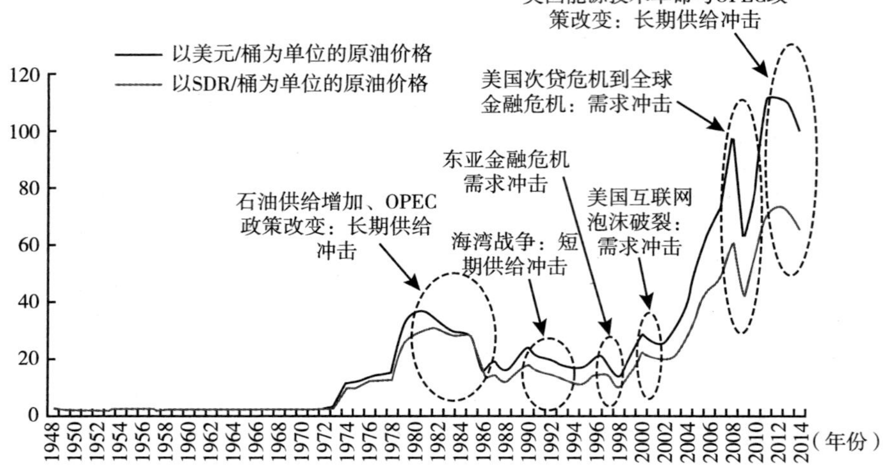

图4　原油价格变动状况

注：以美元/桶为单位的原油价格中，1948～1983年为拉斯坦努拉阿拉伯轻质油（Arabian Light posted at RasTanura）原油价格年度均值，1984～2014年为布伦特原油价格年度均值。

资料来源：BP Statistics，EIA。

（二）全球石油供给

回顾历史，长期供给面冲击会在较长时期内抑制油价上涨。从20世纪80年代中期到21世纪初，在长期供给面冲击的作用下，石油价格一直保持在低于30美元的低位。其间经历了海湾战争、东南亚金融危机以及美国新经济泡沫等各种短期冲击带来的石油价格大幅波动，但这些冲击的影响都在1～2年内消失，没有改变石油价格低位的长期格局。直到21世纪初迎来全球经济高增长的长期需求面冲击，石油价格才一路攀升到超过100美元/桶的高位。

2014年下半年以来油价下跌的主导原因与20世纪80年代中期相似，为长期供给面的冲击，主要来自以美国为代表的石油供给增长与OPEC石油供给政策的变化。首先，美国国内的页岩油革命使得石油供给的持续扩大推动全球石油产出增长达到历年来峰值（见图5）。从2008年至今，美国致密页岩油的产量翻了约 4 倍，约占美国原油总产量的 35%。2014 年，美国页岩油日均产量为 90 万桶，相当于全球每天石油产量 9000 万桶的 1%。目前美国国内原油日产量为 950 万桶/天，而沙特阿拉伯的原油日产量为 960 万桶/天。美国的原油日产量已经超过了除沙特阿拉伯以外的其他 OPEC 产油国的产量。同时，美国页岩气开发促使天然气等替代性能源持续增产，也对石油需求产生了负面冲击。从石油贸易来看，2008 年以来美国石油进口下降了约 25%，出口增长了约 66%（见图 6）。根据美国能源署的预测，在未来 5 年内，美国将实现天然气净出口；到 2040 年，美国天然气总产量还将增长约 60%，且约一半产量来自页岩气（见图 7）。

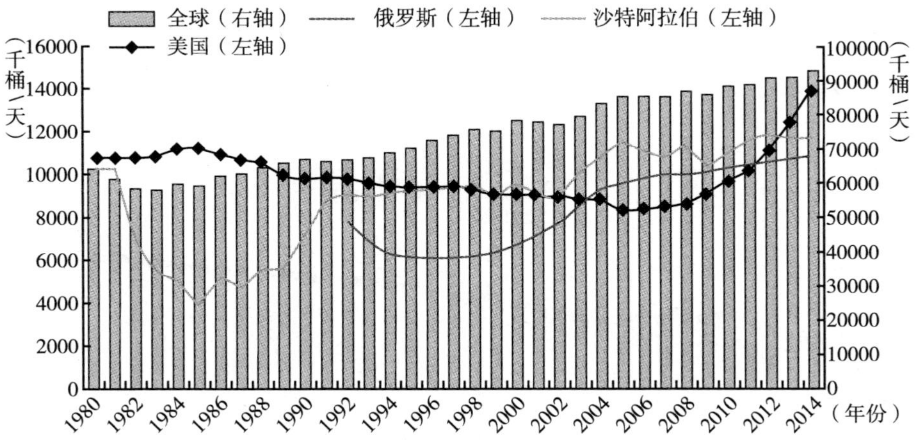

图 5　全球及部分国家石油供给状况

资料来源：EIA。

其次，OPEC 的石油政策从稳定价格转向稳定市场份额。尽管油价暴跌，中东地区石油没有减产，导致 2014 年全球石油产出增量达到过去 34 年以来的高峰水平。以沙特为例，沙特在过去一直扮演着通过调整产量稳定石油价格的角色，对石油价格稳定发挥了重要作用；但是在 2014 年下半年油价剧跌的情况下，沙特从 2014 年第四季度到 2015 年第二季度仍在不断增产

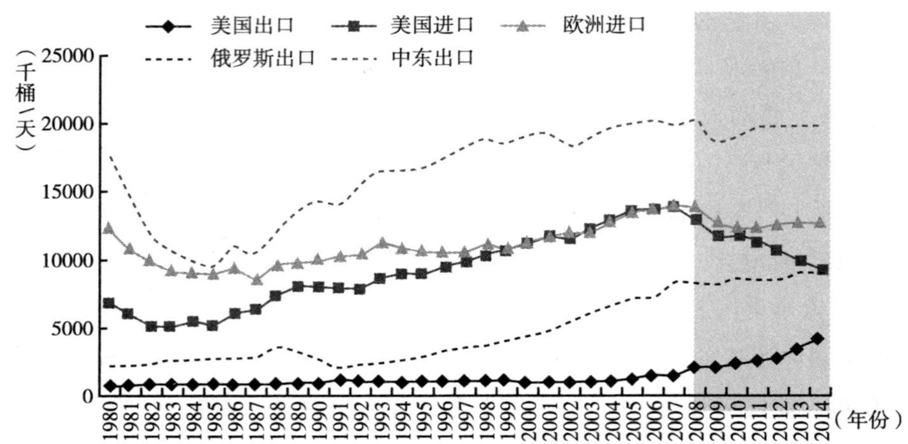

图6　部分国家和地区石油进出口状况

注：1993 年以前欧洲进口数据中涵盖的国家排除中欧国家；1993 年以前俄罗斯出口数据中涵盖的国家包括中欧国家。

资料来源：BP Statistics。

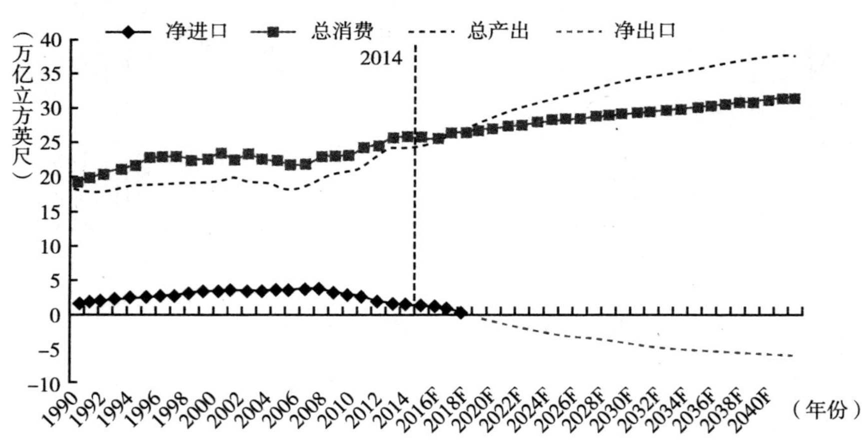

图7　美国将在未来5年内实现天然气净出口

资料来源：EIA。

（见表1），其石油政策从稳定价格转向稳定市场份额，其政策转变类似于20 世纪 80 年代中期。

表1 OPEC 国家原油产量

单位：千桶/天

时间	2013 年	2014 年	2014 年第四季度	2015 年第一季度	2015 年第二季度	2015 年第一至二季度增量
沙特阿拉伯	9637	9713	9644	9878	10401	523
伊朗	2980	3110	3141	3064	3351	287
伊拉克	3576	3117	3005	3017	3103	86
阿联酋	2797	2794	2790	2948	2973	25
科威特	2922	2867	2807	2850	2838	-12
委内瑞拉	2786	2683	2701	2722	2683	-39
安哥拉	1701	1654	1727	1766	1784	18
尼日利亚	1754	1807	1816	1762	1622	-140
阿尔及利亚	1203	1193	1179	1141	1147	6
卡塔尔	724	709	682	687	647	-40
厄瓜多尔	526	557	560	550	544	-6
利比亚	993	480	735	411	—	—
全部 OPEC 成员国	31599	30682	30786	30793	—	—

资料来源：OPEC。

再次，除美国以外的其他非 OPEC 地区 2014 年的石油产量相对稳定，包括墨西哥、北海油田与中亚地区 2014 年的石油产出小幅下降；而俄罗斯在乌克兰危机平息后，石油小幅增产，2014 年产出总体较 2013 年增长 0.7%，创下后苏联时代历史新高；2015 年俄罗斯石油出口依然保持平稳。

（三）全球石油需求

历史经验显示，石油价格波动往往也与全球经济走势有较高的相关性，且由于经济结构的差别，这种相关程度在新兴经济体中更高。同时，随着能源效率的提高，实体经济发展本身对石油的边际需求也在下滑。Fournier 等认为，OECD 国家实际 GDP 每 1% 的增长将提高石油需求约 0.5%，而非此前认为的实际 GDP 同等程度的增长将提高石油需求约 1%①；Baffes 等指出

① Fournier, J. -M., I. Koske, I. Wanner, V. Zipperer, "The Price of Oil-Will it Start Rising Again?" OECD Economic Development Working Paper, No. 1031, 2013.

从20世纪70年代以来，实体经济增长对石油的边际需求大约下降了一半。①

在这一轮石油价格大跌过程中，全球经济增长放缓造成石油需求的疲软也是重要原因之一（见图8）。第一，市场对经济增长疲软的预期较为一致，世界银行、IMF等机构也多次下调对2014、2015年的增长预测，这已经在原油期货市场上得到反映。第二，欧洲等发达国家的经济增长，尤其是制造业增长的放缓，导致其原油净进口增长放缓。2014年以来，日本、德国、法国的石油净进口增长趋于停滞。第三，美国在发达国家中石油净进口量下跌趋势最为明显，主要原因是美国国内的经济增长弱于预期、国内石油产量的迅速增长以及用油效率的提高。第四，以中国和印度为代表的新兴经济体的原油净进口量仍在增长，但增速放缓。2008年以来，随着国内多个油田出现枯竭、减产的迹象，中国对外部石油的需求有所增长，这也是2008～2014年支撑国际油价攀升的重要因素之一。但自2014年下半年以来，随着实体经济增长疲弱态势加重，原油净进口增速在波动中有所放缓。

我们对供给与需求两方面因素分别在多大程度上导致了此轮油价大幅下跌做了估算。对1980～2013年石油数据的回归显示，供给与需求对价格的边际影响之比约为4:5，基于此，我们的估算结果显示，2014年石油供给与需求变化对此轮油价剧跌的贡献分别约为70%和30%。此前，IMF的Arezki和Blanchard估算显示，2014年下半年以来的这一轮油价剧跌中，供给因素与需求因素分别贡献了60%和40%。②

（四）油价、汇率与货币政策

回顾历史，石油价格波动往往还与美元汇率变化呈现较高的负相关性。

① Baffes, J., M. A. Kose, F. Ohnsorge and M. Stocker, "The Great Plunge in Oil Prices: Causes, Consequences, and Policy Responses," World Bank Group Policy Research, Note 15/01, March 2015.

② Arezki, R. and O. Blanchard, "Seven Questions about the Recent Oil Price Slump," IMF direct-The IMF Blog, December 22, 2014.

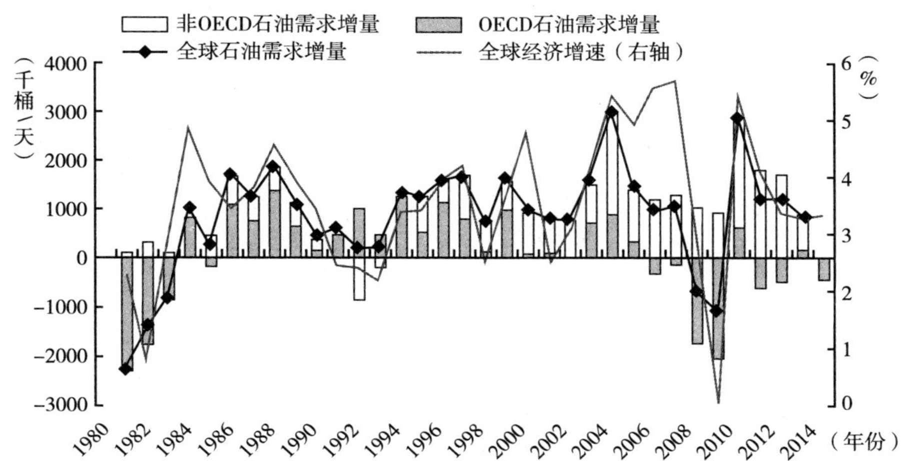

图 8　全球经济增速、石油需求增量及 OECD、非 OECD 石油需求增量

资料来源：EIA，IMF。

一方面，美元升值提高了石油输入国以本币计算的成本，因此，将导致石油输入国石油需求的下滑与输出国石油供给的提高，从而压低油价①。另一方面，随着 21 世纪以来石油金融属性的增强，石油与美元价格均反映了市场对未来增长的预期以及风险偏好的程度。因此，当市场对未来增长预期较差时，如 2008 年全球金融危机时期，市场容忍度较低（VIX 较高），对安全性资产偏好上升。此时，股票市场走势与石油价格往往同时出现下跌，美元升值（见图 9）。2014 年下半年以来，由于全球增长疲软，市场风险偏好回落，VIX 回升，因此，风险容忍度的下降以及对安全性资产偏好的上升也在一定程度上导致了此轮油价下跌以及美元升值。Fratzscher 等的估算显示，2000 年之后石油与美元价格 11% ~25% 的变动是由对风险资产偏好的变化引起的②。

实证研究表明，2000 年以来，石油现货价格与美元汇率的负相关性较之前

① 此处假设这些石油输入国与输出国的汇率不与美元挂钩。

② Fratzscher, M., D. Schneider and I. V. Robays, "Oil Prices, Exchange Rates and Asset Prices." ECB Working Paper, No. 1689, July 2014.

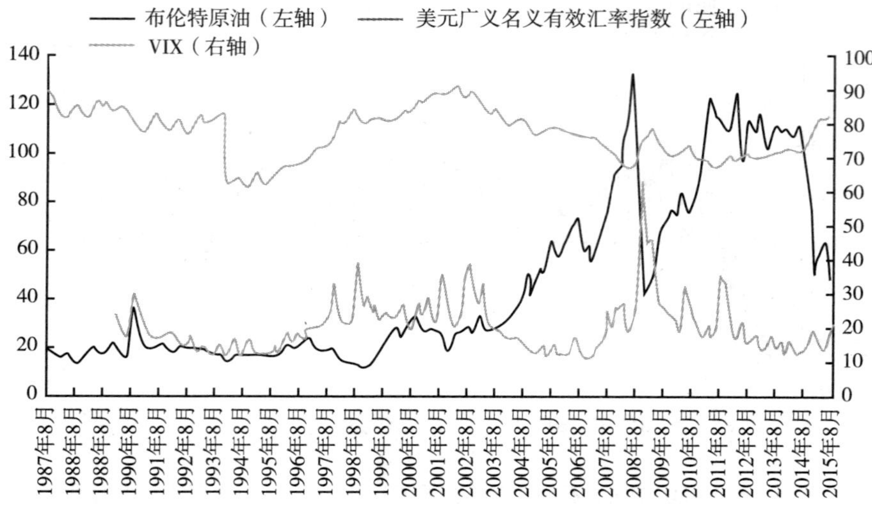

图9　布伦特原油价格、美元汇率与风险偏好

注：布伦特原油价格单位为美元/桶。

资料来源：CEIC。

30年显著上升[①]；从两者的量化关系来看，以名义有效汇率计量的美元升值10%将导致石油价格下滑3%～10%[②]。自2014年下半年以来，美、日、欧等发达国家和地区货币政策逐步分化，随着美联储正式退出量化宽松，市场对美联储加息预期逐步增强；同时，欧元区与日本货币政策进一步宽松，在这种背景下，美元不断走强。2014年6月至2015年2月，美元以主要货币国贸易权重加权的名义有效汇率升值超过10%，这也在一定程度上推动了此轮油价大幅下跌。

（五）油价与地缘政治

从中长期来看，地缘政治往往也是影响石油价格的重要因素之一，但

① Fratzscher, M., D. Schneider and I. V. Robays, "Oil Prices, Exchange Rates and Asset Prices." ECB Working Paper, No. 1689, July 2014.

② Zhang, Y., Y. Fan, H. Tsai, and Y. Wei, "Spillover Effect of US Dollar Exchange Rate on Oil Prices." *Journal of Policy Modelling*, 2008, 30: 973－91; Akram, Q. F., "Commodity Prices, Interest Rates and the Dollar." *Energy Economics*, 2009, 31: 838－51.

2014 年下半年以来，中东与东欧政治摩擦对油价供给的影响弱于预期。

第一，伊拉克石油产出保持稳定。此前，市场曾经预期恐怖袭击的进一步升级将导致伊拉克石油产出遭受影响，而根据美国能源局（IEA）在 2014 年的预计，2015 ~2019 年伊拉克将为 OPEC 石油产量增长贡献60%。从 2014 年的生产情况来，伊拉克全年石油产量维持在 330 万桶/天的均值，且在 2015 年上半年达到了 1979 年以来的最高水平。第二，俄罗斯与乌克兰的冲突对欧洲石油与天然气市场的影响甚微。第三，利比亚在国内政治格局不稳的情况下，2014 年三季度的石油产出仍保持在 50 万桶/天的水平。

（六）油价未来展望：新常态水平

在长期供给面冲击下，油价将结束此前的超级上涨周期，而在较低的均衡水平左右波动。我们预期 2015 ~2016 年油价将维持在 50 ~65 美元/桶左右的均值水平，并且在未来 5 ~10 年内油价都将保持在低位。我们将此称为“油价新常态”。

从短期来看，美国的石油供给增长不会显著改变，油价走向主要取决于 OPEC 会否减产。基于目前中东的地缘局势，各国之间的博弈是一场“囚徒困境”，率先减产者损失最大。为了争夺市场份额，只要油价水平仍然高于产油的边际成本，沙特难以主动减产。

从中长期来看，未来会出现以靠近边际生产成本为定价原则的低油价时代。各油气产区的开采成本显示，目前中东地区依然具有明显的比较优势（见图 10），但随着页岩油气开发技术的进一步突破与推广，未来美国产油成本可能进一步下降①。考虑到各类采油厂商的现金流状况以及页岩油气厂商巨大的前期投入，厂商对油价的承受力将在略高于采油边际成本的水平。因此，我们预期此轮油价下跌的最低点将在 40 美元/桶左右，未来 5 ~10 年油价均值将维持在低位。另外，这个预测的前提是未来 5 ~10 年

① 美国不同页岩油产区成本不一，目前部分页岩油厂商生产成本已经降至 50 美元/桶以下。

的长期需求基本面，也就是全球经济增长没有太大起色。从政策方面来看，历史经验表明，石油价格大跌，尤其是需求因素主导的油价大跌之后，中央银行往往会出台支持性的货币政策以刺激需求并为资产市场提供流动性（见图 11）。而在此轮油价下跌过程中，美联储正值终止量化宽松的非常规货币政策，且即将步入加息周期，发达国家货币当局进一步为市场提供流动性的空间相当有限。因此，大宗商品价格很难在短期内从市场流动性中获得支撑。在这种货币政策格局下，我们认为此轮油价剧跌后大幅反弹的可能性较小。

地缘政治冲突可能在短期内促成油价反弹，但是不会改变中长期内的低油价格局。石油剧烈下跌对产油国产生了严重冲击，很多产油国财政赤字将大幅上升，政府将遭遇巨大压力。这为爆发地缘政治冲突铺下了温床。从以往经验看，地缘政治冲突势必会带来油价的显著反弹，少则 3 ~ 6 个月，多则 2 ~3 年，但终归又会回归到长期供给面和长期需求面决定的低油价水平。

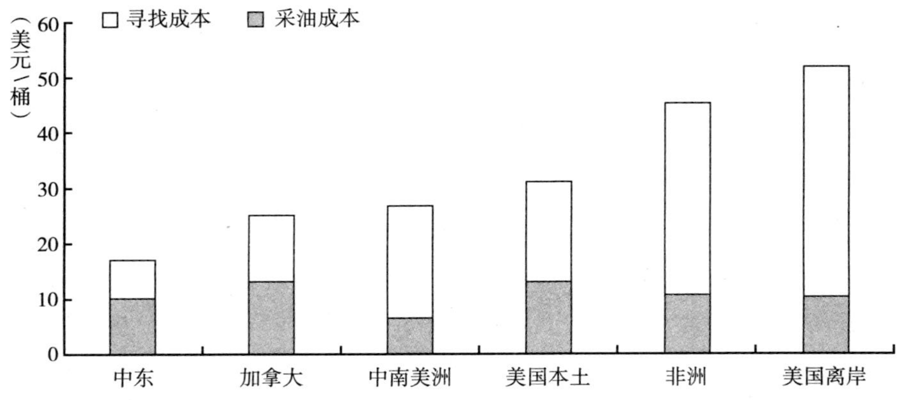

图 10　各地区石油与天然气开采成本：2007 ~ 2009 年

注：这里的成本指产油企业的生产成本，且以 2009 年美元价格计算；5618 立方英尺天然气等同于 1 桶油。

资料来源：EIA。

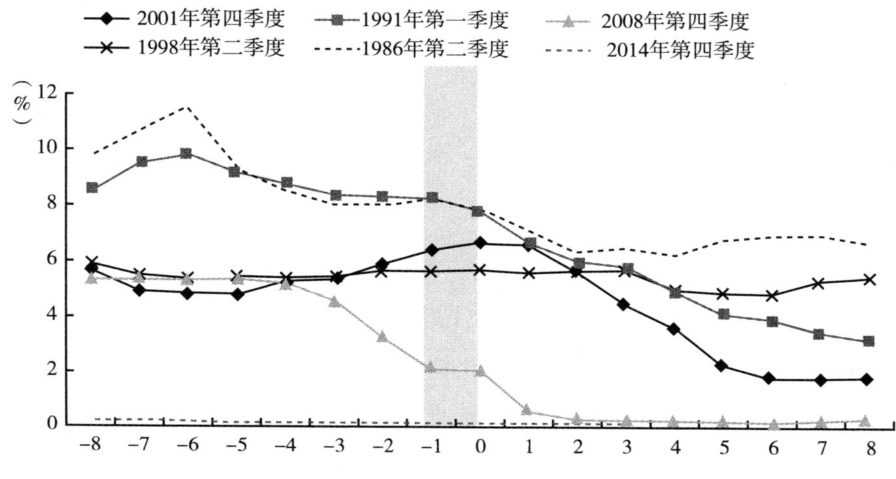

图 11　历次油价大跌之后美国联邦基金利率

资料来源：CEIC。

三　石油价格与宏观经济

（一）相关文献

张斌等指出，对于石油净进口国而言，进口原油价格下降会对宏观经济产生直接和间接双重影响。一方面，油价下降带来生产成本下降，刺激短期要素投入增加，造成产出上涨和一般物价水平下降，这是直接影响（总供给曲线向右移动）；另一方面，要素投入的增加和价格水平下降又会促使央行的货币政策改变，带来产出和价格水平的第二轮变化，这是间接影响（总需求曲线向右移动）①。对于不同的石油进口国，由于单位产值能源使用密度、市场结构、货币政策调整幅度等方面的差异，油价变化对宏观经济的影响会有很大区别。

① 张斌、徐建炜：《石油价格冲击与中国的宏观经济：机制、影响与对策》，《管理世界》2010 年第 11 期；张斌、顾弦、陈博：《低油价时代与中国机会》，《南方周末》2015 年 2 月 6 日。

油价波动对实体经济的真实影响还取决于油价波动的原因与方向。Cashin等指出，供给冲击导致的油价波动对实体产出影响更大，需求冲击下的油价波动已经反映了实体经济层面的变化，因此，其对实体经济的第二轮效应有限①；Kilian 认为油价上涨对经济增长的影响更甚于油价下跌的影响②。

（二）定量估算

IMF 与世界银行分别对此轮油价下跌可能在多大程度上影响经济增长做了估算。Arezk 和 Blanchard 认为，此轮油价下跌将可能带来 2015 年全球 GDP 增速提升 0.3% ~0.7%，2016 年全球 GDP 增速提升 0.4% ~0.8%。同时，油价大幅下跌还将导致石油净进口国与净出口国之间的财富重配。石油净进口国将更明显受益于油价下跌，中国 GDP 增速 2015 年可能提升 0.4% ~0.7%，2016 年可能提升 0.5% ~0.9%；美国 GDP 增速 2015 年可能提升 0.2% ~0.5%，2016 年提升 0.3% ~0.6%。而石油净出口国，尤其是中东、北非等地区可能陷入财政困境③。世界银行显示，供给冲击下油价下跌 30%，可以提升全球 GDP 增速约 0.5%；同时，可能带来 2015 年全球通胀下降 0.4% ~0.9%，2016 年通胀将回归至此轮油价下跌前水平；对中国 CPI 总体影响有限④。

我们利用结构性向量自回归模型研究了石油价格变化对中国主要宏观经济变量冲击的机制和结果。主要结论如下：第一，石油价格下降会导致工业增加值、投资和 GDP 增速提高，压低通货膨胀。石油价格下降 10 美元会提升中国工业增长值增速 0.5 个百分点，提升 GDP 增速 0.2 ~0.3 个百分点，压低

---

① Cashin, P., K. Mohaddes and M. Raissi, "The Differential Effects of Oil Demand and Supply Shocks on the Global Economy," *Energy Economics*, 2014, 44: 113 –134.

② Kilian, L., "Oil Price Shocks: Causes and Consequences," *Annual Review of Resource Economics*, vol. 6 (1), 2014: 133 –154.

③ Arezki, R. and O. Blanchard, "Seven Questions about the Recent Oil Price Slump," IMF direct-The IMF Blog, December 22, 2014.

④ World Bank, "Understanding the Plunge in Oil Prices: Sources and Implications," *Global Economic Prospects*, Chapter 4, January, 2015.

CPI 大约 0.1 个百分点。第二，石油价格冲击对宏观经济的影响，很大程度上还取决于货币当局的政策变化。如果石油价格下降带来的通胀水平的降低触发了货币当局更加宽松的货币政策，石油价格下降对工业增加值、GDP 增长带来的刺激作用力度更大、时间上更持久。反之，如果货币当局不对油价变化做出反应，油价变化对主要宏观经济变量的冲击在半年以后逐渐消退。

四　石油价格、其他商品价格与资产价格

（一）石油价格与其他商品价格

国际油价下跌还可能带来其他大宗商品价格的下滑。第一，由于合约定价之间较高的关联度，油价大幅下跌可能进一步带来欧洲与亚洲天然气价格的下滑。在 2014 年 6 月至 2015 年 2 月的油价大幅下跌过程中，日本液态天然气价格下滑超过 11%。而欧洲天然气价格也出现了大幅下滑。美国天然气价格更多地由其国内供需因素决定，受影响程度较小。第二，油价下滑也可能通过压低农业生产与交通运输成本进而导致农产品类大宗商品价格的下滑。Fratzscher 等指出，农业生产对能源的依赖度大约是制造业的 4 ~5 倍[①]。

（二）石油价格与金融市场

油价大幅下跌可能带来石油出口国尤其是新兴经济体的金融市场波动，但此轮油价下跌对发达经济体金融市场的影响不明显，因此，通过资本市场联动性影响中国金融市场的可能性也不大。一方面，油价大幅下跌通过影响石油出口国的经济增长预期，进一步可能导致资本外流、货币贬值、主权债利差升高以及股票市场下跌。这种情况在 2014 年下半年以来俄罗斯以及 OPEC 国家金融市场的资产价格上已经有所反应。另一方面，由于石油的金

① Fratzscher, M., D. Schneider and I. V. Robays, "Oil Prices, Exchange Rates and Asset Prices," ECB Working Paper No. 1689, July 2014.

融属性以及风险偏好特征，在由需求放缓主导的油价大幅下跌过程中，股票市场往往也出现大幅下跌（见图12），但由于这一轮油价下跌更多是由长期供给因素导致，所以这种影响并不明显。

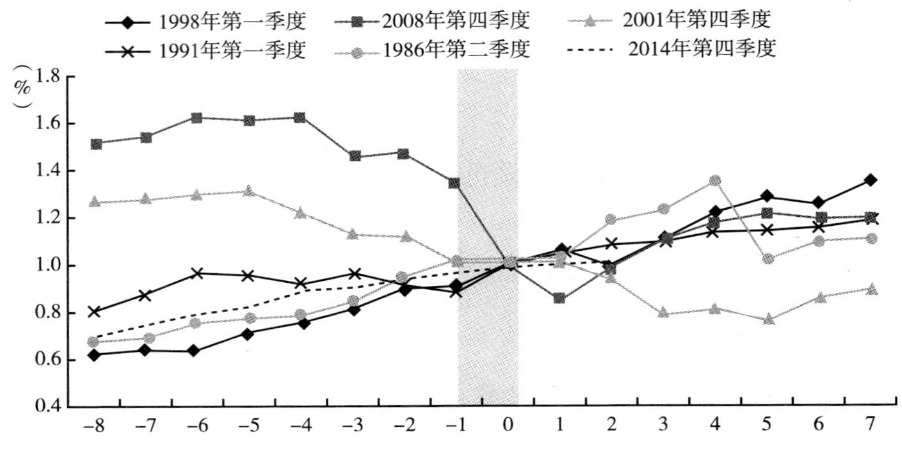

图12　油价下跌与美国标普500指数变化

注：图中时刻0（油价大幅下跌发生当季）的美国标普500指数标准化为1，其余时刻数值为当时的指数与时刻0指数的相对值。

资料来源：CEIC。

五　油价新常态下的政策应对

总的来说，油价下跌给2015年的经济增长注入了新的活力，保增长压力减小，为缓解国内债务压力提供了空间。油价下跌带动了工业利润增长、投资增长和消费者真实收入增长，对GDP增速也起到了刺激作用。在货币政策方面，通过放松货币政策刺激经济增长的压力减小，为消化前期过度债务积累和降低债务杠杆提供了时机。

中国作为能源消费大国和石油净进口国，不能因为石油价格下降延误对能源消费的控制，不能延误替代能源创新。在财政政策方面，可考虑减少对能源消费的补贴，增加对石油消费征税，将所得税收用于补贴中低收入群体或者支付改革成本。

强势美元和低油价组合为外汇储备管理改革提供了最佳机遇。张斌等指出，中国外汇储备资产的真实购买力有两个关键决定因素：一是美元汇率；二是石油价格[①]。在强势美元和低油价背景下，单位美元的真实购买力处于高位。这为外汇储备改革提供了难得机遇。例如，未来几年应抓住这个机遇推进外汇储备资产管理机构多元化改革，借助制度力量和市场力量实现外汇储备资产真实购买力的保值增值。

积极参与多边和双边政治协商，帮助缓解产油国的地缘政治冲突。未来油价大幅反弹的主要动因是产油国地缘政治冲突，油价持续大幅上涨的主要动因是全球经济重回高增长通道。后面这种可能性可以暂时排除，应重点考虑的是地缘政治冲突风险。随着产油国国内财政赤字压力的急剧放大，产油国国内的政治稳定正在遭遇严重挑战，地缘政治冲突风险加大。中国作为重要的利益相关者，应积极参与相关政治协商活动，一方面要尽可能地维持产油国国内政治稳定，另一方面也要抓住波动带来的机遇。

参考文献

张斌、顾弦、陈博：《低油价时代与中国机会》，《南方周末》2015 年 2 月 6 日。

张斌、徐建炜：《石油价格冲击与中国的宏观经济：机制、影响与对策》，《管理世界》2010 年第 11 期。

张斌、王勋、华秀萍：《中国外汇储备名义与真实收益率》，《经济研究》2010 年第 10 期。

Akram, Q. F., "Commodity Prices, Interest Rates and the Dollar," *Energy Economics*, 2009, 31: 838 –51.

Arezk, R. and O. Blanchard, "Seven Questions about the Recent Oil Price Slump," IMF direct-The IMF Blog, December 22, 2014.

① 张斌、王勋、华秀萍：《中国外汇储备名义与真实收益率》，《经济研究》2010 年第 10 期。

Baffes, J. , M. A. Kose, F. Ohnsorge and M. Stocker, "The Great Plunge in Oil Prices: Causes, Consequences, and Policy Responses," World Bank Group Policy Research, Note 15/01, March 2015.

Barsky, R. B. and L. Kilian, "Oil and the Macroeconomy since the 1970s," *Journal of Economic Perspectives*, 2014, 18 (4): 115 - 134.

Blanchard, O. and J. Gali, "The Macroeconomic Effects of Oil Price Shocks: Why are the 2000s so different from the 1970s?" in J. Gali and M. Gertler (eds.), *International Dimensions of Monetary Policy*, University of Chicago Press, 2009, 373 - 428.

Cashin, P. , K. Mohaddes and M. Raissi, "The Differential Effects of Oil Demand and Supply Shocks on the Global Economy," *Energy Economics*, 2014, 44: 113 - 134.

Fournier, J. -M. , I. Koske, I. Wanner, V. Zipperer, "The Price of Oil-Will it Start Rising Again?" OECD Economic Development Working Paper, No. 1031, 2013.

Fratzscher, M. , D. Schneider and I. V. Robays, "Oil Prices, Exchange Rates and Asset Prices," ECB Working Paper, No. 1689, July 2014.

Kilian, L. , "The Economic Effects of Energy Price Shocks," *Journal of Economic Literature*, 2008, Vol. 46 (4): 871 - 909.

Kilian, L. , "Not All Oil Price Shocks Are Alike: Disentangling Demand and Supply Shocks in the Crude Oil Market," *American Economic Review*, 2009, 99 (3): 1053 - 69.

World Bank, "Understanding the Plunge in Oil Prices: Sources and Implications," *Global Economic Prospects*, Chapter 4, January, 2015.

Zhang, Y. , Y. Fan, H. Tsai, and Y. Wei, "Spillover Effect of US Dollar Exchange Rate on Oil Prices," *Journal of Policy Modelling*, 2008, 30: 973 - 991.

Y.17
“一带一路”与世界经济增长
——基础设施投资的视角

张　明*

摘　要：　本文从基础设施投资角度研究了“一带一路”与世界经济增长的关系。自全球金融危机爆发以来，世界经济增长陷入了分化与停滞的新格局，长期性停滞的风险凸显。尽管全球范围内存在基础设施投资的旺盛需求，但在新兴市场与发展中国家（尤其是亚洲）存在巨大的基础设施投资的资金缺口。中国政府推动的“一带一路”战略如果顺利实施，那么有助于显著缓解沿线国家的上述资金缺口，推动基础设施投资，进而促进区域乃至全球的经济增长。然而，沿线国家资金缺口能否得到根本性缓解，关键是看具体项目设计能否保证投资收益与投资安全。

关键词：　世界经济增长　长期性停滞　基础设施投资　“一带一路”

一　引言

自2007年至2008年的全球金融危机爆发以来，世界经济增长进入了动荡、分化与停滞的新格局。尽管危机已经过去了七年的时间，但世界经济增

* 张明，经济学博士，中国社会科学院世界经济与政治研究所研究员，研究领域：国际金融与宏观经济。

长依然显著落后于危机前的水平。无论对发达国家还是对新兴市场与发展中国家而言，长期性停滞的风险都在加剧。

在 2013 年，中国政府提出了“一带一路”的倡议。中国政府提出“一带一路”倡议的国内背景包括亟待实现经济增长模式的转型、亟待提高外汇储备的投资回报率、亟待应对制造业部门的严重产能过剩等。而该倡议提出的国际背景则是世界经济自全球金融危机爆发后未能持续复苏、很多国家亟待提振本国投资率但面临较大融资缺口等。事实上，自提出“一带一路”倡议以来，中国政府还主导构建了亚洲基础设施投资银行、丝路基金、新开发银行等全新的多边投融资机构。

那么，“一带一路”战略与世界经济增长之间究竟有何关联呢？本文试图从基础设施投资这一视角来论证“一带一路”战略的有效实施有望显著推动世界经济增长。论证的主要逻辑如下：全球范围内存在着对基础设施投资的广泛需求，而扩大基础设施投资是世界经济摆脱长期性停滞的重要手段。在新兴市场与发展中国家内部，存在基础设施投资的巨大资金缺口，仅靠国家自身、金融市场以及现有多边开发性机构是无法满足这一需求的。而中国政府实施的“一带一路”战略，有望显著地缩小沿线国家基础设施投资的资金缺口，从而通过促进这一区域的基础设施投资来提振区域乃至世界经济增长。

本文的结构安排如下：第二部分概览全球金融危机之后的世界经济增长新格局，第三部分分析长期性停滞的风险以及基础设施投资对于摆脱长期性停滞的重要性，第四部分简述亚洲地区基础设施投资面临的巨大资金缺口，第五部分研究“一带一路”战略与沿线国家基础设施投资的关系，第六部分为结论。

二　全球金融危机之后的世界经济增长新格局

全球金融危机的爆发深刻地改变了世界经济增长的格局。如表 1 所示，在 2000 年至 2007 年期间，世界经济的年均 GDP 增速达到 4.5%，显著高于

20世纪80年代与20世纪90年代的水平。然而，在全球金融危机爆发后，世界经济在2008年至2014年期间的年均增速显著下降至3.3%。如果分组别比较，可以看出，发达经济体在全球金融危机爆发后的GDP年均增速下降更为明显（由2.7%下降至0.9%），而新兴市场与发展中经济体的下滑较为温和（由6.6%下降至5.3%）。

表1　全球以及各种类型经济体的平均GDP增速

单位：%

时间	全球	发达经济体	新兴市场与发展中经济体	发展中亚洲	中东北非	拉丁美洲
1980~1989年	3.2	3.1	3.5	6.6	1.4	2.1
1990~1999年	3.1	2.7	3.7	7.1	4.4	2.9
2000~2007年	4.5	2.7	6.6	8.3	5.9	3.6
2008~2014年	3.3	0.9	5.3	7.5	3.8	3.0

资料来源：IMF WEO。

更重要的是，尽管距离美国次贷危机的爆发已经过去了七八年时间，但世界经济依然没有恢复到危机爆发前的较快增速。如图1所示，在美国次贷危机爆发后，全球经济增速在2009年一度下跌至零增长水平，但在全球集体性宽松宏观政策刺激下，全球经济增速在2010年迅速反弹至5.4%。遗憾的是，好景不长，全球经济增速从2011年开始节节下滑，2012年至2014年这三年间，全球经济每年增速均仅在3.4%左右，并未呈现持续复苏的势头。

如图2所示，在截至2014年的最近5年内，新兴市场与发展中经济体的年度GDP增速呈现不断下滑之势，已经由2010年的7.4%下滑至2014年的4.6%。与之相比，发达经济体的年度GDP增速尽管在2011年与2012年下滑，但在2013年与2014年已经开始反弹。

从1999年起，新兴市场与发展中经济体的年度GDP增速已经连续16年超过发达国家。这一趋势的结果是，前者无论在世界经济中的占比还是对世界经济增长的贡献都显著超过了后者。新兴市场与发展中国家GDP占全

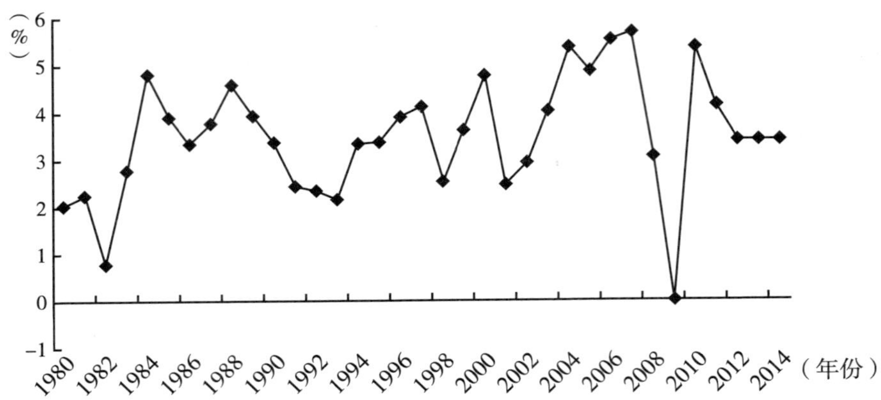

图 1　全球年度 GDP 增速

注：本数据为基于不变价格的年度同比增速。
资料来源：IMF WEO。

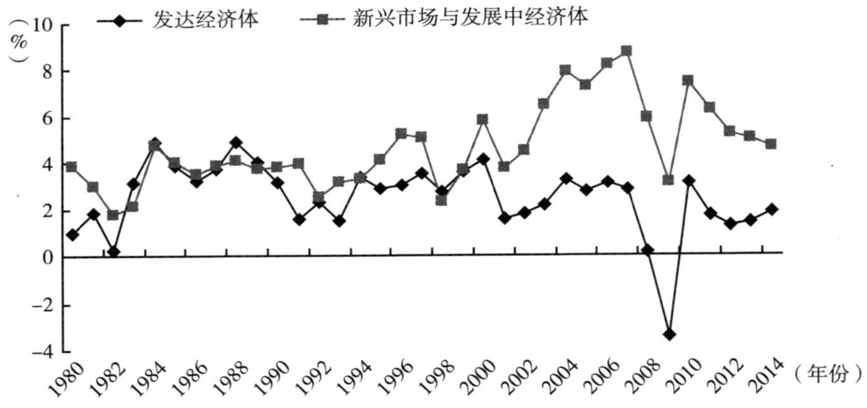

图 2　发达经济体和新兴市场与发展中经济体 GDP 增速之比较

注：本数据为基于不变价格的年度同比增速。
资料来源：IMF WEO。

球 GDP 的比重，已经由 1980 年的 36% 上升至 2014 年的 57%，而发达国家 GDP 占全球 GDP 的比重，则由 1980 年的 64% 下降至 2014 年的 43%。新兴市场与发展中经济体在全球 GDP 占比方面超过发达国家的时间点恰好是 2008

年，亦即美国次贷危机全面爆发这一年。新兴市场与发展中国家经济增长对全球经济增长的贡献，更是由 1981 年的 38% 上升至 2014 年的 70%，而发达国家的相应贡献则由 1981 年的 62% 下降至 2014 年的 30%。新兴市场与发展中国家在对世界经济的贡献方面超过发达国家则是从 2001 年开始的。[①]

在新兴市场与发展中经济体内部，增长格局也在发生变化。如表 1 所示，无论在 20 世纪 80 年代、90 年代还是 21 世纪至今，发展中亚洲国家的平均 GDP 增速均显著高于拉美国家与中东北非国家，而在 90 年代与 21 世纪至今，中东北非国家的平均 GDP 增速又高于拉美国家。由此造成的结果，是发展中亚洲国家的经济地位显著上升，而拉美国家的经济地位显著下降。发展中亚洲国家 GDP 占新兴市场与发展中国家 GDP 的比重，已经由 1980 年的 25% 上升至 2014 年的 52%，而拉美国家的该项指标由 1980 年的 34% 下降至 2014 年的 15%，中东北非国家的该项指标则由 1980 年的 20% 下降至 2014 年的 12%。上述格局变动在增长拉动的层面更为明显。例如，在 2014 年，发展中亚洲经济增长对新兴市场与发展中国家经济增长的拉动高达 70%，而中东北非国家与拉美国家的相应拉动仅为 8% 与 7%。[②]

除增长格局的分化外，全球金融危机后世界经济增长的另一重要特征是停滞。如前所述，尽管距离美国次贷危机已经有七八年时间，但世界经济仍未恢复至危机前的增长水平。更重要的是，世界经济近年来的增长乏力总是超出了预期。如表 2 所示，在 2008 年至 2014 年这七年间，有六年时间（除 2010 年外）IMF 对全球经济、发达经济体、新兴市场与发展中经济体经济增速的滚动预期总是高于实际值。这说明 IMF 持续高估了全球金融危机后世界经济的复苏势头。作为持续高估的后果，是世界经济真实水平距离 IMF 预期水平的差距越来越大。如图 3 所示，持续高估复苏势头的结果，使得 2014 年的全球真实 GDP 水平要比预期 GDP 水平低了 5%。

---

① 笔者根据 IMF 世界经济展望的数据计算，该数据是基于购买力平价计算的 GDP。

② 笔者根据 IMF 世界经济展望的数据计算，该数据是基于购买力平价计算的 GDP。

表 2　IMF 对经济增长的预测持续高估了经济增长状况

单位：%

年　份		2008	2009	2010	2011	2012	2013	2014
全球经济	预测值	4.9	3.8	1.9	4.3	4.5	4.1	4.0
	实际值	3.0	-0.5	5.3	4.0	3.2	3.4	3.4
发达经济体	预测值	2.7	1.3	0.0	2.4	2.6	2.0	2.2
	实际值	0.5	-3.4	3.2	1.6	1.4	1.4	1.8
新兴市场与发展中经济体	预测值	7.1	6.6	4.0	6.5	6.5	6.0	5.7
	实际值	6.1	2.7	7.5	6.4	5.0	5.0	4.6

注：本表采用 IMF 各年 4 月全球经济展望的预测数与实际数。

资料来源：IMF WEO。

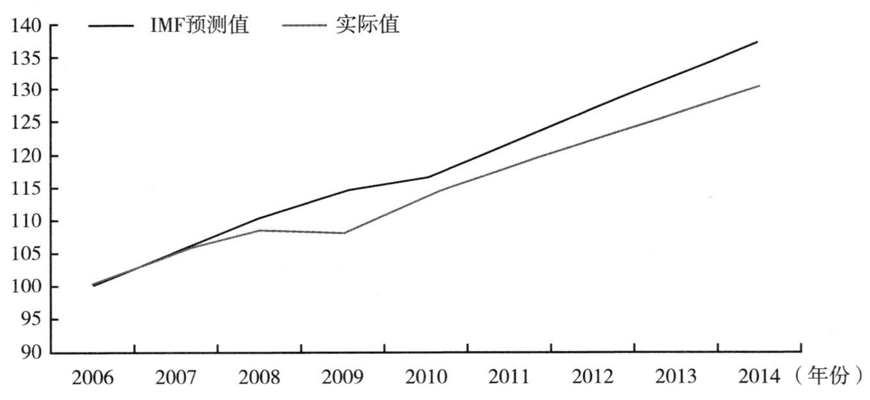

图 3　长期性停滞：全球经济

注：本指标为假定 2006 年为基期的 GDP 水平指数，假定 2006 年为 100。预测值根据 IMF WEO 的滚动预测计算，实际值根据 IMF WEO 的实际值计算。

资料来源：IMF WEO。

三　长期性停滞风险以及基础设施投资的重要性

针对全球经济——尤其是发达经济体——这种增长停滞的局面，美国经济学家萨默斯提出了长期性停滞（Secular Stagnation）的概念。所谓长期性停滞，是指在通胀率极低甚至为负的前提下，由于名义利率面临零利率下限（Zero Lower Bound，ZLB）的限制，导致实际利率不能下降至足够程度以刺激投资并实现充分就业的状况[①]。换言之，长期性停滞是指，为了使一国储蓄率等于充分就业状态下的投资率，需要实际利率为负。而由于低通胀与名义利率零下限的存在，实际利率很难降至低于零的水平，因此在这种状况下无法实现充分就业[②]。萨默斯担忧，无论发达经济体还是全球经济目前都面临着长期性停滞的现实威胁。

克鲁格曼指出，美国国内的实际利率在20世纪80年代平均为5%，90年代平均为2%，21世纪前十年平均为1%，在雷曼兄弟破产后至今平均为-1%。导致实际利率为负的可能原因有三：一是储蓄率上升导致可贷资金供给上升；二是投资意愿下降造成可贷资金需求下降；三是投资者避险情绪上升造成对安全资产的相对需求增加，而对安全资产的过度需求已经将无风险利率压低至历史最低水平[③]。此外，实际利率持续为负可能损害金融稳定性：第一，负利率会刺激投资者的风险承担（Risk Taking）行为；第二，负利率会刺激不负责任的借贷；第三负利率使得庞式游戏更具吸引力[④]。基于上述认识，萨默斯给出了长期性停滞的另一定义：即使利率低得容易触发资产价格泡沫，但投资性需求依然不足以吸收居民与企业的储蓄[⑤]。

长期性停滞的存在意味着经济体的产出缺口持续存在，相应的衰退或萧条则会旷日持久。而要摆脱长期性停滞，传统的宏观经济政策工具却未必有效。首先，从货币政策来看，降息受到零利率下限的掣肘。要进一步降低实

① Summers, Laurence. "Why Stagnation May Prove To Be The New Normal," *The Financial Times*, December 15, 2013.

② Teulings, Coen and Baldwin, Richard. "Introduction," *Secular Stagnation: Facts, Causes and Cures*, Edited by Coen Teulings and Richard Baldwin, CEPR Press and a VoxEU. org Book, 2014.

③ Krugman, Paul. "Four Observations on Secular Stagnation," *Secular Stagnation: Facts, Causes and Cures*, Edited by Coen Teulings and Richard Baldwin, CEPR Press and a VoxEU. org Book, 2014.

④ Teulings, Coen and Baldwin, Richard. "Introduction," *Secular Stagnation: Facts, Causes and Cures*, Edited by Coen Teulings and Richard Baldwin, CEPR Press and a VoxEU. org Book, 2014.

⑤ Summers, Laurence. "Idle Workers + Low Interest Rates = Time to Rebuild Infrastructure," Boston Globe, April 11, 2014.

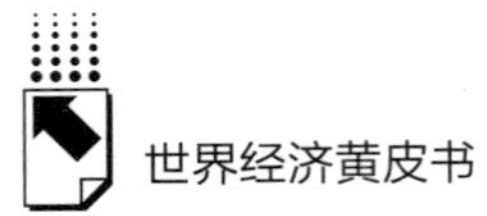

际利率，或者需要央行通过非常规货币政策（例如量化宽松）向市场注入流动性，或者需要通过提高通胀目标等方式来提振通货膨胀预期；其次，从财政政策来看，短期财政刺激政策的效力并不足以摆脱长期性停滞，一国可能需要在较长时期内持续实施扩张性财政政策，而这又会受到公共债务水平的束缚①；再次，通过结构性改革提高全要素生产率是摆脱长期性停滞的关键，具体措施包括改革教育体系、提高劳动力市场弹性、简化新建企业审核流程、实施反垄断政策等，但结构性改革的实施通常会面临国内既得利益集团的阻碍。

除上述政策建议外，几乎所有研究长期性停滞的学者都认为，加大基础设施投资的力度是帮助一国摆脱长期性停滞的最重要举措之一。例如，萨默斯建议，要走出长期性停滞，美国政府最重要的一步，就是发起一个协调一致的、大规模地更新国家基础设施的计划②。再如，Teulings 与 Baldwin 认为，由于储蓄行为的变化是缓慢的，因此提高投资率是摆脱零利率下限的重要方式③。这是因为，基础设施投资既能提振短期的需求，又能改善长期的供给。增加基础设施投资的力度又是提高投资率的首选。

对世界经济增长而言，扩大基础设施投资已经成为当务之急，后者的重要性主要体现在以下方面。

1. 扩大基础设施投资有助于改善短中长期的经济增长

如前所述，基础设施投资在短期内有助于扩大总需求，而在中长期有助于改善总供给，因此能够在不同阶段内促进经济增长。例如，Canning 与 Pedroni 通过对 1950 年至 1992 年期间若干国家的面板回归分析，发现在绝大多数案例中，基础设施投资的确能够促进长期经济增长④。又如，German-Soto

① Krugman, Paul. "Four Observations on Secular Stagnation," *Secular Stagnation: Facts, Causes and Cures*, Edited by Coen Teulings and Richard Baldwin, CEPR Press and a VoxEU. org Book, 2014.

② Summers, Laurence. "Idle Workers + Low Interest Rates = Time to Rebuild Infrastructure," *Boston Globe*, April 11, 2014.

③ Teulings, Coen and Baldwin, Richard. "Introduction," *Secular Stagnation: Facts, Causes and Cures*, Edited by Coen Teulings and Richard Baldwin, CEPR Press and a VoxEU. org Book, 2014.

④ Canning, David and Pedroni, Peter. "The Effect of Infrastructure on Long Run Economic Growth", http://web. williams. edu/Economics/wp/pedroniinfrastructure. pdf, 2004.

与Bustillos基于对1985年至2008年期间墨西哥主要城市区域的定量研究表明，基础设施投资对于城市地区的经济增长具有显著且持久的影响，而基础设施投资不足将会构成制约经济增长的障碍①。然而，通过扩大基础设施投资来促进经济增长，可能需要一定的前提条件。Esfahani与Ramirez的研究表明，基础设施投资的确能够显著促进经济增长，但是前提是该国具备足够的制度能力（Institutional Capacity）②。因此，为了更加充分地发挥基础设施投资的增长促进功能，一国政府必须实施制度改革与组织改革。此外，不是所有的基础设施项目都值得投资。之所以私人投资对高速公路等运输体系不感兴趣，原因在于在这类投资项目中，缺乏有效的机制去吸引与偿付私人部门投资③。

2. 扩大基础设施投资有助于激发创新、提高经济增长的效率

很多研究发现，公共部门的基础设施投资能够显著改善私人部门的生产率。例如，基础设施投资能够降低贸易成本，使得一国经济在全球范围内更具竞争力。高质量的基础设施与更广泛的连通度（Connectivity）也会增加供应链管理的效率。④又如，设计良好的基础设施投资能够提高经济增长率、生产率与土地价值，而且还能给诸如经济发展、能源效率、公共健康与制造业等带来显著正面的溢出效应。

3. 扩大基础设施投资有助于促进中产阶级的就业，进而增进社会公平

例如，Summers指出，在过去一代人的结构性变化中，在美国社会中受创最深的群体是教育水平有限的男人。这些男人中的很大一部分是在建筑业与基础设施行业工作，因此也将成为增加基础设施投资的主要受益者⑤。此

① German-Soto, Vicente and Bustillos, Hector A. Barajas, "The Nexus between Infrastructure Investment and Economic Growth in the Mexican Urban Areas," *Modern Economy*, 2014, No. 5, pp. 1208 – 1220.

② Esfahani, Hadi Salehi and Ramirez, Maria Teresa, "Institutions, Infrastructure, and Economic Growth," *Journal of Development Economics*, Vol. 70, 2003, pp. 443 – 477.

③ US Treasury and the Council of Economic Advisors. "An Economic Analysis of Infrastructure Investment", October 11, 2010.

④ http://asiahouse.org/pwc – asia – pacific – region – requires – huge – investment – infrastructure/.

⑤ Summers, Laurence. "Idle Workers + Low Interest Rates = Time to Rebuild Infrastructure," Boston Globe, April 11, 2014.

外，基础设施投资还有助于促进代际公平。又如，美国财政部的一项研究指出，对交通运输类基础设施的投资能够有效地创造工作机会。在这类投资创造的新增工作中，61%来自建筑业、12%来自制造业、7%来自零售贸易行业①。

4. 扩大基础设施投资有助于降低贫困

一方面，基础设施投资能够产生就业、提高居民接到基本服务与经济机遇的机会、促进贸易与投资、降低做生意的成本，以及鼓励私人部门发展；另一方面，基础设施投资不仅有助于提高收入，而且能够改善收入分配。反过来，生活水平的提高又能够产生新的国内需求，从而提供新的增长动力②。例如，Ali 与 Pernia 的研究表明，农村的基础设施投资能够导致更高的农业与非农业生产率、更多的就业与收入机会，从而通过提高中位数收入来降低贫困③。有趣的是，在各类基础设施投资中，道路与灌溉设施对减贫的作用要显著高于电力设施。总之，包括基础设施投资选址在内的项目设计对于减贫而言至关重要。

5. 无论对发达国家还是新兴市场与发展中国家而言，国内都普遍存在对新增或更新基础设施投资的巨大需求

例如，就连美国都对基础设施投资存在显著需求。在 OECD 的 32 个成员中，美国的公众交通基础设施满意度仅排名第 25 位。调研表明，84% 的美国人赞成对基础设施领域进行更大规模的投资④。又如，如图 4 所示，亚洲新兴市场国家的基础设施质量与 OECD 国家相比存在显著的差距，这意味着亚洲国家存在广泛的通过基础设施投资来提振经济增长的空间。

---

① US Treasury and the Council of Economic Advisors. "An Economic Analysis of Infrastructure Investment", October 11, 2010.

② Yue, Eddie. "Investment in Infrastructure is Crucial to Asia's Growth", Hong Kong Monetary Authority, Statement on the 46th Asian Development Bank Annual Meeting, Delhi, 4 May 2013.

③ Ali, Ifzal and Pernia, Ernesto M. "Infrastructure and Poverty Reduction-What is the Connection," *Economics and Research Department Policy Brief Series*, No. 13, Asian Development Bank, 2003.

④ US Treasury and the Council of Economic Advisors. "An Economic Analysis of Infrastructure Investment", October 11, 2010.

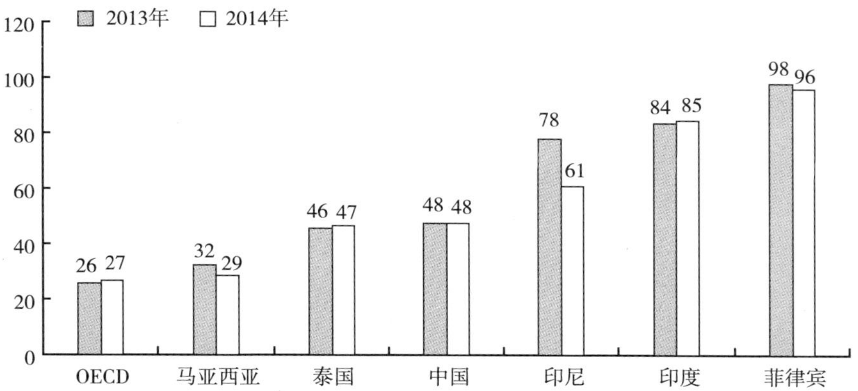

图 4　亚洲各国的基础设施质量对比

注：纵轴为各国在全球竞争力报告中基础设施领域的排名，数字越大表明排名越低。

资料来源：www. asifma. org。

四　亚洲地区的基础设施投资存在巨大资金缺口

尽管目前全球范围内都对基础设施投资具有旺盛需求，但对新兴市场与发展中经济体而言，由于自身资金匮乏，难以满足基础设施投资的融资需求。根据世界银行的统计，发展中国家的基础设施投资每年需要 1. 5 万亿美元，大大超过私人部门能提供的 1500 亿美元。①普华永道的估算表明，在 2025 年之前，亚洲太平洋地区需要每年在基础设施领域投入 5. 36 万亿美元，占全球总量的 60% 。②根据非洲开发银行的估算，非洲的基础设施投资缺口达到每年 500 亿美元。③

相比之下，亚洲地区的基础设施投资缺口更为巨大。根据亚洲开发银行

① http：//paper. people. com. cn/gjjrb/html/2014 – 11/24/content_ 1501990. htm.

② http：//asiahouse. org/pwc – asia – pacific – region – requires – huge – investment – infrastructure/.

③ http：//blogs. ft. com/beyond – brics/2015/03/06/guest – post – closing – the – infrastructure – investment – gap – in – africa/.

的估计，在2010年至2020年期间，亚洲在基础设施投资领域需要8.3万亿美元的资金，在年度基础设施投资中需要平均7500亿美元的资金。[①]在上述资金需求中，68%的资金将被用于新增基础设施投资，32%的资金将被用于维护或维修现有基础设施[②]。分区域来看，东盟的基础设施投资缺口约为1万亿美元；[③]印度的基础设施投资缺口也约为1万亿美元[④]。此外，世界银行的估算表明，南亚地区的基础设施投资缺口在未来10年将达到2.5万亿美元，其中1/3用于交通设施、1/3用于电力设施，剩下1/3用于水供给与水清洁、固体废物处置、电信设施与灌溉设施。南亚的基础设施投资缺口对妇女、穷人与边缘群体的负面影响尤其显著[⑤]。亚洲基础设施投资缺口的行业分布如图5所示，按资金需求从高至低排序依次为能源、交通、电信、水与卫生等。

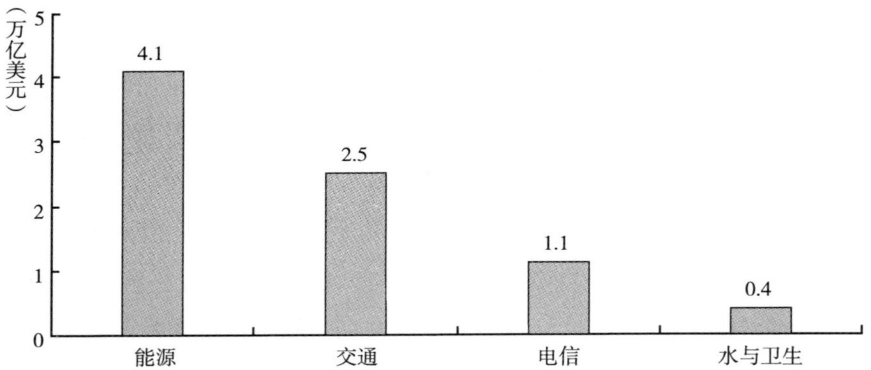

图5　亚洲8万亿美元基础设施投资缺口的行业分布

资料来源：www. asifma. org。

① http：//www. adb. org/features/building－investment－opportunities－asia.

② 王丽颖：《亚投行路线图猜想》，《国际金融报》2014年11月24日。

③ http：//www. rappler. com/business/industries/208－infrastructure/77514－jaza－infrastructure－investment－apec－2015.

④ 王丽颖：《亚投行路线图猜想》，《国际金融报》2014年11月24日。

⑤ Andres, Luis; Biller, Dan and Dappe, Matias Herrera. "Reducing poverty by closing South Asia's infrastructure gap". Washington, D. C.: World Bank Group, 2013.

亚洲地区的基础设施投资之所以存在如此巨大的资金缺口，主要原因有以下几个。第一，本国储蓄率偏低或金融市场不够发达，不能完全依靠国内储蓄为基础设施投资融通资金。例如，麦肯锡的估算表明，中国与马来西亚能够基本上通过国内金融市场为基础设施投资融资，而印尼、越南、泰国和菲律宾等国国内金融市场薄弱，从而必须依赖外部的资金融通。①第二，亚洲新兴市场国家的财政实力平均而言也比较有限，仅凭公共预算也难以为如此大规模的基础设施投资需求融资。例如，麦肯锡的一项研究指出，在未来10年亚洲基础设施投资的8万多亿美元资金缺口中，至少1万亿美元会通过PPP的方式向私人投资者开放。②第三，全球金融危机的爆发降低了亚洲基础设施投资的传统融资来源。亚洲地区的私人部门基础设施融资传统上依赖于国际银行贷款，尤其是来自欧洲银行的贷款。但欧债危机爆发后，欧洲银行明显收缩了在亚洲的相关贷款，从而加剧了该地区的基础设施投资缺口③。第四，传统多边开发机构能够为亚洲基础设施提供的融资规模相当有限。目前世界银行的总资金约为2230亿美元，亚洲开发银行的总资金约为1600亿美元。这两家银行每年能够提供给亚洲国家的资金仅为200多亿美元。况且这两家开发银行的贷款还要支持环境保护、男女平等等其他事宜，能够用于基础设施贷款的规模仅为全部资金的50%以下④。第五，亚洲地区现有基础设施投资的回报率偏低，并不足以吸引私人投资者大举参与。例如，英国的基础设施投资能够产生9% ~11%的回报率，而由于管理体制的问题，亚洲地区基础设施投资的风险明显高出许多，且仅能产生11% ~12%的回报率。要吸引私人部门参与，亚洲的基础设施投资项目需要显著提高回报率。⑤

---

① http：//www. mckinsey. com/insights/financial _ services/asias _ 1 _ trillion _ infrastructure _ opportunity.

② http：//www. mckinsey. com/insights/financial _ services/asias _ 1 _ trillion _ infrastructure _ opportunity.

③ Yue, Eddie. “Investment in Infrastructure is Crucial to Asia's Growth”, Hong Kong Monetary Authority, Statement on the 46th Asian Development Bank Annual Meeting, Delhi, 4 May, 2013.

④ 王丽颖：《亚投行路线图猜想》，《国际金融报》2014年11月24日。

⑤ http：//asiahouse. org/pwc - asia - pacific - region - requires - huge - investment - infrastructure/.

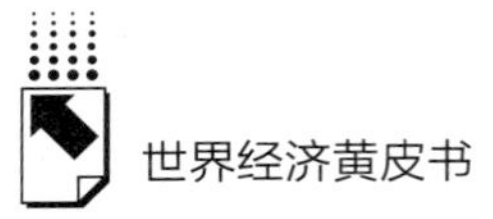

五 “一带一路”与基础设施投资

2013 年 9 月与 10 月，中国国家主席习近平在出访中亚和东南亚国家期间，分别提出了共建“丝绸之路经济带”与“21 世纪海上丝绸之路”的战略构想，这两项战略构想合称为“一带一路”（the Belt and Road，B&R）。作为合作发展的理念与倡议，“一带一路”的战略目标是要建立一个包括中国与沿线国家在内的政治互信、经济融合、文化包容的利益共同体、命运共同体与责任共同体。该战略的贯彻将坚持开放合作、和谐包容、市场运作与互利共赢的原则，并以政策沟通、设施联通、贸易畅通、资金融通与民心相通等“五通”为合作重点。“一带一路”战略肩负着探寻经济增长之道、实现全球化再平衡与开创地区新型合作的三大使命。在合作机制方面，“一带一路”将加强多层次、多渠道的双边合作，强化多边合作机制作用，继续发挥沿线各国区域、次区域相关国际论坛、展会等平台的建设性作用①。

中国国家发改委、外交部、商务部在 2015 年 3 月发布的《推动共建丝绸之路经济带和 21 世纪海上丝绸之路的愿景与行动》中指出，基础设施互联互通是“一带一路”建设的优先领域。“在尊重相关国家主权和安全关切的基础上，沿线国家宜加强基础设施建设规划、技术标准体系的对接，共同推进国际骨干通道建设，逐步形成连接亚洲各次区域以及亚欧非之间的基础设施网络。”具体而言，基础设施网络又包括交通基础设施、能源基础设施与通信干线网络等三个方面②。

近两年来中国政府频频出击，主导创建了多个多边投融资平台。2014 年 10 月 24 日，包括中国、印度、新加坡等在内的 21 个首批意向创始成员国的财长和授权代表在北京签约，共同决定成立亚洲基础设施投资银行

---

① 国家发改委、外交部、商务部：《推动共建丝绸之路经济带和 21 世纪海上丝绸之路的愿景与行动》2015 年 3 月 28 日。

② 国家发改委、外交部、商务部：《推动共建丝绸之路经济带和 21 世纪海上丝绸之路的愿景与行动》2015 年 3 月 28 日。

（Asian Infrastructure Investment Bank，AIIB）。截至2015年4月15日，亚投行意向创始成员国确定为57个（其中域内国家37个、域外国家20个），涵盖了除美国、日本和加拿大之外的主要西方国家以及亚欧区域的大部分国家。2015年6月29日，《亚洲基础设施投资银行协定》（以下简称《协定》）签署仪式在北京举行，亚投行57个意向创始成员国财长或授权代表出席了签署仪式，其中已通过国内审批程序的50个国家正式签署《协定》。亚投行总部设在北京，法定资本为1000亿美元。2014年12月29日，丝路基金有限责任公司在北京注册成立。丝路基金是由中国外汇储备、中国投资有限责任公司、中国进出口银行、国家开发银行共同出资，依照《中华人民共和国公司法》，按照市场化、国际化、专业化原则设立的中长期开发投资基金，重点是在“一带一路”发展进程中寻找投资机会并提供相应的投融资服务，以促进中国与相关国家的经贸合作以及互联互通。丝路基金的注册资本为400亿美元。在首期资本金100亿美元中，外汇储备通过其投资平台出资65亿美元，中投、进出口银行、国开行亦分别出资15亿、15亿和5亿美元。[①] 2015年7月21日，金砖国家新开发银行（New Development Bank）在中国上海开业。金砖国家新开发银行总部设在中国上海，首任理事长来自俄罗斯，首任董事长来自巴西，首任行长来自印度。金砖国家新开发银行的启动资金是500亿美元，资金额由5个金砖国家均摊，将来会逐渐增加到1000亿美元。

如前所述，当前世界经济增长面临着长期性停滞的风险，而加大基础设施投资力度是摆脱长期性停滞的重要手段。然而，尽管基础设施投资有助于促进经济增长，但在全球范围内尤其是在亚洲地区存在巨大的基础设施投资的资金缺口。在现有的多边开发性融资机构（世界银行、亚洲开发银行）能够提供的资金支持极为有限的情况下，中国政府推动“一带一路”建设，并且致力于通过多边合作方式为沿线国家基础设施投资提供新增融资的举

① 丝路基金2015年4月签下“首单”，投资中巴经济走廊优先实施项目之一——卡洛特水电站。卡洛特水电站位于巴基斯坦吉拉姆河，规划装机容量720兆瓦，年发电32.13亿千瓦时，总投资额约16.5亿美元。

动，有助于缓解亚洲基础设施投资的资金缺口，进而促进该区域的基础设施投资，从而达到提振沿线国家经济增长乃至全球经济增长的目的。从这一意义上而言，“一带一路”战略的实施有助于推动世界经济增长。假定未来5年（2016～2020年）内，“一带一路”战略能够带动的基础设施投资分别为500亿、750亿、1000亿、1250亿与1500亿美元，再假定基础设施投资拉动经济增长的弹性为1.5倍，那么在未来5年内，仅仅依靠“一带一路”战略带动的基础设施投资，就能将新兴与发展中亚洲国家的GDP增速累计提高9.7个百分点，平均每年提高1.9个百分点；能将全球GDP增速累计提高2.4个百分点，平均每年提高0.5个百分点。[①]

中国经济具有的如下三个比较优势，使得中国政府在“一带一路”策略中有能力推动亚洲地区的基础设施建设，进而助推世界经济增长。第一，截至2015年8月底，中国政府的外汇储备依然高达3.56万亿美元。过去中国的外汇储备主要投资于发达国家债券等低收益资产，而未来中国政府会加大利用外汇储备帮助中国企业提高开展海外直接投资的力度。第二，经过30多年的发展和积累，中国在基础设施装备制造方面已经形成完整的产业链，同时在公路、桥梁、隧道、铁路等方面的工程建造能力在世界上也已经是首屈一指。中国基础设施建设的相关产业有望更快地走向国际。[②]第三，在基础设施建设的有关行业方面，中国在钢铁、水泥、电解铝、PVC等行业积累了大量的富余产能，相比之下，不少沿线国家在上述产业方面是缺乏足够的产能的。图6显示了中国与沿线国家在钢铁产能方面的相对状况。“一带一路”战略的实施既有助于中国政府更加充分地利用这些产能，也有助于帮助沿线国家构建自己的国内产能。

一个可能的相关问题是，为何中国政府会积极推动“一带一路”战略的实施呢？这是因为“一带一路”沿线国家已经成为中国对外贸易与投资的重点区域。如果能够通过“一带一路”战略促进沿线国家的基础设施建

① 对2016年至2020年期间新兴与发展中亚洲国家GDP以及全球GDP的估算均引自IMF世界经济展望数据库。

② http：//baike. baidu. com/view/10938006. htm.

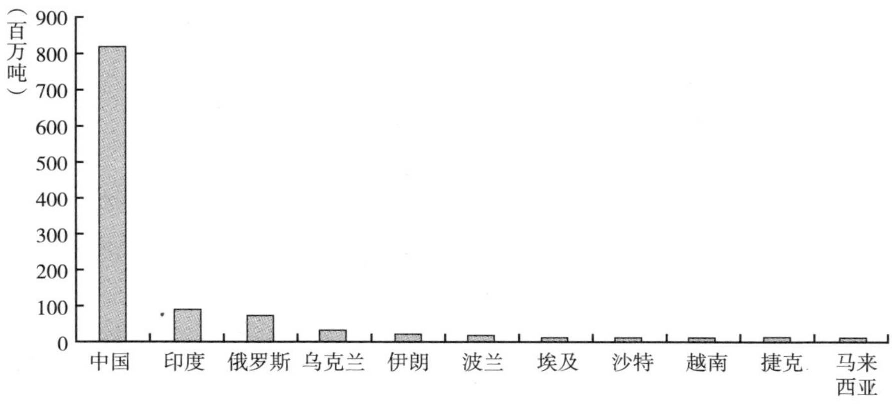

图6　“一带一路”沿线国家2014年度粗钢产量

资料来源：World Steel Association。

设与经济增长，这反过来也会进一步促进中国对外贸易与投资的增长。目前在中国出口市场的分布中，亚洲国家已经占到50%（其中东盟占到12%）、欧洲国家占到18%、非洲国家占到5%；目前在中国进口市场的分布中，亚洲国家已经占到57%（其中东盟占到12%）、欧洲国家占到17%、非洲国家占到4%。如表3所示，目前中国与“一带一路”沿线国家的贸易占中国对外贸易的比重，已经显著超过“一带一路”沿线国家国际贸易占全球国际贸易的比重。如图7所示，目前在中国对外直接投资的流量分布中，亚洲占到70%、欧洲占到6%、非洲占到3%。这些数据说明，“一带一路”沿

表3　“一带一路”沿线国家对中国外贸的重要性（2014年）

单位：%

指　标	占中国对外贸易的比重	占全球贸易总额的比重
南亚与东南亚	12.8	7.6
中亚	1.3	0.4
西亚与北非	7.4	5.4
东欧	2.4	2.2

资料来源：Bloomberg. “One Belt, One Road: Accessing the Economic Impact of China's New Silk Road”, July 2, 2015.

线国家在中国当前的对外贸易与对外投资中扮演着至关重要的角色。因此，如果“一带一路”沿线国家能够通过基础设施投资拉动本国经济增长，那么中国经济也自然会从其中获得不菲的收益。

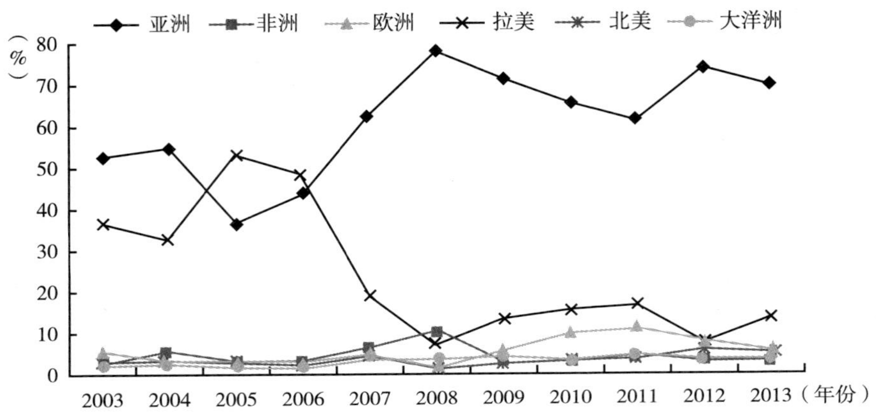

图7　中国对外直接投资的分布（流量）

资料来源：CEIC。

当然，仅仅依靠中国的外汇储备来为“一带一路”沿线国家的基础设施投资缺口进行融资是不现实的。为了更好地缓解本区域的基础设施投资缺口，“一带一路”沿线国家可以采取如下对策。第一，更好地发挥亚投行、丝路基金等多边投融资机构的作用。这应该在一方面鼓励更多国家政府与相应机构参与到这些多边机构中来，提供更多的资本金支持；在另一方面，这些多边投融资机构应该通过发行债券、银团融资等方式适当扩大杠杆，提高资金实力。第二，在设计沿线国家的具体投资项目时，可以考虑通过 PPP 等市场化机制引入更多的民间资金来缓解资金缺口。不过，私人部门投资者是否愿意参与“一带一路”建设，关键要看具体项目的设计与质量。除非这些项目能够保证私人投资者的投资收益率与投资安全，否则私人部门投资者的参与积极性不会很高，沿线国家基础设施投资的缺口仍会长期存在。

六 结论

自全球金融危机爆发以来，世界经济增长呈现分化与停滞的特征，长期性停滞的风险日益凸显。扩大投资尤其是扩大基础设施投资，有助于显著提振经济增长、激发创新、促进就业以及降低贫困，进而有助于摆脱长期性停滞。尽管全球范围内存在基础设施投资的普遍迫切需求，但在新兴市场与发展中国家内部，存在基础设施投资的巨大缺口，这一缺口在亚洲地区尤其突出。

2013 年以来中国政府首倡并逐步付诸实施的“一带一路”战略，结合了中国在外汇储备、装备制造与工程建造、基础设施投资相关产业方面的比较优势，有助于缓解沿线国家基础设施投资的资金缺口，促进大规模相关投资以及区域乃至全球的经济增长。反过来，沿线国家的基础设施投资浪潮与经济增长前景，也有助于促进中国经济的贸易、投资和结构转型。然而，沿线国家最终能否显著缓解资金缺口，关键仍在于具体项目设计能否保证足够的投资收益率以及投资安全。

Y.18
全球智库重点关注的三个宏观经济议题

李远芳　张 斌*

摘　要： 本文选取了2015年全球智库和学术界重点关注的三个宏观经济议题：发达经济体的长期停滞风险、中国经济下行与转型、希腊债务危机的教训。这三大议题反映了2015年全球宏观经济的重要现实，并对全球宏观经济前景及主要经济体政策应对有着重要含义。本文分别介绍和讨论这些议题的主要内容、关键认识分歧和政策含义。

关键词： 长期停滞　中国经济　希腊债务危机

本文选取了近年来全球智库及有关专家重点关注的三个宏观经济议题进行介绍和讨论。这三个议题分别是发达经济体的长期停滞风险、中国经济下行与转型、希腊债务危机的教训。选取这三个议题的标准有三个。首先，必须是对全球宏观经济前景有重大影响的议题；其次，反映2015年全球宏观经济发展中的重要现实；最后，在国际智库和学术界研究当中有非常高的关注且有较大的争议。由于篇幅所限，最后选取的三个议题也只是满足以上标准的议题中的一部分，但三者正好在代表性上可以有很好的互补。就讨论全球宏观经济前景而言，前两个议题分别针对发达经济体以及新兴经济体中体量最大的中国；第三个议题则代表了主权债务问题——这是在危

---

* 李远芳，经济学博士，中国社会科学院世界经济与政治研究所国际金融研究室助理研究员；张斌，经济学博士，中国社会科学院世界经济与政治研究所全球宏观经济研究室主任，研究员。

机后凸显、至今未得到根本性解决、影响全球金融稳定、同时具有深刻制度和经济内涵的宏观议题。货币政策领域，美联储退出量宽的议题从2013年已经开始讨论，对这个问题最热烈的讨论时期已过，另由于篇幅所限未纳入本文。

一　发达经济体的长期停滞风险

1. 长期停滞概念的复活

近年来关于发达经济体经济增长可能出现长期停滞（Secular Stagnation）的理论引发了全球各界极大的关注。2008年全球金融危机后，发达经济体并没有恢复到危机前的增长路径，也没有恢复到危机前的增长速度。更有甚者，欧洲不少经济体经济规模仍没有回调至危机前的水平。为解释这种现状，美国前财长萨默斯（Larry Summers）率先在2013年国际货币基金组织的演讲中提出发达经济体增长或陷入长期停滞的观点①。随着全球经济增长在近两年持续低于预期，这一概念引起越来越广泛的关注和争论。萨默斯在其后的演讲中不断阐释和发展这一观点，他认为长期停滞是当代的一个核心问题，也是“未来20年工业社会面临的巨大的宏观经济挑战”。②

长期停滞的概念最早由阿尔文·汉森于1939年在其《经济发展和人口增长持续下降》一文中有所阐述。他用长期停滞这一概念来描述大萧条后经济复苏缓慢、失业高企的现象。③ 产生这一现象的基本原因是人口老龄化和创新放缓导致太多储蓄和太少投资。萨默斯的观点与汉森没有本质区别。他也认为过多的储蓄和过少的投资是需求放缓的重要原因，从而导致经济增

① Summers, L., “Speech at IMF Fourteenth Annual Research Conference in Honor of Stanley Fischer”, November 8, 2013. http://larrysummers.com/imf-fourteenth-annual-research-conference-in-honor-of-stanley-fischer/.

② Summers, L., “Reflections on the new ‘Secular Stagnation Hypothesis’”, October 30, 2014. http://www.voxeu.org/article/larry-summers-secular-stagnation.

③ Hansen, A. H., “Economic Progress and Declining Population Growth,” *The American Economic Review*, Vol. 29, No. 1, March 1939.

长的长期停滞。

这一概念得到了国际经济学不少权威专家的赞同或者从不同角度的回应，譬如 Paul Krugman，Richard Baldwin，Barry Eichengreen，Richard C. Koo，Olivier Blanchard 等①，在全球智库也引起了广泛而热烈的争论，譬如布鲁金斯学会（Brookings Institution）、彼特森国际经济研究所（PIIE）和布鲁盖尔研究所（Bruegel）等机构的专家纷纷发表观点或者组织相关讨论②。

专家学者对这一议题的热烈争论在一定程度上也反映了概念的模糊。对于"长期停滞"这一概念，早期的汉森及近来重提这一概念的萨默斯应用的是典型的凯恩斯学派分析方法。他们注重需求面的分析，认为经济增长的长期停滞现象由需求面的不均衡导致。相对的，参与讨论的另一些专家学者则更加强调供给面，特别是技术、要素投入上的结构性问题。譬如 Gordon 指出了人口规模停滞、预期寿命延长、教育水平停滞、收入不平等加剧、债务阴影下公共服务难以持续等妨碍增长的结构性障碍，并预计这些因素将使得美国潜在增速在未来十余年间下降到 1.2%。全要素生产率增速相比之前也可能下降 0.6 个百分点③。不过从这一概念的定义来看，如果长期停滞仅仅是供给面造成潜在增速下降，那没有必要作为一个独立概念得到额外的强调，只是增速放缓而已。长期停滞这个概念的重要性在于指出一种均衡实际利率为负的特殊情景，在该情境下货币政策难以实现充分就业。

2. 长期停滞的生成机制及政策挑战

从凯恩斯学派看，发生长期停滞的根本原因在于与充分就业一致的短期

---

① Eichengreen B.，"Wall of Worries：Reflections on the Secular Stagnation Debate"，BEHL Working Paper Series，WP2015 - 06，2015. http：//behl. berkeley. edu/files/2015/07/WP2015 - 06_Eichengreen. pdf.

② Brookings Institution，"Ben Bernanke blogs on low interest rates and secular stagnation"，March 30，2015. http：//www. brookings. edu/blogs/up - front/posts/2015/03/30 - bernanke - blogs - low - interest - secular - stagnation - wessel. PIIE，"Too Much Untapped Potential to Buy into the Secular Stagnation Argument"，April 10，2015. http：//blogs. piie. com/realtime/？ p = 4946. Bruegel，"Secular Stagnation"，October 5，2015. http：//bruegel. org/tag/secular - stagnation/.

③ Gordon，R. J.，"The turtle's progress：Secular stagnation meets theheadwinds"，In *Secular Stagnation：Facts，Causes and Cures*，edited by Coen Teulings and Richard Baldwin，pp. 47 - 60，2014.

实际利率低于零。对美国实际利率的观察显示，在20世纪80年代，一个完整经济周期中的平均实际利率大概是5%，到90年代就变成了2%，而到2000年以后进一步降至1%。而2008年国际金融危机后，实际利率就只有-1%。这一实际利率长期下降的趋势被一些经济学家认为是出现长期停滞的重要证据。

对自然利率的标准解释会从可贷资金供给面和需求面进行，从宏观经济的角度分析就是储蓄和投资两方面。有关学者认为过度储蓄造成了短期实际利率低于零的状况。但是对于过度储蓄又有不同的解释，譬如人口因素、资产负债表衰退等。首先，人口年龄结构对于经济体的总储蓄会有根本性的影响。Richard Baldwin等根据生命周期模型测算了不同人口年龄结构下实现平滑消费所需的储蓄水平，结果显示1970年德国所需的储蓄为GDP的两倍，但2010年则达到了GDP的3.25倍。退休年龄提早、人口增长率下降以及预期寿命的上升是所需储蓄水平上升的主要原因①。其次，资产负债表衰退将造成总需求持续不足的状态。这一解释适用于不少欧洲国家，如爱尔兰、西班牙等。Richard Koo认为，当债务融资的资产泡沫破灭后，家庭和企业同时将通过出售资产、增加储蓄来降低债务②。这将在总体层面上造成持续的总需求不足。而当这部分新增储蓄未能转化为新的投资，GDP将存在持续的产出缺口，资产负债表更为恶化。这正是凯恩斯的“节俭悖论”。

从可贷资金的需求面上看，也有一些可能造成实际利率走低的结构性原因。譬如Glaeser认为有些信息技术部门可能改变了投资需求曲线的位置③。像谷歌、微软、亚马逊、脸书等高端服务业并不需要太多投资。萨默斯也有类似的观察，Whats APP这样的互联网公司市值比索尼大，但却几乎不需要

---

① Baldwin, R. and C. Teulings, “Introduction.” In *Secular Stagnation: Facts, Causes and Cures*, edited by Coen Teulings and Richard Baldwin, pp. 1-26, 2014.

② Koo, Richard C. “Balance sheet recession is the reason for secular stagnation.” In *Secular Stagnation: Facts, Causes and Cures*, edited by Coen Teulings and Richard Baldwin, 131-142, 2014.

③ Glaeser, Edward L., “Secular joblessness.” In *Secular Stagnation: Facts, Causes and Cures*, edited by Coen Teulings and Richard Baldwin, 69-82, 2014.

什么资本性的投资。当全球最高市值的企业名录中IT公司占据很高比重时，这种投资需求的结构性变化对于全球经济就是不可忽略的。除此之外，安全资产相对需求和供给的变化可能对以此为基础计算的实际利率产生不小的影响。Caballero和Farhi的研究显示，安全资产供给在危机后大幅缩减，而同时由于金融监管的加强，金融机构对安全资产的需求却又明显上升[①]。

一方面，长期停滞对经济政策的挑战是在低通胀的状态下和政策利率面临零下限的约束时经济很难实现充分就业。如Paul Krugman所言："长期停滞意味着在过去五年间，零政策利率也不足以恢复充分就业，这一状况在未来会变得更为平常。"[②] 另一方面，实际利率过低将诱发资产价格泡沫并导致金融不稳定。造成这个后果的渠道主要有三个：低利率使得投资者为逐利增加了承担风险的行为；由于付息责任很容易达到，催生了不负责任的借贷行为；利率比预期经济增长率还低时，庞氏骗局就成为可行的金融方案。因此，萨默斯认为："以当前方式组织和操作的宏观经济政策难以实现充分就业和潜在生产能力，而如果这些目标真得以实现，又意味着将牺牲一定程度的金融稳定。"[③] 这就意味着，长期停滞将迫使政策制定者在增长疲软和资产泡沫之间权衡。

解决长期停滞最直接的方案仍是货币政策型的，但在政治上也会带来很大的争议。如前所述，既然均衡利率是负利率，而零政策利率与目标通胀率不足以达到这一负利率，为何不提高目标通胀率。萨默斯提出将目标通胀率从2%提高到4%，这将为货币政策创造更大的有效空间。不过欧洲的经济学家从制度和历史经验的角度对此表示反对[④]。如果低通胀目标维持不变，

---

① Caballero, Ricardo J. and Emmanuel Farhi, "On the role of safe asset shortages in secular stagnation," *Secular Stagnation: Facts, Causes and Cures*, edited by Coen Teulings and Richard Baldwin, 111 – 122, 2014.

② Krugman, P., "Four observations on secular stagnation." In *Secular Stagnation: Facts, Causes and Cures*, edited by Coen Teulings and Richard Baldwin, 61 – 68, 2014.

③ Summers, L., "Reflections on the new 'Secular Stagnation hypothesis'", October 30, 2014. http://www.voxeu.org/article/larry – summers – secular – stagnation

④ Wolff, Guntram B., "Monetary policy cannot solve secular stagnation alone." In *Secular Stagnation: Facts, Causes and Cures*, edited by Coen Teulings and Richard Baldwin, 143 – 152, 2014.

那么货币政策应对长期停滞的有效性会大大降低，而财政政策将在平衡储蓄和投资之中发挥非常重要的作用，其中促进公共部门投资尤其是基础设施投资被视为提升短期需求同时有益于长期增长的重要需求面举措。Krugman 认为当自然利率为负时，仅是暂时的财政刺激仍不足以解决问题①。而 Koo 甚至认为在私人部门资产负债表缓慢的修复过程中，政府必须持续地为经济提供刺激。过早地退出财政刺激会带来经济活动的二次探底。② 不过在发达经济体公共债务达到历史性高度、欧洲小国经历了严重债务问题之际，这一主张也必然面临极大的争议。其他的应对政策建议还包括提高退休年龄，扩大现收现付制的养老和医疗保障体系，降低政策不确定性，修改迫使金融机构增持安全资产的管制，提高金融市场全球化程度等。其中的一些应对政策也或多或少地挑战标准的政策共识。

3. 有关长期停滞的争议

“长期停滞”的概念是否能很好地解释当前发达经济体乃至全球经济的现状，也是智库专家讨论中的一个焦点问题，各方意见存在明显分歧。彼特森国际经济研究所的 David J. Stockton 从长期历史角度提出，美国的生产率增速在历史上也经常出现时高时低的波动，虽然未来 3～5 年全球经济以及美国经济看上去可能会出现结构性停滞，但这与总需求长期性不足造成的停滞还是不同的③。该所所长 Adam S. Posen 也强调较长时间低于标准的增长及中期增长的放缓，不同于投资趋势性的缺乏④。他提到 20 世纪 90 年代“长期停滞”也被用于解释日本经济，但之后日本在 2002～2008 年实际上经历了 G7 经济体中最强的人均增长及全要素生产率增长。

---

① Krugman, P., "Four observations on secular stagnation," *Secular Stagnation: Facts, Causes and Cures*, edited by Coen Teulings and Richard Baldwin, 61－68, 2014.

② Koo, Richard C. "Balance sheet recession is the reason for secular stagnation," *Secular Stagnation: Facts, Causes and Cures*, edited by Coen Teulings and Richard Baldwin, 131－142, 2014.

③ PIIE, "Too Much Untapped Potential to Buy into the Secular Stagnation Argument", April 10, 2015. http://blogs.piie.com/realtime/?p=4946.

④ PIIE, "Too Much Untapped Potential to Buy into the Secular Stagnation Argument", April 10, 2015. http://blogs.piie.com/realtime/?p=4946.

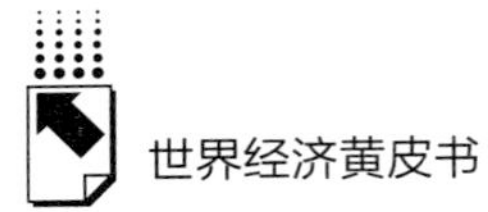

长期停滞的重要经验基础是实际利率持续走低进入负值，但是这一现象究竟由总需求结构性不足导致，还是全球性储蓄过剩导致，也存在争议。Bernanke 在布鲁金斯学会网站发布专门文章批评 Summers 再次复活的长期停滞的概念①。他认为长期停滞的分析没有考虑到国内市场与国际市场的联系。如果是国内结构性因素导致投资需求不足，国内储蓄可以通过净对外投资、美元贬值及出口上升消化。在存在跨国资本流动时，除非全世界的实际均衡利率都非常低，否则不可能出现本国实际均衡利率长期为负的局面。Bernanke 强调美国实际利率走低的背后是中国及一些亚洲新兴经济体和沙特等原油出口国的政策导致合意储蓄大大高于合意投资，而非国内基本面因素导致的投资需求不足。

对此，Summers 认为自己所复活的“长期停滞”假说的确已包含全球视角，而非仅仅美国国内视角②。在全球化的时代，一国的实际均衡利率不可能脱离其他国家的经济状况。事实上，从全球看，不只是美国，欧洲和日本所面临的“长期停滞”风险更大。Summers 认为，对从全球角度考虑储蓄－投资平衡，Bernanke 和他本人的意见并无二致。他也赞同 Bernanke 所观察到的“全球储蓄过剩”，尤其在 2003～2007 年削弱了美国的国内需求。他进一步提出，如果有更多国家倾向于过度储蓄而不是过度投资，那么全球总体上将面临需求的短缺。由于赤字和盈余国面临不对等的调整压力，如果调整主要由赤字国增加储蓄和减少支出来完成，那么也会使得全球需求短缺。

二　中国经济下行与转型

1. 如何解读中国经济增速下行

近年来中国经济增长呈持续减速态势，事实上这一减速从 2007 年后就

---

① Bernanke, Ben S. “Why Are Interest Rates So Low, Part 2: Secular Stagnation,” March 31, 2015. http://www.brookings.edu/blogs/ben-bernanke/posts/2015/03/31-why-interest-rates-low-secular-stagnation.

② Summers, Larry. “On Secular Stagnation: Larry Summers Responds to Ben Bernanke,” April 1, 2015. http://www.brookings.edu/blogs/ben-bernanke/posts/2015/04/01-larry-summers-response.

开始了，只是中间受到全球金融危机及之后大规模政策刺激的扰动。当大规模政策刺激的影响退却后，中国 GDP 增速从 2010 年开始持续走低，年均下跌达到 0.8 个百分点。至今中国经济增速五年以来的下行并未有明显的结束信号。由于中国经济体量以购买力平价计算已于 2014 年超过美国并在全球贸易中占据重要地位，中国经济未来走势将对未来全球经济增长、大宗商品价格乃至贸易和资本流向产生深远影响，中国经济增速的显著下行受到了全球智库的密切关注。

然而，在对中国经济增速下行实际情况的判断中，面临一些统计上的问题。譬如，2015 年上半年官方 GDP 增长数据为 7%，一些海外人士对这一数据表示怀疑，认为中国经济实际增长速度低于官方数字①。这一怀疑的主要来源于中国工业部门实体经济活动的多项指标，及与中国经济有紧密联系的其他新兴经济体表现。在 2000 年以来的十年间，工业产出增速比 GDP 增长大约高 5 个百分点，但 2015 年上半年工业增速仅为 6.3%。与此类似，发电量在之前高速增长期年均增长 12%，但 2015 年上半年增长不到 1%。这些数据很难让人相信足以支撑中国经济 7% 的增长。

但另一方面，一些国际知名智库的专家也指出中国作为一个发展中的经济体，经济转型过程也可能超出了怀疑论者的估计②。如 Lardy 认为，中国经济越来越不依赖于工业生产、投资和出口，而是越来越倚重服务业的扩张。经过了十年左右的相对停滞，中国服务业部门自 2012 年上半年以来成为中国经济增长的主要推动力量，其增速持续快于 GDP 增长，占 GDP 比重

① The Economist. "The Chinese Economy: Whether to Believe China's GDP Figures." *July 15, 2015.* http://www.economist.com/blogs/freeexchange/2015/07/chinese - economy. Wolf, Martin. "A New Chinese Export — Recession Risk," September 15, 2015. http://www.ft.com/cms/s/0/486bc716-5af0-11e5-9846-de406ccb37f2.html.

② Lardy, Nicholas R., "Skeptics of China's GDP Growth Have Not Made Their Case", August 14, 2015. http://blogs.piie.com/china/?p=4469. Prasad, Eswar S. "The Path to Sustainable Growth in China," April 22, 2015. http://www.brookings.edu/research/testimony/2015/04/22-sustainable-growth-china-prasad. Davies, Gavyn. "Firm Global Growth Amid Doubts About Chinese Data." Aug 2, 2015. http://blogs.ft.com/gavyndavies/2015/08/02/firm-global-growth-amid-doubts-about-chinese-data/.

目前已经超过了工业。而日益扩大的服务需求，例如医疗、教育、娱乐和旅游等，对工业品、电力或货运的需求有限。一个有趣的指标是，相对于货运，对于客运的需求迅速上升，反映出国内旅游的繁荣。

不过，这些判断仍缺乏足够的高频数据提供及时支持。由于工业在很长一段时间都是中国经济的主要推动力量，以前对中国经济的实时分析主要依赖于工业和投资数据，中国经济数据的统计工作也偏重于此。这一方法对以前适用，但随着增长引擎的改变，就变得不那么适用了。因此，中国经济增长的转型对中国经济的统计也提出了新的要求。

2. 旧有经济模式的运行特点

当前中国经济增速的放缓在很大程度上来自投资增速的下降，而投资恰恰是中国自 20 世纪 90 年代后期以来增长的主要动力。在旧有经济模式下，在经济高速增长的同时，投资占 GDP 比重不断上升，劳动收入和家庭消费占 GDP 比重则显著下降。理解这一旧有经济模式的运行逻辑是进一步理解中国经济模式转型的起点。

根据 Acemoglu 和 Guerrieri①、Fernald 和 Neiman② 以及 Chang 和 Hornstein③ 的研究，两个因素的共同作用可以解释投资率的增加和劳动收入的减少。一是重工业全要素生产率增速超过轻工业，二是投资品相对价格下降。不过对于中国经济来说，Chang 等人认为并没有证据支持这两个条件的成立。他们认为资本深化而不是全要素生产率增加，是中国经济增长的主要来源④。

另外，Buera 和 Shin 对快速增长的经济体中投资潮成因的研究发现，在

---

① Acemoglu, D., and V. Guerrieri, "Capital Deepening and Nonbalanced Economic Growth," *Journal of Political Economy*, 116 (3): 467-498, 2008.

② Fernald, J., and B. Neiman, "Growth Accounting with Misallocation: Or, Doing Less with More in Singapore," *American Economic Journal: Macroeconomics*, 3, 29-74, 2011.

③ Chang, Y., and A. Hornstein, "Transition Dynamics in the Neoclassical Growth Model: the Case of South Korea," The B. E. *Journal of Macroeconomics*, 2015, forthcoming.

④ Chang, Chun, Kaiji Chen, Daniel F. Waggoner, Tao Zha, "Trends and Cycles in China's Macroeconomy," *NBER Macroeconomics Annual 2015*, Volume 30, edited by Eichenbaum and Parker, 2015, forthcoming.

这些经济体中，资源逐渐从生产效率低的企业流向生产效率高的企业，随着资源再配置过程的开展，投资率和储蓄率快速提高。[①] 与此同时，劳动收入份额比上升或者保持不变。但在中国，投资大幅增加是以劳动收入份额和消费减少作为代价的。然而，除非投资收入最终流向家户，否则投资潮在长期并不可持续。

Chang 等人提出偏向于重工业的信贷政策是理解中国旧有经济模式的核心。他们认为自从 1996 年以来，政府一直在积极地推动“重工业的发展”。[②] 在这种大的政策背景下，地方政府对那些资本密集的大企业进行隐性担保，从而使得这些企业可以获得长期的银行贷款。这样的做法的确会带来高速增长，但这种增长是不平衡的，是以消费和劳动收入份额降低为代价的。此外，这种信贷方式也对生产性的小企业产生了挤出效应，使其获得短期贷款的成本很高。

因此，中国经济增长模式的转型意味着旧有模式下的两大问题需要得到解决。一是消费和劳动收入增长速度缓慢，二是重工业占比过高。根据 Chang 等人的研究，消除金融扭曲的改革会使得短期和长期贷款的分配更加有效，从而也会改变旧有不平衡增长的模式。从长期增长的角度看，调整偏向于大型企业尤其是重工业的信贷政策，应当成为中国金融改革中一项重要的内容。只有当信贷偏向重工业的问题得到了合理解决，商业银行才会真正有动力去借贷给有潜力的及更有效率的中小企业。

3. 中国经济转型的现状及挑战

国内外众多智库专家普遍认识到，在中国经济增速减缓的同时中国经济结构转型正在逐渐发生。对于这一经济转型，有关专家从不同角度刻画了其特点以及所面临的挑战。Lardy 从已观察到的经济数据出发，提出了对转型

---

① Buera, F. J., and Y. Shin, “Financial Frictions and the Persistence of History: A Quantitative Exploration,” *Journal of Political Economy*, 121 (2): 221 – 272, 2013

② Chang, Chun, Kaiji Chen, Daniel F. Waggoner, Tao Zha, “Trends and Cycles in China's Macroeconomy”, *NBER Macroeconomics Annual 2015*, Volume 30, edited by Eichenbaum and Parker, 2015, forthcoming.

过程较为乐观的看法。他认为，近年中国服务部门的持续扩张反映了两方面因素的影响：一是中国人均可支配收入水平的上升已带来需求结构的变化；二是在过去四年中私人消费占 GDP 份额的持续增长。虽然目前私人消费累计增量还不够大，但相对于以往其份额持续下降的年份，这已经是巨大的变化。私人消费份额的提升来自居民可支配收入的提高和居民储蓄率的下降。可支配收入的增长则是工资和就业岗位增长的结果。由于服务部门较工业部门更为劳动密集，对服务的需求增长将产生更多的非农就业岗位，从而使工资增速在 GDP 增速下滑的背景下仍然保持在高位。反过来，这又使得可支配收入增加，反哺私人消费支出，特别是对于服务的支出。Lardy 认为这构成了中国结构转型的良性循环①。

国内智库学者张斌对中国经济增速下行现象的分析，则突出了中国经济转型过程所面临的制约及对短期经济运行的影响。他认为随着中国收入水平持续增长，社会需求发生趋势性转折，引领经济进入结构转型期。然而在经济转型对资源配置提出新方向的背景下，中国经济存在的众多扭曲性因素阻碍资源朝这一新方向进行快速的再配置。这些阻碍因素包括传统银行主导金融体系、对一般服务业过度管制、公共服务供给机制和基础设施建设存在严重激励机制扭曲等。这导致社会资源难以有效重新配置，经济结构失衡难以化解，同时保增长的一些刺激政策和不匹配的金融市场化改革反而加剧了资源配置的扭曲和金融市场风险，出现内生经济增长活力下降与依赖刺激性政策措施的恶性循环②。

彼特森国际经济研究所的 Rutkowski 则从政治经济学的角度对中国经济转型的前景进行了分析。他认为中国经济增长转型能否平稳完成，取决于两方面因素：一是服务业能否真正成为中国经济增长强有力的引擎；二是旧有部门是否能有序退出而不造成系统性的劳动市场及金融市场问题。伴随中国经济增速放缓和增长模式的转型，他认为中国政府深刻意识到了服务业对经

① Lardy, Nicholas R., "Skeptics of China's GDP Growth Have Not Made Their Case", August 14, 2015. http://blogs.piie.com/china/?p=4469.

② 张斌：《中国经济转型综合症》，《国际经济评论》2014 年第 4 期。

济和就业的提振作用。十八届三中全会上提出的服务业改革构想主要从以下三个方面着手：减少价格信号扭曲、鼓励民营资本进入和推动国有资产私有化进程。不过，虽然本届政府在服务业改革上具有相当的魄力与能力，来自既得利益集团的阻挠仍将是制约改革成效的重要因素①。

三　希腊债务危机的教训

1. 有关 IMF 处置希腊债务危机方式的争议

在 2015 年 1 月 25 日的希腊大选中，希腊激进左翼联盟党高举反对紧缩措施、终止救助协议的大旗获胜。在其改弦易辙的施政方针下，希腊与欧洲债权人之间关系恶化，希腊债务问题再次成为全球焦点。在欧盟主要成员的巨大压力下，希腊新政府在上台执政后未能兑现竞选诺言，在资本外逃的压力下不得不实施资本账户管制，陷入国内银行停业的境地。2015 年 6 月 30 日希腊未能如期向国际货币基金组织（IMF）支付还款，成为第一个对 IMF 违约的发达国家。

在第二轮救助到期及对 IMF 的债务违约后，希腊政府被迫于 7 月初与债权人签署了包含严厉紧缩和改革措施的第三轮救助协议。然而，这一协议与希腊总理齐普拉斯最初的竞选承诺仍相差甚远，其激进左翼联盟党内部出现对他的激烈反对，以至于齐普拉斯不得不于 8 月 20 日辞职。希腊 9 月的提前选举中，虽然齐普拉斯再次连任，但由于激进左翼联盟党并未获得绝对多数席位，实施第三轮救助协议的更多更为严格的紧缩政策将造成相当的政治压力，希腊仍可能面临政治不稳定的局面。

2015 年重燃的希腊债务危机显示，2010 年以及 2012 年 IMF、欧盟委员会和欧央行这“三驾马车”对希腊的两次救助计划均未能达成预期效果。这引发对“三驾马车”之前应对希腊问题方式的尖锐批评。这些批评集中

① Rutkowski, Ryan. “Service Sector Reform in China”, January 2015. https://petersoninstitute.org/publications/pb/pb15-2.pdf.

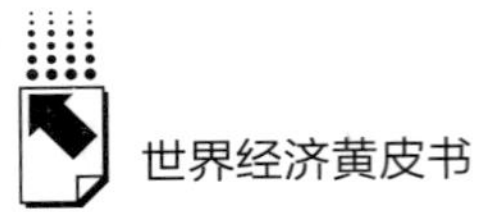

在“三驾马车”对希腊主权债务重组的时机把握以及救助协议所包含的改革措施上，具体包含四方面意见：第一，批评者认为2010年的救助方案无效，仅导致了债务的进一步累积和对希腊财政调整的不断加码；第二，对希腊的贷款实质上用于偿还外国银行，希腊的债务绝大部分转移至官方债权人，最后很大程度上将由纳税人埋单；第三，救助方案的改革要求未能确保增长优先，阻碍增长的结构改革与财政紧缩导致希腊经济萧条；第四，债权人没有从前两次救助计划的失败中得到教训，仍在重复同样的错误。

作为IMF的首席经济学家，Olivier Blanchard专门撰文对有关批评进行了回应和解释①。譬如对于第一点，Blanchard认为紧缩政策不是选择，而是必需；对第二点，Blanchard认为当时对希腊的贷款方案是出于对传染风险的担忧；对第三点，他认为财政整顿只能解释部分的产出下降，希腊增长乏力主要因为自身没有实现结构性改革；对第四点，Blanchard两次谈到官方债权人面临政治约束，不能要求公民做无限度的牺牲，而IMF的角色是说明各项决定的利弊权衡关系，但最终决定还是受到政治因素左右。

不过欧洲领先智库的专家学者认为，Blanchard的看法回避了IMF在希腊问题上所犯的错误。如Mody提出：第一，在最初的援助方案中，让债权人承担部分损失同时IMF也提供暂时性的融资援助，都将有助于缓冲紧缩政策的力度；第二，对希腊结构性改革所能带来的增长效果，Blanchard过于乐观，从其设计初衷来看，希腊的结构改革必将带来工资价格水平的下降，从而削弱其成效；第三，IMF的职责并不仅仅是把权衡关系说清楚，而是要协调各国共同做出正确的政策选择。而事实上IMF在7月之前始终站在欧洲债权国一边，不断要求希腊采取进一步紧缩措施，甚至在增加增值税收入和削减养老金上态度更为激烈。IMF到7月大选前的最后关头改为支持债务减免，则与美国的作用有关。随着希腊退出欧元区的可能性日渐增加，美国意识到其背后的金融风险和地缘政治风险，决定站出来呼吁各方对希腊

① Blanchard, Olivier. “Greece: Past Critiques and the Path Forward”, June 14, 2015. http://blog-imfdirect.imf.org/2015/07/09/greece-past-critiques-and-the-path-forward/.

减免债务。在此背景下，IMF 才发生态度的大转变①。

Guntram 也指出，尽管更早的主权债务重组不能避免财政紧缩，但却能显著降低稳定公共债务路径所需的基本财政盈余，从而使得对希腊的援助计划更为可信。这也会增强希腊政治和金融的稳定，从而创造更好的增长环境。而 IMF 对于主权债务重组可能带来传染风险的担忧不能掩盖债务不可持续的根本性问题，要防止传染，更要防止债务恶化，从而防止再次爆发危机。IMF 另一个失策在于，未能将提高希腊的竞争力作为优先策略。希腊在援助计划前五年的经常项目赤字就远大于 10%。这一竞争力的丧失是过于膨胀的国有部门以及私有部门的高昂福利待遇所导致的。然而 IMF 并没有坚持在这些领域大刀阔斧的改革，而只是提出了一些谨小慎微同时前后不一致的举措。到第二次救助计划中，这些改革受到了重视，但此时改革已经失去了政治上的动力②。

2. 希腊债务危机的长远教训

过去几年希腊债务危机也给全球提供了深刻而长远的教训，欧洲智库专家亦对此进行了多方面的反思③。第一，国家财政并非可以无限透支的信用卡，主权债务禁受不住长期财政赤字的冲击。第二，要保证改革的速度，才能避免政治不稳定和民粹主义思潮的反扑。拉脱维亚在 2008 ~ 2009 年深受经济危机影响，但该国却迅速走出困境，在 2011 年恢复了迅速的经济增长，在 2012 年实现财政盈余，这很可能要归功于该国大刀阔斧的财政改革④。事实

① Mody, Ashoka. "Professor Blanchard Writes a Greek Tragedy", July 13, 2015. http://bruegel.org/2015/07/professor-blanchard-writes-a-greek-tragedy/.

② Guntram B. Wolff, "Olivier Blanchard fails to recognise two major IMF mistakes in Greece", July 13, 2015. http://bruegel.org/2015/07/olivier-blanchard-fails-to-recognise-two-major-imf-mistakes-in-greece/.

③ Marek Dabrowski. "Five Lessons on Greece", July 26, 2015. http://bruegel.org/2015/07/five-lessons-on-greece/#_ftn8. Wolf, Guntram B. "Greece: Lessons for Europe." August 13, 2015. http://bruegel.org/2015/08/greece-lessons-for-europe/.

④ Anders Aslund, "Revisiting the Latvian and Greek Financial Crises: The Benefits of Front-Loading Fiscal Adjustment", CASE Network Studies & Analyses, No. 477/2015, 2015. http://www.case-research.eu/sites/default/files/publications/S%26A477.pdf.

上，激进左翼联盟党之所以能在2015年上台，也是由于之前的改革进程过慢，以至于民众无法确切感知到改革带给他们的好处，从而最终将选票投给了激进左翼联盟党。第三，债务双方充分的信任对于以共赢的方式解决债务危机至关重要。希腊政府和其债权人之间一直缺乏相互信任，这主要源于希腊政府几次虚报统计数据以及拖延改革进程的行为。希腊首相阿莱克斯·齐普拉斯（Alexis Tsipras）和前任财长雅尼斯·瓦鲁法克斯暂停关于欧盟援助计划的磋商、举行全民公投时鼓励公民对欧盟援助计划投反对票，也让欧盟等官方债权人对希腊政府失去信心。第四，要对规则保有足够的尊重。为了展开对希腊的援助计划，欧盟修改了《欧盟运作条约》的第125条，将“不允许援助”改为“允许有条件的援助”。《欧盟运作条约》的第123条也相应做出了修改，放开了对欧洲央行及各国央行援助一国政府的限制。与此同时，国际货币基金组织也相应地放弃了两个条款①。欧盟和国际货币基金组织为了顺利开展援助计划而背弃了既定的规则，主要是担心希腊主权债务危机会引发传染效应波及全球经济。然而，放弃了既定规则也意味着道德风险的问题。欧盟在援助希腊的同时，也成为希腊在金融和政治上的靠山。欧盟要么允许希腊债务违约乃至退出欧元区，自身连带遭受巨额的损失，要么继续提供援助，即使这有可能会使事态恶化。目前欧盟的措施仍是“以改革换援助”，让希腊也承担起解决危机的责任。至于这一措施是否见效，还需进一步观察。

在制度层面上，希腊债务危机也再次引发对主权债务重组的时机和共识机制等问题的关注。是进行主权债务重组还是提供融资？从技术上评判是有难度的。在某些情况下，有些国家不具备偿付能力，即这些国家当前及未来收入流的贴现都小于其债务规模，也有些国家具备偿付能力。对于前者应该

① Mody, Ashoka. “Professor Blanchard Writes a Greek Tragedy”, July 13, 2015. http://bruegel.org/2015/07/professor-blanchard-writes-a-greek-tragedy/. Wolff, Guntram B. “Olivier Blanchard fails to recognise two major IMF mistakes in Greece”, July 13, 2015. http://bruegel.org/2015/07/olivier-blanchard-fails-to-recognise-two-major-imf-mistakes-in-greece/.

采取债务重组，对于后者应该为其融资。但问题在于，一国是否具有偿付能力，这一判断本身就有相当大的不确定性和主观性。如果面临这种不确定的情况，IMF 会陷入两难困境：如果 IMF 提供融资，而主权国家不具备偿付能力（或者破产），融资就会破坏金融市场的效率；如果主权国家具有偿付能力，只是流动性不足，但 IMF 却没有提供融资，那么就会给主权国家和全球金融体系带来不必要的动荡。

面对这种两难困境，Haley 认为在决策中至少要考虑三方面的因素①。第一，必须承认存在决策上的灰色区域，此时难以准确判断债务是否可持续、主权国家是否具备偿付能力。因此也应当允许 IMF 采取相应的核查措施。第二，应删除 IMF 于 2010 年救助希腊债务危机期间设立的系统性免责条款（systemic exemption clause），这一条款使得 IMF 在存在传染性风险的情况下可为债务无法被确认为可持续的国家提供大规模的贷款支持，而不用事先进行债务重组。在这种情况下，随着债务风险的暴露，IMF 作为优先债权人地位的价值随之下降，特别在有其他要求优先地位的债权人参与时。第三，需要建立一种信任约束机制。IMF 的责任在于维护全球金融稳定。如果可能导致全球金融不稳定，IMF 很难拒绝一项贷款。这也是 Blanchard 在辩解 IMF 为何在 2010 年对希腊提供援助贷款而不是诉诸主权债务重组的核心理由。应对这一问题需要在可能出现危机传染的时候建立一种信任约束机制，类似一国在国内实施的破产机制。该机制并非一定要通过正式的法律框架，而可以是更为软性的规定。

四　结论与展望

对 2015 年全球智库重点关注的三个议题的述评显示，全球宏观经济正处于一个重要的转型期。这一转折以 2008 年的国际金融危机为标志，而其

① Haley, James A. , “Sovereign Debt Restructuring Decision Making Under Uncertainty”, June 16, 2015. https://www.cigionline.org/blogs/new-age-of-uncertainty/sovereign-debt-restructuring-decision-making-under-uncertainty.

根源则远在危机前的繁荣期就已埋下。无论是储蓄－投资失衡、中国经济增长模式的转型还是主权债务问题的形成以及债务危机应对机制上的不完善，都不是近年来凭空出现的，而是因为更长远的结构性因素在起作用。国际金融危机使这一系列问题暴露，就如同水落石出的过程。

2014 年末国际货币基金组织总裁克里斯丁·拉加德在展望 2015 年全球经济时指出，全球经济复苏脆弱、不平衡并充满风险。她甚至用“新平庸”（a new mediocre）来描述全球经济很可能出现的一种状况，即全球经济以低于合意水平的增速跛足前行。而对全球宏观经济领域重要议题的分析也显示，“新平庸”变为“新现实”的机会一点也不小，并没有一个天然的机制能够将当前的全球宏观经济带入 G20 所致力的“强劲、可持续、平衡”增长。也正因如此，全球经济的走向会深深地受到当前政策的影响，是延续以往的认知及政策惯性，还是敢于打破成见并承担行动的风险？这是摆在全球主要经济体政策制定者面前的重要选择。G20 作为主要发达国家和新兴经济体共同进行全球经济治理的首要平台，应当进一步推动对有关重大问题的共识，一方面通过互评压力督促各国推动国内改革议程，另一方面推动完善国际公共领域重大经济问题和金融风险的化解机制。

Y.19
全球与区域经济治理的新进展

田慧芳*

摘　要：　当前的全球经济治理正在进入一个力量更加平衡、更加互利双赢的新阶段。改革和创新全球治理机制的共识不断增强，层次不同、范围各异的治理制度正经历着不同程度的创建、改建甚至重建过程。在全球层面，以G20为平台的全球经济治理改革在2012年后主要集中于两方面：一是继续推动改革IMF和世界银行的治理结构，提升新兴市场和发展中国家的代表性；二是通过不断完善G20本身的“三驾马车”机制和议题导向，引导全球经济治理向长效机制转型。在区域层面，以TPP、TTIP等为代表的超大型自贸区建设取得重大进展，对未来的国际经贸格局和规则建设将产生重要影响。全球和区域治理的现状决定了未来全球的治理模式将是“区域与全球机制的协同治理”。中国需要更主动地谋求与自身实力相当的地位，以G20为平台参与全球治理体系改革，同时积极推动区域经济一体化进程，通过多边、区域、双边等层面，变革全球治理体制中不公正与不合理的安排，推动全球经济治理创新。

关键词：　全球经济治理　G20机制　金砖合作机制　区域治理

* 田慧芳，中国社会科学院世界经济与政治研究所副研究员，研究方向为气候变化与全球治理。

对世界经济增长主导权的掌控，直接影响着全球治理格局。传统的全球经济治理的框架是以国际货币基金组织（IMF）、世界银行（WB）、关贸总协定以及后来的世界贸易组织（WTO）为三大支柱的布雷顿森林体系。在应对危机时，发达国家认识到新兴经济体在全球经济治理机制中的重要作用。一方面发达国家通过让渡部分国际经济组织（如 IMF、世界银行）的投票权以换取发展中国家的支持，另一方面通过 G20 这一对话机制，与新兴经济体分享全球经济治理话语权。G20 在危机应对过程中，形成集体干预、有效救助的多边协调机制，积累了较高信誉，取代 G7 登上全球经济治理的中心，成为当前最有影响力的治理平台。发达国家和新兴市场国家——尤其是金砖国家之间的关系从传统的“中心-外围”首次变成二者以相对平等的身份在全球经济治理领域进行“双核”共治。G20 中金砖国家和 G7 并存将成为全球经济治理的新现象，表明全球经济治理体制正在进入一个力量更加平衡、更加互利双赢的新阶段①。从目前情况看，改革和创新全球治理机制的共识不断增强，层次不同、范围各异的全球治理制度正经历着不同程度的创建、改建甚至重建过程。

一 G20机制的演变与最新进展

2012 年后的 G20 改革主要集中在两方面：一是继续改革 IMF 和世界银行（WB）治理结构，提升新兴市场和发展中国家的代表性；二是通过本身的“三驾马车”机制和议题导向，引导全球经济治理向长效机制转型。

份额与投票权机制的改革一直是 WB 和 IMF 的核心改革问题。WB 的投票权改革已经于 2010 年取得较大进展。经过改革，新兴经济体的投票权显

① 王勇：《全球经济治理走向“后美国时代”?》，FT 中文网，2015 年 3 月 31 日，http://www.ftchinese.com/story/001061284? full = y。

著提高。2013 年后改革重点放在人员和财政整顿、股权审议及如何继续扩大发展中国家的代表性等方面。2015 年 10 月的世界银行和 IMF 的发展委员会部长级会议通过了世界银行 2015 年股权审议和增资的路线图，还对落实该路线图的时间节点做了安排：尽力推动 2016 年能就投票权动态公式达成共识，并于 2017 年审议资本充足率以及确定是否增资。WB 为全球经济治理改革做出了表率，而 IMF 的改革一直未取得进展。2010 年美国急需与新兴国家联手应对危机，于是推动 IMF 董事会通过份额和治理改革方案，将 6% 的份额向新兴市场和代表性不足的发展中国家转移。2012 年在墨西哥 G20 峰会上，IMF 获得包括中国在内的部分成员国超过 4500 亿美元的增资承诺。但随着 2013 年后美国的稳步复苏，扩大新兴国家在 IMF 中的权重来换取救援资金的诉求不再迫切，美国的态度发生明显转变，以国会为由一再否决改革方案，导致 IMF 改革的最后完成期限一再推迟，2015 年初改革方案再次被否决。

对于美国的无限期拖延行为，IMF 本身也非常失望。在 2015 年 4 月的 IMF 和 WB 春季年会上，IMF 再次重申如果美国国会再拒绝批准该方案，将启动“B 计划”。“B 计划”最早由巴西提出。它包含两种方案：一是总份额不变（意味着美国无须增资），从欧洲的份额中调整 6% 到新兴市场国家。按照这一计划，可绕开美国国会，只需奥巴马政府同意即可。二是启动特设增资，即将中国等成员国增资的份额全部作为特设增资，从而提升中国和其他新兴市场国家的话语权。这需要对份额公式进行重新改革，等公式改革完毕后再作为永久性安排。不管哪种方案，B 计划都只是临时过渡方案，IMF 的最终改革仍会回归 2010 年的份额和治理改革轨道。而且即使份额改革成功使 IMF 和 WB 的投票权比例发生变化，美国依然拥有独享的“否决权”，未触及 IMF 和 WB 的核心（见表 1），这将削弱全球治理改革的动力。未来中国等新兴国家和其他发展中国家还需要借助 G20 平台继续深化 IMF 和 WB 的投票权改革制度，使之向更公平的方向发展。

表1　IMF 和 WB 改革后主要国家份额变动与排名

排名	国家名称	如果 IMF 份额改革成功		2010 年 WB 份额改革后	
		所占份额比例(%)	变动比例	所占份额比例(%)	变动比例
1	美国	17.398	-0.263	15.85	-0.51
2	日本	6.461	-0.092	6.84	-1.01
3	中国	6.39	2.396	4.42	1.64
4	德国	5.583	-0.524	4.00	-0.48
5	法国	4.225	-0.277	3.75	-0.55
6	英国	4.225	-0.277	3.75	-0.55

资料来源：IMF 数据来自 IMF 网站，WB 数据来源于 Office of the Corporate Secretary，WB Group Voice Reform，Report Preparing for development Committee Meeting，April 2010。

在推动国际贸易治理方面，G20 机制也发挥了积极作用。2013 年 G20 峰会提出建立开放型世界经济，决定把几年前做出的不采取保护主义措施的承诺继续延长到 2016 年底，同时推动 WTO 第九次部长级会议在部分领域先达成“早期收获协议”。2013 年 12 月 WTO 巴厘岛部长级会议签署了多哈回合的“早期收获协议”，在贸易便利化、认可发展中国家粮食安全储备、给予最不发达国家零关税等方面达成协议，实现了多哈回合谈判零的突破，使得多边谈判有望重回正轨。

G20 改革的另一内容就是向长效机制转型。2012 年后，除了传统议题外，能源、气候变化、粮食安全、基础设施投资、反腐败等发展议题相继纳入 G20 议程，并达成诸多共识，推动落实了一些重大决策，对应对金融危机和推动实现全球经济可持续发展发挥了重大作用。

2012 年在全球增长放缓，欧债危机加剧，全球金融体系脆弱性凸显的形势下，促进经济可持续增长、修复和强化国际金融系统、培育金融包容性成为 G20 墨西哥洛斯卡沃斯峰会的主要议题。此外，由于国际大宗商品市场波动加剧，平抑价格波动、加强粮食安全也被列为 G20 峰会的重要议题。峰会还首次将促进可持续发展、推动绿色增长和应对全球气候变化列入墨西哥作为 G20 轮值主席国期间的重要议题。灾害风险管理、贪污腐败、旅游和多边贸易也成为 G20 在 2012 年关注的其他议题。

2013 年，全球经济呈现复苏迹象，但不平衡性和复杂性上升，美国量化宽松政策退出预期导致部分新兴经济体外部环境恶化，出现贬值和资本外逃等现象。G20 俄罗斯圣彼得堡峰会上各国领导人同意采取补救措施促进经济增长和创造就业。峰会还特别强调长期投融资对增长的重要性，成立了投资与基础设施工作组负责推动基础设施投融资进程。金砖国家应急储备安排也在峰会上首次亮相，对于增强金砖国家应对风险能力，促进 G20 合作，推动国际金融新秩序构建有重大意义。此外，圣彼得堡峰会还做出一个雄心勃勃的行动计划：对抗全球逃税。

2014 年全球经济复苏的步伐继续呈现不均衡趋势。澳大利亚将构建“强劲、可持续和平衡增长的框架以及相互评估程序”作为重点，通过了“布里斯班行动计划”，要求成员国承诺采取措施实现“未来 5 年（2014 ~ 2018 年）G20 整体 GDP 经济增长比现有预期提高 2%”的目标。为弥补全球基础设施投资的缺口，在印尼、德国、墨西哥的支持下，澳大利亚积极召集各国围绕如何改善基础设施投融资环境、提高金融中介的效率、加强多边开发银行与国际组织合作等具体议题开展讨论，提出“全球基础设施倡议”，并成立全球基础设施中心（GIH）。该中心试运行四年，目的是为各方合作改善基础设施融资环境和融资效率提供知识分享平台，推动各机构在基础设施融资方面的合作。

2015 年全球经济形势更加复杂，大部分地区潜在增速放缓，不确定因素和风险上升。土耳其作为 G20 轮值主席国，将如何实现“强劲、可持续，平衡和包容性增长”作为主要议题，提出了实现增长目标的“3I”支柱，即包容性（Inclusiveness）、可执行（Implementation）和投资性增长（Investment for Growth），并设定了三方面的优先关注领域和 10 多项重点议题。包容性重点关注如何制定包容性政策提高就业、解决中小型企业（SME）的劳动力缺乏和融资难，以及劳动力市场失衡如性别不平等和青年失业等问题。可执行体现了对 2014 年澳大利亚峰会的沿承。土耳其致力于探索实现 2% 综合增长目标的途径，反复声明将加强对布里斯班行动承诺的 1000 多项具体措施的政策力度和实施效果等进行监督。投资议题近年来被几任轮值国作为议程优先项。土耳其将国别投资战略作为实现这一目标的重要抓手。其投资性增长的重点是敦促各成员国自愿提出富有雄心的国别投资量化目标和投资计划，推进全球基础设施中心（GIH）以及 WB 下的全球基础设施促进机构（GIF）的建设，并探索新的长期投资融资渠道（如伊斯兰金融等）来缩小各国投资差距和解决中小企业融资难等问题。

总的来看，G20 站在全球经济治理的制高点和最前沿位置，引领全球经济的方向。从议题上看，历届 G20 峰会在一些长期议题上具有延续性，比如经济增长、宏观经济政策协调、国际金融改革、贸易自由化、能源、发展等。另外各国会根据形势变化和自身提出一些新兴议题，如自然灾害管理、气候融资、基础设施投资、中小企业融资等。从机制上看，G20 已经形成相对完备的多层次沟通对话机制（见表 2），不断发挥和完善在全球经济治理中的作用。

表 2　G20 峰会的会议筹备及对话沟通机制

模式	“三驾马车”	峰会主席在上届和下届主席国的支持下制定全年峰会筹备路线图，确保前后峰会的连续性
固定对话机制	双轨制	协调人渠道：由各国领导人指定专人做协调人，统筹协调主席国 G20 峰会各项工作 财金渠道：每年召开 2～3 次财长和央行行长会及若干次财金副手会
辅助对话机制	部长级会议	经贸部长会、农业部长会、劳工部长会、能源部长会
	工作组会议	增长框架工作组、国际金融架构工作组、发展工作组、能源可持续性工作组、投资融资研究小组、反腐败工作组、就业问题特设小组、气候变化融资研究小组、普惠金融专家组等
技术外援	国际机构	联合国、IMF、世界银行、世界贸易组织（WTO）、金融稳定理事会（FSB）、国际劳工组织（ILO）、经合组织（OECD）
外围对话	非 G20 国家	听取非 G20 成员，特别是发展中国家和中小国家以及各界的意见和建议
配套活动	20 国代表	Y20、T20、B20、C20、W20、L20
	嘉宾国家代表	邀请一定数量的、具有代表性的非成员国作为嘉宾直接参与峰会筹备

二　区域和诸边治理的新进展

经济全球化与区域经济一体化是当今世界经济中两股平行发展、相辅相成的潮流。一方面，由于多哈回合谈判陷入僵局，加强区域经济一体化成为各国应对经济全球化的必然选择[1]。最显著的特征就是世界各国大多把规则制定的重心放到了区域或双边贸易协定（RTAs）上，并且逐渐出现超大型自由贸易区（FTA），包括美国主导的TPP、东亚的RCEP、日欧的EPA、欧美TTIP以及非洲的TFTA等。这些超大型FTA突破传统的地域限制，使自贸协定走向协调和统一，有助于消除"面条碗"效应[2]，引导新的国际经贸规则的形成，也有利于解决区域经济合作碎片化问题。另一方面，随着发达国家自危机中缓慢恢复，新兴经济体和发展中国家参与全球治理的空间被大大压缩，区域治理成为新兴国家与发展中国家合作的新领域。

1. 区域自贸协定的最新进展

2015年10月，TPP结束了历时5年多的实质性谈判是区域自贸协定取得的最重要进展（见表3）。目前各国正在积极准备正式完整的协议成本，以便将TPP协定成果正式化。TPP可能产生的影响成为当前各界关注的焦点。TPP协议规定将消除18000多项产品的关税，涉及制造业、农业等各个行业。除了设定国际贸易方面的关税减免标准外，TPP还加入了服务贸易、投资规则、公平竞争、食品安全、劳工和环境保护、知识产权、国有企业等多个领域，被称为"21世纪的贸易协定"。倪月菊等认为，TPP协议中的贸易自由化内容是在WTO框架下多年无法达成的目标，它是全球新贸易规则的标杆。关于TPP协定对TPP体制内国家的影响，2015年10月15日澳大利亚发布一份TPP协定影响报告[3]。报告认为贸易伙伴国间关税的减免以及资本准入和市场准入、旅游、人才往来等方面的开放，将使得澳大利亚从货物出口及服务和投资领域获益，而TPP有关知识产权的规定不会对澳大利亚现有专利与版权体系产生影响。但对于TPP体制外的国家，尤其发展中国家，TPP零关税协议可能

① 李向阳：《全球化时代的区域经济合作》，《世界经济》2002年第5期。

② "面条碗"效应指由于不同的自贸协定（双边、诸边和区域）等对应不同的优惠待遇和原产地规则，导致这些优惠条款和规则像同一碗里的意大利面条一样，参杂纽绞，极其混乱。在贸易领域被称为"意大利面条碗"现象或效应。

③ 驻悉尼总领馆经商室，澳大利亚发布TPP对本国的影响，http://china.huanqiu.com/News/mofcom/2015-10/7874938.html。

对贸易产生负面影响（贸易转移效应），而最大的挑战则来自服务贸易、知识产权、政府采购、国有企业等条款。目前韩国和中国台湾正在申请加入 TPP 第二轮谈判。可以预计未来加入 TPP 并承诺贸易高度自由化和开放市场的国家和地区会越来越多，这很可能影响到区域全面经济伙伴关系（RCEP）和亚太自贸协定谈判的进程，对中国的亚洲和亚太战略带来重大挑战。

表 3　TTP 和 TTIP 自由贸易协定的谈判进展情况

名　称	谈判国家/地区	进度	谈 判 进 程
跨太平洋伙伴关系协定（TPP）	美国、澳大利亚、新西兰、新加坡、智利、文莱、秘鲁、越南、马来西亚、墨西哥、加拿大、日本	谈判结束	2005 年 7 月，文莱、智利、新西兰、新加坡（P4）发起 TPP 2008 年 9 月，美国宣布参加谈判 2010 年 3 月，TPP 谈判正式启动 2010 年 12 月，第四轮谈判结束（马来西亚正式参加谈判） 2012 年 10 月，墨西哥正式加入谈判 2011 年 11 月，日本加入谈判。 2012 年 10 月，加拿大宣布将加入谈判 2013 年 3 月，日本正式加入谈判。 2015 年 6 月美国签署贸易促进授权法案（TPA），以加快 TPP 谈判进程 2015 年 7 ~ 12 月，目标是完成谈判 2015 年 10 月，TPP 结束实质性谈判
跨大西洋贸易和投资伙伴关系协定（TTIP）	美国、欧盟	正在谈判	2013 年 6 月，双方宣布正式启动谈判 2013 年 7 月，开始首轮谈判 2013 年 7 月至 2014 年 10 月，紧凑有序地完成了七轮谈判 2014 年 10 月，第七轮谈判结束，随后陷入停滞 2015 年 2 月，第八轮谈判结束 2015 年 7 月 8 日，欧洲议会通过有关 TTIP 谈判的决议案 2015 年 7 月，第十轮谈判结束，能源和原材料问题取得进展 2015 年 10 月 23 日，TTIP 的第十一轮谈判结束

此外，TTIP 谈判也取得重大进展。TTIP 谈判于 2013 年在欧美间启动，在 2014 年 10 月的第七轮谈判结束后一度陷入停滞（见表 3）。2015 年 2 月的第八轮谈判是 2014 年 11 月欧盟委员会新换届后的首次谈判。2015 年 7 月 8 日欧洲议会通过有关 TTIP 谈判的决议案，标志着欧盟立法机构正式统一了对美谈判立场，终结了此前的内部意见分歧。2015 年 7 月，TTIP 结束第

十轮谈判，在能源和原材料问题上取得重要进展。2015 年 10 月 23 日，在 TPP 谈判进程推动下，TTIP 谈判也大大向前迈进。第十一轮谈判结束后，欧美在 97% 的对方商品进口关税免除方面已经取得共识，剩余 3% 的敏感商品将成为最后的谈判对象。TTIP 一旦签署协议，将形成亚太和跨大西洋地区最大的自由贸易安排，对于推动全球贸易标准的统一化和国际贸易新规则与新秩序的构建具有重大影响①。

其他区域自贸安排也取得了较大进展（见表 4）。2015 年 6 月中澳正式签署 FTA 协定。它是中国首份与他国签署的最为全面的自贸协议，涉及货物贸易、服务贸易、投资规则等十几个领域。占澳大利亚出口 93% 的货物，包括酒、园艺产品、海产品、煤炭等，都有望在 2019 年前以零关税进入中国市场。澳方也将放松对中国在澳投资公司和上市公司的审查，同时对中国国企审查也将以更为宽松的模式进行，并在中国劳工赴澳方面给予了一定的签证便利化安排。2015 年 6 月 1 日中韩 FTA 正式签订。中澳和中韩自贸协定的签署对推动 RCEP 和开启亚太自由贸易区谈判具有重要意义。2015 年 6 月非洲大陆大型自贸区（TFTA）谈判正式启动。它由南非共同体、东非共同体、东南非共同市场三大区域组织共同发起，包含了非洲从南到北 26 个国家，代表着非洲整个 GDP 的一半以上，将有助于实现整个非洲的货物自由流通，是对南南合作方式的重要创新和重大贡献。

表 4　其他区域自由贸易协定的谈判进展情况

名称	谈判国家/地区	进度	谈判进程
东亚经济伙伴关系协定（CEPEA/ASEAN +6/RCEP）	东盟十国、中国、日本、韩国、印度、澳大利亚、新西兰	正在谈判	2006 年 4 月，日本提议进行贸易协定谈判 2012 年 11 月，发表 RCEP 谈判开启宣言 2013 年 5 月，RCEP 首轮谈判结束 2013 年 5 月至 2014 年 6 月共举行五轮谈判 2015 年 2 月，RCEP 第七轮谈判结束 2015 年 6 月，RCEP 第八轮谈判结束 2015 年底前计划完成谈判

① 李春顶：《金融危机后美国的区域经济一体化新战略》，《美国研究》2014 年第 4 期。

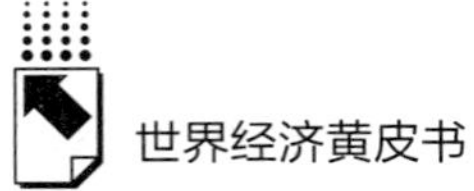

续表

名称	谈判国家/地区	进度	谈判进程
中国-韩国-日本自由贸易协定	中国、韩国、日本	正在谈判	2012年11月,谈判正式启动 2013年3月,首轮谈判结束 2013年7月至2014年9月,共进行4轮磋商 2014年11月,第六轮谈判结束。之后除工作谈判外另举行首席代表谈判 2015年1月,第六轮首席代表谈判结束未就自由化目标达成一致 2015年5月,第七轮首席代表谈判结束 2015年9月,第八轮首席代表谈判结束
日本-欧盟经济伙伴关系协定(EPA)	日本、欧盟	正在谈判	2011年5月,就开始确定谈判范围达成一致 2013年3月,双方正式启动谈判 2013年4月,首轮谈判结束 2014年7月,第六次谈判结束 2015年9月,第十二轮谈判结束,目标是年内达成共识
亚太自贸区	亚太地区	谈判启动	2004年由加拿大在APEC会议上发起 2006年美国在APEC会议上正式提出,同年APEC将亚太自贸区列入长期目标 2014年11月,北京APEC峰会发布路线图,开启联合战略研究 2015年6月,中澳签署自贸协定
非洲大陆自由贸易协议(TFTA)	覆盖全部非洲人口	谈判启动	2012年1月,非盟批准该行动计划 2015年6月,正式启动谈判,将对东南非共同市场、西非经济共同体、东非共同体和南部非洲发展共同体进行整合,在2017年建立非洲大陆超级自贸区,实现商品、服务以及人员的域内自由流动

2. 金砖合作机制的最新进展

西方主导的旧国际经济秩序明显不能满足发展中国家或新兴经济体的需求和要求①。在G20平台之外，以金砖国家为代表的新兴经济体通过加强合作推动全球治理结构改革。金砖国家合作从无到有、从虚到实，目前已经形成以领导人会晤和包括安全事务高级代表会议、外长会晤在内的部长级会议等

① 何帆、冯维江、徐进：《全球治理机制面临的挑战及中国的对策》，《世界经济与政治》2013年第4期。

为主的多层次全方位架构的合作机制，合作范围也不断扩大（见表5）。2015年的乌法峰会为金砖国家长期（2020年前）的经贸合作规划了蓝图，将向“一体化大市场、多层次大流通、陆海空大联通、文化大交流”的目标前进。

金砖国家开发银行和应急储备安排是金砖合作的重要成果。“应急储备安排”为金砖国家提供了一个金融安全网，目前已经正式启动。金砖国家新开发银行筹建工作也全面展开，且将在2016年初确定第一批联合投资项目清单。这两个新机构的建立是对现有国际金融体系的有益补充，将促使现有国际金融组织加快改革步伐。

表5 历届BRICS金砖峰会主要成果

	时间	地点	主要议题及成果
第一次峰会	2009年6月	俄罗斯叶卡捷琳堡	金砖国家合作机制正式启动 讨论国际金融机构改革、粮食安全、能源安全、气候变化以及金砖四国未来
第二次峰会	2010年4月	巴西巴西利亚	金砖国家合作机制初步形成 讨论世界经济金融形势、国际金融机构改革、气候变化、“金砖四国”对话与合作
第三次峰会	2011年4月	中国三亚	新成员南非首次参加会晤，金砖四国开始变为金砖五国。通过《三亚宣言》，深化在金融、智库、工商界、科技、能源等领域的交流合作
第四次峰会	2012年3月	印度新德里	探讨成立金砖国家开发银行的可能性 提出在2012年IMF、WB年会前如期落实2010年治理和份额改革方案的要求 签署两项旨在扩大金砖国家本币结算和贷款业务规模的协议
第五次峰会	2013年3月	南非德班	决定设立金砖国家开发银行、外汇储备库 宣布成立金砖国家工商理事会和智库理事会 推动构建金砖国家与非洲国家的伙伴关系 首次举行了金砖国家与非洲领导人对话会
第六次峰会	2014年7月	巴西福塔莱萨	金砖国家开发银行正式成立，总部设在中国上海 建立起了金砖国家应急储备安排
第七次峰会	2015年7月	俄罗斯乌法	通过《金砖国家经济伙伴战略》，扩大在贸易、投资、矿藏加工、能源、农业、科技、创新、财经等领域合作 计划制定2020年前金砖国家经贸和投资合作路线图

三　中国参与全球经济治理的进程与贡献

随着中国经济实力的显著增强，中国对世界经济的贡献和影响力逐步提升。中国参与全球治理表现为四个层面。

第一，通过G20平台推动全球经济治理。金融危机后，中国积极与发达国家联手应对危机、推动全球治理架构和世界金融货币体系改革，增加新兴市场国家和发展中国家的代表性和发言权，获得多数国家的肯定。同时成为推动亚洲和非洲等区域一体化建设的重要参与者（见表6）。

表6　中国在国际金融组织中的份额

国际机构		份额(%)	排行	加入时间
国际货币基金组织(IMF)	目前份额	3.994	6	1980年(恢复中国席位)
	如果改革成功	6.390	3	
世界银行(WB)	2010年前	2.78	6	1980年(恢复中国席位)
	2010年后	4.42	3	
亚洲开发银行(ADB)		6.44	3	1986年
非洲开发银行(AFDB)		2.052(截至2010年底)	16*	1985年
美洲开发银行(IDB)		0.04	40名之后**	2009年
金砖银行(NDB)		20	均等分配	2014年
亚洲基础设施投资银行(AIIB)		30.34(估计值)	1	2015年

* 中国在非洲开发银行的排名指在26个非非洲国家股东里中国排名第16位，占份额最多的是英国、德国、美国及其他欧元区国家。

** 中国在美洲开发银行的排名为大致估算区间，在美洲开发银行网站上未找到公开的股东份额数据。2009年中国加入IDB成为第48个成员国，只占据很少的股权，美国为第一大股东。

第二，积极推动全球治理体系创新。金砖合作机制的构建有力地促进了新兴经济体在区域和国际事务中话语权的提升。亚洲基础设施投资银行（AIIB）的成立则是全球金融治理的制度创新①。目前AIIB的57个意向创始成员国跨越亚洲、欧洲、非洲、美洲和大洋洲。作为一种新型南北金融合作形式和全新投融资平台，AIIB的成立是对国际多边银行在亚太地区投融

① 高海红：《亚投行是全球金融治理的制度创新》，《上海证券报》2015年3月25日。

资与国际援助职能的有益补充，也是推动 IMF 和 WB 改革的倒逼机制，有利于全球金融治理新格局的形成①。

第三，积极完成自贸区建设，推动区域经济一体化进程（见表 7）。目前，中国在建自贸区 19 个，涉及 32 个国家和地区。已签署自贸协定 14 个，涉及 22 个国家和地区。正在谈判的 7 个，涉及 22 个国家。2014 年的 APEC 峰会，积极推动各国承诺将以渐进方式推动更加自由的贸易和投资，促进亚太区域经济一体化，为经济全球化提供范例。

表 7　目前中国多双边自贸区建设和完成情况

已签协议的自贸区	正在谈判的自贸区	正在研究的自贸区	优惠贸易安排
内地与港澳更紧密经贸关系安排 中国 - 东盟 中国 - 巴基斯坦 中国 - 智利 中国 - 新西兰 中国 - 新加坡 中国 - 秘鲁 中国 - 哥斯达黎加 中国 - 冰岛 中国 - 瑞士 中国 - 韩国 中国 - 澳大利亚	中国 - 海湾合作委员会(GCC) 中国 - 斯里兰卡和挪威 中日韩《区域全面经济合作伙伴关系》(RCEP) 中国 - 东盟自贸协定("10 + 1")升级谈判 中国 - 斯里兰卡 中国 - 巴基斯坦自贸协定第二阶段谈判 中国 - 马尔代夫	中国 - 印度,完成了联合研究 中国 - 哥伦比亚 中国 - 格鲁吉亚 中国 - 摩尔多瓦	亚太贸易协定

资料来源：贸易救济信息网。

第四，提出“丝绸之路经济带”和“21 世纪海上丝绸之路”重大倡议。该倡议贯穿世界上跨度最长的经济大走廊，东牵亚太经济圈，西系欧洲经济圈，无论是从发展经济、改善民生，还是从应对金融危机、加快转型升级的角度看，沿线各国都有着广泛的共同利益。它以经济和人文合作为主线，将中国与不同国家的战略规划和安排纳入一个框架中，代表着一个更大范围的国际经济合作框架②。

① 王勇：《亚投行与全球经济治理的改革》，《WTO》2015 年第 6 期。

② 卢锋、李昕等：《为什么是中国？“一带一路”的经济逻辑》，《国际经济评论》2015 年第 3 期。

四 小结

目前来看，全球经济治理最显著的特点就是新旧交织，并且旧的未破，新的待立。新兴市场国家在国际事务中的参与度大大上升，但西方对世界政治、经济格局的主导力依然强大。可以预见未来全球经济治理格局还将处于持续调整的过程中，全球治理新格局的形成尚需时日。

全球和区域治理的现状决定了未来全球的治理模式将是“区域与全球机制的协同治理”，即治理网络中的多元主体协调合作，相互依存、共同行动、共担风险，促进有序治理结构的形成①。本轮金融危机和欧债危机的演化显示了经济一体化危险性的一面：利益融合往往伴随风险锁定，并且可能涉及国家、区域和全球三个层面，以及社会、政治和经济三个维度。欧债危机中“三驾马车 + IMF 救助”的治理机制开启了地区与全球机制协同治理新模式②。

中国在全球层面参与的经济治理已经出现了前所未有的积极变化，在二十国集团和金砖峰会中的地位和影响力日益上升；在区域经济治理方面，受制于地缘政治和安全因素的影响，亚洲地区的经济治理仍然处于发展的初期，合作机制的碎片化将影响到区域经济治理效率和未来应对危机的能力③。在新一轮全球治理结构调整中，中国首先需要改革国内经济治理模式，提升参与全球经济治理的软实力；其次，应该更主动地谋求与自身实力相当的地位，加快以 G20 机制化为重点的全球治理体系改革，并通过多边、区域、双边等层面，代表新兴经济体和发展中国家的利益，平衡发达国家和发展中国家的利益诉求，推进全球治理规则的完善，在全球治理规则中发挥核心作用。

---

① 李辉、任晓春：《善治视野下的协同治理研究》，《科学与管理》2010 年第 6 期。

② 张海冰：《从欧债危机应对看全球经济治理的新趋势》，《欧洲研究》2013 年第 3 期。

③ 王明国：《东亚地区治理机制的有效性评估与未来发展》，《当代亚太》2014 年第 2 期。

Y.20 2015～2016年世界经济统计资料

曹永福*

目　录

* 曹永福，中国社会科学院世界经济与政治研究所副研究员，主要研究领域：宏观经济学。

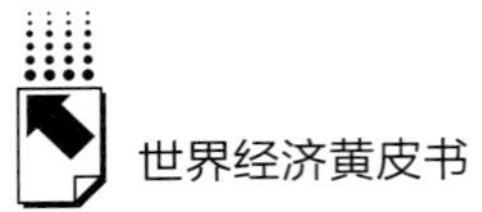

说　明

（一）统计体例

1. 本部分所称“国家”为纯地理实体概念，而不是国际法所称的政治实体概念。

2. 除非特别说明，2015 年以后的数据（含 2015 年）为估计值或预测值。未来国际组织可能会对预测做出调整，本部分仅报告编制时能获得的最新数据。

3. 1995～2004 年意为 1995～2004 年的平均值，两年度间的平均值表示法依此类推。"—"表示数据在统计时点无法取得或无实际意义，"0"表示数据远小于其所在表的计量单位。

4. 部分表格受篇幅所限无法列出所有国家和地区，编制时根据研究兴趣有所选择。

（二）国际货币基金组织的经济预测

本部分预测数据均来自国际货币基金组织（IMF）2015 年 10 月《世界经济展望》（*World Economic Outlook*），预测的假设与方法参见报告原文。

（三）国家和地区分类

《世界经济展望》将国家和地区分为发达经济体、新兴市场和发展中国家两大类。为了便于分析和提供更合理的集团数据，这种分类随时间变化亦有所改变，分类标准并非一成不变。表 A 列出了发达经济体的分类方法。新兴市场和发展中国家是发达经济体之外的 153 个国家和地区，按地区分为中东欧、独联体、亚洲发展中国家、拉丁美洲和加勒比地区、中东和北非、撒哈拉以南。

表 A　发达经济体细分类别

主要货币区	欧元区(19 国)	主要发达经济体(G7)	其他发达经济体
美国 欧元区 日本	奥地利、比利时、塞浦路斯、爱沙尼亚、芬兰、法国、德国、希腊、爱尔兰、意大利、拉脱维亚、立陶宛、卢森堡、马耳他、荷兰、葡萄牙、斯洛伐克、斯洛文尼亚、西班牙	加拿大、法国、德国、意大利、日本、英国、美国	澳大利亚、捷克、丹麦、中国香港、冰岛、以色列、韩国、新西兰、挪威、圣马力诺、新加坡、瑞典、瑞士、中国台湾

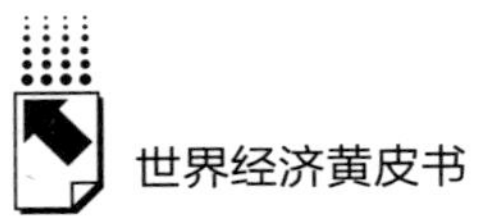

（一）世界经济形势回顾与展望

表 1－1　世界产出简况（2011～2020 年）

单位：%

类别＼年份	2011	2012	2013	2014	2015	2016	2020
世界实际 GDP 增长率	4.2	3.4	3.3	3.4	3.1	3.6	4.0
发达经济体	1.7	1.2	1.1	1.8	2.0	2.2	1.9
美国	1.6	2.2	1.5	2.4	2.6	2.8	2.0
欧元区	1.6	-0.8	-0.3	0.9	1.5	1.6	1.6
日本	-0.5	1.7	1.6	-0.1	0.6	1.0	0.7
其他发达经济体①	2.8	1.7	2.1	2.8	2.2	2.4	2.6
新兴市场和发展中国家	6.3	5.2	5.0	4.6	4.0	4.5	5.3
独联体②	4.8	3.4	2.2	1.0	-2.7	0.5	2.5
亚洲新兴市场和发展中国家	7.9	6.8	7.0	6.8	6.5	6.4	6.5
欧洲新兴市场和发展中国家	5.4	1.3	2.9	2.8	3.0	3.0	3.4
拉美与加勒比地区	4.9	3.1	2.9	1.3	-0.3	0.8	2.8
中东与北非	4.6	5.0	2.1	2.6	2.3	3.8	4.3
撒哈拉以南	5.0	4.3	5.2	5.0	3.8	4.3	5.1
人均实际 GDP 增长率							
发达经济体	1.2	0.6	0.6	1.2	1.4	1.7	1.5
新兴市场和发展中国家	5.2	3.9	3.9	3.3	2.9	3.4	4.2
世界 GDP(十亿美元)							
基于市场汇率	72423	73777	75467	77269	73507	76321	96193
基于购买力平价	94013	98714	103554	108777	113162	118519	149464

注：①这里的“其他发达经济体”指除去美国、欧元区国家和日本以外的发达经济体。②包括格鲁吉亚和蒙古，虽然二者不是独联体成员，但由于同独联体国家在地理和经济结构上类似，故在地区分组上将二者归入独联体。

资料来源：IMF，*World Economic Outlook*，2015 年 10 月。

表 1－2　GDP 不变价增长率回顾与展望：部分国家和地区（2007～2016 年）

单位：%

国家和地区＼年份	2007	2008	2009	2010	2011	2012	2013	2014	2015	2016
阿根廷	8.0	3.1	0.1	9.5	8.4	0.8	2.9	0.5	0.4	-0.7
澳大利亚	4.5	2.7	1.6	2.3	2.7	3.6	2.1	2.7	2.4	2.9
巴西	6.0	5.0	-0.2	7.6	3.9	1.8	2.7	0.1	-3.0	-1.0
加拿大	2.0	1.2	-2.7	3.4	3.0	1.9	2.0	2.4	1.0	1.7
中国	14.2	9.6	9.2	10.6	9.5	7.7	7.7	7.3	6.8	6.3

续表

国家和地区＼年份	2007	2008	2009	2010	2011	2012	2013	2014	2015	2016
埃及	7.1	7.2	4.7	5.1	1.8	2.2	2.1	2.2	4.2	4.3
芬兰	5.2	0.7	-8.3	3.0	2.6	-1.4	-1.1	-0.4	0.4	0.9
法国	2.4	0.2	-2.9	2.0	2.1	0.2	0.7	0.2	1.2	1.5
德国	3.4	0.8	-5.6	3.9	3.7	0.6	0.4	1.6	1.5	1.6
希腊	3.5	-0.4	-4.4	-5.4	-8.9	-6.6	-3.9	0.8	-2.3	-1.3
中国香港	6.5	2.1	-2.5	6.8	4.8	1.7	3.1	2.5	2.5	2.7
冰岛	9.5	1.5	-4.7	-3.6	2.0	1.2	3.9	1.8	4.8	3.7
印度	9.8	3.9	8.5	10.3	6.6	5.1	6.9	7.3	7.3	7.5
印度尼西亚	6.3	7.4	4.7	6.4	6.2	6.0	5.6	5.0	4.7	5.1
爱尔兰	5.5	-2.2	-5.6	0.4	2.6	0.2	1.4	5.2	4.8	3.8
意大利	1.5	-1.1	-5.5	1.7	0.6	-2.8	-1.7	-0.4	0.8	1.3
日本	2.2	-1.0	-5.5	4.7	-0.5	1.7	1.6	-0.1	0.6	1.0
韩国	5.5	2.8	0.7	6.5	3.7	2.3	2.9	3.3	2.7	3.2
马来西亚	6.3	4.8	-1.5	7.5	5.3	5.5	4.7	6.0	4.7	4.5
墨西哥	3.1	1.4	-4.7	5.1	4.0	4.0	1.4	2.1	2.3	2.8
新西兰	3.7	-0.8	0.5	2.0	1.3	2.9	2.5	3.3	2.2	2.4
尼日利亚	9.1	8.0	9.0	10.0	4.9	4.3	5.4	6.3	4.0	4.3
挪威	2.9	0.4	-1.6	0.6	1.0	2.7	0.7	2.2	0.9	1.3
菲律宾	6.6	4.2	1.1	7.6	3.7	6.7	7.1	6.1	6.0	6.3
葡萄牙	2.5	0.2	-3.0	1.9	-1.8	-4.0	-1.6	0.9	1.6	1.5
俄罗斯	8.5	5.2	-7.8	4.5	4.3	3.4	1.3	0.6	-3.8	-0.6
沙特阿拉伯	6.0	8.4	1.8	4.8	10.0	5.4	2.7	3.5	3.4	2.2
新加坡	9.1	1.8	-0.6	15.2	6.2	3.4	4.4	2.9	2.2	2.9
南非	5.4	3.2	-1.5	3.0	3.2	2.2	2.2	1.5	1.4	1.3
西班牙	3.8	1.1	-3.6	0.0	-0.6	-2.1	-1.2	1.4	3.1	2.5
瑞典	3.4	-0.6	-5.2	6.0	2.7	-0.3	1.3	2.3	2.8	3.0
瑞士	4.2	2.2	-2.1	2.9	1.9	1.1	1.8	1.9	1.0	1.3
中国台湾	6.5	0.7	-1.6	10.6	3.8	2.1	2.2	3.8	2.2	2.6
泰国	5.4	1.7	-0.7	7.5	0.8	7.3	2.8	0.9	2.5	3.2
土耳其	4.7	0.7	-4.8	9.2	8.8	2.1	4.2	2.9	3.0	2.9
英国	2.6	-0.3	-4.3	1.9	1.6	0.7	1.7	3.0	2.5	2.2
美国	1.8	-0.3	-2.8	2.5	1.6	2.2	1.5	2.4	2.6	2.8
越南	7.1	5.7	5.4	6.4	6.2	5.2	5.4	6.0	6.5	6.4

资料来源：IMF，World Economic Outlook database，2015 年 10 月。

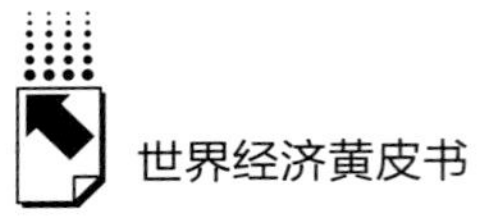

表 1－3　市场汇率计 GDP：部分国家和地区（2008～2016 年）

单位：亿美元

2014 年位次	国家和地区/年份	2008	2009	2010	2011	2012	2013	2014	2015	2016
1	美国	147186	144187	149644	155179	161553	166632	173481	179682	186979
2	中国	45589	50597	60395	74925	84615	94908	103565	113848	122540
3	日本	48492	50351	54987	59090	59572	49196	46024	41162	41706
4	德国	37702	34267	34235	37611	35416	37465	38744	33710	34725
5	英国	27859	23107	24074	25935	26238	26784	29500	28649	30548
6	法国	29373	27007	26518	28653	26829	28111	28337	24226	24884
7	巴西	16946	16668	22093	26131	24120	23910	23466	17996	16729
8	意大利	24032	21913	21306	22803	20764	21376	21477	18190	18676
9	印度	12241	13654	17085	18430	18358	18752	20512	21826	23847
10	俄罗斯	16608	12226	15249	19048	20161	20790	18606	12359	11789
11	加拿大	15426	13708	16141	17887	18327	18390	17854	15728	15923
12	澳大利亚	10362	9816	12450	14999	15553	14972	14427	12408	12530
13	韩国	10022	9019	10945	12025	12228	13056	14104	13930	14501
14	西班牙	16427	15029	14343	14960	13565	13935	14065	12214	12651
15	墨西哥	11013	8950	10511	11712	11866	12619	12911	11615	11871
16	印度尼西亚	5586	5775	7553	8926	9190	9125	8886	8726	8758
17	荷兰	9407	8601	8379	8946	8294	8644	8807	7508	7829
18	土耳其	7306	6144	7315	7747	7886	8230	7983	7222	7212
19	沙特阿拉伯	5198	4291	5268	6695	7340	7443	7462	6321	6432
20	瑞士	5524	5410	5808	6965	6652	6852	7039	6770	6876
21	尼日利亚	3254	2705	3738	4188	4671	5218	5740	4930	4849
22	瑞典	5140	4297	4884	5631	5439	5795	5706	4837	4992
23	波兰	5300	4368	4765	5241	4967	5262	5479	4812	5089
24	阿根廷	4037	3768	4617	5587	6076	6221	5431	5787	5787
25	比利时	5226	4871	4853	5286	4990	5249	5342	4587	4735
26	中国台湾	4170	3921	4461	4857	4959	5113	5296	5188	5401
27	挪威	4619	3864	4285	4982	5097	5223	4998	3976	3948
28	奥地利	4296	3986	3909	4294	4076	4288	4376	3726	3862
29	伊朗	3912	3967	4640	5645	5832	3803	4165	3969	4162
30	泰国	2914	2816	3409	3706	3975	4202	4048	3735	3930
31	阿联酋	3155	2535	2860	3475	3734	3872	3995	3391	3562
32	哥伦比亚	2443	2339	2870	3364	3696	3800	3779	2742	2635
33	南非	2871	2972	3753	4171	3974	3662	3501	3173	3265
34	丹麦	3526	3198	3198	3415	3223	3359	3424	2910	3009
35	马来西亚	2386	2089	2550	2980	3144	3233	3381	3135	3510

资料来源：IMF，World Economic Outlook database，2015 年 10 月。

表 1－4　人均 GDP：部分国家和地区（2014～2016 年）

市场汇率计人均 GDP(美元)					购买力平价计人均 GDP(国际元)				
2014 年位次	国家和地区	2014 年	2015 年	2016 年	2014 年位次	国家和地区	2014 年	2015 年	2016 年
1	卢森堡	119488	103187	106729	1	卡塔尔	137162	133040	132038
2	挪威	96930	76266	74903	2	卢森堡	97639	100779	103112
3	卡塔尔	93990	78829	73725	3	新加坡	83066	84901	87809
4	瑞士	86468	82178	82968	4	文莱	79890	78476	80614
5	澳大利亚	61066	51642	51257	5	科威特	70686	70259	70908
6	丹麦	60947	51424	53281	6	挪威	67166	67671	68586
7	瑞典	58538	48966	49783	7	阿联酋	66347	66997	67965
8	圣马力诺	56820	49139	50260	8	圣马力诺	60887	62120	63590
9	新加坡	56287	53224	55509	9	瑞士	58149	58598	59706
10	爱尔兰	54411	48940	51293	10	中国香港	55097	56689	58542
11	美国	54370	55904	57766	11	美国	54370	55904	57766
12	冰岛	52315	51068	53750	12	沙特	52311	53565	54313
13	荷兰	52225	44333	46028	13	爱尔兰	51284	53842	56092
14	奥地利	51433	43547	44944	14	巴林	49020	50169	51371
15	加拿大	50304	43935	44095	15	荷兰	47960	49094	50381
16	芬兰	50016	42159	43115	16	奥地利	46640	47189	48299
17	德国	47774	41267	42388	17	澳大利亚	46550	47318	48404
18	比利时	47682	40456	41412	18	瑞典	46219	47319	48565
19	英国	45729	44118	46720	19	德国	46216	47033	48203
20	法国	44332	37728	38575	20	中国台湾	46036	47407	49096
21	新西兰	43363	36963	35570	21	加拿大	44967	45489	46388
22	科威特	43168	29983	30426	22	丹麦	44625	45435	46977
23	阿联酋	42944	35392	36142	23	冰岛	44029	46298	48168
24	文莱	41460	27759	27818	25	比利时	43139	43629	44407
25	中国香港	40033	42097	43792	26	芬兰	40661	41068	41703
26	以色列	37222	35702	36663	27	法国	40538	41221	42128
27	日本	36222	32481	33010	28	英国	39826	40958	42080
28	意大利	35335	29847	30541	29	日本	37519	38211	39172
29	西班牙	30272	26327	27309	31	韩国	35379	36528	37975
30	韩国	27970	27513	28525	32	新西兰	35305	35966	36980
34	沙特阿拉伯	24252	20139	20093	33	意大利	35131	35665	36429

续表

市场汇率计人均 GDP(美元)					购买力平价计人均 GDP(国际元)				
2014 年位次	国家和地区	2014 年	2015 年	2016 年	2014 年位次	国家和地区	2014 年	2015 年	2016 年
37	中国台湾	22600	22083	22928	34	西班牙	33835	35270	36650
38	葡萄牙	22123	18984	19611	36	以色列	33136	33658	34548
39	希腊	21648	17657	17703	51	俄罗斯	24449	23744	23876
59	俄罗斯	12718	8447	8058	62	土耳其	19698	20277	20889
67	土耳其	10381	9290	9180	89	中国	13224	14190	15184
80	中国	7572	8280	8866	90	南非	13094	13197	13322
88	南非	6483	5784	5859	125	印度	5808	6209	6664
135	越南	2051	2171	2321	126	越南	5656	6020	6414
145	印度	1608	1688	1821	181	莫桑比克	1178	1243	1328

注：共有 187 个国家和地区的排名数据，本表只列出部分国家。各国购买力平价（PPP）数据参见 IMF，World Economic Outlook database，IMF 并不直接计算 PPP 数据，而是根据世界银行、OECD、Penn World Tables 等国际组织的原始资料进行计算。

资料来源：IMF，World Economic Outlook database，2015 年 10 月。

（二）世界通货膨胀、失业形势回顾与展望

表 2-1　通货膨胀率* 回顾与展望：部分国家和地区（2008～2016 年）

单位：%

国家和地区 \ 年份	2008	2009	2010	2011	2012	2013	2014	2015	2016
澳大利亚	4.4	1.7	2.9	3.4	1.7	2.4	2.5	1.8	2.6
奥地利	3.2	0.4	1.7	3.6	2.6	2.1	1.5	1.0	1.7
加拿大	2.4	0.3	1.8	2.9	1.5	1.0	1.9	1.0	1.6
丹麦	3.4	1.3	2.3	2.8	2.4	0.8	0.6	0.5	1.8
芬兰	3.9	1.6	1.7	3.3	3.2	2.2	1.2	0.0	1.3
法国	3.2	0.1	1.7	2.3	2.2	1.0	0.6	0.1	1.0
德国	2.7	0.2	1.2	2.5	2.1	1.6	0.8	0.2	1.2
希腊	4.2	1.2	4.7	3.3	1.5	-1.2	-1.5	-0.4	0.0
意大利	3.5	0.8	1.6	2.9	3.3	1.3	0.2	0.2	0.7
日本	1.4	-1.3	-0.7	-0.3	0.0	0.4	2.7	0.7	0.4

续表

国家和地区＼年份	2008	2009	2010	2011	2012	2013	2014	2015	2016
新西兰	4.0	2.1	2.3	4.0	1.1	1.1	1.2	0.2	1.5
瑞士	2.4	-0.5	0.7	0.2	-0.7	-0.2	0.0	-1.1	-0.2
英国	3.6	2.2	3.3	4.5	2.8	2.6	1.5	0.1	1.5
美国	3.8	-0.3	1.6	3.1	2.1	1.5	1.6	0.1	1.1
中国香港	4.3	0.6	2.3	5.3	4.1	4.3	4.4	2.9	3.0
韩国	4.7	2.8	2.9	4.0	2.2	1.3	1.3	0.7	1.8
新加坡	6.6	0.6	2.8	5.2	4.6	2.4	1.0	0.0	1.8
中国台湾	3.5	-0.9	1.0	1.4	1.9	0.8	1.2	-0.1	1.0
阿根廷	8.6	6.3	10.5	9.8	10.0	10.6	—	16.8	25.6
巴西	5.7	4.9	5.0	6.6	5.4	6.2	6.3	8.9	6.3
智利	8.7	1.5	1.4	3.3	3.0	1.9	4.4	4.4	3.7
中国	5.9	-0.7	3.3	5.4	2.6	2.6	2.0	1.5	1.8
哥伦比亚	7.0	4.2	2.3	3.4	3.2	2.0	2.9	4.4	3.5
埃及	11.7	16.2	11.7	11.1	8.7	6.9	10.1	11.0	8.8
印度	9.2	10.6	9.5	9.4	10.2	10.0	5.9	5.4	5.5
印度尼西亚	9.8	5.0	5.1	5.3	4.0	6.4	6.4	6.8	5.4
马来西亚	5.4	0.6	1.7	3.2	1.7	2.1	3.1	2.4	3.8
墨西哥	5.1	5.3	4.2	3.4	4.1	3.8	4.0	2.8	3.0
尼日利亚	11.6	12.5	13.7	10.8	12.2	8.5	8.1	9.1	9.7
菲律宾	8.2	4.2	3.8	4.7	3.2	2.9	4.2	1.9	3.4
俄罗斯	14.1	11.7	6.9	8.4	5.1	6.8	7.8	15.8	8.6
沙特阿拉伯	6.1	4.1	3.8	3.7	2.9	3.5	2.7	2.1	2.3
南非	11.5	7.1	4.3	5.0	5.7	5.8	6.1	4.8	5.9
土耳其	10.4	6.3	8.6	6.5	8.9	7.5	8.9	7.4	7.0
越南	23.1	6.7	9.2	18.7	9.1	6.6	4.1	2.2	3.1

注：* 以消费者物价指数衡量的通货膨胀率。

资料来源：IMF，World Economic Outlook database，2015 年 10 月。

表 2-2 失业率：发达经济体（2001～2015 年）

单位：%

国家和地区 \ 年份	2001～2007	2009	2010	2011	2012	2013	2014	2015
澳大利亚	5.5	5.6	5.2	5.1	5.2	5.6	6.1	6.3
奥地利	4.9	5.3	4.8	4.6	4.9	5.3	5.6	5.8
比利时	7.8	7.9	8.3	7.2	7.6	8.4	8.5	8.5
加拿大	7.0	8.4	8.0	7.5	7.3	7.1	6.9	6.8
塞浦路斯	4.3	5.4	6.3	7.9	11.9	15.9	16.1	16.0
捷克	7.4	6.7	7.3	6.7	7.0	7.0	6.1	5.2
丹麦	4.7	6.0	7.5	7.6	7.5	7.0	6.5	6.2
爱沙尼亚	9.0	13.5	16.7	12.3	10.0	8.6	7.4	6.8
芬兰	8.4	8.2	8.4	7.8	7.7	8.1	8.7	9.5
法国	8.5	9.1	9.3	9.1	9.7	10.3	10.3	10.2
德国	9.4	7.7	7.0	5.9	5.4	5.2	5.0	4.7
希腊	9.8	9.6	12.7	17.9	24.4	27.5	26.5	26.8
中国香港	5.9	5.2	4.3	3.4	3.3	3.4	3.2	3.2
冰岛	2.8	7.2	7.5	7.1	6.0	5.4	5.0	4.3
爱尔兰	4.4	12.0	13.9	14.6	14.7	13.0	11.3	9.6
以色列	11.7	9.4	8.3	7.1	6.9	6.3	5.9	5.3
意大利	7.8	7.8	8.4	8.4	10.6	12.2	12.7	12.2
日本	4.7	5.1	5.1	4.6	4.3	4.0	3.6	3.5
韩国	3.6	3.7	3.7	3.4	3.2	3.1	3.5	3.7
拉脱维亚	10.4	17.5	19.5	16.2	15.0	11.9	10.8	10.4
卢森堡	3.5	5.5	5.9	5.7	6.1	6.9	7.2	6.9
马耳他	7.2	6.9	6.9	6.4	6.3	6.4	5.9	5.7
荷兰	4.6	4.4	5.0	5.0	5.8	7.3	7.4	7.2
新西兰	4.4	6.1	6.6	6.5	6.9	6.3	5.7	5.8
挪威	3.9	3.2	3.6	3.3	3.2	3.5	3.5	4.2
葡萄牙	6.4	9.4	10.8	12.7	15.5	16.2	13.9	12.3
新加坡	3.1	3.0	2.2	2.0	2.0	1.9	2.0	2.0
斯洛伐克	16.5	12.1	14.5	13.7	14.0	14.3	13.2	11.9
斯洛文尼亚	6.1	5.9	7.3	8.2	8.9	10.1	9.7	8.7
西班牙	10.0	17.9	19.9	21.4	24.8	26.1	24.5	21.8
瑞典	6.6	8.3	8.6	7.8	8.0	8.0	7.9	7.7
瑞士	3.1	3.7	3.5	2.8	2.9	3.2	3.2	3.4
中国台湾	4.4	5.9	5.2	4.4	4.2	4.2	4.0	4.0
英国	5.1	7.6	7.9	8.1	8.0	7.6	6.2	5.6
美国	5.2	9.3	9.6	8.9	8.1	7.4	6.2	5.3

资料来源：IMF，World Economic Outlook database，2015 年 10 月。

（三）世界财政形势回顾与展望

表3-1　广义政府财政差额占GDP比例：发达经济体（2008~2016年）

单位：%

国家和地区 \ 年份	2008	2009	2010	2011	2012	2013	2014	2015	2016
澳大利亚	-1.1	-4.6	-5.1	-4.5	-3.5	-2.8	-2.8	-2.4	-1.8
奥地利	-1.4	-5.3	-4.4	-2.6	-2.2	-1.3	-2.4	-2.0	-1.7
比利时	-1.1	-5.5	-4.0	-4.1	-4.1	-2.9	-3.2	-2.8	-2.3
加拿大	-0.3	-4.5	-4.9	-3.7	-3.1	-2.7	-1.6	-1.7	-1.3
塞浦路斯	0.9	-5.5	-4.8	-5.8	-5.8	-4.4	-0.2	-1.3	0.1
捷克	-2.1	-5.5	-4.4	-2.7	-3.9	-1.2	-2.0	-1.8	-1.1
丹麦	3.2	-2.8	-2.7	-2.1	-3.7	-1.1	1.8	-2.7	-2.8
爱沙尼亚	-2.9	-1.9	0.2	1.0	-0.3	-0.5	0.6	-0.7	-0.5
芬兰	4.2	-2.5	-2.5	-1.0	-2.1	-2.5	-3.2	-3.2	-2.8
法国	-3.2	-7.2	-6.8	-5.1	-4.8	-4.1	-4.0	-3.8	-3.4
德国	0.0	-3.0	-4.1	-0.9	0.1	0.1	0.3	0.5	0.3
希腊	-9.9	-15.3	-11.1	-10.2	-6.4	-2.9	-3.9	-4.2	-3.6
中国香港	0.1	1.5	4.4	4.1	3.3	1.1	3.8	3.5	2.7
冰岛	-13.1	-9.7	-9.8	-5.6	-3.7	-1.7	-0.2	1.3	0.4
爱尔兰	-7.0	-13.8	-32.2	-12.4	-8.0	-5.6	-4.0	-2.0	-1.3
以色列	-3.3	-6.2	-4.6	-3.9	-5.1	-4.1	-3.6	-3.7	-3.8
意大利	-2.7	-5.3	-4.2	-3.5	-3.0	-2.9	-3.0	-2.7	-2.0
日本	-4.1	-10.4	-9.3	-9.8	-8.8	-8.5	-7.3	-5.9	-4.5
韩国	1.5	0.0	1.5	1.7	1.6	0.7	0.8	-0.5	0.4
拉脱维亚	-3.1	-7.0	-6.4	-3.1	0.1	-0.6	-1.7	-1.4	-1.1
卢森堡	3.3	-0.5	-0.5	0.4	0.1	0.8	0.6	0.1	0.5
马耳他	-4.2	-3.3	-3.3	-2.6	-3.6	-2.6	-2.1	-1.7	-1.4
荷兰	0.2	-5.5	-5.0	-4.3	-3.9	-2.2	-2.3	-2.1	-1.8
新西兰	0.8	-2.2	-6.6	-6.2	-2.6	-1.6	-0.8	-0.3	-0.1
挪威	18.5	10.3	10.9	13.2	13.5	11.0	8.8	6.0	6.2
葡萄牙	-3.8	-9.8	-11.2	-7.4	-5.6	-4.8	-4.5	-3.1	-2.7
新加坡	6.4	-0.6	6.6	8.5	7.8	5.5	3.3	1.1	2.1
斯洛伐克	-2.4	-7.9	-7.5	-4.1	-4.2	-2.6	-2.9	-2.5	-2.6
斯洛文尼亚	-0.3	-5.4	-5.2	-5.5	-3.1	-13.9	-5.8	-3.7	-5.3
西班牙	-4.4	-11.0	-9.4	-9.4	-10.3	-6.8	-5.8	-4.4	-3.2
瑞典	2.1	-0.9	0.0	0.0	-0.7	-1.4	-1.9	-1.4	-0.7
瑞士	1.7	0.5	0.1	0.3	-0.1	-0.1	-0.1	-0.2	-0.2
中国台湾	-2.7	-6.2	-5.1	-4.0	-4.3	-3.2	-2.7	-2.7	-2.4
英国	-5.1	-10.8	-9.7	-7.6	-7.8	-5.7	-5.7	-4.2	-2.8
美国	-6.7	-13.2	-10.9	-9.6	-7.9	-4.7	-4.1	-3.8	-3.6

注：广义政府财政差额对应的英文统计口径为General Government Net Lending/Borrowing。
资料来源：IMF，World Economic Outlook database，2015年10月。

表 3-2　广义政府财政差额占 GDP 比例：部分新兴市场和发展中国家（2008～2016 年）

单位：%

国家和地区 \ 年份	2008	2009	2010	2011	2012	2013	2014	2015	2016
阿根廷	0.8	-1.6	0.0	-1.9	-2.4	-2.0	-2.7	-4.9	-4.8
玻利维亚	3.6	0.0	1.7	0.8	1.8	0.7	-3.4	-5.3	-5.7
巴西	-1.5	-3.2	-2.7	-2.5	-2.6	-3.1	-6.2	-7.7	-7.2
智利	4.1	-4.1	-0.4	1.4	0.7	-0.5	-1.5	-3.3	-2.3
中国	0.0	-1.8	-1.2	0.5	0.0	-1.1	-1.2	-1.9	-2.3
哥伦比亚	-0.3	-2.8	-3.3	-2.0	0.1	-0.9	-1.8	-3.1	-3.0
埃及	-8.0	-6.9	-8.3	-9.8	-10.5	-14.1	-13.6	-11.7	-9.4
印度	-10.0	-9.8	-8.4	-8.1	-7.4	-7.6	-7.0	-7.2	-7.0
印度尼西亚	0.1	-1.6	-1.2	-0.6	-1.6	-2.0	-2.1	-2.3	-2.3
马来西亚	-3.5	-6.5	-4.5	-3.6	-3.8	-4.3	-3.6	-3.5	-3.2
墨西哥	-0.8	-5.0	-3.9	-3.4	-3.8	-3.7	-4.6	-4.0	-3.5
蒙古	-3.1	-4.0	0.4	-4.0	-9.1	-8.9	-10.9	-9.7	-8.0
摩洛哥	0.7	-1.8	-4.3	-6.6	-7.3	-5.2	-4.9	-4.3	-3.5
莫桑比克	-2.2	-5.0	-3.9	-4.8	-3.9	-2.7	-10.3	-6.5	-5.1
尼日利亚	5.8	-6.0	-4.2	0.4	0.3	-2.3	-2.0	-3.9	-3.2
巴基斯坦	-7.1	-5.0	-6.0	-6.7	-8.6	-8.4	-4.9	-5.3	-4.2
秘鲁	2.7	-1.4	0.1	2.0	2.1	0.8	-0.3	-1.9	-2.2
菲律宾	0.0	-2.7	-2.4	-0.4	-0.3	0.2	0.9	-0.1	-0.6
波兰	-3.6	-7.2	-7.6	-4.9	-3.7	-4.0	-3.2	-2.8	-2.5
卡塔尔	10.8	15.5	6.1	10.2	14.2	20.7	14.7	4.5	-1.5
罗马尼亚	-4.7	-7.1	-6.3	-4.2	-2.5	-2.5	-1.9	-1.8	-2.6
俄罗斯	4.9	-6.3	-3.4	1.5	0.4	-1.3	-1.2	-5.7	-3.9
沙特阿拉伯	29.8	-5.4	3.6	11.2	12.0	5.8	-3.4	-21.6	-19.4
南非	-0.5	-4.7	-4.8	-3.9	-4.1	-4.1	-3.8	-4.1	-3.7
泰国	0.8	-2.2	-1.3	0.0	-0.9	0.4	-0.8	-1.2	-1.4
土耳其	-2.7	-6.0	-3.4	-0.6	-1.7	-1.3	-1.0	-0.8	-0.8
乌克兰	-3.0	-6.0	-5.8	-2.8	-4.3	-4.8	-4.5	-4.2	-3.7
乌拉圭	-1.6	-1.6	-1.4	-0.9	-2.7	-2.3	-3.5	-3.3	-3.2
乌兹别克斯坦	7.7	2.5	3.6	7.8	7.8	2.4	2.2	0.1	0.8
委内瑞拉	-3.5	-8.7	-10.4	-11.6	-16.5	-14.5	-15.0	-24.4	-25.0
越南	-0.5	-6.0	-2.8	-1.1	-6.8	-7.4	-6.1	-6.9	-6.7

注：广义政府财政差额对应的英文统计口径为 General Government Net Lending/Borrowing。

资料来源：IMF，World Economic Outlook database，2015 年 10 月。

（四）世界金融形势回顾与展望

表4－1　广义货币供应量年增长率：新兴市场和发展中国家（2008～2016年）

单位：%

国家和地区＼年份	2008	2009	2010	2011	2012	2013	2014	2015	2016
新兴市场和发展中国家	18.3	15.9	16.4	16.8	14.4	14.1	12.4	11.9	11.7
独联体①	17.5	15.5	24.4	22.5	13.5	15.9	14.3	14.9	14.5
俄罗斯	13.5	17.3	24.6	20.8	12.2	15.7	15.5	15.8	14.3
除俄罗斯	31.1	9.7	24.0	28.1	17.9	16.5	10.7	12.2	15.1
亚洲新兴市场和发展中国家	16.9	22.5	17.6	16.2	14.1	13.6	11.1	11.4	10.9
中国	17.8	28.4	18.9	17.3	14.4	13.6	11.0	11.0	10.0
印度	19.3	16.9	16.1	13.5	13.6	13.4	11.9	13.3	14.3
除中国和印度	12.8	12.7	14.8	15.0	13.7	13.7	10.7	11.7	12.0
欧洲新兴市场和发展中国家	19.4	9.7	11.9	11.8	6.2	13.0	9.2	11.6	10.4
拉丁美洲与加勒比地区	17.2	10.9	15.9	20.5	18.6	14.2	15.3	13.8	14.1
巴西	17.8	16.3	15.8	18.5	15.9	8.9	13.5	10.2	9.4
墨西哥	16.8	6.1	12.0	15.7	14.5	8.7	11.9	9.7	10.4
中东与北非	18.4	13.2	12.3	13.7	13.7	18.2	11.4	9.6	9.5
撒哈拉以南	30.5	13.4	12.6	12.6	15.2	7.4	14.8	9.8	12.4

注：①包括格鲁吉亚和蒙古。虽然二者不是独联体成员，但由于同独联体国家在地理和经济结构上类似，故在地区分组上将二者归入独联体。

资料来源：IMF，World Economic Outlook，2015年10月。

表4－2　汇率*：部分国家和地区（2007～2015年）

单位：本币/美元

币种＼年份	2007	2008	2009	2010	2011	2012	2013	2014	2015Q2
欧元	0.73	0.68	0.72	0.76	0.72	0.78	0.75	0.75	0.91
日元	117.75	103.36	93.57	87.78	79.81	79.79	97.60	105.95	121.33
英镑	0.50	0.54	0.64	0.65	0.62	0.63	0.64	0.61	0.65
阿根廷比索	3.10	3.14	3.71	3.90	4.11	4.54	5.46	8.08	8.92
澳大利亚元	1.20	1.19	1.28	1.09	0.97	0.97	1.04	1.11	1.28
巴西里尔	1.95	1.83	2.00	1.76	1.67	1.95	2.16	2.35	3.07
加拿大元	1.07	1.07	1.14	1.03	0.99	1.00	1.03	1.11	1.23
人民币	7.61	6.95	6.83	6.77	6.46	6.31	6.20	6.14	6.12
印度卢比	41.35	43.51	48.41	45.73	46.67	53.44	58.60	61.03	63.47
韩元	929.26	1102.05	1276.93	1156.06	1108.29	1126.47	1094.85	1052.96	1097.12

续表

币种 \ 年份	2007	2008	2009	2010	2011	2012	2013	2014	2015Q2
墨西哥比索	10.93	11.13	13.51	12.64	12.42	13.17	12.77	13.29	15.31
俄罗斯卢布	25.58	24.85	31.74	30.37	29.38	30.84	31.84	38.38	52.65
沙特里亚尔	3.75	3.75	3.75	3.75	3.75	3.75	3.75	3.75	3.75
南非兰特	7.05	8.26	8.47	7.32	7.26	8.21	9.66	10.85	12.09
土耳其里拉	1.30	1.30	1.55	1.50	1.67	1.80	1.90	2.19	2.67

注：汇率为期内均值，Q代表季度。
资料来源：CEIC数据库，2015年10月。

表4-3　股票价格指数：全球主要证券交易所（2009~2015年）

国家	指数名称	2009年	2010年	2011年	2012年	2013年	2014年	2015[①]年
阿根廷	MERVAL 指数	2321	3524	2463	2854	5391	8579	9815
澳大利亚	S&P/ASX 200 指数	4871	4745	4057	4649	5352	5411	5022
巴西	BOVESPA 指数	68588	69305	56754	60952	51507	50007	45059
加拿大	S&P/TSX 综合指数	11746	13443	11955	12434	13622	14632	13307
中国	上证综合指数	3277	2808	2199	2269	2116	3235	3053
法国	CAC40 指数	3936	3805	3160	3641	4296	4273	4455
德国	DAX 指数	5957	6914	5898	7612	9552	9806	9660
印度	Sensitive30 指数	17465	20509	15455	19427	21171	27499	26155
印度尼西亚	雅加达综合指数	2534	3704	3822	4317	4274	5227	4224
意大利	MIB 指数	23248	20173	15090	16273	18968	19012	21295
日本	日经225指数	10546	10229	8455	10395	16291	17451	17388
韩国	KOSPI 指数	1683	2051	1826	1997	2011	1916	1963
墨西哥	BMV IPC 指数	32120	38551	37078	43706	42727	43146	42633
俄罗斯	MICEX 指数	1370	1688	1402	1475	1504	1397	1643
沙特阿拉伯	TASI 指数	6122	6621	6418	6801	8536	8333	7404
南非	全部股票价格指数	27666	32119	31986	39250	46256	49771	50089
土耳其	BIST National 100 指数	52825	66004	51267	78208	67802	85721	74205
英国	FTSE100 指数	5413	5900	5572	5898	6749	6566	6062
美国	标准普尔500指数	1115	1258	1258	1426	1848	2059	1920

注：①2009~2014年均为年底值，2015年为9月底值。
资料来源：CEIC数据库，2015年10月。

（五）国际收支形势回顾与展望

表5－1　国际收支平衡表：部分国家和地区（2008～2014年）

单位：亿美元

国家	项目＼年份	2008	2009	2010	2011	2012	2013	2014
美国	经常项目差额	－6907.9	－3840.2	－4419.6	－4603.6	－4496.7	－3767.6	－3895.3
	货物贸易差额	－8324.9	－5097.0	－6486.8	－7406.4	－7411.7	－7025.9	－7414.6
	服务贸易差额	1237.6	1259.2	1540.2	1920.2	2044.0	2241.9	2331.4
	主要收入差额①	1461.5	1235.9	1776.6	2209.6	2121.8	2245.4	2379.8
	次要收入差额②	－1282.1	－1238.3	－1249.6	－1326.9	－1250.7	－1229.1	－1191.9
	资本项目差额	60.1	－1.4	－1.6	－11.9	69.0	－4.1	－0.5
	金融项目差额	7354.2	2831.3	4388.1	5316.4	4457.1	3927.3	2360.6
	直接投资差额	－189.9	－1599.4	－952.3	－1830.0	－1459.0	－1120.4	－2253.6
	证券投资差额	8079.5	－185.3	6208.2	2262.6	5082.2	257.4	1669.7
	金融衍生品差额	－329.5	448.2	140.8	350.1	－70.6	－22.1	543.7
	其他投资差额	－206.0	4167.8	－1008.5	4533.6	904.5	4812.5	2400.8
	净误差与遗漏	－458.1	1532.2	51.4	－541.1	15.2	－186.4	1499.3
	储备资产变动	－48.4	－521.8	－18.3	－159.8	－44.6	30.9	35.8
日本	经常项目差额	1421.2	1456.8	2208.9	1296.0	601.2	411.3	240.2
	货物贸易差额	552.8	580.9	1085.2	－44.7	－534.8	－896.5	－992.0
	服务贸易差额	－379.4	－348.4	－303.3	－350.7	－477.1	－354.8	－292.2
	主要收入差额①	1378.2	1348.2	1550.9	1829.7	1756.6	1763.8	1713.9
	次要收入差额②	－130.4	－124.0	－124.0	－138.2	－143.4	－101.2	－189.5
	资本项目差额	－54.7	－49.9	－49.6	5.0	－10.2	－76.8	－18.9
	金融项目差额	－1496.5	－1406.8	－2030.0	190.3	－913.4	482.6	－425.2
	直接投资差额	－890.2	－614.5	－722.2	－1176.9	－1170.9	－1397.9	－1105.8
	证券投资差额	－2826.9	－2105.9	－1447.7	1684.5	－322.1	2746.5	414.1
	金融衍生品差额	247.9	105.5	119.4	170.8	－71.4	－582.2	－331.4
	其他投资差额	1972.7	1208.0	20.3	－488.1	650.9	－283.8	598.0
	净误差与遗漏	438.8	269.2	309.3	275.0	－60.2	－429.3	288.7
	储备资产变动	－308.8	－269.2	－438.5	－1766.2	382.6	－387.8	－84.8

续表

国家	项目 \ 年份	2008	2009	2010	2011	2012	2013	2014
德国	经常项目差额	2109.0	1987.2	1933.3	2279.3	2408.6	2423.3	2903.3
	货物贸易差额	2738.3	1980.1	2137.4	2272.8	2525.0	2756.9	3041.5
	服务贸易差额	-474.2	-277.8	-359.9	-455.7	-458.4	-592.9	-519.6
	主要收入差额①	344.0	776.3	686.6	952.2	860.0	805.1	878.3
	次要收入差额②	-499.1	-491.5	-530.8	-490.1	-517.9	-545.8	-497.0
	资本项目差额	-12.1	-26.0	16.2	22.5	17.8	14.8	39.2
	金融项目差额	-1792.6	-1720.7	-1216.1	-1637.7	-2005.6	-2753.3	-3265.0
	直接投资差额	-670.6	-429.8	-606.4	-103.5	-456.1	-110.9	-1102.9
	证券投资差额	445.4	-1192.4	-1541.1	514.1	-706.3	-2180.6	-1681.6
	金融衍生品差额	-439.9	75.4	-175.7	-397.6	-312.4	-323.3	-422.8
	其他投资差额	-1127.6	-173.8	1107.1	-1650.8	-530.8	-138.5	-57.8
	净误差与遗漏	-276.7	-117.0	-712.0	-624.9	-403.8	326.8	289.6
	储备资产变动	-27.4	-123.5	-21.3	-39.2	-17.0	-11.6	33.0
中国	经常项目差额	4205.7	2432.6	2378.1	1361.0	2153.9	1482.0	2196.8
	货物贸易差额	3598.9	2435.5	2464.3	2287.0	3115.7	3589.8	4350.4
	服务贸易差额	-110.5	-234.2	-234.0	-468.0	-797.2	-1236.0	-1510.2
	主要收入差额①	285.8	-85.3	-259.0	-703.2	-198.9	-784.4	-341.1
	次要收入差额②	431.6	316.6	406.9	245.1	34.3	-87.3	-302.3
	资本项目差额	30.5	39.4	46.3	54.5	42.7	30.5	-0.3
	金融项目差额	370.7	1945.3	2822.3	2600.2	-360.4	3430.5	382.7
	直接投资差额	1147.9	871.7	1857.5	2316.5	1762.5	2179.6	2086.8
	证券投资差额	348.5	270.9	240.4	196.4	477.8	528.9	824.3
	其他投资差额	-1125.7	802.8	724.5	87.3	-2600.7	722.0	-2528.4
	净误差与遗漏	188.4	-413.8	-529.4	-137.7	-870.7	-629.2	-1401.4
	储备资产变动	-4795.4	-4003.4	-4717.4	-3878.0	-965.5	-4313.8	-1177.8

注：①主要收入差额对应收益差额；②次要收入差额对应经常转移差额。

资料来源：CEIC 数据库、中国外汇管理局网站，2015 年 10 月。

表 5－2　经常项目差额占 GDP 比例：部分国家和地区（2008～2016 年）

单位：%

国家和地区＼年份	2008	2009	2010	2011	2012	2013	2014	2015	2016
阿根廷	1.5	2.0	－0.4	－0.7	－0.3	－0.8	－1.0	－1.8	－1.6
澳大利亚	－5.0	－4.7	－3.6	－2.9	－4.3	－3.4	－3.0	－4.0	－4.1
巴西	－1.7	－1.5	－3.5	－2.8	－3.5	－3.8	－4.4	－4.0	－3.8
加拿大	0.1	－2.9	－3.5	－2.7	－3.3	－3.0	－2.1	－2.9	－2.3
中国	9.2	4.8	3.9	1.8	2.5	1.6	2.1	3.1	2.8
法国	－1.0	－0.8	－0.8	－1.0	－1.2	－0.8	－0.9	－0.2	－0.4
德国	5.6	5.7	5.6	6.1	6.8	6.4	7.4	8.5	8.0
印度	－2.3	－2.8	－2.8	－4.2	－4.8	－1.7	－1.3	－1.4	－1.6
印度尼西亚	0.0	1.8	0.7	0.2	－2.7	－3.2	－3.0	－2.2	－2.1
意大利	－2.8	－1.9	－3.5	－3.1	－0.4	0.9	1.9	2.0	2.3
日本	2.9	2.9	4.0	2.2	1.0	0.8	0.5	3.0	3.0
韩国	0.3	3.7	2.6	1.6	4.2	6.2	6.3	7.1	6.7
墨西哥	－1.9	－0.9	－0.5	－1.1	－1.4	－2.4	－1.9	－2.4	－2.0
俄罗斯	6.3	4.1	4.4	5.1	3.5	1.6	3.2	5.0	5.4
沙特阿拉伯	25.5	4.9	12.7	23.7	22.4	18.2	10.3	－3.5	－4.7
南非	－5.5	－2.7	－1.5	－2.2	－5.0	－5.8	－5.4	－4.3	－4.5
土耳其	－5.5	－2.0	－6.2	－9.7	－6.2	－7.9	－5.8	－4.5	－4.7
英国	－3.7	－2.8	－2.6	－1.7	－3.7	－4.5	－5.9	－4.7	－4.3
美国	－4.7	－2.7	－3.0	－3.0	－2.8	－2.3	－2.2	－2.6	－3.0

资料来源：IMF，World Economic Outlook database，2015 年 10 月。

（六）国际贸易形势回顾

表 6－1　货物贸易进出口：世界部分国家和地区（2011～2014 年）

单位：亿美元

2014 年位次	国家和地区	货物出口				2014 年位次	国家和地区	货物出口			
		2011 年	2012 年	2013 年	2014 年			2011 年	2012 年	2013 年	2014 年
	世界	183380	184960	189540	190020		世界	185030	187130	190260	190910
1	中国	18984	20487	22090	23423	1	美国	22660	23365	23291	24125
2	美国	14825	15457	15796	16205	2	中国	17435	18184	19500	19594
3	德国	14740	14051	14518	15076	3	德国	12549	11632	11916	12157
4	日本	8232	7986	7151	6838	4	日本	8554	8858	8332	8223

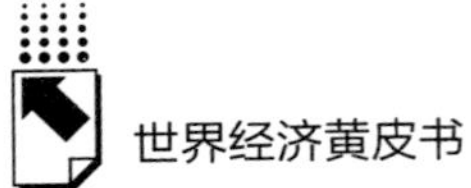

续表

2014年位次	国家和地区	货物出口				2014年位次	国家和地区	货物出口			
		2011年	2012年	2013年	2014年			2011年	2012年	2013年	2014年
5	荷兰	6671	6554	6716	6721	5	英国	6769	6912	6558	6840
6	法国	5965	5687	5810	5826	6	法国	7200	6744	6815	6777
7	韩国	5552	5479	5596	5727	7	中国香港	5109	5535	6214	6006
8	意大利	5233	5013	5183	5287	8	荷兰	5944	5869	5897	5876
9	中国香港	4556	4929	5352	5241	9	韩国	5244	5196	5156	5255
10	英国	5066	4728	5410	5058	10	加拿大	4636	4749	4743	4750
11	俄罗斯	5220	5293	5233	4978	11	意大利	5588	4886	4794	4718
12	加拿大	4513	4556	4583	4747	12	印度	4645	4897	4654	4630
13	比利时	4757	4459	4688	4714	13	比利时	4669	4391	4517	4525
14	新加坡	4095	4084	4102	4098	14	墨西哥	3611	3805	3910	4116
15	墨西哥	3496	3706	3800	3975	15	新加坡	3658	3797	3730	3662
16	阿联酋	3020	3490	3790	3600	16	西班牙	3766	3373	3406	3585
17	沙特阿拉伯	3647	3884	3759	3538	17	俄罗斯	3238	3354	3413	3080
18	西班牙	3066	2953	3178	3249	18	瑞士	2082	2960	3215	2757
19	印度	3029	2968	3148	3216	19	中国台北	2814	2705	2699	2740
20	中国台北	3083	3012	3054	3137	20	阿联酋	2030	2260	2510	2620
21	瑞士	2348	3125	3579	3112	21	土耳其	2408	2365	2517	2422
22	澳大利亚	2717	2567	2530	2412	22	巴西	2370	2334	2506	2392
23	马来西亚	2281	2275	2283	2341	23	澳大利亚	2437	2609	2421	2369
24	泰国	2226	2291	2285	2276	24	泰国	2288	2491	2504	2280
25	巴西	2560	2426	2420	2251	25	波兰	2106	1991	2076	2199
26	波兰	1887	1854	2050	2166	26	马来西亚	1875	1964	2059	2089
27	奥地利	1774	1666	1752	1780	27	奥地利	1914	1785	1833	1819
28	印尼	2035	1900	1826	1763	28	印尼	1774	1917	1866	1782

资料来源：WTO Statistics Database Online，2015年10月。

表6-2 服务贸易进出口：世界部分国家和地区（2011~2014年）

单位：亿美元

2013年位次①	国家和地区	服务出口				2013年位次①	国家和地区	服务出口			
		2011年	2012年	2013年	2014年			2011年	2012年	2013年	2014年
	世界	44040	45450	47866	50167		世界	42517	43973	46534	49040
1	美国	6278	6549	6874	7094	1	美国	4358	4504	4621	4759
2	英国	3050	3090	3164	3415	2	中国	2389	2821	3316	3836
3	德国	2480	2406	2608	2715	3	德国	2948	2880	3244	3278

续表

2013 年位次①	国家和地区	服务出口				2013 年位次①	国家和地区	服务出口			
		2011 年	2012 年	2013 年	2014 年			2011 年	2012 年	2013 年	2014 年
4	法国	2373	2373	2549	2684	4	法国	2039	2031	2306	2484
5	中国	1848	2162	2080	2335	5	英国	1885	1913	1956	2037
6	荷兰	1754	1683	1790	1888	6	日本	1757	1847	1709	1919
7	印度	1385	1455	1486	1562	7	荷兰	1503	1428	1515	1566
8	新加坡	1186	1273	1373	1404	8	新加坡	1174	1291	1416	1416
9	日本	1375	1342	1352	1625	9	俄罗斯	915	1089	1284	1211
10	西班牙	1306	1228	1289	1344	10	印度	1250	1297	1263	1479
11	爱尔兰	1048	1099	1225	1338	11	爱尔兰	1161	1189	1223	1419
12	比利时	1052	1069	1137	1240	12	加拿大	1073	1128	1122	1070
13	意大利	1103	1083	1132	1170	13	意大利	1188	1085	1103	1153
14	瑞士	1079	1080	1132	1152	14	韩国	1032	1087	1102	1150
15	中国香港	913	985	1047	1061	15	比利时	951	976	1040	1152
16	韩国	909	1035	1037	1069	16	瑞士	830	851	917	928
17	加拿大	852	901	899	863	17	巴西	762	809	862	885
18	卢森堡	737	772	884	990	18	沙特阿拉伯	780	734	767	969
19	瑞典	619	619	751	771	19	中国香港	743	766	752	758
20	丹麦	672	671	706	724	20	澳大利亚	626	667	681	635
21	俄罗斯	580	623	701	658	21	阿联酋	565	633	674	714
22	奥地利	592	579	641	670	22	西班牙	714	654	647	698
23	泰国	416	496	586	553	23	丹麦	614	613	632	641
24	中国澳门	398	454	536	531	24	瑞典	537	547	617	668
25	澳大利亚	526	540	535	542	25	卢森堡	488	509	592	669
26	中国台北	459	490	512	572	26	挪威	478	524	557	564
27	挪威	409	464	485	495	27	泰国	521	530	549	532
28	土耳其	414	437	472	506	28	奥地利	445	442	498	532
29	波兰	391	419	448	479	29	马来西亚	382	424	446	449
30	马来西亚	361	379	398	395	30	中国台北	420	426	426	459

注：①部分国家和地区 2014 年服务贸易数据暂时无法得到，本表按 2013 年数据排序。
资料来源：WTO Statistics Database Online，2015 年 10 月。

表 6－3 原油进出口量：世界部分国家和地区（2007～2014 年）*

单位：千桶/天，%

国家和地区	2007 年		2014 年		国家和地区	2007 年		2014 年	
	进口量	占世界比重	进口量	占世界比重		出口量	占世界比重	出口量	占世界比重
北美	11670	26.2	7952	19.4	北美	1534	3.6	2611	6.5
加拿大	851	1.9	564	1.4	加拿大	1506	3.5	2266	5.7
美国	10819	24.3	7388	18.1	美国	28	0.1	345	0.9
拉丁美洲	1742	3.9	925	2.3	拉丁美洲	5100	11.9	5001	12.5
巴西	393	0.9	333	0.8	厄瓜多尔	342	0.8	422	1.1
智利	206	0.5	166	0.4	墨西哥	1808	4.2	1220	3.0
古巴	38	0.1	107	0.3	委内瑞拉	2116	4.9	1965	4.9
东欧	2034	4.6	1634	4.0	东欧	7101	16.6	6798	17.0
保加利亚	143	0.3	102	0.2	俄罗斯	5172	12.1	4487	11.2
罗马尼亚	175	0.4	138	0.3	西欧	3171	7.4	1885	4.7
西欧	11674	26.2	9796	24.0	挪威	1989	4.6	1203	3.0
法国	1636	3.7	1077	2.6	英国	911	2.1	563	1.4
德国	2157	4.8	1804	4.4	中东	16670	38.9	16793	41.9
希腊	410	0.9	420	1.0	伊朗	2467	5.8	1109	2.8
意大利	1791	4.0	1087	2.7	伊拉克	1643	3.8	2516	6.3
荷兰	987	2.2	957	2.3	科威特	1613	3.8	1995	5.0
土耳其	473	1.1	353	0.9	阿曼	641	1.5	805	2.0
英国	1009	2.3	999	2.4	卡塔尔	615	1.4	595	1.5
中东	495	1.1	492	1.2	沙特阿拉伯	6962	16.2	7153	17.8
巴林	229	0.5	211	0.5	阿联酋	2343	5.5	2497	6.2
非洲	866	1.9	656	1.6	非洲	7661	17.9	5774	14.4
科特迪瓦	72	0.2	61	0.1	阿尔及利亚	1254	2.9	623	1.6
摩洛哥	131	0.3	90	0.2	安哥拉	1158	2.7	1608	4.0
亚太地区	16115	36.1	19442	47.5	利比亚	1378	3.2	41	0.1
澳大利亚	428	1.0	439	1.1	尼日利亚	2217	5.2	2120	5.3
中国	3272	7.3	6186	15.1	苏丹	374	0.9	148	0.4
印度	2412	5.4	3787	9.3	亚太地区	1613	3.8	1221	3.0
印尼	298	0.7	213	0.5	澳大利亚	236	0.6	261	0.7
日本	4036	9.0	3237	7.9	文莱	170	0.4	108	0.3
菲律宾	205	0.5	184	0.5	中国	78	0.2	12	0.0
新加坡	699	1.6	785	1.9	印尼	320	0.7	257	0.6
韩国	2393	5.4	2469	6.0	马来西亚	384	0.9	282	0.7
泰国	798	1.8	805	2.0	越南	301	0.7	173	0.4
世界	44597	100.0	40897	100.0	世界	42850	100.0	40084	100.0
OECD	31165	69.9	24970	61.1	OPEC	24106	56.3	22644	56.5

注：＊数据包括转口数据，每个地区只列出主要的而非全部国家和地区。

资料来源：*OPEC Annual Statistical Bulletin 2015*，Interactive Version，www. opec. org。

（七）国际投资与资本流动回顾

表7-1　国际投资头寸表：部分国家和地区（2008~2014年）

单位：亿美元

国家	项目＼年份	2008	2009	2010	2011	2012	2013	2014
美国	金融账户总资产	194234	194265	217678	222089	225619	241591	245955
	对外直接投资	37072	49453	54864	52148	59685	71173	71240
	证券投资	43208	60586	71604	68717	79840	92065	95725
	股本证券	27484	39953	49003	45014	53219	64729	67197
	债务证券	15724	20633	22601	23703	26621	27336	28529
	金融衍生品	61275	34898	36523	47166	36198	30198	32245
	其他投资	49742	45290	49801	48687	44174	43673	42402
	储备资产	2937	4038	4887	5370	5724	4483	4343
	金融账户总负债	234187	220541	242796	266639	270798	294866	316152
	外来直接投资	30912	36186	40991	41992	46612	57806	62288
	证券投资	94759	104632	118693	126472	139789	155425	169171
	股本证券	21324	29177	35458	38419	45454	58646	66652
	债务证券	73434	75456	83235	88053	94335	96779	102519
	金融衍生品	59678	33634	35419	46305	35620	29424	31507
	其他投资	48838	46088	47693	51869	48778	52211	53186
	国际投资净头寸	-39953	-26276	-25118	-44550	-45179	-53275	-70197
日本	金融账户总资产	57315	60390	68931	75026	76133	75753	78357
	对外直接投资	6908	7532	8462	9723	10541	11330	11931
	证券投资	23767	28459	33052	33793	35598	34307	33990
	股本证券	3947	5940	6785	6658	6872	11987	11908
	债务证券	19820	22518	26267	27134	28726	22320	22082
	金融衍生品	774	462	526	539	534	779	4670
	其他投资	15620	13426	15924	18038	16812	16657	15240
	储备资产	10246	10512	10967	12934	12648	12680	12525
	金融账户总负债	32421	31252	37513	40834	41552	44820	47947
	外来直接投资	2139	2124	2300	2422	2222	1857	1935
	证券投资	15417	15370	18668	20263	20856	23932	23643
	股本证券	7562	8296	9888	8472	9654	14466	14021
	债务证券	7855	7074	8780	11791	11201	9467	9622
	金融衍生品	855	566	647	726	615	822	4906
	其他投资	14011	13192	15898	17424	17859	18209	17463
	国际投资净头寸	24894	29138	31419	34192	34581	30933	30410

续表

国家	项目 \ 年份	2008	2009	2010	2011	2012	2013	2014
德国	金融账户总资产	70963	75541	87393	88626	96061	95298	92637
	对外直接投资	14596	16053	16349	16962	19100	20591	19855
	证券投资	21492	25079	25557	23804	27601	30836	30757
	股本证券	5895	7071	7397	6472	7474	9196	9398
	债务证券	15596	18008	18160	17332	20127	21640	21360
	金融衍生品	—	—	10478	11853	12452	8598	9525
	其他投资	33495	32601	32844	33619	34419	33290	30573
	储备资产	1380	1808	2165	2389	2489	1982	1928
	金融账户总负债	62698	64927	76793	78614	87518	83846	79818
	外来直接投资	11372	12124	12105	12520	14350	15742	14163
	证券投资	29496	31930	31703	32122	35287	35698	34008
	股本证券	4723	6473	6676	5657	7010	8534	7598
	债务证券	24773	25458	25026	26465	28277	27165	26411
	金融衍生品	—	—	10508	12022	12510	8546	9909
	其他投资	21830	20872	22477	21950	25371	23859	21738
	国际投资净头寸	8265	10614	10600	10011	8543	11452	12820
中国	金融账户总资产	29567	34369	41189	47345	52132	59861	64087
	对外直接投资	1857	2458	3172	4248	5319	6605	7443
	证券投资	2525	2428	2571	2044	2406	2585	2625
	股本证券	214	546	630	864	1298	1530	1613
	债务证券	2311	1882	1941	1180	1108	1055	1012
	其他投资	5523	4952	6304	8495	10527	11867	15026
	储备资产	19662	24532	29142	32558	33879	38804	38993
	金融账户总负债	14629	19464	24308	30461	33467	39901	46323
	外来直接投资	9155	13148	15696	19069	20680	23312	26779
	证券投资	1677	1900	2239	2485	3361	3865	5143
	股本证券	1505	1748	2061	2114	2619	2977	3693
	债务证券	172	152	178	371	742	889	1449
	其他投资	3796	4416	6373	8907	9426	12724	14402
	国际投资净头寸	14938	14905	16880	16884	18665	19960	17764

资料来源：CEIC 数据库，国家外汇管理局网站，2015 年 10 月。

表 7-2-1 FDI 流量：部分经济体（2005 ~ 2014 年）

单位：亿美元

国家（地区）	流入量			流出量		
	2005 年	2010 年	2014 年	2005 年	2010 年	2014 年
阿根廷	52.7	113.3	66.1	13.1	9.6	21.2
澳大利亚	-282.9	364.4	518.5	-357.8	198.0	-3.5
巴西	150.7	485.1	624.9	25.2	115.9	-35.4
英属维尔京群岛	-90.9	506.5	565.4	177.5	541.6	542.9
加拿大	256.9	284.0	538.6	275.4	347.2	526.2
中国	724.1	1147.3	1285.0	122.6	688.1	1160.0
中国香港	340.6	705.4	1032.5	270.0	862.5	1427.0
中国台湾	16.3	24.9	28.4	60.3	115.7	127.0
丹麦	85.5	-91.6	36.5	131.4	13.8	109.5
埃及	53.8	63.9	47.8	0.9	11.8	2.5
法国	332.3	138.9	151.9	680.6	481.6	428.7
德国	474.5	656.4	18.3	745.4	1254.5	1122.3
希腊	6.2	3.3	21.7	14.7	15.6	8.6
冰岛	30.8	2.5	4.4	70.9	-23.6	-2.5
印度	76.2	274.2	344.2	29.9	159.5	98.5
印度尼西亚	83.4	137.7	225.8	30.7	26.6	70.8
意大利	232.9	91.8	114.5	393.6	326.6	234.5
日本	27.8	-12.5	20.9	457.8	562.6	1136.3
朝鲜	0.5	0.4	1.3	0.0	0.0	0.0
韩国	136.4	95.0	99.0	83.3	282.8	305.6
墨西哥	247.3	260.8	227.9	64.7	150.5	52.0
菲律宾	18.5	13.0	62.0	1.9	6.2	69.9
俄罗斯	155.1	431.7	209.6	178.8	526.2	564.4
沙特阿拉伯	121.0	292.3	80.1	-3.5	39.1	54.0
新加坡	180.9	550.8	675.2	115.9	333.8	406.6
南非	66.5	36.4	57.1	9.3	-0.8	69.4
瑞典	116.3	1.4	100.4	277.1	203.5	121.6
瑞士	-9.5	287.4	219.1	511.2	857.0	168.0
土耳其	100.3	90.9	121.5	10.6	14.7	66.6
英国	1838.2	589.5	722.4	783.8	466.3	-596.3
美国	1047.7	1980.5	924.0	153.7	2777.8	3369.4

注：本表按照国家（地区）的英文名称排序。

资料来源：联合国贸发会（UNCTAD）数据库。

表 7－2－2　FDI 存量：部分经济体（2005～2014 年）

单位：亿美元

国家(地区)	流入存量			流出存量		
	2005 年	2010 年	2014 年	2005 年	2010 年	2014 年
阿根廷	551	885	1141	233	303	359
澳大利亚	2477	5271	5646	2054	4497	4435
巴西	1813	6823	7548	793	1913	3163
英属维尔京群岛	487	2369	5114	1301	3344	5842
加拿大	3416	5919	6313	3883	6367	7146
中国	2721	5878	10853	572	3172	7296
中国香港	4939	10675	15498	4762	9439	14599
中国台湾	432	630	686	1033	1908	2588
丹麦	747	969	829	881	1653	1830
埃及	289	731	879	10	54	68
法国	3794	6307	7291	6335	11730	12791
德国	4760	7167	7435	9275	14631	15833
希腊	292	350	202	136	426	339
冰岛	47	118	74	101	115	80
印度	432	2056	2523	97	969	1296
印度尼西亚	412	1607	2531	—	67	241
意大利	2375	3281	3737	2446	4897	5484
日本	1009	2149	1706	3866	8311	11931
朝鲜	14	15	20	—	—	—
韩国	1049	1355	1820	387	1440	2586
墨西哥	2341	3638	3380	518	1100	1312
菲律宾	150	259	571	20	67	356
俄罗斯	1802	4906	3785	1467	3663	4319
沙特阿拉伯	335	1764	2159	76	265	447
新加坡	2370	6328	9124	1885	4586	5764
南非	967	1796	1454	310	832	1339
瑞典	1719	3472	3211	2078	3744	3795
瑞士	1702	6109	6818	4320	10413	11306
土耳其	713	1870	1686	83	225	401
英国	8510	10948	16629	12155	16358	15841
美国	28180	34223	54099	36380	48096	63186

注：本表按照国家（地区）的英文名称排序。

资料来源：联合国贸发会（UNCTAD）数据库。

（八）全球竞争力和大公司排名

表 8－1　2015 年全球竞争力指数：部分国家和地区

国家/地区	2015 年竞争力指数		2014 年位次	国家/地区	2015 年竞争力指数		2014 年位次
	位次	分数			位次	分数	
瑞士	1	5.76	1	捷克	31	4.69	31
新加坡	2	5.68	2	泰国	32	4.64	32
美国	3	5.61	3	西班牙	33	4.59	33
德国	4	5.53	4	智利	35	4.58	35
荷兰	5	5.50	5	印尼	37	4.52	37
日本	6	5.47	6	葡萄牙	38	4.52	38
中国香港	7	5.46	7	波兰	41	4.49	41
芬兰	8	5.45	8	意大利	43	4.46	43
瑞典	9	5.43	9	俄罗斯	45	4.44	45
英国	10	5.43	10	菲律宾	47	4.39	47
挪威	11	5.41	11	南非	49	4.39	49
丹麦	12	5.33	12	土耳其	51	4.37	51
加拿大	13	5.31	13	印度	55	4.31	55
卡塔尔	14	5.30	14	越南	56	4.3	56
中国台湾	15	5.28	15	墨西哥	57	4.29	57
新西兰	16	5.25	16	秘鲁	69	4.21	69
阿联酋	17	5.24	17	伊朗	74	4.09	74
马来西亚	18	5.23	18	巴西	75	4.08	75
比利时	19	5.20	19	乌克兰	79	4.03	78
卢森堡	20	5.20	20	希腊	81	4.02	80
澳大利亚	21	5.15	21	赞比亚	96	3.87	95
法国	22	5.13	22	尼泊尔	100	3.85	99
奥地利	23	5.12	23	阿根廷	106	3.79	105
爱尔兰	24	5.11	24	喀麦隆	114	3.69	112
沙特阿拉伯	25	5.07	25	埃及	116	3.66	114
韩国	26	4.99	26	津巴布韦	125	3.45	122
以色列	27	4.98	27	缅甸	131	3.32	127
中国	28	4.89	28	海地	134	3.18	130
冰岛	29	4.83	29	乍得	139	2.96	135
爱沙尼亚	30	4.74	30	几内亚	140	2.84	136

注：共有 140 个国家和地区参加排名，因篇幅所限本表未全部列出。

资料来源：世界经济论坛（World Economic Forum），www.weforum.org/gcr。

表 8-2　2015 年《财富》全球 50 强公司排名

2015 年排名	2014 年排名	公司名称	总部所在地	营业收入（亿美元）	利润（亿美元）
1	1	沃尔玛	美　国	4856.5	163.6
2	3	中国石油化工集团公司	中　国	4468.1	51.8
3	2	荷兰皇家壳牌石油公司	荷　兰	4313.4	148.7
4	4	中国石油天然气集团公司	中　国	4286.2	163.6
5	5	埃克森美孚	美　国	3826.0	325.2
6	6	英国石油公司	英　国	3586.8	37.8
7	7	国家电网公司	中　国	3394.3	98.0
8	8	大众公司	德　国	2685.7	145.7
9	9	丰田汽车公司	日　本	2477.0	197.7
10	10	嘉能可	瑞　士	2210.7	23.1
11	11	道达尔公司	法　国	2120.2	42.4
12	12	雪佛龙	美　国	2037.8	192.4
13	13	三星电子	韩　国	1958.5	219.2
14	14	伯克希尔-哈撒韦公司	美　国	1946.7	198.7
15	15	苹果公司	美　国	1828.0	395.1
16	29	麦克森公司	美　国	1812.4	14.8
17	20	戴姆勒股份公司	德　国	1722.8	92.4
18	25	中国工商银行	中　国	1631.7	447.6
19	24	EXOR 集团	意大利	1621.6	4.3
20	16	安盛	法　国	1611.7	66.6
21	21	通用汽车公司	美　国	1559.3	39.5
22	18	意昂集团	德　国	1514.6	-41.9
23	19	菲利普斯 66	美　国	1494.3	47.6
24	27	通用电气公司	美　国	1483.2	152.3
25	22	埃尼石油公司	意大利	1471.8	17.1
26	17	俄罗斯天然气工业股份公司	俄罗斯	1444.1	41.2
27	26	福特汽车公司	美　国	1440.8	31.9
28	28	巴西国家石油公司	巴　西	1436.6	-73.7
29	38	中国建设银行	中　国	1399.3	369.8
30	35	CVS 健康公司	美　国	1393.7	46.4
31	32	鸿海精密工业股份有限公司	中　国	1390.4	43.1
32	31	安联保险集团	德　国	1368.5	82.5

续表

2015 年排名	2014 年排名	公司名称	总部所在地	营业收入（亿美元）	利润（亿美元）
33	34	美国电话电报公司	美　国	1324.5	62.2
34	30	瓦莱罗能源公司	美　国	1308.4	36.3
35	39	联合健康集团	美　国	1304.7	56.2
36	47	中国农业银行	中　国	1300.5	291.3
37	52	中国建筑股份有限公司	中　国	1298.9	20.8
38	23	日本邮政控股公司	日　本	1296.9	43.9
39	41	委内瑞拉国家石油公司	委内瑞拉	1284.4	73.9
40	—	Trafigura Beheer 公司	荷　兰	1276.1	10.4
41	42	威瑞森电信（VERIZON）	美　国	1270.8	96.3
42	40	法国巴黎银行	法　国	1243.3	2.1
43	43	卢克石油公司	俄罗斯	1228.0	47.5
44	45	本田汽车	日　本	1212.2	46.3
45	59	中国银行	中　国	1209.5	275.3
46	88	美源伯根公司	美　国	1195.7	2.8
47	36	墨西哥石油公司	墨西哥	1192.4	-199.3
48	48	意大利忠利保险公司	意大利	1188.7	22.2
49	33	法国兴业银行	法　国	1182.3	35.7
50	37	房利美	美　国	1164.6	142.1

资料来源：*Fortune*。

Abstract

The global economic growth slowed in 2015, reflecting the bumpy global economic recovery. The continually falling prices of commodities and declining global inflation have increased the deflationary pressure for some economies. The overall employment situation improved moderately, but it varied in different economies. The international trade registered negative growth, but international direct investment picked up moderately. Cross-border mergers and acquisitions have been active and headway has been made in regional cooperation. The financial markets fluctuated drastically and became more interconnected. Global debts remained at historically high levels and their unsustainability brought more risks.

The global economic situation is subject to influences of a series of uncertain trends, including whether the effect of the demand management policies in the developed economies can continue, the timing, frequency and strength of the expected interest rate hike by the US Fed, the level of threat posed by excessive global debts to financial stability, whether the trend of growth of the emerging and developing economies declining for five consecutive years can stop and the seriousness of setbacks suffered by policymakers in many countries conducting economic and structural reforms as they constantly face the challenge of interest groups. Moreover, geopolitical changes and natural disasters may also bring negative effects on global economic activities and performance.

It is expected that the PPP-based GDP growth of the world economy is 3.0% in 2016 and, if any financial crisis broken out and were highly contagious, it may drop to about 2.0%.

Contents

I Overview

Abstract: The global economic growth slowed in 2015, reflecting the bumpy global economic recovery. The continually falling prices of commodities and declining global inflation have increased the deflationary pressure for some economies. The overall employment situation improved moderately, but it varied in different economies. The international trade registered negative growth, but international direct investment picked up moderately. Cross-border mergers and acquisitions have been active and headway has been made in regional cooperation. The financial markets fluctuated drastically and became more interconnected. Global debts remained at historically high levels and their unsustainability brought more risks. The global economic situation is subject to influences of a series of uncertain trends, including whether the effect of the demand management policies in the developed economies can continue, the timing, frequency and strength of the expected interest rate hike by the US Fed, the level of threat posed by excessive global debts to financial stability, whether the trend of growth of the emerging and developing economies declining for five consecutive years can stop and the seriousness of setbacks suffered by policymakers in many countries conducting economic and structural reforms as they constantly face the challenge of interest groups. Moreover, geopolitical changes and natural disasters may also bring negative effects on global economic activities and performance. It is expected that the PPP-based GDP growth of the world economy is 3.0% in 2016 and, if any

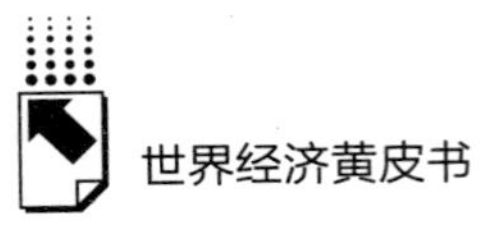

financial crisis broken out and were highly contagious, it may drop to about 2.0%.

Keywords: World Economy; Monetary Policy; Deflation; Oil Price Fluctuation

Ⅱ Country/ Region Study

Y.2 The U.S. Economy: Growth and Irresolution *Sun Jie* / 022

Abstract: The U.S. economy experienced cyclical slowdown early in 2015 while main fundamental indicators remain stable. Domestic consumption still drive the growth, however uncertainties of investment and external fluctuation overhung. The improving of labor market condition, elevating of the consumer confidence, increasing of personal disposal income and the contribution of government expenditure enhanced economic growth endogenously. The sluggish pace of economic activity abroad and the possible fluctuation of economic expansion still make the U.S. economic growth risky. It is expected that the U.S. economy will grow at the same pace of 2014 this year.

Keywords: Monetary Policy Normalization; Macro Economy; The U.S. Economy

Y.3 European Economy: Slow Recovery *Dong Yan* / 046

Abstract: Since the second half of 2014, the European economy continued in the recovery process, but the economic growth rate is lower than expected. Low oil prices contributed to increasing household disposable income, loose monetary policy and balanced fiscal policy played a positive role in promoting European economic growth. However, the recovery of European economy is facing many challenges: the slowdown of global economic growth and trade growth, increasing geopolitical risk, financial market uncertainty, low inflation and unstable of the Greek economy. In 2016, the European economy will continue in the process of recovery.

Keywords: European Economy; Monetary Policy Adjustment; Economic Outlook

Y. 4 The Japanese Economy: The Road to Recovery is not Flat

Feng Weijiang / 064

Abstract: In the third quarter of 2014, the real GDP growth was still negative for the increasing of consumption tax and the weak investment demand. In the fourth quarter of 2014, the economy struggled to rebound but was still weak. The Japanese economy declined in the first half and rose in the second half in 2015. In the first half of the year, affected by the decline of consumption and export, Japan's economic growth experienced a sudden drop and a negative growth in the second quarter. In the second half of the year, Japan's economic growth rebounded for the recovery of investment and consumption. The Japanese government continued its QQE (Quantitative and Qualitative Monetary Easing) in 2015. However, the monetary policy transmission is more effective to the stock market and the foreign exchange market and is less effective to the real economy in Japan. There is still a long way to achieve the inflation target. Under the pressure of the fiscal surplus target and the huge public debts, the Japanese government also released a new fiscal consolidation plan in 2015. The effect remains to be seen. Sino-Japanese trade and investment relations had signs of recovery but the uncertainties still existed. Japan's real GDP is expected to grow about 1. 0 % in 2015 and is expected to grow about 1. 3 percent in 2016.

Keywords: QQE; Fiscal Consolidation; Economic Recovery

Y. 5 Asia – Pacific Economy: Slower Growth in the Region

Yang Panpan / 084

Abstract: In 2015, the economic performance of Asia – Pacific region declined three years in a row. The growth rate was expected to be around 5. 3% , and was 0. 2 percentage lower than 2014. The growth rates slowed down for both developing and developed economies within this region. Regarding major economies in this region, Indonesia, Australia and Canada's growth slowed down due to declining commodity prices. Korea's recovery was interrupted due to MERS and lower external demand. India's short-term growth was prosperous and the future challenge came from structural reform. In 2015, the inflation pressure relieved; currencies showed large fluctuations and there was a wave of depreciation; there was a higher current account imbalance within this region. Asia – Pacific region still encounter issues with the commodity price, declining domestic and foreign demand and capital outflows in 2016.

Keywords: Asia – Pacific region; Economic Growth; Commodity Price; Capital Outflow

Y. 6 Russian Economy: the Crisis and Opportunity Coexist

Abstract: The Russian economy continues to decline, and negative growth emerges because of sanctions and anti-sanctions, devaluation of the ruble and a sharp decline in international oil prices. Meanwhile, the budget deficit began to appear, the level of foreign exchange reserves were also unable to offset the huge foreign debt. The situation which high inflation and devaluation of the rupee coexist further deteriorates. Foreign trade decline rapidly, and trade structure has almost no improvement. However, Putin's support rate from the Russian people did not change as Europe and USA expected. Russia government should focus on balance between the East and the West, reform their economic, political and legal systems, improve the investment climate and business confidence, and reduce the dependence on oil.

Keywords: Sanctions and Anti-sanctions; Economic Recession; Structural Adjustment

Y. 7 Latin American Economy: Risk increased

Xiong Aizong / 115

Abstract: Latin American economic growth rate is estimated to be 0. 5% in 2015, a further downward trend can be found compared to 2014. Currently, Latin America is undergoing a grave situation in terms of the internal and external economics. From the internal point of view, the weak economic growth and high pressure of inflation as well as currency depreciation contribute together to increase the uncertainty of economic situation. From the external point of view, the decrease of international commodity prices and the expectation of interest rate hike of the Fed have added to the region new risk. This causes the negative or low level economic growth rates of the major countries in Latin American. In addition, the current financial situation in Latin America intensifies the weak economic growth. However, the possibility of a debt crisis like the last century is not that high. Along with the recovery of U. S economy as well as the stability of China's economy with the gradually stabilized prices of international commodities, the economic growth rate in Latin American is expected to reach at 2. 0% in 2016 approximately.

Keywords: Latin America; Economic Situation; Future Prospect

Y. 8 West Asia and Africa Economy: Responding to the Slowdown in Growth

Tian Feng / 128

Abstract: The economy growth of West Asia and Africa slows in 2015. The main causes include falling commodity prices, unstable security situation, and the unfriendly global economic situation. The above factors affect the economy of this region through different channels, which makes the region's economic growth situation presents a significant differentiation situation. Looking to the future, West Asia and Africa mainly faces three big challenge, that is higher oil prices, fiscal consolidation, and financial stability.

Keywords: Commodity; Fiscal Consolidation; Macro Economy

Abstract: We analyze the main index of China's economy from the point of gross supply and demand. On the whole, the economic growth and some gross index has endured a downward pressure, meanwhile quite a few indicators has been improved, which not only shows us the progress of the economic restructuring, but also reveals the directions China's economy is heading for. Based on this analysis, we investigate into China's economy from the perspective of labor market. Particularly we focus on the bottle neck of the transition from demographic dividend to human capital dividend. How to release the human capital dividend, it is analyzed with the background of the adjustment of industrial structure.

Keywords: China; Macro Economy; New Normal; Economy Restructuring

Ⅲ Special Reports

Abstract: The recovery of world economy is still quite weak. The sluggish growth of global trade has not been improved significantly in 2014. Expansion in the volume of world trade will pick up only slightly in 2015. The increase of global merchandise trade in the first half is moderate at 1.8%, lower than 3.3%

predicted by WTO. According to the strong growth of U. S. economy in the second quarter and the rebound of some pilot indices, we forecast that the growth of global merchandise trade could be less than 3. 0% . The growth rates of global trade and world economy will be similar for a period of time. We suggest that the growth of global trade in 2016 could be around 3. 5% . Global trade is influenced by regional trade agreements. After a number of intensive negotiations by 12 member countries, TPP negotiation reached an agreement, which can be seen a result of the competition of U. S. interest groups. TPP will bring about profound impacts on international trade rules and world economy. In order to improve the sluggish growth of global trade, countries should offset the negative effect of trade restrictive measures by promoting trade facilitation. Speeding up the process of trade facilitation not only can prevent trade protectionism effectively, but also can promote the development of global and regional trade.

Keywords: International Trade; Growth Forecast; TPP Negotiation; Trade Restrictive Measures

Abstract: The low interest rate environment continues in 2015, providing sufficient liquidity into the global financial markets. However, due to the uncertainty of the Federal Reserve's interest rate hike and the growing financial risks in emerging markets, the volatility of major financial markets increased significantly. The yield curves of major government bonds turned to be flat, and the stock markets tumbled, especially in August, 2015. In the foreign exchange markets, the US dollar appreciated against the euro and Japanese yen, while most emerging economies expedited their currency depreciation, showing a sign of competitive devaluation. Going forward, the divergence of major economies' monetary policies remains a key factor for the trends of global financial markets, and the Fed's decision about interest rate policy will remain the major driver for the markets.

Keywords: International Financial Risks; Global Liquidity; Sovereign Bond Market; Equity Market; Foreign Exchange Market

Abstract: Under the adverse impact of the economic slowdown and increasing risks of geopolitics, global foreign direct investment (FDI) in 2014 decreased by 16% over the previous year and dropped to a record low of the past six years. Developed economies and developing countries are imbalanced. The group of Asian developing countries has for the first time been the global largest source of FDI, accounting for nearly one third of the world total. And Chinese overseas investment and FDI was also for the first time near balance point.

Keywords: Foreign Direct Investment; Cross-border Merger and Acquisition; Geopolitics Risk; Structure Adjustment

Abstract: The sluggish recovery in advanced economies and substantial slow down in emerging economies including China has led to comprehensive decline in price indexes of commodities in 2015, particularly those of iron ore, agricultural raw materials, precious metals and crude petroleum. Due to the negative effect of overcapacity and economic structure adjustment, the absolute value of China's imported commodities in fell slightly in 2014, but its share in global imported commodities increased steadily. In 2016, the acceleration in world economic recovery and China's enhanced adaptability to economic restructure will stimulate the steady growth in demand on commodities, and while Fed's raising interest rate and the strong US dollar will constitute pressure on prices of commodities. The price index of global commodities will reach trough in 2015, and will rebound slightly in 2016. It is expected that the average price of crude petroleum will fluctuate at around USD50/barrel in 2015, and which will climb at around USD55/barrel in 2016.

Keywords: Commodity Market; Demand; Supply; Price

Ⅳ Hot Topics

Abstract: The establishment of the AIIB is a milestone for China to facilitate regional financial governance and promote regional economic cooperation. The backgrounds of initiating the AIIB are: short of infrastructure investment in Asia and in the world, resistance of the reform of the international financial system, China's responsibility to promote the regional economic growth as the second largest economy in the world, demand for diversification of China's foreign reserve investment. The AIIB's preparatory work has three phases in which the joining of the UK and other European countries is a turning point, making the AIIB from a regional bank to a global bank in terms of its shareholder structure. The feature of the AIIB's governance and operation may summarize as open, lean and flexible. The credit rating pressure, the pursue of safeguard policy and the cooperation with current multilateral development banks are main challenges facing the AIIB.

Keywords: AIIB; Regional Financial Governance; Infrastructure Investment; Safeguard Policy; Cooperation Mechanism of Global Multilateral Development Banks

Abstract: The 2008 global financial crisis has a serious shock on global

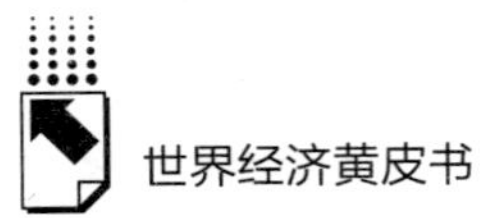

trade: there is great trade collapse in 2009, and the growth rates of global trade are only about 3% in recent three years. Besides, the reason of this trade shock is complex. Therefore, we can call this phenomenon "the myth of global trade slowdown". Quantitative analysis reveals that, the structural factors make a little more contributions to global trade slowdown than demand factor. A further study reveals that structural factors include the change of global commodity composition, the weak bonus of China's integration into world economy, global value chains, and trade protection. All these structural factors affect the growth rate of trade through income elasticity of trade. This paper forecasts that, the grow rate of global trade will be about 4% in the next few years, still lower than the growth rate before global financial crisis. The global trade slowdown is an important opportunity for China's transformation and upgrading of trade structure.

Keywords: Global Trade Slowdown; Demand Factor; Structural Factor; Global Value Chains

Abstract: Since June 2014 the improvement on the supply side has been the main driving factor of the plunge of oil price. Based on the history of oil price movement after 1970s, we find that the supply-side increases will restrain the oil price from rising in the long-run. We estimate that the average level of oil price will be around 50 -65 USD/barrel from 2015 to 2016, and the new normal level of oil price will be close to the marginal producing cost. Geopolitical conflicts may trigger the oil price rebound, but won't change the long-term trend of oil price. The oil price fall will benefit the global and China's economic growth. Monetary policy should not overreact to the deflation incurred by oil price changes. The oil price decline provides opportunities for alleviating debt load, and reforming fiscal policies and foreign reserves management policies. China should take part in the multilateral and bilateral political negotiation more actively and help to ease the geopolitical conflicts in oil-producing countries.

Keywords: Oil Price; Supply; Demand; Exchange Rate; Growth

Abstract: This paper analyzes the relationship between One Belt One Road Initiative (OBOR) and world economic growth. The world economic growth entered into a new paradigm of divergence and stagnation since the burst of global financial crisis. The risk of secular stagnation is increasing. Although there is ample demand for infrastructure investment around the globe, the emerging market and developing countries, especially Asian countries, often face a wide financing gap for potential infrastructure investment. If the B&R initiative proposed by Chinese government could operate smoothly and effectively, the above financing gap facing B&R countries should be mitigated significantly, thus there will be an extensive and intensive wave for infrastructure investment and a much brighter future for regional and even global economic growth. However, the key issue to fill financing gap is how to ensure the investment yields and secure the investment safety though careful and rational project design.

Keywords: World Economic Growth; Secular Stagnation; Infrastructure Investment; the Belt and Road (B&R)

Abstract: The paper selected three macroeconomic issues closely followed by global think-tanks and academia in 2015, namely the risk of secular stagnation in advanced economies, China's economic slowdown and transformation, lessons from the Greek debt crisis. The three issues reflected important developments in global macroeconomy. They bear great implications for the prospect of global macroeconomy as well as the policy responses from major economies. The paper introduces and discusses the main contents, key differences in opinions and policy implications of these issues respectively.

Keywords: Secular Stagnation; Chinese Economy; Greek Debt Crisis

Abstract: Current global economic governance is at a time of major rebalancing in world economic weight, and is experiencing different degrees of creation, rebuilding and reconstruction. The old governance framework in relevance of the Bretton Woods institutions and G7, are being replaced by new avenues of coordination and discussion. At the global level, as the most powerful platform, the G20's reform after 2012 mainly focus on two aspects: one is continuing to push forward the reform of the IMF and WB's governance structure, and enhancing the representativeness of emerging markets and developing countries; Second, through the continuous improvement of "troika" mechanism and agenda orientation, the G20 is transforming itself to a long-term economic governance mechanism. At the regional level, TPP and TTIP both made significant progress, and may produce significant influence on the patterns and rules of future international trade. The future global governance mode tends to be in a collaborative way of regional and global mechanism. China needs to actively seek more involved in global governance, and to speed up the reform of global governance system based on the platform of G20. At the same time, it is necessary for China to promote regional economic integration and change the unfair and unreasonable arrangement in current global governance system through multilateral, regional and bilateral cooperation, and to encourage the innovation in the global economic governance.

Keywords: Global Economic Governance; Regional Governance; The G20 Mechanism; The BRICS Cooperation Mechanism

V Statistics of the World Economy

法律声明

权威报告·热点资讯·特色资源

皮书数据库

ANNUAL REPORT(YEARBOOK) DATABASE

当代中国与世界发展高端智库平台

WWW.PISHU.COM.CN

皮书俱乐部会员服务指南

1. 谁能成为皮书俱乐部成员?

- 皮书作者自动成为俱乐部会员
- 购买了皮书产品（纸质书/电子书）的个人用户

2. 会员可以享受的增值服务

- 免费获赠皮书数据库100元充值卡
- 加入皮书俱乐部，免费获赠该纸质图书的电子书
- 免费定期获赠皮书电子期刊
- 优先参与各类皮书学术活动
- 优先享受皮书产品的最新优惠

3. 如何享受增值服务?

（1）免费获赠100元皮书数据库体验卡

第1步 刮开附赠充值的涂层（右下）；

第2步 登录皮书数据库网站（www.pishu.com.cn），注册账号；

第3步 登录并进入“会员中心”—“在线充值”—“充值卡充值”，充值成功后即可使用。

（2）加入皮书俱乐部，凭数据库体验卡获赠该书的电子书

第1步 登录社会科学文献出版社官网（www.ssap.com.cn），注册账号；

第2步 登录并进入“会员中心”—“皮书俱乐部”，提交加入皮书俱乐部申请；

第3步 审核通过后，再次进入皮书俱乐部，填写页面所需图书、体验卡信息即可自动兑换相应电子书。

4. 声明

解释权归社会科学文献出版社所有

S 子库介绍
Sub-Database Introduction

中国经济发展数据库

涵盖宏观经济、农业经济、工业经济、产业经济、财政金融、交通旅游、商业贸易、劳动经济、企业经济、房地产经济、城市经济、区域经济等领域，为用户实时了解经济运行态势、把握经济发展规律、洞察经济形势、做出经济决策提供参考和依据。

中国社会发展数据库

全面整合国内外有关中国社会发展的统计数据、深度分析报告、专家解读和热点资讯构建而成的专业学术数据库。涉及宗教、社会、人口、政治、外交、法律、文化、教育、体育、文学艺术、医药卫生、资源环境等多个领域。

中国行业发展数据库

以中国国民经济行业分类为依据，跟踪分析国民经济各行业市场运行状况和政策导向，提供行业发展最前沿的资讯，为用户投资、从业及各种经济决策提供理论基础和实践指导。内容涵盖农业，能源与矿产业，交通运输业，制造业，金融业，房地产业，租赁和商务服务业，科学研究，环境和公共设施管理，居民服务业，教育，卫生和社会保障，文化、体育和娱乐业等 100 余个行业。

中国区域发展数据库

以特定区域内的经济、社会、文化、法治、资源环境等领域的现状与发展情况进行分析和预测。涵盖中部、西部、东北、西北等地区，长三角、珠三角、黄三角、京津冀、环渤海、合肥经济圈、长株潭城市群、关中—天水经济区、海峡经济区等区域经济体和城市圈，北京、上海、浙江、河南、陕西等 34 个省份及中国台湾地区。

中国文化传媒数据库

包括文化事业、文化产业、宗教、群众文化、图书馆事业、博物馆事业、档案事业、语言文字、文学、历史地理、新闻传播、广播电视、出版事业、艺术、电影、娱乐等多个子库。

世界经济与国际政治数据库

以皮书系列中涉及世界经济与国际政治的研究成果为基础，全面整合国内外有关世界经济与国际政治的统计数据、深度分析报告、专家解读和热点资讯构建而成的专业学术数据库。包括世界经济、世界政治、世界文化、国际社会、国际关系、国际组织、区域发展、国别发展等多个子库。